킹 달러

KING DOLLAR:
The Past and Future of the World's Dominant Currency

Copyright © 2025 PAUL BLUSTEIN

Korean translation copyright © 2025 by Influential, Inc.
Korean edition is published by arrangement with Yale University Press
through Duran Kim Agency Co. Ltd.

이 책의 한국어판 저작권은 듀란킴 에이전시를 통해
저작권자와 독점 계약한 (주)인플루엔셜에 있습니다.
저작권법에 의해 국내에서 보호를 받는 저작물이므로 무단 전재와 무단 복제를 금합니다.

킹 달러

달러, 코인, CBDC의 미래와
새로운 통화 질서의 탄생

KING
DOLLAR

폴 블루스타인 지음 | 서정아 옮김

INFLUENTIAL
인플루엔셜

일러두기

- 인명과 지명 등 외래어 고유명사는 국립국어원의 외래어표기법 및 용례를 따랐다. 단 표기가 불분명한 경우 실제 발음을 따라 썼다.
- 독자의 이해를 돕기 위한 옮긴이주는 괄호 ( ) 안에 적고 '—옮긴이'로 표시했다. 해당 표시가 없는 설명은 모두 저자가 쓴 것이다. 아울러 대괄호 [ ] 안에 쓰인 내용 또한 모두 저자가 덧붙인 것이다.
- 언급된 도서 중 국내에 번역 출간된 도서의 경우 한국어판 제목으로 표기하고, 국내 미출간 도서의 경우 원서 제목을 병기했다.

내 손주들에게 이 책을 바친다.
그 아이들이 자라서 암호화폐를 좋아하게 되더라도
변함없이 무조건적으로 사랑할 것이다.

한국어판 서문

2025년 1월, 도널드 트럼프Donald Trump가 미국 대통령으로서 두 번째 임기를 시작한 이후 세계경제를 둘러싼 환경은 크게 변화했습니다. 트럼프 행정부는 (제가 보기에) 매우 무분별한 정책들을 남발해 달러 패권의 핵심 기반들을 뒤흔들었습니다. 당시는 이 책의 집필을 끝내고 얼마 지나지 않은 때였는데, 저는 미국과 우방국들의 관계가 망가지고 일관성 없는 관세정책이 시행되며 미국의 법치주의기 훼손되는 모습에 큰 충격을 받았습니다.

이런 상황에서 금융시장이 미국의 각종 자산을 위험하다고 평가하는 것은 당연한 일입니다. 이 책의 한국어판이 출간될 즈음에 더 심한 일들이 벌어진다고 하더라도 그리 놀랍지 않을 것입니다. 원래부터 암울했던 미국 정부의 재정 전망이 한층 더 나빠졌다는 사실을 감안하면, 미국 국채에 대한 대규모 투매가 일어나 그 결과 금리가 급등하는 시나리오도 충분히 상상해볼 수 있습니다. 하지만 저는 달러의 전 세계적인 지배력이 최소한 가까운 미래까지는 그대로 유지되리라 확신합니다.

달러가 패권을 잃을 가능성, 즉 국제무역이나 금융의 주요 통화라는 위상을 다른 통화들에 빼앗길 가능성은 지극히 작습니다. 달러의 경쟁자들이 여러 결함을 안고 있을 뿐 아니라, 달러가 기축통화로서 수행해온 각종 역할이 국제금융 시스템에 깊숙이 뿌리내리고 있기 때문입니다.

이 책은 다양한 측면에서 한국의 독자들에게 중요한 메시지를 건넵니다. 달러가 패권을 유지하면, 미국은 계속해서 북한에 대한 경제제재 수단으로 달러를 무기화할 것입니다. 아울러 한국은 대미 경상수지 흑자가 상당한 국가 중 하나이기 때문에 트럼프 행정부가 무역 불균형을 해소하겠다는 명분하에 달러 대비 원화의 가치를 조정하라고 압박할 가능성도 있습니다. 물론 저는 그것이 좋지 못한 접근법이라 생각합니다. 이 문제를 정확히 이해하기 위해서는 이 책에서 자세히 설명한, 달러의 국제적인 위상을 뒷받침하고 있는 역학관계를 알아볼 필요가 있습니다.

저는 기자로 활동하던 시절뿐 아니라, 아시아 외환위기를 다룬 첫 책《징벌The Chastening》을 집필할 때도 자료 조사를 위해 한국을 여러 차례 방문한 바 있습니다. 1997년부터 1998년 사이에 한국을 뒤흔든 극적인 사건들을 담은 책을 쓰면서 한국인들의 경제에 대한 이해가 얼마나 뛰어난지 잘 알게 되었습니다. 그런 한국의 독자들에게 저의 새 책《킹 달러》를 소개할 수 있어 무척 기쁩니다. 달러와 그 왕좌를 호시탐탐 노리는 경쟁 통화들부터 비트코인과 스테이블코인 그리고 CDBC까지, 새로운 금융 질서가 모습을 드러내는 오늘날, 이 책에서 많은 인사이트를 얻길 바랍니다.

  마지막으로 제 책을 훌륭한 한국 독자 여러분에게 소개해주신 인플루엔셜 출판사에 감사드립니다. 머지않아 다시 한국을 방문하게 되길 기대합니다.

2025년 6월
폴 블루스타인

차례

한국어판 서문 7

프롤로그 달러는 왜 강한가

모든 것의 시작, 뉴욕 청산소 17 | 세계에서 가장 강력한 배관 20 | 달러의 국제적인 역할 23 | 상보성과 보편성 25 | 공유된 허구를 떠받치는 신용 29 | 쿠빌라이 칸의 교초 31 | 미국 정부의 역할 33 | 달러의 수많은 형태 36 | 달러 이후의 세계? 40 | 미국의 힘과 책임 43 | "내가 죽었다는 보도는 상당히 과장된 것이다" 46

1장 제왕의 길

자유 은행 시대의 풍경 53 | 남북전쟁과 그린백의 탄생 57 | 금 십자가에 못 박힌 달러 59 | "그 돈은 여기에 없습니다" 62 | 최종 대부자가 나서다 65 | 모건의 서재 67 | 광란의 1920년대 70 | 케인스의 학식과 화이트의 고집 72 | 브레턴우즈 체제의 탄생 74 | 트리핀 딜레마 77 | 과도한 특권과 프랑스의 반발 80 | 폭주하는 금값 82 | "인류에게 얼마나 큰 비극인가!" 84 | 브레턴우즈 체제 이후의 달러 87

2장　위기에서 왕좌를 지키다

오일쇼크, 달러쇼크 95 | 달러 패권의 핵심, 유동성 97 | 리무진을 타는 국채 트레이더 101 | 석유-달러-국채의 삼위일체 103 | 인플레이션이 찾아오다 107 | 인플레이션 파이터 볼커 110 | "행동에 나서야만 하는 이유" 112 | 일보 후퇴와 이보 전진 115 | 양날의 검이 된 달러 강세 117 | 플라자 합의와 질서 있는 평가절상 120 | 중국이라는 문제 123 | 위기의 요소들 127 | 왜 위기일수록 달러 수요는 증가하는가 130 | 세계금융위기와 연준의 개입 133 | "그들을 돕는 것이 우리에게도 이익이 됩니다" 136 | 위기 이후의 달러 140

3장　통화전쟁이 벌어지다

통합을 꿈꾸는 유럽 149 | 유로를 향한 찬사 153 | 유로존 붕괴 시나리오 157 | 유럽재정위기의 상흔 159 | 돼지 꼬리 자르기 162 | 엔을 둘러싼 야단법석과 초라한 결말 166 | 종이 금의 탄생 169 | 끝내 만나가 되지 못한 SDR 172 | 중국의 금융 개혁과 시상 개방 175 | 그런백에서 레드백으로? 179 | 죽은 마오쩌둥이 산 위안화를 갉아먹다 181 | "과도한 특권은 더는 과도하지 않다" 185

4장　달러의 무기화

미국의 새로운 전쟁 수행 방식 193 | 유럽 국가들의 절치부심 196 | 통화전쟁이 시작되는가 198 | 국제 거래의 초크포인트 200 | 무기로 만들어지지 않은 무기 204 | 경제제재의 허와 실 207 | 누를수록 더 튀어 오르다 209 | 창과 방패 212 | 애매하게 끝난 마약 카르텔과의 전쟁 214 | 테러 자금과의 전쟁 시작되다 218 | 미국에서 온 불청객들 223 | 세상에서 가장 강력한 재무 부처 225

5장　달에도 세금을 매길 것

북핵 위기의 짧은 역사 234 | 미국도 깜짝 놀란 애국자법의 위력 236 | 강요와 강조 사이 239 | 이란이라는 거대한 적 243 | 끝내 무릎 꿇리다 246 | 러시아 요새 공방전 248 | 중국의 역습 252 | "전형적으로 어려운 표적" 256 | 달러 무기화의 먼 길 259

6장　달러의 디지털 경쟁자들

"아무도 쓰지 않는다면?" 269 | 정보의 인터넷에서 가치의 인터넷으로 271 | 은행 계좌라는 사슬 275 | 사슬을 끊은 비트코인 277 | 비트코인의 작동 방식 281 | 높은 이상과 그렇지 못한 현실 284 | 크립토윈터를 깨운 스테이블코인 288 | 청문회에 불려 나온 마크 저커버그 290 | 민간에서 공공으로 294 | CBDC의 가능성 296

7장　CBDC와 스테이블코인의 명과 암

거지도 QR 코드로 구걸하는 중국 305 | 알리바바의 날개를 꺾은 중국 공산당 308 | 중국에서조차 무시당하는 CBDC 312 | 디지털화된 달러와 디지털 달러 314 | 파월 연준 의장의 신조 317 | CBDC에 드리운 그림자 정부의 그림자? 319 | CBDC에 덧씌워진 전체주의 혐의 322 | 1스테이블코인당 1달러 324 | 달러의 전위대 328 | 스테이블코인의 실상: 자금세탁 330 | 스테이블코인의 실상: 디페깅 333 | CBDC는 본질적인 대안이 될 수 있을까 337 | CBDC의 사이드킥, 토큰화된 예금 340 | 모든 것이 디지털화된 세상 343 | 짜잔? 으악! 347

8장   포효하는 달러

파월 대 트럼프 357 | 팬데믹에 흔들리는 미국 국채시장 361 | 끝없는 하락 365 | 다시 한번 연준이 나서다 367 | "빌어먹을 위기일발의 상황" 369 | 너무 많은 돈과 너무 적은 재화 371 | 브레이크를 밟다 374 | 킹 달러의 군림 377 | 신흥국 시장의 위기 380

9장   강력함과 신중함

"SWIFT에서 러시아를 퇴출하라" 389 | 대러 금융 융단폭격 393 | 큰 곰은 죽지 않는다 396 | 수많은 우회로 400 | 침몰하는 그림자 선단 402 | 반달러의 축 406 | 쓰지 않을 순 있어도 대체할 순 없다 409

에필로그   큰 힘에는 큰 책임이 따른다

달러가 끝났다는 헛소리 416 | 〈스파이더맨〉의 교훈 419 | 대중 제재의 미래 422 | 암호화폐의 모순 427 | "환심을 사려는 것이 뻔해요" 431 | 오렌지색 알약을 뱉어라 433 | 건강한 경쟁이 필요하다 436 | 특권을 보장하지 않는 패권 439 | 재정 적자라는 숙제 442 | 포스트 달러 시대의 달러 패권 445

감사의 말 449

주 455

찾아보기 496

프롤로그

달러는 왜 강한가

19세기 전반에 뉴욕의 은행들이 겪은 어려움이야말로 시대를 막론하고 기업들을 괴롭혀온 운송 문제 중에서도 가장 큰 골칫거리로 꼽힌다. 당시 은행들은 금화 꾸러미를 몸에 지닌 채 은행과 은행을 걸어서 이동하는 '포터porter'를 여럿 고용했다. 그들은 자기를 고용한 은행이 다른 은행에 지급해야 하거나, 반대로 다른 은행에서 받아야 할 금액만큼 금화를 건네거나 받았다. 수고롭고 위험하며 사고가 발생하기 쉬운 방법처럼 들리겠지만, 은행들로서는 점점 규모가 커지는 쌍방 채무를 정산하는 최선책이었다.[1]

고객이 수표를 발행할 때마다 새로운 채무가 발생하면서 포터들의 발이 바빠졌다. 어느 신사가 새 마차를 구입하기 위해 200달러짜리 수표를 발행했다고 가정해보자. 마차 제작자가 그 수표를 자신의 거래 은행에 입금하면, 해당 은행에 고용된 포터가 수표를 들고 신사의 거래 은행으로 가 200달러 상당의 금화로 교환해 돌아오는 식이었다. 이때 두 은행의 장부에는 각각 200달러가 기입되었다. 다시 말해 신사의 계좌에는 200달러 출금이, 마차 제작자의 계좌에는 200달러 입금이 기록되었던 것이다. 이 같은 거래 방식에 따라 각 은행은 다른 은행에 빚진 금액을 계산하고 지급했다. 미국의 금융 중심지인 뉴욕에서는 이처럼 사람이 수표나 금화를 휴대한 채 출납 창구까지 직접 걸어가 금액을 정산해야 했다.

물론 당시 사람들도 이것이 얼마나 실용적이지 못한 방식인지 금세 깨달았다. 1858년 출간된 어느 책은 그때의 분위기를 다음과 같이 전한다.

> 포터 60명이 200~300달러어치의 은행어음 묶음을 호주머니에 넣은 채 동시에 거리로 나섰다. (…) [그들은] 계속해서 다른 짐꾼의 발자취를 따라 걸어갔다가 되돌아왔다. 포터 대여섯 명이 같은 창구에서 만나 서로의 업무에 지장을 주는 일이 허다했다. (…) 어떤 은행에서 금화를 인출해 다른 은행에 입금하는 과정에서 혼란, 언쟁, 피할 수 없는 실수가 발생했다. 말로는 정확히 표현하기 어려운 상황이 펼쳐졌다.
>
> 어음 인출이 모두 끝나면 월가의 포터들 사이에서 정산이 시작되었다. 포터들은 은행의 계단에서 거래소를 열고 그날 이루어진 거래에 대해 정산을 진행했다. 토머스는 주고받을 돈을 정산하기 위해 존의 은행에 금화 꾸러미를 맡겼다. 그 잔액은 윌리엄의 은행이 로버트의 은행에 갚아야 할 돈이었다. 그러나 로버트의 은행이 존의 은행에 진 빚은 그 두 배였다. 그렇다면 나머지 돈은 어디로 간 걸까! 그런데 알렉산더의 은행도 로버트의 은행에 빚을 지고 있었고, 윌리엄스의 은

행은 알렉산더의 은행에 빚이 있었다. 그때 피터가 입을 열었다. 자기가 제임스에게 받은 어음으로 로버트에게 빚을 갚았다는 것이었다. 그 어음은 알렉산더의 은행에서 발행된 것으로, 앨프리드가 제임스에게 주었다. 그러나 그렇게 해도 빚은 절반만 정산되었다. 남은 금액 가운데 4분의 1은 조지프가 새뮤얼에게 받아 다시 데이비드에게 전달한 금화 꾸러미로 정산되었다. 은행장과 출납계원이라 해도 이처럼 복잡하게 뒤얽힌 거래를 풀어낼 수는 없었으리라 장담할 수 있다.[2]

모든 것의 시작, 뉴욕 청산소

그러던 와중에 조지 더머 라이먼George Dummer Lyman이라는 은행 직원이 해결책을 제시했다. 1851년 라이먼은 금융의 핵심 기능인 '청산'과 '결제' 절차를 간소화하자고 제안하는 글을 익명으로 배포했다. 청산에는 은행끼리 주고받아야 할 금액을 정산하는 과정이 포함된다. 특정 기간(일반적으로 하루)에 거래된 금액을 더하고 빼서 최종 금액을 계산하고, 결제를 위해 충분한 자금을 보유하고 있는지 확인하는 것이다. 결제는 자금을 이전해 채무를 소멸시키는 행위다.

라이먼은 다행히도 영국 은행들의 경험을 참고할 수 있었다. 과거에 영국 은행들은 '걸어 다니는 은행원walking clerk'을 고용해 수표와 금화를 런던 시내 곳곳으로 운반하도록 했다. 훗날 미국에서 벌어질 문제를 한발 앞서 겪었던 셈인데, 영국 은행들은 런던 금융지구에 은행청산소Bankers' Clearing House라 불리는 기관을 설립함으로써 해결책을 마련했다. 안전한 장소에 모인 걸어 다니는 은행원들은 하루 동안 접수된 수표 거래를 한층 더 신속하게 정산할 수 있었다.

이 시스템을 미국에도 도입하자는 라이먼의 제안은 뉴욕 은행가들에게 크게 환영받았다. 그 결과 런던의 것보다 나은 시스템이 탄생했다. 1853년 10월 11일, 라이먼이 초대 책임자를 맡은 가운데 월가의 어느 건물에서 청산소가 문을 열었다. 그 첫날에만 52개 은행이 2,260만 달러어치의 수표를 교환했다. 거래는 약 21미터 길이의 타원형 테이블을 중심으로 이루어졌다. 각 은행에서 파견한 두 명의 은행원 중 한 명은 안쪽에 앉았고, 다른 한 명은 바깥쪽에 서 있었다. 오전 10시에 책임자가 신호를 보내면 바깥쪽에 서 있는 은행원들이 맞은편에 앉아 있는 은행원과 거래를 진행했다. 그리고 한 번에 한 칸씩 옆으로 이동해 (다른 은행에서 온) 그다음 은행원과 같은 절차를 되풀이했다. 이 과정은 바깥쪽에 서서 옆으로 이동하는 은행원들이 다시 처음의 자리로 돌아올 때까지 계속되었다. 모든 은행이 사전 정산을 정확히 해온 경우 이 모든 과정이 6분밖에 걸리지 않았다. 계산 실수를 저지른 은행원은 벌금을 물어야 했다. 그 덕분에 청산 작업은 이렇다 할 혼란 없이 원활하게 이루어졌다. 비슷한 청산소가 1856년 보스턴에도 설립되었고, 그로부터 2년 뒤에는 필라델피아에서도 문을 열었다. 곧 미국의 다른 대도시들도 그 뒤를 따랐다.

제아무리 선견지명이 뛰어났던 라이먼이라 해도 자신이 고안한 시스템이 자국 통화의 전 세계적인 위력에 어떠한 영향을 미치게 될지는 상상하지 못했을 것이다.

이 책은 바로 미국의 통화_currency_(유통 및 지급의 단위와 수단으로 사용되는 화폐money—옮긴이)인 달러에 관한 책이다. 달러는 세계시장에서 상품과 서비스를 결제하며 해외 고객에게 대금을 청구하고, 금융시장에서 돈을 빌리고 빌려주며 어려운 시기나 비상 상황에 대비한 지급준비금을 쌓는 일과 관련해 다른 어느 나라의 통화보다도 훨씬 더 자주 사용된다. 그 외에도 세계 곳곳에서 수많은 용도로 쓰인다. 지구상에서 가장 중요한 화폐인 달러는 미국의 전 세계적인 영향력을 대폭 강화한다. 실제로 미국은 대외 정책을 실현하는 수단이자, 다른 나라들을 공격하는 무기로 달러를 활용할 수 있다. 미국이 몰락하고 있다는 말이 많지만, 미국의 달러 지배력은 그 패권이 약화되지 않았음을 보여주는 중요한 지표다.

　달러의 독보적인 위상은 전 세계적으로 큰 주목을 받고 있으며, 그런 만큼 수많은 논란을 빚고 있기도 하다. 특히 2022년 2월 러시아가 우크라이나를 대대적으로 침공하면서 달러를 둘러싼 소란이 걷잡을 수 없을 만큼 커졌다. 러시아를 겨냥한 사상 최대 규모의 경제제재에서 달러가 결정적인 역할을 했기 때문이다. 미국과 그 우방국들이 러시아를 세계경제에서 고립시키기 위해 취한 조치 가운데서도 가장 강력한 것은 경제활동의 필수 요소인 달러 기반 금융 시스템에서 러시아의 은행, 기업, 정부 기관을 축출한 일이었다. 과거에 비슷한 일을 당했거나 미래에 당할 것을 우려한 여러 나라가 달러를 우회할 수 있는 금융 시스템을 구축하려고 한다. 이 같은 현상은 화폐의 기술적 혁신이 놀랄 만큼 빠르게 진행되고 있는 작금의 현상과 맞물려 있다. 혹자는 정부나 민간기업의 디지털 토큰이 블록체인 기술을 이용한 탈중앙화 시스템을 통해 발행되고, 또 최첨단 모바일 기기를 통해 유통되면서,

미래의 결제 수단이자 투자상품으로 자리 잡을 것이라고 주장한다. 그 결과 달러는 패권을 상실할 운명이라고 한술 더 뜨는 사람들도 있다. 반면에 달러가 점점 더 강해지고 있다는 근거 또한 계속해서 제시된다. 일각에서는 달러의 국제적인 위상이 하락하더라도 그 영향이 미미하거나 오히려 미국이 이득을 볼 것이라고 전망한다. 그런가 하면 끔찍한 재앙이 닥칠 것이라는 경고도 끊이지 않는다.

경제에 밝은 사람이라 해도 달러의 위상이라는 주제에 대해서는 갈피를 잡지 못할 때가 많다. 그런 만큼 뉴욕 청산소의 설립 과정은 이 책의 프롤로그에서 소개하기에 딱 알맞은 이야깃거리다. 150년도 더 전에 일어난 일이지만, 달러의 국제적인 역할과 밀접히 관련된 화폐 및 금융의 작동 방식을 이해하는 데 큰 도움을 주기 때문이다. 게다가 라이먼의 혁신적인 발상은 달러를 무기로 활용하기 위한 기반을 마련했다.

세계에서 가장 강력한 배관

'청산은행간결제시스템Clearing House Interbank Payments System, 이하 CHIPS'은 그 기원이 라이먼까지 거슬러 올라가는 기관으로, 맨해튼 중심부의 고층빌딩 17층에 자리한 호화로운 사무실에 본사를 두고 있다. 최신 공시 자료에 따르면 CHIPS는 하루 평균 54만 건이 넘는 거래를 처리하며, 그 총액은 1조 8000억 달러에 이른다.[3] CHIPS의 전산망은 실크해트를 쓴 채 타원형 테이블 주위를 돌던 은행원들의 역할을 대신한다. 알고리즘을 이용해 은행을 포함한 금융회사 간의 주문을 자동으로 매칭해주는 것이다. CHIPS의 자체 시스템은 "세계금융위기, 9·11 테러, 코로나19 팬데믹, 자연재해를 겪으면서도 언제나 사고 한 번 없이 결제를 정산하고 마감 시의 잔액을 분배해왔다."[4] CHIPS의 본부는 뉴욕에 있지만, 대규모 데이터 전송을 처리하는 컴퓨터와 인력, 백업 시스템은 텍사스주와 노스캐롤라이나주 등지의 시설들에 마련되어 있다. 한편 CHIPS는 40여 개의 주요 은행이 공동으로 소유한 기업에 의해 운영되는 민간조직이지만, 미국의 중앙은행인 연방준비제도 Federal Reserve Board, 이하 연준와 불가분의 관계다. 특히 연준의 공공 부문 결제 시스템이자 은행 간 결제를 대량으로 처리하는 페드와이어Fedwire와 긴밀히 공조한다.

CHIPS가 하는 일이 과연 그토록 중요할까? 사실 청산과 결제를 담당하는 CHIPS는 금융 시스템의 배관에 지나지 않는다고 해도 과언이 아니다. 기계적일 뿐 아니라, 금화 꾸러미를 지닌 채 뉴욕 거리를 뛰어다니던 포터들의 모습을 CHIPS 탓에 더는 볼 수 없게 되었으니, 지루하기까지 하다. 어느 나라나 청신소를 설립할 수 있으며 실제로 여러 국가에서 청산소를 운영하고 있다. 게다가 CHIPS에서 청산되고 결제되는 거래 건수와 금액은 페드와이어만큼 크지도 않다. 한편 대러 제재와 관련된 뉴스를 주의 깊게 살펴본 사람이라면 '국제은행간통신협회Society for Worldwide Interbank Financial Telecommunication, 이하 SWIFT'라는 곳을 자주 접했을 것이다. 그중 몇몇은 SWIFT가 이 모든 금융 시스템에서 어디에 위치하는지 궁금해했을지 모른다.

CHIPS는 달러로 이루어지는 국제 거래의 주요 경로라는 점에서 중요한 역할을 한다. 전 세계적으로 그 같은 거래의 90퍼센트 이상을 처리하며, CHIPS를 통해 처리되는 결제 가운데 95퍼센트 정도가 미국 밖에서 시작되거나 종료된다(때로는 시작과 종료 모두 미국 밖에서 이루어진다). 반면에 페드와이어는 주로 연준에 계좌를 보유한 미국 은행 간의 거래를 처리한다. SWIFT가 운영하는 것은 일종의 메시지 전송 시스템으로, 금융회사 간의 소통을 도울 뿐 거래를 청산하거나 결제하지는 않는다(소통 기능에 대해서는 뒤에서 좀 더 자세히 다룰 것이다).

여전히 CHIPS가 배관에 지나지 않는다고 말할 수도 있다. 그러나 배관을 통해 흐르는 것이 이 나라에서 저 나라로 이동하는 거액의 달러인 데다가, 그 배관이 미국 법의 관할권에 속하니, 각국의 은행은 물론이고 정부까지도 배관에 대한 접근권을 잃는 일이 없도록 주의를 기울일 수밖에 없다. 그 결과 미국 정부는 가늠할 수 없을 정도로 막강한 힘을 얻게 된다.

2023년 4월 중국 상하이를 방문한 브라질의 루이스 이나시우 룰라 다실바Luiz Inacio Lula da Silva 대통령은 좌절감 어린 자기 고백으로 수많은 사람의 마음을 대변했다. "매일 밤 나는 나 자신에게 어째서 모든 나라가 자국의 상거래를 달러에 의존해야 하느냐고 질문을 던집니다." 열화와 같은 박수를 보내는 청중 앞에서 룰라는 말을 이어갔다. "우리는 어째서 자국의 통화로 무역하지 못하는 걸까요? 금본위제가 사라진 이후 달러를 기축통화로 결정한 사람은 대체 누구입니까?"[5]

룰라는 국제통화의 위계질서가 문제를 유발한다고 비판했다. 소수의 통화만이 위에 있고, 나머지 통화들은 그 밑에 깔려 있는 구조가 문제라는 이야기였다. 물론 브라질의 헤알, 아르메니아의 드람, 말레이시아의 링깃도 판매자와 구매자가 모두 브라질, 아르메니아, 말레이시아의 영토 안에 있을 때는 상거래 과정에서 제 나름의 역할을 한다. 그러나 그 같은 통화들이 국경 밖에서 상품과 서비스의 결제에 쓰이는 일은 드물다. 불공평하게 들릴지 몰라도 석유, 밀, 반도체, 의약품 등의 상품을 판매하는 사람들은 대개 경화硬貨로 대금을 지급받으려 한다. 경화는 달러, 유로, 엔, 파운드, 위안화, 스위스-프랑을 비롯해 국제 거래에서 통용되는 극소수의 화폐를 가리킨다. 부유한 나라의 통화가 경화로 취급받는 까닭은 가난한 나라의 통화보다 더 안정적인 데다가, 거래, 투자, 가치 변동에 대비한 헤징을 더 적은 비용으로도 손쉽게 할 수 있기 때문이다.

달러의 국제적인 역할

달러는 국제통화 사다리의 꼭대기에 있다. 달러의 사용량을 미국 경제 규모와 비교하면 엄청나게 불균형적이다. 미국의 국내총생산Gross Domestic Product, 이하 GDP은 세계총생산Gross World Product, 이하 GWP의 4분의 1 정도를 차지하며, 미국의 수출입량은 국제무역량의 8퍼센트에 불과하지만, 달러는 미국 영토 밖에서 이루어지거나 미국인이 연관되지 않은 거래에서도 폭넓게 사용되고 있다.

언론 매체들은 달러를 '가장 중요한 기축통화'로 묘사하곤 하는데, 어느 정도는 맞는 말이다. '준비통화'로도 불리는 기축통화는 일본은행, 중국인민은행, 잉글랜드은행Bank of England, 인도준비은행Reserve Bank of India 등의 각국 중앙은행과 기타 정부 기관이 쌓아두는 외국 통화와 자산을 뜻한다. 그 가운데 60퍼센트 가까이가 달러로 표시된 미국 국채와 채권으로 이루어져 있다.[6] (혼동하지 말아야 할 점은 여기서 말하는 자산이란 금고에 쌓여 있는 현금이 아니라 전자적인 형태로 발행된 유가증권이라는 사실이다.)

그러나 기축통화에 관한 통계만으로는 달러의 국제적인 역할을 충분히 설명할 수 없다. 수출업자들은 대개 달러로 표시된 청구서를 보내고 달러로 대금을 지급받는다. 물론 유럽 국가 간의 무역은 주로 유로로 청구된다는 예외가 있지만, 이를 빼면 최근 몇 년 동안 국제무역의 4분의 3 이상이 달러로 청구되었다. 특히 서반구에서는 달러 청구 비율이 96퍼센트에 달했다. 그러한 거래의 상당 부분은 미국 외의 국가끼리 이루어진다. 한 예로 한국과 호주는 수출 대금의 90퍼센트를 달러로 청구하지만, 그중 미국으로 향하는 수출품의 비중은 전자의 경우 5분의 1, 후자의 경우 10분의 1 정도에 불과하다. 각국 정부와 기업이 자국 통화 외의 통화로 차입할 때 가장 많이 사용하는 통화도 달러다. 달러는 국제 대출과 예금의 60퍼센트를 차지하며, 달러로 발행되는 국제 채권과 기타 부채 증권도 전체의 70퍼센트에 달한다. 거래가 대규모로 일어나는 외환시장에서도 달러가 전체 거래의 90퍼센트를 차지한다. 예를 들어 어떤 사람이 칠레의 페소를 요르단의 디나르로 바꾸려면, 먼저 페소를 팔아 달러를 산 다음에 그 달러를 다시 디나르로 바꾸는 것이 일반적이다. 달러가 아닌 두 통화의 직접적인 거래 규모가 미미하기 때문이다.[7]

좀 더 이론적으로 설명하자면, 달러는 국제적인 차원에서 화폐의 주요 기능을 수행한다. 돈의 기능은 '교환의 매개', '회계 단위', '가치 저장'

등 세 가지로 구성된다. 돈이 존재하지 않아 사람들이 서로 물물교환에 의존해야 한다면 일상생활이 얼마나 불편하겠는가. 그러한 삶을 상상해보면 그 세 가지 기능의 필요성을 쉽게 이해할 수 있다. 고전적인 예로, 택시 승차를 원하는 과일 판매상과 사과를 사고 싶어 하는 택시 기사의 거래를 살펴보자. 이때 교환의 매개인 돈이 있으면 두 사람은 택시를 타기 위해 사과를 몇 개나 건네주어야 하는지, 아니면 사과를 사기 위해 택시를 몇 번이나 태워주어야 하는지 따위를 흥정할 필요가 없다. 그저 합의된 가격을 치르는 것으로 충분하다. 게다가 돈이 회계 단위로 쓰이는 덕분에 두 사람은 자기가 치르거나 받는 금액의 가치를 쉽게 파악할 수 있다. 이를테면 둘 다 10달러가 얼마만큼의 가치를 가지는지 잘 안다. 아울러 돈은 가치 저장 수단이라는 점에서, 지급되는 것을 받아도 된다는 신뢰를 양측 모두에게 제공한다. 지출을 나중으로 미루더라도 그 돈의 가치는 비슷하게 유지될 것이기 때문이다.

  돈의 기능을 달러에 적용해보자. 우선 달러는 국제무역의 결제 수단으로 사용됨에 따라 세계시장에서 교환의 매개 기능을 수행한다. 게다가 무역 대금 청구에 가장 많이 사용되므로 회계 단위 역할도 맡는다. 각국 중앙은행의 가장 중요한 기축통화이자 국제 투자와 대출에 가장 널리 사용되는 통화로서, 전 세계적인 가치 저장 수단이기도 하다.

상보성과 보편성

  더욱이 달러가 개별 기능에서 차지하고 있는 지배력은 다른 기능에서의 지배력을 강화한다. 경제학자들은 이 같은 현상을 가리켜 '상보성$_{complementarity}$'이라 부른다. 예를 들어 전 세계의 수출업자들은 달러로 대금을 청구하고 지급받는 것을 당연하게 여긴다. 따라서 이들로서는 대출받을 때도 달러로 빌리는 것이 가장 편리하다. 수출 대금으로 들어올 현금(달러)으로 만기가 도래하는 채무를 바로 갚을 수 있기 때문이다. 한편 수출업자들이 직원들에게 급여를 지급하려면 달러로 벌어들인 수익을 자국 통화로 환전해야 하므로, 외환시장에서는 한층 더 많은 달러 거래가 이루어지게 된다.

  달러의 위상을 한층 더 굳건하게 하는 요소는 '보편성$_{ubiquity}$'인데, 이는 네트워크 효과에 의해 더욱더 강화된다. 수많은 사람이 달러를 쓰기 때문에 너 나 할 것 없이 달러를 사용할 유인이 생긴다는 것이다. 나는 관광객들이 몰려드는 일본의 어느 도시에 살면서 경제가 아닌 다른 영역에서 네트워크 효과가 발생하는 것을 종종 목격한다. 바로 영어의 보편성이다. 상점이나 식당에서 이탈리아인, 독일인, 브라질인, 중국인 등의 외국인들이 일본인 점원이나 웨이터와 영어로 대화하려고 애쓰는 것을 우연히 듣다 보면 안타까운 마음을 금할 수 없다. 그러나 대화의 당사자들이 영어를 쓰는 수밖에 달리 선택의 여지가 없다고 생각하는 것도 당연하다. 영어는 전 세계적으로 수많은 사람이 조금이라도 할 줄 아는 언어이기 때문이다. 마찬가지로 세계시장에서 활동하는 사업가들은 상대방도 달러를 사용하리라 예상하고는 원활한 거래를 위해 달러로 거래를 진행하는 경향이 있다. 다시 한번 수출업자들의 사례를 살펴보자. 고객이 달러 결제에 익숙하다면, 수출업자는 그저 달러로 대금을 청구해야 옳다. 고객에게 다른 통화로 대금을

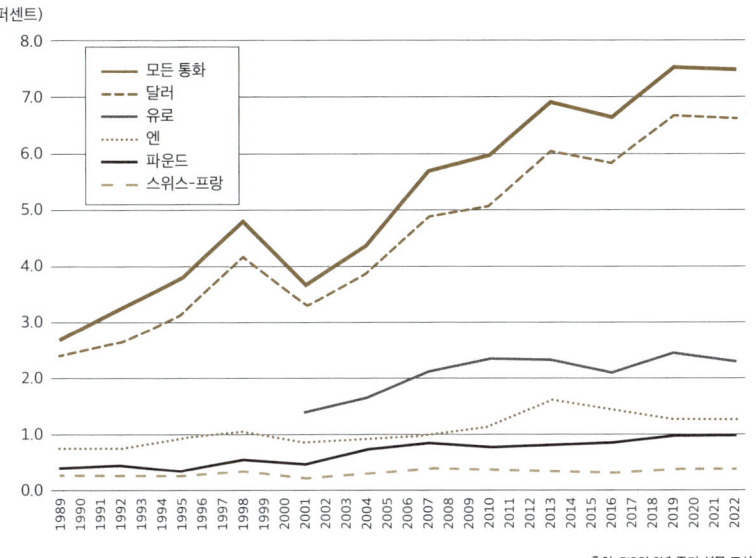

결제하도록 하는 불편을 끼치면 수익성이 나빠질 위험이 있다.

상보성과 보편성은 심층적으로 작용한다. 위의 그래프에서 그 사실을 확인할 수 있다. 국제결제은행Bank for International Settlements, 이하 BIS이 취합한 자료를 참고해 작성된 해당 그래프는 '외환 스와프'로 불리는 금융상품의 회전율(금융상품이 얼마나 활발하게 거래되고 있는지를 보여주는 지표—옮긴이)을 보여준다. 외환 스와프는 거래 양측이 (달러와 엔 같은) 통화 한 쌍을 두 번 거래하는 형태다. 먼저 당일 환율로 통화를 교환하고 나서 어느 정도 시간이 지난 후에 미리 정한 환율에 따라 다시 원래의 통화로 맞바꾼다.[8]

상단의 점선은 달러가 교환 통화 중 하나로 사용된 외환 스와프의 거래 규모를 보여주는데, 시간이 지남에 따라 상승하는 것에서 달러가 외환 스와프 시장을 장악하고 있다는 사실을 알 수 있다. 아울러 유로, 엔, 파운드, 스위스-프랑을 나타내는 선들은 거의 바닥에 붙어 있다는 점에도 주목하라.

외환 스와프 시장은 어마어마한 규모를 자랑한다. 그저 달러나 다른 통화의 가격 추이를 예측해 한몫 잡으려는 투기꾼들만 있다면 거래 규모가 그처럼 엄청날 수 없다. 2022년 기준 외환 스와프 시장의 하루 평균 회전율은 5조 달러에 달했다. 이는 GWP가 대략 2주마다 한 번씩 거래되는 것과 맞먹는 규모다. 외환 스와프의 목적은 투기라기보다는 헤징이라 할 수 있다. 다시 말해 환율의 상승과 하락이 기업의 수익이나 지출에 타격을 가하지 않도록 대비하는 것이다.

달러가 외환 스와프 시장을 지배하는 것이 그토록 대단한 일일까? 사실 달러의 영향력 확대는 대부분 고소득 국가에 본사를 둔 수많은 거대 기업(다국적기업, 전 세계에 지사를 두고 있는 대형 은행과 금융회사)이 차입, 대출, 투자 등의 다양한 거래에서 달러를 선택하고, 또 그러한 경향이 점점 더 심화하는 현실을 반영한다. 외환 스와프 시장에 참여하면 그 같은 선택이 가능해진다. 한 예로 일본의 생명보험사들은 자사의 해외 포트폴리오 가운데 상당 부분을 달러 표시 유가증권에 투자한다. 그러나 자국의 보험 가입자들에게는 엔으로 보험금을 지급해야 하므로, 환율 변동에 대비해 달러·엔 스와프를 활용한다. 스위스의 연기금 운용사들도 자국의 수령인들에게 안정적으로 연금을 지급하고자, 달러·스위스-프랑 스와프를 통해 환율 변동을 헤징한다. 그러한 기업들이 달러 표시 유가증권에 투자하면 할수록 대형 제조업체와 기타 다국적기업들이 달러 표시 유가증권을 발행해 자금을 조달할 유인도 커진다. 그 반대의 경우도 마찬가지다. 대형 은행들도 외환 스와프 거래에 한쪽 당사자로 참여하므로, 달러에 대한 의존도가 매우 높다. 정리하면 이렇다. 달러를 받고 수출하기 위해 달러로 표시된 청구서를 발행하고, 연장선에서 달러로 돈을 빌리며, 달러 표시 유가증권을 발행하게 된다. 이렇게 달러 대출과 투자가 이루어지면 달러를 이용한 헤징이 발생하고, 그 후로도 같은 과정이 반복된다.

공유된 허구를 떠받치는 신용

달러의 역할을 공식적으로 명시하는 조약이나 협정은 존재하지 않는다. 적어도 지금은 그렇다. 1944년 연합국들이 체결한 그 유명한 브레턴우즈협정에서 전후 국제통화 시스템의 공식적인 기축통화로 지정되었던 적은 있다. 그러나 협정은 1970년대 초반 들어 붕괴했다. 이후 경제의 근본적인 요소들이 달러 패권을 떠받치고 있다. 가장 결정적인 요소는 미국 금융시장의 독보적인 깊이와 폭, 즉 '유동성liquidity'이다. 거래와 헤징을 위한 금융상품이 다양하고 회전율이 높은 미국 금융시장의 특성상, 누구든 마음만 먹으면 달러 표시 유가증권 중에서도 가장 중요한 위치에 있는 미국 국채를 대량으로 사고팔 수 있는 데다가, 그렇게 해도 가격 상승이나 하락을 유발하지 않는다. 이 때문에 미국 금융시장은 전 세계적인 금융위기가 닥칠 때마다 보유 자산을 신속하게 처분하면서도 헐값 매각으로 인한 손실을 최소화하려는 자산 운용사들에 최후의 피난처가 되어주는 등 중요한 역할을 해왔다. 그 외에도 미국의 법적·제도적 인프라 또한 달러의 위상이 유지되는 데 없어서는 안 될 역할을 하고 있다. 미국에서는 재산권이 보장되고 계약이 강제력을 발휘하며 법치주의가 자리를 잡은 덕분에 정부의 투명성이 상대적으로 높다. 다른 경화도 비슷한 특징을 지니고 있어 어느 정도까지는 국제적으로 통용되지만, 그 무엇도 달러를 따라올 수는 없다. 하나같이 국제통화로서의 역할을 제약하는 단점이 존재하기 때문이다.

한편 민주당 행정부든 공화당 행정부든 달러의 '회복 탄력성$_{resilience}$'에 기대어 국가 안보라는 명목하에 적극적으로, 또 대담하게 달러를 활용해왔다. 특히 지난 20여 년간 테러와의 전쟁이나 북한을 비롯한 '불량 국가'의 고립 같은 주요 목표를 달성하는 데 달러가 활용되었다. 러시아가 우크라이나를 침공한 2022년에는 달러의 무기화가 전 세계적으로 환영받았지만, 그 밖의 경우에는 매우 다른 반응을 불러일으키곤 했다. 그 대표적인 사례로, 2018년 트럼프 행정부가 이란과 거래하는 국가나 기업은 무조건 달러 기반 금융 시스템에서 퇴출하겠다고 으름장을 놓음으로써, 다른 나라들에 미국의 결정을 따르도록 강요했을 때 세계 각국이 보인 반응을 들 수 있다. 일부 국가는 미국의 행위를 모욕으로 받아들이고는 분개하며 '탈脫달러화' 기조를 세웠다. 이는 자본 흐름에 대한 미국 정부의 지배력을 약화하려는 시도였다. 그러나 이는 대부분 효과가 없는 것으로 판명되었다.

눈치 빠른 독자라면 위의 분석에서 중요한 부분이 빠져 있다는 사실을 깨달았을 것이다. 달러가 유로와 엔을 비롯해 그 어떠한 통화보다 당연히 더 높은 위치에 있다는 주장은 타당할지 모른다. 그러나 정부가 보증하는 화폐만 있는 것은 아니다. 암호화폐 신봉자, 자유지상주의자 그리고 온갖 지식인이 곧잘 지적하듯이 화폐는 사회적 구성물이자 '공유된 허구'다. 즉 화폐의 가치는 사회 구성원들이 그것을 기꺼이 받아들일지에 달려 있으며, 이때 이들의 의향은 남들도 계속해서 그러할지에 대한 추측을 바탕으로 결정된다. 역사적으로 여러 시대에 걸쳐 조가비, 구슬, 왐펌wampum(북미 원주민들이 화폐 대신 사용한 조개껍질 염주―옮긴이), 동물 가죽 등의 물건이 화폐로 쓰였으며, 사람들은 극한 상황 속에서도 물건을 사고팔기 위해 화폐와 비슷한 수단을 고안하는 놀라운 창의력을 발휘했다. 예를 들어 포로수용소에서는 담배가 거래 수단으로 사용되었다. 1970년 아일랜드 은행들이 파업 때문에 몇 달 동안 문을 닫았을 때 예금을 인출할 수 없게 된 고객들은 직접 종이 수표를 만들어 필요한 물건을 샀다. 이때 그들의 수표가 대부분 받아들여졌던 까닭은 신용 덕분이었다. 어떠한 거래 수단이든 화폐로 쓰이기 위해서는 반드시 필요한 요소가 바로 신용이다.

쿠빌라이 칸의 교초

역사를 되돌아보면 화폐 발행이 국가의 전유물일 필요가 없다는 결론에 도달하게 된다. 실제로 우리에게 돌진해 오고 있는 화폐의 '멋진 신세계'는 근본적인 질문을 던진다. 기술 덕분에 지금까지 상상하지 못했던 갖가지 거래 수단이 등장한다면, 달러가 중요한 역할을 담당해야 할 이유가 무엇일까? 심지어 달러의 역할이 남아나기는 할까? 소셜 미디어에서 흔히 볼 수 있는 표현으로 바꿔 말하자면, 달러가 개인이 정교하게 설계한 소프트웨어 코드의 문자열보다 화폐로서 더 큰 가치를 인정받아야 할 까닭은 무엇일까? 그 답을 구하는 과정에서 달러가 달러인 이유를 통찰할 수 있다.

화폐의 역사에서 쿠빌라이 칸Khubilai Khan은 자국 영토 안의 화폐 운용에 대해 독창적인 접근법을 취한 사람으로 유명하다. 13세기 원나라의 황제였던 그는 조정에서 발행한 교초交鈔라는 이름의 지폐가 널리 사용되기를 바랐다. 그러나 교초는 귀금속 같은 실물 자산의 비축분으로 뒷받침되지 않았다. 베네치아 출신의 여행가 마르코 폴로Marco Polo가 놀라워하며 남긴 기록에 따르면, 쿠빌라이 칸은 교초의 수령을 거부할 시 "죽을 각오"를 해야 할 것이라고 선포했다. 그 결과 백성 모두가 "망설임 없이 교초를 받아들였다. 거래 장소가 어디든 간에 다시 교초를 써서" 물건을 살 수 있었기 때문이다. 경제학을 공부한 사람이라면 쿠빌라이 칸이 명목화폐(화폐를 이루는 물질의 실질 가치와는 상관없이, 그 위에 적힌 액면가만큼의 가치를 지니고 통용되는 화폐—옮긴이)의 개념을 교초에 적용했음을 금세 알아차릴 것이다. 가혹하게 시행되었다는 차이는 있지만, 교초 또한 일반적인 명목화폐처럼 본질적인 가치보다는 순전히 정부의 권위에 의해 창출된 가치를 지니는 화폐였다.

달러도 1971년에 금본위 화폐로서의 흔적을 완전히 상실한 명목화폐다. 물론 그 누구도 달러를 거부한다는 이유만으로 죽임당하는 일은 없다. 그러나 미국 정부의 막강한 권력은 달러에 대한 신뢰를 높이는 데 결정적인 역할을 한다. 그러한 권력 가운데 일부는 조금만 생각해도 손쉽게 떠올릴 수 있는 것들이지만, 현대 화폐 시스템의 작동 방식에 관한 전문 지식이 있어야만 파악할 수 있는 것들도 존재한다.

가장 명확한 권력은 과세의 권한이다. 사람들이 달러를 안심하고 보유하기 위해서는 이를 실제 상품이나 서비스와 교환할 수 있다는 확신이 있어야 한다. 그러한 면에서 미국 정부가 달러로 세금을 거두는 것은 매우 중요한 역할을 한다. 어쨌든 미국 국세청에 세금을 납부하지 않으면 벌금을 맞거나 수감되는 등의 처벌을 당할 수 있기 때문이다.

실제로 달러를 자세히 들여다보면 확신을 주는 요소를 하나 더 발견할 수 있다. 달러에는 작은 크기의 대문자로 "해당 지폐는 모든 공적 채무와 사적 채무에 대한 법정통화다THIS NOTE IS LEGAL TENDER FOR ALL DEBTS, PUBLIC AND PRIVATE"라는 문구가 적혀 있다. 달러가 세금 납부 수단일 뿐 아니라, 사적 채무의 변제 수단으로도 인정받는다는 뜻이다. 다시 말해 법적 구속력이 있는 계약에 따라 발생한 채무를 달러로 지급하면, 법원은 채무가 소멸한 것으로 간주한다. 이 같은 원칙은 조가비, 비트코인은 물론이고 금에도 적용되지 않는다. 채무자가 제아무리 그 가치가 높다고 주장한들 (채권자가 인정하지 않으면) 소용없다.

미국 정부의 역할

미국 정부의 권력은 달러에 대한 신뢰 형성에 큰 도움을 주지만, 그것만으로는 충분치 않다. 여기에 더해 달러가 시간이 지나도 구매력을 유지할 것이라는 확신이 필요하다. 구매력 유지는 연준의 주된 역할이다. 실제로 연준의 법적 의무는 전반적인 물가수준을 안정적으로 유지하는 동시에 완전고용을 촉진하는 것이다.

연준은 상충할 때가 많은 그 두 가지 목표를 달성하기 위해 경기가 불황인지 호황인지에 따라 금리를 올리거나 내린다. 경제 뉴스를 꼼꼼히 보는 사람이라면 그 원리를 잘 알고 있을 것이다. 경기가 침체하면 연준은 은행 간의 단기 대출금리에 영향력을 행사해 신용 공급을 확대하고 금리를 인하하는 방식으로 경제성장을 촉진하려 한다. 반대로 경기가 호황인 상황에서 과도한 수요 때문에 물가가 급등하리라는 우려가 커질 때면 연준은 신용 공급을 틀어막고 금리를 인상함으로써 성장세를 꺾으려 한다.

이 외에도 미국 정부가 할 수 있는 일은 훨씬 더 많다. 무엇보다 달러가 '공공화폐public money'든 '민간화폐private money'든 간에 동일한 가치임을 보장한다. 이 같은 용어는 두 화폐의 차이점에 대해 들어본 적이 없는 사람에게는 생소할지 모르지만, 중요한 뜻을 담고 있다.

지폐 형태의 달러는 일종의 공공화폐다. 제일 상단에 인쇄되어 있는 "연방준비은행권Federal Reserve Note"이라는 문구는 달러가 연준에 의해 발행되었으며, 정부 기관에 들고 가서 금이나 은으로 교환할 수는 없지만 연준의 장부에 부채로 기록된다는 사실을 알려준다. 이는 달러의 구매력을 유지해주겠다는 연준의 암묵적인 약속으로도 볼 수 있다. 즉 소비자가 자주 구매하는 유형의 상품에 대한 달러 가치를 합리적으로 가능한 범위 내에서 최대한 안정적으로 유지해주겠다는 것이다.

미국인 대다수는 고액의 달러를 현금으로 보유하려고 하지 않는다.

도둑맞을 위험 때문이기도 하고 현금으로는 이자를 얻을 수 없기 때문이기도 하다. 또한 현대적인 결제 시스템이 제공하는 편의를 누리기 위해서도 현금 보유를 꺼린다. 그래서 달러를 은행에 예금한다. 이때 달러는 민간화폐가 된다. 이를테면 100달러의 예금은 예금자의 계좌에 100달러가 입금된 것으로 은행 장부에 기록되며, 민간기업인 은행이 예금자에게 지급할 의무가 있는 부채가 된다. 연방예금보험공사Federal Deposit Insurance Corporation가 공황에 빠진 예금자들이 한꺼번에 돈을 빼내는 것을 방지하기 위해 최대 25만 달러의 예금을 보장해준다는 사실은 잠시 잊도록 하자. 100달러의 예금은 은행이 예금자에게 100달러를 지급하겠다는 약속일 뿐 더는 공공화폐가 아니다.

미국 경제에서 결제에 사용되는 달러의 대부분은 민간화폐다. 그리고 암호화폐 신봉자들이 특히 분통을 터뜨리는 점도 그 사실과 관련된다. 민간화폐는 은행이 대출을 내주는 순간 마법과도 같이 창출될 수 있는 것이다. 어느 은행이 공장을 짓는 회사에 1억 달러를 대출해준다고 치자. 은행이 그 회사의 계좌에 1억 달러를 입금하기만 하면 회사의 예금은 1억 달러가 되고, 그만큼 통화량이 증가하게 된다.

물론 은행은 대출과 관련한 규제를 받는다. (아무리 허술하고 엉망이더라도) 규제가 있기에 은행은 무제한으로 대출을 일으킬 수 없다. 이는 은행이 손실을 흡수할 완충장치를 충분히 갖추도록 하는 동시에, 달러의 신뢰성을 보호한다. 그러나 이보다 훨씬 더 중요한 정부의 역할이 있다.

은행 입장에서 대출은 곧 자산이다. 대출에는 채무자의 상환 약속이 따르며 상환 약속에는 법적 구속력이 있다. 공장을 짓기 위해 대출받은 회사는 빌린 원금 1억 달러와 이자를 갚아야 하며, 그러지 않으면 송사에 휘말리게 된다. 담보를 제공해야 받을 수 있는 대출도 있다(주택담보대출의 경우에는 집이 담보다). 채무자가 담보대출을 갚지 못하면 은행은 압류 절차를 진행한다(자동차 대출의 경우에는 '리포맨repo man'으로 불리는 채권추심업자를 보내 차량을 압류한다). 담보가 없는 대출이라 하더라도 채무불이행은 계약 위반으로 간주된다. 그럴 경우 대출을 내준 은행은 법원에 소송을 제기하거나 채무자의 강제 파산을 신청한다.

채무불이행, 파산, 리포맨의 개입 등은 흔히 있는 일이 아니다. 대부분의 대출은 완전히 상환되는 좋은 결말을 맞는다. 그러나 중요한 점은 사람들이 이 모든 과정에서 달러를 기꺼이 사용하는 것만으로는 달러의 가치가 유지되지 않는다는 사실이다. 달러는 법치주의로도 뒷받침된다. 법치주의에 따라 정부는 계약의 이행을 명령하고 법원은 분쟁을 판정한다.

달러의 수많은 형태

달러는 그 외의 방식으로도 신뢰성을 보호받는다. 생소하지만 알고 보면 매우 흥미로운 방식이다.

1850년대에 뉴욕의 은행들이 어떻게 운영되었는지 다시 한번 떠올려보자. 은행들은 서로 간에 진 빚을 정산하기 위해 금화를 사용했다. 뉴욕 청산소가 설립되자 포터들이 금화를 지닌 채 은행들을 돌아다니던 괴상한 관행은 사라졌다. 그렇지만 은행들은 고객이 수표를 발행하면 여전히 서로 간에 자금을 이체함으로써 채무를 정산해야 했다. 그리고 1850년대에는 금화가 변함없이 정산의 수단이었다.

오늘날의 명목화폐 시스템에서는 금화 대신 지급준비금이 쓰인다. 지급준비금은 특수한 종류의 공공화폐로, 은행들만 사용할 수 있다. 금화처럼 반짝이지도 않고 지폐처럼 형태가 있는 것도 아니다. 다만 은행들이 연준에 개설한 계좌에 전자적으로 입금될 뿐이다. (뒤에서 알아볼) '중앙은행 화폐'로도 불리는 지급준비금은 개인, 기업, 비영리단체, 기타 다양한 조직을 비롯한 수백만 고객의 거래를 반영해 은행들이 서로 자금을 이체할 때 정산의 수단이 된다.

이 모든 작업은 전자적으로 금액이 증가하거나 감소하는 식으로 배후에서 이루어진다. 우리는 수표를 쓰거나 체크카드를 사용해 물건값을 지급할 때 돈이 내 계좌에서 수취인의 계좌로 직접 이동한다고 생각한다. 그러나 실제로 일어나는 일은 다음과 같다. ① 내 거래 은행은 내 계좌에서 해당 금액만큼을 차감하고, ② 지급준비금으로 그만큼의 금액을 수취인의 거래 은행으로 이체한다. 그 결과 내 거래 은행이 중앙은행, 즉 연준에 보유한 계좌의 잔액은 감소하는 한편, 수취인의 거래 은행이 연준에 보유한 계좌의 잔액은 증가한다. ③ 이어서 수취인의 거래 은행이 수취인의 계좌에 해당 금액만큼을 추가한다.

우리가 돈을 받을 때, 이를테면 고용주에게 급여를 받을 때도 똑같은 과정이 반복된다. 고용주의 거래 은행이 내 거래 은행으로 급여에 해당하는 지급준비금을 이체한다. 이때 연준에 개설된 두 은행의 계좌에서 돈이 인출되고 입금되는 방식으로 이체가 진행된다. 그 결과 내 계좌 잔액은 증가하고 고용주의 계좌 잔액은 줄어든다.

이와 관련해 흥미로운 사실이 하나 있다. (지폐, 예금, 지급준비금을 비롯한) 이 모든 형태의 달러를 상호 교환할 수 있다는 사실이다. ATM에서 계좌에 있는 돈을 인출하면 민간화폐가 공공화폐로 전환된다. 카드를 넣고 비밀번호를 입력하는 것만으로도 그 같은 일이 이루어지는 것이다. 은행은 ATM에 현금을 추가해야 할 경우 연준에 현금을 보내달라고 요청한다. 그러면 연준은 은행의 지급준비금에서 그만큼의 금액을 차감한다. 이때 달러는 그 모든 교환 과정에서 어떠한 제약도, 가치 손실도 없이 액면가를 유지한다. 모든 1달러가 1달러의 가치를 그대로 지닌다는 뜻이다. 뒤에서 다시 다루겠지만, 학자들은 이러한 현상을 '화폐의 단일성singleness of money'이라 부른다.

최근까지 잉글랜드은행의 부총재를 지냈던 존 컨리프Jon Cunliffe는 2021년에 화폐의 단일성을 주제로 멋진 연설을 했다.[9] 기본적으로 영국에 관한 이야기였지만, 미국에도 똑같이 적용할 수 있는 내용이었다. 컨리프는 야외 활동이 자유로웠던 팬데믹 이전에도 영국 국민이 지출한 돈 가운데 현금 형태의 공공화폐 비율은 23퍼센트에 불과했으며, 앞으로 지출에 사용할 돈의 95퍼센트를 예금, 즉 민간화폐 형태로 보유하고 있다고 지적했다.

컨리프는 "일반 국민이 공공화폐와 민간화폐의 차이를 어느 정도로 이해하고 있는지는 분명하지 않습니다. 심지어 자기들이 거의 항상 민간화폐를 사용하고 있다는 사실을 알고 있는지도 확실치 않습니다"라면서, 그 의미를 다음과 같이 설명했다. "우리가 과거의 몇몇 시대와는 달리 더는 그 차이에 대해 깊이 생각하지 않는다는 사실과 영국 국민이 형태가 무엇이든 발행 기관이 어디이든 간에 자국 화폐를 전반적으로로 신뢰하고 있다는 사실은 바람직한 일입니다. 이는 결코 우연이 아닙니다. 영국 정부가 발행한 공공화폐에 민간화폐를 연동하는 제도적 틀이 신뢰를 확보했기 때문에 가능한 일입니다."

경제정책을 책임지는 사람들이 마음만 먹으면 그러한 제도적 틀은 얼마든지 악용될 수 있다. 역사를 보면, 거창한 목표를 내세운 통치자가 화폐 발행 권한을 이용해 국민의 재산 가치를 떨어뜨리고 장기적으로 악영향을 끼친 사례는 수없이 많다. 중세 시대에는 돈이 많이 드는 군사 원정을 떠나거나 호화로운 성채를 건설하기로 마음먹은 군주들이 그 비용을 손쉽게 마련하고자 병사와 일꾼들에게 지급할 금화와 은화에 값싼 금속을 마구 섞어 가치를 훼손했다. 현대에 들어서도 유력 정치인들은 어떤 위험이 따르든 간에 방만한 지출이나 낮은 세율, 또는 그 두 가지에 모두 도움이 되는 통화정책을 채택하라며 중앙은행에 압력을 가하곤 한다. 가장 극단적인 사례로 옛 바이마르공화국, 중남미 국가들, 짐바브웨의 하이퍼인플레이션을 들 수 있다. 그러나 그보다 훨씬 덜한 인플레이션이라도 몇 차례 반복되면 사회적·정치적 대혼란을 초래한다.

그렇지만 달러를 명목화폐로 만드는 근본적 요소에는 변함이 없다. 달러는 미국 정부가 뒷받침하는 제도에 굳건히 발을 딛고 서 있다. 그러나 이는 미국 국내에만 한정되는 이야기다. 전 세계적으로 달러를 떠받치는 힘은 시장의 힘에 좌우된다. 그렇다면 그 힘은 얼마나 오래도록 유지될까?

달러 이후의 세계?

달러가 세계에서 가장 우월한 통화로 떠오르기 수백 년 전에는 비잔티움제국의 솔리두스, 피렌체의 플로린, 베네치아의 두카트, 네덜란드의 길더, 스페인의 페소, 영국의 파운드 같은 강대국들의 화폐가 국제 거래를 장악했다. 이들 화폐는 발행국의 세력이 약해지기 전까지 우위를 차지했다. 그렇다면 달러 또한 그 화폐들과 마찬가지로 역사의 뒤안길로 사라질 것인가?

우리는 달러가 몰락하리라는 주장을 자주 듣는다. 각종 서적, 언론 보도, 기고문, 소셜미디어가 그 같은 예측을 실어 나른다. 암호화폐 신봉자들은 해당 산업에 닥친 여러 차례의 위기에도 크게 낙담하는 일 없이 비트코인 등의 블록체인 기반 화폐가 기존 통화들을 대체할 것이라고, 궁극적으로는 달러를 밀어내고 기축통화의 자리를 차지할 것이라고 믿는다. 한편 워싱턴의 강경파들은 중국의 발 빠른 디지털 위안화 개발이 달러에 치명적인 위협이 될 것이라고 경고한다. 건전화폐健全貨幣(가치가 안정적으로 유지되는 화폐—옮긴이) 신봉자들은 최근 몇 년 동안 은행업계에 수조 달러를 투입한 연준의 조치가 감당할 수 없는 인플레이션을 초래할 것이며, 그 결과 달러의 가치가 국내외를 막론하고 그 누구도 사용하지 않을 만큼 폭락할지 모른다고 우려한다.

"달러 이후의 세계가 다가오고 있다." 이는 전 세계적인 투자회사 록펠러인터내셔널Rockefeller International의 루치르 샤르마Ruchir Sharma 회장이 2022년 8월 28일 자 《파이낸셜타임스》에 기고한 글의 마지막 문장이다. 반년 정도 지나 투자은행인 크레디트스위스Credit Suisse의 포자르

졸탄Pozsar Zoltan 또한 《파이낸셜타임스》에 〈강대국 간 갈등에 달러의 엄청난 특권이 위협받다Great Power Conflict Puts the Dollar's Exorbitant Privilege under Threat〉라는 제목의 글을 기고했다. 역사학자 니얼 퍼거슨Niall Ferguson은 《선데이타임스》에 기고한 글에서 중국의 모바일 결제 서비스인 알리페이Alipay와 위챗페이WeChat Pay의 폭발적인 성장을 언급하며 다음과 같이 경고했다. "미국이 어리석다면 그러한 추세가 계속되도록 내버려두어 결국 중국이 자국의 디지털 플랫폼을 단일 글로벌 시스템으로 만들어버리는 날이 닥칠 것이다. 그날이 디데이, 즉 달러가 세계 1위 통화의 자리를 잃고 미국이 경제제재라는 초능력을 잃는 날이 될 것이다."[10]

2021년 5월, 투자 거물로 유명한 스탠리 드러켄밀러Stanley Druckenmiller는 경제 뉴스 전문 채널인 CNBC에 출연해 당시 미국 의회가 추진 중이던 경기 부양 법안을 다음과 같이 비난했다. "우리가 부채를 화폐화하고 점점 더 많은 정부 지출이 발생하도록 놔둔다면, 미국이 15년 안에 기축통화로서 달러의 지위는 물론이고 그 덕분에 쌓아온 막강한 특권들까지 잃을지 모른다는 걱정이 들기 시작했습니다." 워싱턴에 기반을 둔 국제 안보 연구소의 공동 소장인 갤 러프트Gal Luft와 앤 코린Anne Korin은 함께 집필한 《탈달러화De-Dollarization》에서 달러가 현재 "열차 사고가 예고된" 선로를 달리고 있다고 표현했다. 아울러 달러의 국제적인 역할이 약화되면 "미국인의 경제 사정, 은퇴 계획, 의료비, 집값, 은행 대출뿐 아니라 미국이 초강대국으로서의 위상을 유지하는 역량도 타격을 입을 것이다"라고 경고했다. 트럼프 1기 행정부에서 재무부 차관보를 지냈던 모니카 크롤리Monica Crowley는 2023년 폭스뉴스와의 인터뷰에서 달러가 "무모한 정책", "조 바이든Joe Biden의 약점", "중국의 주도하에 미국의 적국들이 꾸린 경제 공동체" 등이 결합한 퍼펙트스톰에 위협받고 있다면서 다음과 같이 지적했다. "사우디아라비아까지 그러한 경제 공동체에 합류할 경우 옛 바이마르공화국에서 벌어졌던 것과 비슷한 유형의 인플레이션이 천정부지로 날뛸 것입니다. 그러나 그보다 더 중요한 점은 미국이 경제 주도권을 놓치고 초강대국 지위를 잃어버리게 될 것이라는 사실입니다."[11]

이 책은 비관론자들의 경고와 달리, 달러 패권이 난공불락이며 미국 정부가 치명적인 실책을 저지르지 않는 한 앞으로도 유지되리라는 내용을 담고 있다. 이 책을 통해 나는 미국 정부가 달러 기반 금융 시스템의 지배력을 이용해 적들에게 회복 불가능한 타격을 입혀온 과정을 설명하고자 한다. 또한 (러시아를 비롯해) 몇몇 표적이 그 피해를 줄이는 방법을 알아냈는데도, 달러라는 무기가 먼 미래까지 효력을 유지할 것임을 보여주고자 한다. 달러 위기론이 틀렸음을 입증하기 위해 이 책은 새로운 관점을 취할 것이다. 즉 다른 통화 한두 가지가 국제통화 사다리의 정점에 합류해 달러와 같은 위치를 차지하더라도 미국인들은 걱정할 필요가 없다는 관점이다. 애당초 그 같은 일은 실현 가능성이 크지 않으며, 설사 실현되더라도 다극적인 통화 시스템은 여러 가지 장점을 발휘할 것이다.

그러나 이 책의 핵심 메시지는 현실에 만족하자는 것이 아니라 그 정반대다. 무엇보다 '미국 정부가 치명적인 실책을 저지르지 않는 한'이라는 전제에 주목해야 할 필요가 있다. 그 같은 실책의 위험성은 대수로이 여길 것이 아니다. 내가 해당 문구를 쓰기 불과 몇 달 전만 해도 미국 의회의 극우 성향 의원들은 정부 예산을 둘러싼 갈등 속에서 채무불이행을 강행할 것이라며 목소리를 높였다. 충돌은 해소되었지만, 그 일은 미국 정부가 완전한 기능 마비에 빠질 때 어떤 상황이 펼쳐질지 가늠하게 해주었다. 정말 그렇게 되면 달러 기반 통화 시스템은 큰 혼란에 빠질 것이다. 뒤에서 자세히 살펴보겠지만, 그 외에도 혼란을 초래할 만한 시나리오를 몇 가지 더 떠올려볼 수 있다. 그리고 모든 경우에서 그 악영향은 달러와 관련된 문제들에만 국한되지 않고 여러 분야로 퍼져나갈 것이 분명하다.

미국의 힘과 책임

이 책의 주제는 영화 〈스파이더맨〉을 통해 유명해진 격언 "큰 힘에는 큰 책임이 따른다"와 일맥상통한다. 많은 것이 세계에서 가장 우월한 통화를 보유한 나라가 그 강력한 힘을 어떻게 사용하느냐에 달려 있다는 뜻이다. 미국이 그 힘을 책임감 있게 행사하느냐는 미국인뿐 아니라 다른 나라 사람들에게까지 중대한 관심사일 수밖에 없는데, 그 이유는 다음과 같다.

첫째, 엄청난 영향력을 손에 쥔 미국 정부가 달러라는 무기를 과도하게 사용하려는 유혹에 빠질 수 있다. 그러나 국제사회의 폭넓은 지지를 받지 않은 채 달러를 이용한 경제제재를 무자비하고 일방적으로 시행하다가는 역풍을 맞아 재앙에 직면할 것이다. 그 같은 조치는 다른 나라들의 분노를 자극하고 우방국과도 멀어지게 하는 한편, 적국이 또 다른 대립을 획책하도록 도발할 위험이 있다. 심지어 대러 제재처럼 정당하다는 평가와 폭넓은 지지를 받는 조치라 할지라도, 저소득층을 비롯해 무고한 이들이 경제적 고통을 겪었다(2022년 세계경제를 뒤흔든 에너지 가격 급등과 그 여파가 대표적인 사례다). 게다가 보복을 유발할 가능성도 있다. '경제적 강압economic coercion'(외교적 마찰이 벌어질 때 상대국을 경제적으로 압박하는 행위―옮긴이)을 능수능란하게 실행해온 중국은 미국의 제재에 맞서 필수적인 상품과 원자재의 생산을 통제할 가능성이 크다.

둘째, 달러 우위로 미국은 전 세계의 금융 안정을 촉진하고 유지해야 한다는 과도한 의무를 떠안게 되었다. 현대 통화 시스템에서는 금융시장에 혼란이 발생할 때마다 달러 부족 사태가 놀랍도록 자주 일어난다. 그 결과 전 세계가 금융위기의 확산과 악화를 막기 위해 연준에 과도하게 의존하고 있다. 다른 측면에서도 달러의 지배적인 위상은 다른 나라와 세계경제에 여러 문제와 위험을 유발하는데, 미국이 이를 완화하지 않으면 전 세계의 안정을 해칠 수 있다. 미국 국채시장이 붕괴 위기를 겪은 2020년의 사례가 대표적이다.

셋째, 디지털 화폐가 등장하면서 〈스파이더맨〉의 격언이 현실성을 띠고 있다. 비트코인이 달러를 대체한다는 주장은 터무니없을지 모른다. 하지만 기술 발전의 영향으로 결제 방식과 금융 시스템이 탈바꿈해 금융거래에 대한 규제 당국의 감시와 통제가 강화되고 그에 따른 부작용이 나타나리라는 것은 의심할 여지가 없다. (이와 관련해 살펴볼 만한 밈이 있다. 화면에 "결제 거부. 결제를 처리하려면 은행의 증오 발언 정책에 위배되는 트윗을 모두 삭제하시오"라는 문구를 띄운 신용카드 단말기 이미지다.¹² 과장된 부분이 있지만 직관적으로 와닿는다.) 미국은 세계 최고 통화의 발행국으로서 자국이 오랫동안 지켜온 표현의 자유와 개인정보 보호 등의 보편적 가치를 미래의 금융 시스템에 이식하는 한편, 자금세탁을 비롯한 불법행위에 금융 시스템이 악용되지 않도록 안전장치를 유지해야 할 막중한 책임을 떠안고 있다. 미국의 일부 정책 결정자는 ('e-달러'든 '페드코인'이든 이름은 아직 정해지지 않았지만) 정부 주도의 디지털 달러 개발을 지지한다. 반면에 민간 부문이 공공 부문보다 디지털 달러를 스테이블코인의 형태로 제공하는 일에 훨씬 더 적합하다고 주장하는 이들도 있다. 해당 논쟁이 어떤 결론에 도달하든 미국 정부는 솔선수범해 어렵고 상충하는 선택지들 사이에서 최적의 균형을 찾고 다른 나라들에 본보기를 제시할 의무가 있다.

이러한 책임, 특히 미국의 우방국들과 관련된 책임이 재선에 성공한 트럼프 대통령의 머릿속에서는 그다지 큰 비중을 차지하지 않는 것 같다. 그러나 미국이 져야 할 책임의 중요성은 큰 관심을 받아 마땅하다. 이 책은 그 책임의 중요성을 널리 알린다는 목표를 염두에 두고 다음과 같은 질문들을 다룰 것이다. 달러 패권은 어떠한 상황에서 위협받을까? 달러가 지배적인 위상을 유지하더라도, 미국의 경제제재는 달러 기반 금융 시스템을 우회하도록 설계된 혁신 수단들에 의해 위력을 잃을까? 미국 정부는 제재를 취하는 데 신중함을 발휘해야 할까? 그렇다면 그 이유는 무엇일까? 미국의 중앙은행인 연준은 디지털 화폐를 발행해야 할까?

"내가 죽었다는 보도는 상당히 과장된 것이다"

역사는 달러의 우위와 회복 탄력성 그리고 달러가 미국의 영향력과 책임에 미치는 영향력을 살펴보는 데 매우 유익한 교훈을 제시한다. 연장선에서 1장과 2장은 미국의 통화가 어떻게 국제적인 위상을 획득하고 유지했는지에 대한 이야기를 깊이 있게 다룬다. 특히 2장은 위대한 문인인 마크 트웨인Mark Twain의 장이라고 불러도 좋다. "내가 죽었다는 보도는 상당히 과장된 것이다"라는 말을 남긴 트웨인처럼 달러는 브레턴우즈 체제가 붕괴한 후에도 계속해서 우위를 유지했기 때문이다. 2장에서 살펴보겠지만, 20세기 후반에는 수많은 경제학자와 논객이 하루가 멀다고 달러의 몰락을 예측했다. 특히 1970년대 들어 미국의 인플레이션이 심화하고 그 후 수십 년에 걸쳐 미국의 무역 적자와 재정 적자가 확대될 때마다 비관론이 커졌다. 그러나 달러는 매번 자신의 죽음을 예고한 사람들을 꺾었다. 그 가운데서도 가장 놀라운 사례는 세계금융위기가 진행된 2007년부터 2008년 사이에 달러 수요가 전 세계적으로 정신없이 치솟아 연준이 사실상 세계경제의 방어벽 역할을 해야 했던 일이다.

3장은 트웨인의 말과 반대되는 장이라 할 수 있다. 달러를 대체하리라고 예측된 주요 통화들의 이야기를 다루기 때문이다. 3장에서 살펴보겠지만, 그러한 예측은 상당히 과장된 것임이 밝혀졌다. 이후 4장과 5장에서는 달러가 경제제재에 사용된 사례들을 살펴보고, 다시 한번 역사를 통해 달러라는 무기의 강력함뿐 아니라 그 무기의 과도한 사용을 우려해야 할 이유를 알아볼 것이다.

이후 책의 내용은 화폐의 디지털화로 자연스럽게 이어진다. 이는 경제제재를 회피할 가장 효과적인 수단으로 점쳐지는데, 6장과 7장은 디지털 화폐의 확산으로 달러가 겪게 될 문제와 문제 되지 않을 요소를 모두 다룬다. 이를 위해 최신 결제 기술의 발전, 암호화폐, 수포로 돌아간 페이스북Facebook(지금의 메타Meta)의 디지털 화폐 발행 계획, 중국의 미래지향적이고 극도로 편리한 핀테크, 각국 중앙은행의 대응책 등을 시간순으로 알아볼 것이다.

이후 8장과 9장에서는 '교훈적인 순간'으로 가득한 2020년대를 살펴볼 것이다. 우선 8장에서는 2020년 3월의 팬데믹 선포로 시장이 얼어붙자 전 세계가 생존을 위해 다시 한번 연준에 의존해야 했던 일을 살펴보고, 9장에서는 대러 제재를 평가한다. 그것이 러시아 정부의 전쟁 수행 능력 약화에 미친 영향, 러시아 경제의 탄탄하고 지속적인 성장을 자극한 전략적 허점, 세계경제에 끼친 바람직하지 못한 부작용 등을 살펴볼 것이다. 에필로그에서는 결론을 내리고 정책적 시사점을 정리했다.

소위 '킹 달러'의 원인과 그 영향력을 점검하려면, 국제통화 시스템이 지금과 확연히 달랐던 독립선언 직후의 150여 년을 살펴볼 필요가 있다. 그 시기에 달러가 국제 무대에서 얼마나 형편없는 취급을 받았으며, 이후 얼마나 높이 도약했는지를 자세히 들여다보는 것은 달러의 현재 위력을 파악하기 위해 반드시 필요한 일이다.

1장

제왕의 길

1858년의 뉴욕 청산소. 영업을 시작하고 5년이 지난 시점이다. 타원형의 긴 테이블을 한 바퀴 돌며 은행과 은행 간의 청산과 결제를 진행하는 이 간단한 시스템이 달러 패권의 주춧돌을 놓았다. 오늘날 우리가 돈을 주고받거나 결제할 때 은행을 포함한 금융회사들이 하는 일도 근본적으로 이와 다르지 않다. 그림은 1858년 출간된 《뉴욕의 은행들(The Banks of New-York)》에 실린 것이다.

국제통화 시스템의 기술적 발전. 뉴욕 청산소의 기능은 오늘날 CHIPS와 페드와이어, SWIFT 등의 기관이 이어받았다. 이제는 모든 작업이 디지털화되어 빛의 속도로 처리되는데, CHIPS의 경우 하루 평균 54만 건이 넘는 거래를 중개한다. 사진은 연준이 운영하는 시스템인 페드와이어에서 사용된 기기들이다. 왼쪽부터 1953년의 천공 방식 통신기, 1981년의 단말기, 1982년의 단말기다.

19세기의 여성 기자들은 예외가 없을 정도로 패션과 원예 같은 주제에만 얽매여 있었지만, 넬리 블라이Nelly Bly는 공장과 정신병원의 실태를 취재하고 폭로기사를 쓴 선구자였다. 블라이가 스물네 살이 되던 1888년 가을의 어느 일요일, 그는 《뉴욕월드》의 편집장에게 제안할 획기적인 기삿거리를 떠올렸다. 당시 큰 인기를 모으던 소설 《80일간의 세계 일주》를 본뜬 여행길에 올라 자신의 모험담을 연재하겠다는 것이었다. 《뉴욕월드》의 경영진은 남성만이 할 수 있는 일이라며 부정적이었지만, 블라이의 끈질긴 설득에 못 이겨 결국 취재를 허가했다. 그리하여 1889년 11월 14일, 블라이는 런던행 증기선에 몸을 실었다. 그는 《80일간의 세계 일주》의 주인공보다 더 빨리 지구를 한 바퀴 돌고자 했고, 실제로 72일 만에 세계 일주를 마쳤다. 그 과정에서 달러가 국제적으로 거의 통용되지 않는다는 사실을 현장에서 생생하게 깨우칠 수 있었다.

훗날 블라이는 출발 전날 저녁에 당시 전 세계적으로 가장 널리 통용되던 영국 돈, 즉 200파운드 상당의 금화와 잉글랜드은행이 발행한 지폐를 받았다고 회상했다. 여기에 더해 "미국 돈이 미국 밖에서도 통하는지 시험해보고자" 약간의 미국 금화와 지폐를 챙겼다.[1] 그는 실론(지금의 스리랑카)의 수도 콜롬보에 도착해서야 고국의 화폐를 볼 수 있었다. 그것은 시곗줄에 매달린 20달러짜리 금화였다. 블라이는 미국 금화가 "콜롬보에서 매우 인기 있고 보석처럼 값이 많이 나간다!"라면서도, 본연의 기능을 전혀 하지 못한다고 꼬집었다. "화폐로서는 가치가 전혀 없다. 청구된 값을 치르려고 미국 금화를 내밀었을 때 액면가의 60퍼센트만 쳐주겠다는 말을 들었다."[2]

자유 은행 시대의 풍경

뛰어난 기자답게 블라이는 현실을 잘 관찰했다. 달러는 미국 밖에서 사실상 통용되지 않았다. (캐나다 지역은 예외였지만, 그곳의 자치령 정부가 1867년에 연방을 창설하고 자체적인 화폐를 발행하기 시작하면서 달러의 사용도 끝났다.) 달러의 위상이 미미했던 까닭은 경제 규모 때문이 아니었다. 사실 미국의 GDP는 남북전쟁이 끝나고 채 10년도 지나지 않은 1872년에 영국을 추월했다. 일단 평화가 찾아오자 공장, 농장, 광산, 철도회사를 비롯한 미국 기업들의 생산량이 맹렬한 기세로 증가했기 때문이다. 영국은 그 후에도 20~30년 동안 세계 1위의 제조업 생산량을 자랑했지만, 블라이가 여행을 떠날 즈음에는 이마저 미국에 따라잡히기 직전이었다.[3]

이처럼 미국의 경제력이 탄탄했는데도 블라이가 달러는 무용지물이라고 생각했다는 것은 신기한 일이다. 이러한 인식은 무역에 종사하는 미국 기업에 불리한 요소였다. 수입업자가 해외 판매자에게 상품을 구매하려면 신용이 필요하고, 반대로 수출업자는 해외 구매자에게 상품을 판매하기에 앞서 신용을 제공해야 한다. 쉽게 말해 외상으로 상품이 오간 다음에 결제가 이루어진다. 그런데 당시 달러는 국제적으로 신용받는 통화가 아니었다. 따라서 미국 기업들은 대부분 런던의 은행에서 영국 화폐인 파운드로 대출받아야 했다. 자주 있는 일은 아니었지만, 파리나 베를린의 은행에서 프랑과 마르크로 대출받는 경우도 있었다.

세계 최대 경제 대국인 미국의 통화가 국경 밖에서 거의 통용되지 않았다는 사실은 19세기 미국의 통화 및 금융 시스템이 다른 나라에 비해 뛰어나지도, 통일되지도 못했음을 단적으로 보여준다. (프롤로그에서 언급한 포터는 그 같은 현상의 한 단면이다.) 주 정부의 권리에 대한 미국인들의 강한 신념과 대도시 은행들에 대한 농촌 지역 전반의 불신이 빚은 결과였다.

이는 건국의 아버지들이 의도한 결과가 아니었다. 적어도 알렉산더 해밀턴Alexander Hamilton은 다른 결과를 기대했다. 미국의 헌법 제정자들이 통화 문제를 둘러싸고 갈등했던 건국 초기에는 강력한 중앙집권적 경제체제를 구상한 해밀턴이 승리했다. 미국 헌법은 화폐 발행 권한을 연방의회에만 부여하는 한편, 주 정부가 독자적으로 화폐를 발행하는 것을 금지했다. 해밀턴은 초대 재무부 장관으로서 1791년 통과된 관련 법을 집행할 책임이 있었고, 같은 해 미합중국은행First Bank of the United States을 설립했다. 필라델피아에 본점을 둔 해당 은행의 목표 중 하나는 국민이 신뢰할 만한 국가 공용 통화를 만드는 것이었다. (독립전쟁 당시 대륙회의가 발행한 대륙화폐는 과도하게 발행된 탓에 화폐로서의 가치를 잃을 정도로 폭락하고 말았다.) 그러나 해밀턴이 1804년 허망하게도 사적 결투로 목숨을 잃으면서, 화폐 발행 권한을 지닌 국가 은행 설립이라는 구상은 완성되지 못하고, 단지 정치권에서 가장 뜨거운 논쟁거리 중 하나로 남게 되었다. 남부와 서부의 농업 종사자들은 도시의 금융과 공업 부문 엘리트들에게 유리할 법한 정부 기관이라면 무조건 불신했기에, 미합중국은행의 권한을 약화하기 위해 필사적으로 싸웠다. 그런데도 미합중국은행은 1823년부터 13년간 총재를 맡은 니콜라스 비들Nicholas Biddle의 지휘 아래 화폐 통일의 든든한 기반을 마련했다. 이 명문가 출신의 총재가 이끄는 동안 미합중국은행은 전국적으로 통용되는 지폐를 발행했으며, 전국 각지에서 유사 화폐를 발행하던 지역 은행들에 규제 권한을 행사했다. 그러나 1828년 대선에서 테네시주 출신의 거칠고 투박한 앤드루 잭슨Andrew Jackson이 당선되며 미합중국은행의 운명이 급반전되었다. 엘리트를 무척이나 싫어했던 잭슨은 미합중국은행에서 연방정부의 예금을 인출했을 뿐 아니라, 1836년 미합중국은행의 영업 허가가 만료되자 그 기간을 연장하는 법안에 거부권을 행사했다.

이후 25년 남짓한 기간은 훗날 '자유 은행 시대'로 불리게 되었은즉, 그동안 미국인들은 수백 개의 민간은행이 발행한 지폐들 때문에 혼란을 겪었다.[4] 그 같은 지폐를 발행 은행에 제시하면 금이나 은으로 교환할 수 있었지만, 그 가치는 액면가와 일치하지 않았다. 발행 은행, 그

은행을 허가해준 주 정부, 심지어 지폐를 보유한 사람과 발행 은행의 거리 등에 따라 천차만별이었다. 예를 들어 뉴욕주 뉴버그의 쿼사이크은행이 발행한 5달러 지폐로 5달러짜리 물건을 구매할 수도 그러지 못할 수도 있었으며, 그 구매력은 메릴랜드주 컴벌랜드의 앨러게이니카운티은행이 발행한 5달러 지폐와 같을 수도 다를 수도 있었다. 마찬가지로 앨러게이니카운티은행이 발행한 5달러 지폐의 구매력은 매사추세츠주 머슈언의 스피켓폴스은행이나 미시간주 먼로의 리버레이진은행이 발행한 5달러 지폐와 같을 수도 다를 수도 있었다. 따라서 구매자와 판매자가 모든 개별 거래마다 그 가치를 판단해야 했다. 연방정부가 주조한 금화와 은화가 유통되고는 있었지만, 그 수량이 너무 적어서 민간은행들이 발행한 지폐의 사용이 불가피하기도 했다. 이 지폐들에는 사용자의 신뢰감을 불러일으킬 목적으로 여러 가지 장식적인 도안이 새겨져 있었다. 가령 중서부 지역의 은행들이 발행한 지폐에는 밀이나 기타 곡식을 수확하는 농민들의 모습이, 뉴잉글랜드 지역의 은행들이 발행한 지폐에는 방직공장의 풍경 같은 공업과 관련된 도안이 주로 담겼다. 또한 남부 지역의 은행들이 발행한 지폐에는 흑인 노예들이 면화를 수확하는 모습이 자주 등장했다. 그 같은 도안들은 은행이 위치한 지역 경제의 활력을 전달하기 위한 장치였다. 조지 워싱턴George Washington이나 대니얼 분Daniel Boone처럼 존경받는 인물들의 초상화가 새겨진 지폐도 많았다. 한편 위스콘신은행의 1달러 지폐나 뉴욕노스리버은행의 5달러 지폐와 같은 일부 지폐에는 여신상처럼 상반신을 노출한 채 우아하고 느긋한 자세를 취하고 있는 인물들이 그려졌다. 쉽게 자극받는 사람들의 관심을 끌려는 시도였을 것이다.

남북전쟁과 그린백의 탄생

과거의 이런저런 화폐들을 살펴보면 강한 불신까지는 아니더라도 놀라움을 느끼는 것이 당연한 반응이다. 오늘날 우리는 지갑에 넣어둔 지폐 형태의 달러가 다른 사람들의 것과 같은 형태를 지니며, 은행계좌에 예치된 달러와 같은 가치를 지닌다는 사실을 당연하게 여긴다. 그러나 19세기 중반의 지폐들은 (우리가 쓰는 달러와) 근본적으로 달랐고, 이는 시사하는 바가 크다. 우선 그 지폐들은 법정통화가 아니었기에 채무 상환, 세금 납부, 계약서상의 대금 결제 같은 지급 의무를 이행하는 수단으로서의 법적 강제력을 지니지 않았다. 그 대신 해당 지폐를 발행한 은행이 소지자의 요구에 따라 그 액면가만큼 금화, 은화, 기타 가치 있는 자산을 지급하리라고 약속하는 문구가 우아한 글씨체로 새겨져 있었다. 다시 말해 지폐는 은행이 고객에게 대출을 내줄 때 발행하는 어음과 같았고, 따라서 지폐가 유통되는 기간이 길면 길수록 은행의 수익이 극대화되었다(어음이란 후에 금액을 치를 것을 약속하는 차용증서의 일종이다). 자연스레 지폐가 남발되고 은행이 늘어났다. 곧 은행들이 자신이 발행한 지폐를 뒷받침할 만큼의 자산을 충분히 보유하고 있는지가 불확실해졌다. 결국 주 정부들이 나서서 관련 규정을 세웠다. 뉴욕주의 유명한 은행들이 발행한 지폐는 대개 액면가나 그에 가까운 가치에 거래되었다. 뉴욕주의 규제 당국은 엄격한 감독으로 정평이 나 있었기 때문이다. 보스턴이나 필라델피아 같은 대도시의 은행들에서 발행된 지폐도 마찬가지였다. 그러나 규제 당국과 은행의 도덕성이 미심쩍은 주들에서 발행된 지폐는 할인된 가격으로 거래되었다

(특히 개척지의 주들이 악명을 떨쳤다). 어떤 은행은 자신이 발행한 지폐를 가득 넣은 가방을 멀리 떨어진 주까지 운반할 사람을 고용하기까지 했다. 지폐 소지자들이 나타나 금화나 은화로 교환해달라고 요구할 가능성을 줄이기 위해서였다. 물론 전문적인 지폐 중개업자들의 네트워크가 형성되면서 각 지폐에 적용할 할인율을 결정하는 시장이 생겨나고 꽤 효율적으로 운영되기는 했지만, 금융 시스템 전반은 여전히 혼란에 빠지기 일쑤였다. 한마디로 통화 시스템 운영에 적합한 환경이 아니었다. 은행의 창구 직원들과 상인들은 각종 지폐에 대한 정보가 담긴 큰 책자를 참고하면서 건네받은 지폐를 신중히 검토해야 했다. 무엇보다 위조지폐가 만연했기 때문이다.

남북전쟁은 그처럼 혼란스러운 상황에 질서를 부여하는 자극제가 되었다. 북부연방을 이끄는 에이브러햄 링컨Abraham Lincoln 대통령이 남부연합과의 전쟁 자금을 원활히 조달하고자 '그린백Greenback'을 발행했기 때문이다.[5] 그린백은 한쪽 면이 녹색으로 인쇄되었다고 해서 붙여진 이름으로, "모든 채무에 대한 법정통화legal tender for all debts"라는 문구가 새겨져 있어 군인들의 급여로 지급하기에 적합했다. 처음에 연방의회 의원들은 금이나 은으로 뒷받침되지 않은 명목화폐를 국민에게 떠안기는 일에 거부감을 표했다. 상원재무위원회Senate Finance Committee의 윌리엄 피트 페센든William Pitt Fessenden 위원장은 그린백의 발행이 "정치적·도덕적·국가적 명예에 대한 내 모든 신념에 타격을 가합니다"라고 선언했다. 그러나 병참 장교들이 지급 보증서로 물품 대금을 치러야 했을 정도로 북부연방의 재정 상황은 좋지 못했다. 결국 연방의회도 그린백 발행에 필요한 법안을 통과시킬 수밖에 없었다. 그린백은 북부연방의 경제에 활력을 불어넣었지만, 발행량이 증가할수록 금화 대비 가치가 급격히 하락했다. 상품이 너무 적은 상황에서 너무 많은 돈이 유통될 때면 으레 그러하듯이 인플레이션이 발생했다.

이를 해결하고자 1863년 새먼 P. 체이스Salmon P. Chase 재무부 장관이 국가은행법National Banking Act의 제정을 주도했다. 해당 법의 핵심 내용은 국가 공인 은행들로 이루어진 네트워크를 구축하는 것이었다. 국가 공인 은행은 엄격한 규제를 받으며 미국 국채를 매입하는 방식으로 북부연방에 자금을 제공하기로 되어 있었다. 또한 국가 공인이라는 조건을 받아들이는 대가로 통일된 도안이 새겨진 지폐를 발행하는 권한과 더불어, 파산할 경우 연방정부가 보증한다는 약속을 받았다. 남북전쟁이 끝날 무렵 해당 네트워크는 600여 개의 국가 공인 은행으로 구성되어 있었다. 이들이 동일한 형태로 발행한 지폐는 액면가 그대로 교환되었고, 메인주부터 캘리포니아주까지 전국에서 통용되었다. 이와 대조적으로 주 정부의 권한을 교리에 가까울 정도로 중시하던 남부연합의 통화 시스템은 각각의 주 정부, 은행, 상인들이 발행한 온갖 지폐로 뒤범벅되어 있었다. 그로 인한 혼란은 남부연합의 경제력 약화로 이어졌을 뿐 아니라 궁극적으로는 패배를 불러왔다.

금 십자가에 못 박힌 달러

이 모든 변화 덕분에 미국의 통화 시스템은 통일성을 갖추게 되었다. 그러나 여전히 미흡한 부분이 있었다. 국가 공인 은행은 발행할 수 있는 지폐의 양이 정해져 있었는데, 은행가와 동부의 기업가들로서는 미흡한 조치에 불과했다. 그들은 남북전쟁 당시 경제에 악영향을 끼친 인플레이션이 반복되지 않도록 더 강력한 보호책을 원했다. 1879년 그러한 요구가 받아들여져 미국은 영국을 비롯한 세계 각국의 뒤를 이어 금본위제를 채택했다. 이로써 미국 정부가 발행한 지폐를 언제든 정해진 양의 금으로 교환할 수 있게 되었다. 달러와 금을 법적 구속력이 있는 관계로 만든 금본위제는 금융 건전성의 신호탄으로 여겨졌다. 정부가 재정지출과 세입 간의 차이를 메우려고 지폐를 과도하게 찍어내는 일을 그만두겠다고 선언한 셈이었기 때문이다. 그것이 바로 빅토리아 시대의 정신이었다. 은행가뿐 아니라 전 세계적으로 증가하고 있던 중산층까지 금융 건전성을 종교에 가까울 정도로 추종했다.[6]

　금본위제는 실질적으로 경제에 유익하며, 특히 통화가 구체적인 형태와 가치를 지닌 자산으로 뒷받침되어 신뢰를 얻게 된다는 큰 장점이 있다. 자산을 보유한 사람들은 투자 수익이나 대출 상환금이 안정적인 가치의 통화로 지급된다는 확신이 들면 한층 더 적극적으로 투자하고 대출을 내주게 마련이다. 그러나 금본위제는 다른 측면에서 결함이 있다. 통화 시스템이 제대로 돌아가려면 그 공급량과 거래량이 균형을 이루어야 한다. 그런즉 달러 가치를 1온스(약 31.1그램)당 20.67달러(금본위제 채택 기간에 대개 유지된 가격)로 정해진 금값에 고정했다는 것은 대출과 소비에 사용할 수 있는 달러의 총량이 미국 정부와 은행들의 금 보유량으로 결정되었다는 뜻이다. 금이 계속해서 발견되고 채굴되면 통화량과 신용이 넉넉히 증가할 테지만, 광산업자들이 금을 추가로 캐내지 못하는 시기에는 미국 경제가 급성장하더라도 통화량이 보조를 맞추지 못할 것이다. 실제로 그 같은 일이 벌어졌을 때 달러의 양은 너무 적은 반면에 상품의 양은 너무 많아서 디플레이션이 발생했다. 그러한 현상은 19세기 중반부터 후반까지 주기적으로 반복되어 고통을 초래했다. 1886년 남아프리카공화국에서 새로운 금맥이 발견되기 전까지 물가는 수십 년간 계속해서 하락했다.

디플레이션 때문에 달러의 가치가 상승했으므로 채권자들은 이득을 보았지만, 미국 중서부의 농민들을 비롯한 저소득층은 타격을 받았다. 농민들은 본질적으로 채무자 신세에서 벗어나기 어려운 데다가, 이들이 판매하는 농산물 가격이 내려갔는데도 갚아야 할 주택담보대출금과 기타 대출금의 총액은 그대로 유지되었기 때문이다. 19세기 후반의 가장 큰 골칫거리 중 하나였던 이 문제 때문에 포퓰리스트들의 목소리가 점차 높아졌다. 그들은 (금보다 훨씬 더 풍부한 귀금속인) 은으로 주화를 더 많이 만들어 통화공급량을 늘리라고 요구했다. 1896년 민주당 전당대회에서 윌리엄 제닝스 브라이언William Jennings Bryan 의원이 "당신들은 인류를 금 십자가에 못 박아서는 안 된다!"라고 외쳤던 일은 유명하다. 이날의 연설로 그는 졸지에 민주당의 대통령 후보가 되었다. (공교롭게도 브라이언은 금본위제를 따라 "정직한 달러"를 지키는 것이 "의무"이자 "명예"라고 일관되게 주장해온 공화당의 대통령 후보 윌리엄 매킨리William McKinley에게 패배했다.)

그 시대만 하더라도 '미국이 금본위제를 유지할 것인가?'라는 질문에 확실히 답할 수 있는 사람은 그리 많지 않았다. 이러한 불확실성은 블라이의 세계 일주 당시 달러의 위상이 낮았던 이유 중 하나다. 그러나 가장 큰 이유는 금융 권력 집중화에 대한 미국인들의 적대감이었다. 실제로 대부분의 은행이 관련 법에 따라 하나의 주 안에서만 영업했는데, 어떤 은행은 지점 설립조차 금지당했다. 대형 은행의 해외 지점 설립도 막혀 있었다. 반면에 영국 은행들은 그 같은 제약을 받지 않아서 수십 개의 해외 지점을 두었다. 유럽의 다른 주요 도시에 본점을 둔 은행들도 마찬가지였다.

가장 중요한 차이점은 미국에 영국이 생각해낸 중앙은행이 없었다는 사실일 것이다.

"그 돈은 여기에 없습니다"

1694년 잉글랜드은행의 설립은 영국이 군사적으로나 재정적으로나 혹독한 고난을 겪는 상황에서 이루어졌다. 영국 왕실의 신용은 고갈된 상태여서 1672년에 국가 부도나 마찬가지인 '국고 정지'가 선포되었다. 수십 년간 이어진 내전, 헌법 위기, 분열 끝에 맞은 파국이었다. 설상가상으로 프랑스와의 전쟁마저 참패로 끝났다. 영국 왕실의 채무가 무서울 정도로 불어나자, 국왕의 신하들은 윌리엄 패터슨William Paterson이라는 스코틀랜드인의 제안에 귀를 기울였다. 서인도제도에서 노예무역으로 큰돈을 번 패터슨은 부유한 영국인들이 투자한 금을 밑천 삼아 새로운 형태의 은행을 설립해 왕실의 돈줄로 쓰는 방안을 제안했다. 해당 은행은 그 대가로 법정통화를 발행할 권한을 부여받게 될 터였다.

그렇게 해서 영국의 중앙은행인 잉글랜드은행이 탄생했다. 통화 발행에 대한 독점권을 부여받은 잉글랜드은행은 통화공급량과 금리를 조절할 수 있었다. 참고로 세계 최초의 중앙은행은 잉글랜드은행보다 몇 년 일찍 문을 연 스웨덴국립은행Sveriges Riksbank이었다. 이처럼 최초는 아니었으나, 잉글랜드은행은 분명 긍지 높은 곳이었다. 이 은행은 런던 스레드니들가에 있는 신고전주의 양식의 웅장한 본점 건물을 3세기 가까이 지켜내며 각국의 중앙은행이 뒤따르게 될 길을 한발 앞서 개척했다. 특히 어떤 사건을 계기로 '최종 대부자'(뒤에서 알아보겠지만 오늘날 달러의 역할에도 중요한 영향을 미치는 개념)[7] 역할을 훌륭하게 해내며 위상을 강화했다.

그 사건은 1866년 5월 9일 오후, 런던에서 내로라하는 은행이던 오버엔드거니Overend Gurney & Co.의 문 앞에 충격적인 공고문이 붙으면서 시작되었다. 이 은행은 19세기 초반에 세계 최대의 어음 중개업체로 성장했다. 그러나 1850년대 후반 들어 새로운 경영진이 들어선 후 카리브해 연안의 농장, 철도회사 주식, 기타 다양한 투기성 자산에 투자했다가 실패하며 막대한 손실을 보았다. "대규모 예금 인출과 유동성 부족 때문에 지급을 중단할 수밖에 없음을 알리게 되어 유감입니다"라는 내용의 공고문은 공황을 일으켜 시중의 현금이 고갈되는 상황으로 이어졌다. 다른 어음 중개업체들도 거래를 중단했으며, 무엇보다 성난 군중이 런던의 모든 금융회사를 포위한 채 자신의 예금을 즉각 내놓으라고 아우성쳤기 때문이다. 사람들이 이처럼 거대한 은행조차 약속을 이행할 수 없다면 다른 은행들도 곧이어 현금 부족을 겪으리라고 예상한 것은 당연한 수순이었다. 오버엔드거니는 갚아야 할 돈을 마련하기 위해 보유한 어음과 기타 유가증권을 헐값에 급매했다. 그 결과 유가증권 가격이 급락해 아주 탄탄한 은행들조차 손실을 보게 되었다. 상황을 지켜본 사람들은 더 큰 불안감에 휩싸여 은행들의 금고가 바닥나기 전에 서둘러 예금을 찾으려고 했다.

이런 상황에서 은행이 자력으로 살아남기란 어려운 법이다. 은행은 저축하는 사람과 대출받는 사람의 중개자 역할을 한다. 고객 수천 명의 저축을 끌어모아 회사, 주택 구매자, 농가를 비롯해 돈이 필요한 다양한 주체에 대출을 내준다. 또한 최초의 은행이 탄생한 이래 모든 은행은 어떤 형태로든 '부분 지급준비제'에 따라 운영되고 있다. 즉 고객 예금의 일부만을 즉시 인출 가능한 지급준비금(금고에 보관한 현금이나 중앙은행의 계좌에 기록된 잔고)으로 보관한다는 뜻이다. 이때 어떤 문제가 발생할지는 명백하다. 예금자는 요구하는 즉시 예금을 인출할 수 있으리라 기대하는 반면에, 대출자는 오랜 시간이 지난 후에야 대출금을 갚고 싶어 한다. 따라서 모든 예금자가 동시에 예금을 내달라고 요구하면 그 어떠한 은행도 대응할 수 없다. 1946년 개봉된 판타지 영화 〈멋진 인생〉의 한 장면은 이런 상황을 극적으로 그려낸다. 주인공 조지 베일리는 신혼여행을 떠나려다가 자기 가족이 설립한 은행이 통장을 흔들며 예금 인출을 요구하는 군중에게 포위되었다는 사실을 알게 된다. 서둘러 은행 창구로 달려간 베일리는 진정해달라고 사정하며, 가장 크게 소리치는 한 예금자에게 이렇게 말한다. "고객님은 이곳에 대해 큰 오해를 하고 있어요. 저희가 모든 예금을 금고에 보관하는 것처럼 생각하시니까요. 그 돈은 여기에 없습니다. 고객님의 예금은 고객님의 이웃인 조 씨의 집에 있습니다. 그리고 케네디 씨와 매클린 부인의 집을 비롯해 수백 곳의 다른 집에도 있죠."

최종 대부자가 나서다

런던의 은행들에서 예금 인출 사태가 잇따르자, 잉글랜드은행은 해결책 마련에 골몰했다. 곧 은행들에 충분한 현금을 공급하기로 의견이 모아졌다. 비이성적인 예금 인출을 멈추려면, 예금자들의 불안감을 누그러뜨리는 게 우선이라고 판단했던 것이다. 실제로 오버엔드거니의 5월 9일 발표 직후 며칠 동안 잉글랜드은행은 자금을 마련하기 위해 몰려든 은행가들에게서 영국 국채와 어음을 비롯한 유가증권을 마구 사들이는 식으로 현금을 공급했다. 그러나 곧 법적인 제약에 부딪혔다. 결정적으로 금 보유량에 의해 뒷받침되지 않은 지폐의 발행이 금지되어 있었다. 5월 11일 잉글랜드은행의 헨리 홀랜드Henry Holland 총재와 토머스 헌트Thomas Hunt 부총재는 윌리엄 글래드스톤William Gladstone 재무부 장관에게 그 절박한 상황을 설명하는 긴급 서한을 보냈다. 이에 글래드스톤은 자신의 직권으로 해당 법의 효력을 일시적으로 중지하고, 금 보유량과 상관없이 지폐를 무제한으로 발행할 수 있도록 허용했다. 그러한 조치는 기대했던 대로 대중의 공포를 해소했다. 그 누구도 대기 줄의 마지막에 설까 봐 걱정할 필요가 없어졌다. 원하는 때에 언제든 예금을 인출할 수 있다는 확신이 피어났기 때문이다.

잉글랜드은행의 조치는 논란을 일으켰지만 《이코노미스트》의 월터 배젓Walter Bagehot 편집장은 가장 영향력 있는 통화 이론서로 꼽히는 자신의 저서에서 그 조치에 찬사를 보냈다. 그는 잉글랜드은행이 최종 대부자 역할을 한 것이 옳다고 평가했을 뿐 아니라, 국민이 은행의 안전성이나 현금 입수 가능성에 대해 신뢰를 잃은 상황에서는 중앙은행의 최종 대부자 역할을 법적으로 의무화해야 한다고까지 주장했다. 배젓은 중앙은행의 신속한 유동성 공급 여부가 불확실해지면 사람들의 공포가 커져 큰 위기가 발생하게 마련이라고 우려했다. 그는 "은행을 즉각 폐쇄하든가 (…) 아니면 당신들이 계속해서 돈을 빌려주리라고 믿을 수 있도록 자유롭고 과감하게 대출을 시행하라"라고 촉구했다. 또한 위기 상황에서 중앙은행이 자금의 "목적 없는" 사용을 억제하기 위해 고금리 같은 불이익을 부과하는 것은 타당하지만, 보증만 확실하다면 "상인, 소규모 은행, '이런저런 일반인'에게"[8] 돈을 빌려주어야 한다고 덧붙였다.

한편 잉글랜드은행이 오버엔드거니에 구제금융을 제공함으로써, 위기의 싹을 잘라내는 방법도 고려되었다. 그러나 이는 합당한 이유에 따라 거절되었다. 오버엔드거니에 파견되어 회계장부를 조사한 잉글랜드은행의 직원 로버트 베번Robert Bevan은 그곳이 "썩었다"라고 보고했다. 즉 유동성 부족이 아니라 지급 불능이 진짜 문제였다. 그 두 가지는 중요한 차이점이 있다. 장기적으로 보아 기업이 채무를 상환할 가능성 자체가 희박할 경우 어려운 시기를 극복하라고 돈을 빌려주는 행위는 불가피한 파산을 늦추는 것에 지나지 않는다. 그러나 기업이 근본적으로 건전하면, 즉 지속적으로 충분한 이윤을 창출해 채무를 상환할 능력이 있으면, 대출을 통해 현금(유동성)의 부족을 해소해주는 것이 지극히 합리적인 조치다. 같은 원칙이 개인과 기업은 물론이고, 어려움에 빠진 정부에도 적용된다.

다만 대형 은행이나 다수의 은행이 유동성 문제를 겪는 경우에는 최종 대부자가 단기 자금을 투입하겠다고 확신을 주는 것이 바람직하다. 은행 시스템이 유동성 부족 때문에 마비되면 사실상 모든 종류의 사업체가 운영에 필요한 자금을 공급받을 수 없기 때문이다. 비유하자면 경제 전반의 숨통이 끊길 위험에 처하게 된다.

미국은 1837년, 1857년, 1893년, 1907년에 극심한 금융공황을 겪었는데도 오버엔드거니의 파산 이후 거의 50년이 지나서야 영국 수준의 대응력을 갖추게 되었다. 그 후에는 달러의 전성기가 빠르고도 강력하게 도래했다.

모건의 서재

존 피어폰트 모건John Pierpont Morgan의 초상 사진을 촬영한 사진가는 그의 시선이 달려오는 급행열차의 불빛 같았다고 회상했다.[9] 그 강렬한 눈빛은 남북전쟁 이후 자본주의가 급속히 발전하던 미국의 도금시대에 모건이 대기업의 합병과 정부의 국채 부도 위기가 끊이지 않는 위험천만한 상황 속에서 자신의 의지를 관철하는 데 도움을 주었다. 특히 1907년의 금융공황만큼 그의 카리스마가 극명하게 드러났던 사례는 없다. 당시 일흔 살이던 모건은 월가의 제왕이라는 자신의 지위를 이용해 자국 금융 시스템의 붕괴를 막았다.[10]

모든 일은 특정 집단이 구리 광산의 주식을 사재기하려는 음모를 꾸민 데서 시작되었다. 투기꾼들의 계략이 실패했다는 사실이 알려지자, 뉴욕에서 세 번째로 큰 신탁은행으로 그들에게 막대한 자금을 대출해준 니커보커신탁Knickerbocker Trust Co.이 파산했다. 1907년 10월 21일, 불안심을 느낀 예금자들이 몰려들면서 신탁은행의 금고는 단 몇 시간 만에 텅 비었다. 그러자 미국 전역에서 예금 인출 요구에 시달리던 은행들이 비슷한 운명을 피하고자 가능한 한 모든 현금을 끌어모으는 동시에 다른 은행과의 거래를 중단했다. 그 같은 사태를 처리할 정부 기관이 존재하지 않는 상황에서 모건은 11월 2일 토요일 밤에 은행 간부 수십 명을 매디슨가에 있는 자기 집 서재로 불러 모았다. 벽면과 책꽂이가 중세와 르네상스 시대의 벽걸이, 그림, 필사본으로 장식된 곳이었다. (모건이 열쇠를 가지고 있었기에) 은행 간부들은 밤새 그곳에 갇혀 해결책을 궁리해야 했고, 그다음 날 새벽 4시 45분이 되어서야 가장 탄탄한 신탁은행이 가장 취약한 곳을 보증한다는 계획에 마지못해 동의하며 풀려날 수 있었다. 그 덕분에 금융공황은 진정되었다. 하지만 경제적 고통을 완전히 막을 수는 없었고, 뒤이어 발생한 경기 침체 때문에 실업률이 8퍼센트대까지 치솟았다.

(모건의 개입 덕분에 극심한 타격은 피할 수 있었지만) 이 사건을 계기로 한층 더 지속 가능하고 책임감 있으며 제도화된 금융위기 해결책이 필요하다는 사실이 드러났다. 모건 같은 금융계 거물 한 명, 또는 몇 명에게 의존하는 방식은 경제적 현대화가 이루어지고 있는 국가에 적절치 못했다. 잭슨식의 케케묵은 생각을 버리고 중앙은행을 설립해야 할 때였다.

몇 년 간의 정치적 논쟁이 벌어진 끝에 1913년 12월 13일, 우드로 윌슨 Woodrow Wilson 대통령의 승인을 받아 연방준비법 Federal Reserve Act 이 제정되며 연준이 탄생했다.[11] 이를 계기로 민간은행의 지폐가 아니라 (오늘날과 마찬가지로) "연방준비은행권"이라는 문구가 인쇄된 달러가 미국 정부의 공식 화폐로 인정받게 되었다. 연방준비법은 과도한 중앙집권화를 방지하고 지역 내 농업 및 상업의 이해관계자들에게 어느 정도의 통제 권한을 부여하고자, 미국 전역의 대도시에 10여 개의 '준비은행'을 설치하고 각각에 은행, 기업, 주민을 대표하는 이사회를 두도록 명시했다. 이때 윌슨의 요구에 따라 워싱턴에 있는 이사회가 연준을 감독하게 되었다. 이 연준이사회는 대통령이 지명하고 상원 인준을 통과한 이사들로 구성되었다.

이때만 해도 연준은 오늘날처럼 절대적으로 강력한 중앙은행이 아니었다. 일단 자동적으로 작동하는 금본위제에 여전히 제약받았다. 즉 달러의 유통량은 충분한 금 보유량에 의해 뒷받침되도록 법으로 정해져 있었다. 금본위제에 따라 금값을 1온스당 20.67달러에 고정하기 위해서는 그렇게 해야만 했다. 이때 연준의 금고에 금괴가 충분히 쌓여 있으면, 은행들에 부과하는 대출금리를 낮춤으로써 신용 공급을 확대할 수 있다. 이로써 은행들이 소비자와 기업에 더 낮은 금리로 대출을 제공할 수 있게 되어, 결과적으로 경제에 더 많은 돈이 투입되는 효과를 낳는 것이다. 반대로 금괴가 줄어들면 연준은 대출금리를 끌어올릴 수밖에 없다. 소비자와 기업의 대출을 억제해 달러 유통량을 줄이기 위해서다.

이처럼 금에 묶여 있다는 한계가 있는데도 연방준비법은 잉글랜드은행에 상응하는 연준의 설립으로 이어졌고, 그 덕분에 뉴욕은 금융 부문에서 런던과 거의 비슷한 위치로 올라섰다. 게다가 해당 법의 제정으로 규모가 어느 정도 되는 은행들이 해외 지점을 설립할 수 있는 권한을 얻음에 따라, 미국 금융계의 위상은 한층 더 높아졌다.

광란의 1920년대

　미국 금융회사들은 새로 얻은 권한을 십분 활용했다. 마침 그 권한은 역사의 파괴적이고 급격한 전환으로 지정학적·경제적 균형추가 미국 쪽으로 한층 더 기울어졌을 때, 다시 말해 제1차 세계대전이 발발하고 그에 따라 유럽이 초토화되었을 때 부여되었다.[12] 미국 은행들은 전쟁 동안 중남미와 아시아에 지점을 냈고, 전쟁이 끝난 후에는 유럽 각국의 수도로 진출해 온갖 분야를 망라한 국제금융시장의 새로운 우두머리로 자리매김했다. '광란의 1920년대'가 밝았을 때 미국계 은행들의 급성장은 당연하게도 달러의 위상에 긍정적인 영향을 미쳤다. 해외사업부를 신설하는 데 쓸 자금이나 국제 거래를 앞두고 지급보증이 필요한 다국적기업들이 달러로 대출받거나 신용을 공급받는 일이 증가했다. 그 돈은 주로 뉴욕에 본점을 둔 은행들에서 나왔다. 미국이 전쟁 후에 금본위제를 문제없이 유지했다는 사실도 달러의 매력을 강화한 요소였다. 영국을 비롯한 주요 강대국들은 금이 부족해지고 국가의 존립이 위태로워진 상황에서 자국 통화의 금 태환을 중단할 수밖에 없었다. 그 결과 해당 통화들의 가치가 널뛰었다. 1920년대 후반까지 유럽의 모든 주요 국가가 금본위제로 복귀했지만, 이미 그 위상에 지울 수 없는 상처가 남은 후의 일이었다.

　이처럼 여러 상황이 맞물리면서 달러는 미국이 확고한 패권국으로 올라서는 1945년 이전에 이미 세계에서 가장 우월한 통화가 되었다. 1920년대 중반이 되면 각국 중앙은행의 외화보유고에서 달러의 비중이 파운드를 앞질렀고, 그 외 다양한 경제지표에서도 달러가 파운드를 앞질렀다. 그러나 1920년대에 달러의 위상을 높이는 데 이바지했던 금본위제가 1930년대에는 미국 경제의 붕괴를 이끈 결정적 요인이 되었다.

1929년 10월의 주식시장 대폭락은 경제에 일시적인 타격을 입히는 정도로 끝날 수도 있었다. 연준이 그 직후에 금본위제를 지나칠 정도로 깐깐하게 고수하는 실수를 저지르지만 않았어도 그렇게 되었을 것이다.[13] 1930년을 시작으로 잇따른 예금 인출 사태가 미국 중서부 지역의 수많은 은행을 위협했을 때, 연준은 예금자들의 요구대로 필요한 현금을 공급하기보다는 달러 가치를 금값에 고정하는 게 더 중요하다고 판단했다. 경기 부양이 절실하게 필요했던 시기에 금본위제에 집착한 연준은 통화공급에 대한 통제를 늦추지 않았고, 그 결과 전국적으로 은행들이 파산하고 대공황이 심화했다. 소비력이 감소함에 따라 디플레이션도 시작되었다. 1931년부터 1933년까지 상품과 서비스의 가격이 30퍼센트나 하락하자, 기업과 농민들은 대출 원금과 이자를 상환할 만큼의 수익을 창출하기가 한층 더 어려워졌다.[14] 그들의 대출금은 금값에 연동된 달러로 표시되어 있었고, 그 부담은 갈수록 커져만 갔다. 채무불이행과 파산이 급증했고, 경제는 고약한 하강의 소용돌이로 한층 더 깊이 빨려 들어갔다.

실업률이 25퍼센트에 달한 가운데, 프랭클린 루스벨트Franklin Roosevelt가 대통령에 취임한 1933년이 되어서야 미국 정부는 일반 국민이 달러를 금으로 교환하는 일을 금지했고, 그에 따라 고전적인 금본위제에서 이탈하게 되었다. 금과 달러의 태환율이 새로이 정해졌지만, 미국 정부와 다른 나라 정부의 거래에만 적용되었다. 경제사학자들은 루스벨트가 보좌관들의 우려 섞인 반대를 뚫고 취한 조치 덕분에 미

국이 회생할 수 있는 결정적인 계기가 마련되었다고 평가한다.[15]

1930년대에는 대공황으로 국제무역이 중단되다시피 했으므로 어느 나라의 통화가 최고 위치에 있는지가 그다지 중요하지 않았으며, 제2차 세계대전이 끝난 후에야 판가름이 났다.

케인스의 학식과 화이트의 고집

제2차 세계대전의 판도를 뒤엎은 노르망디 상륙작전의 디데이인 1944년 6월 6일로부터 3주가 지난 즈음, 뉴햄프셔주 브레턴우즈의 웅장한 리조트로 저명인사들이 몰려들었다. 팔각형 탑과 화이트산맥이 한눈에 보이는 270미터 길이의 목재 베란다가 갖춰진 그곳에서 단연 눈에 띄는 이들로 존 메이너드 케인스John Maynard Keynes와 그의 아내이자 러시아 출신 발레리나인 리디아 로포코바Lydia Lopokova가 있었다. 이들이 브레턴우즈에 온 이유는 휴양 때문이 아니라, 40여 개국의 고위 관료들이 모여 전후 경제 질서를 설계하는 국제회의에 참석하기 위해서였다. 리디아는 심각한 심장질환을 앓고 있는 남편이 무리할까 봐 칵테일파티는 건너뛰고 스위트룸에서 둘만의 저녁 식사를 해야 한다고 고집했다(다만 리디아는 밤늦게까지 소음을 내며 발레 연습을 하곤 했다). 자기 남편이 세계경제의 위기를 예측하는 능력으로 국제적인 명성을 얻은 사람이기에, 회의에서 질문 세례가 쏟아지리라는 사실을 잘 알았던 것이다.[16]

케인스는 1920년대에 이미 독일에 과도한 전쟁배상금을 떠안기는 것과 엄격한 금본위제를 유지하는 것의 위험성을 경고하며 선견지명을 입증했다. 그뿐 아니라 1936년에 출간한 명저 《고용, 이자 및 화폐의 일반이론》에서 정부가 경기 침체를 극복하려면 재정지출로 적극적인 부양 정책을 시행해야 한다고 주장했는데, 이 또한 옳았음이 판명되었다. 이 때문에 브레턴우즈에서도 사람들이 케인스의 말에 귀 기울이리라는 것은 자명한 일이었다. 한편 1942년에 귀족 작위를 받아 남작으로도 불렸던 케인스는 영국의 대표 자격으로 브레턴우즈를 방문한 것이기도 했다. 그렇기에 몇 가지 주요 사안에서 그의 말은 큰 영향력을 발휘했다. 하지만 몇몇 사안에 대해서는 케인스도 미국 재무부의 해리 덱스터 화이트Harry Dexter White 차관에게 양보할 수밖에 없었다. 더욱이 케인스가 학식을 갖춘 만큼이나 화이트는 고집이 매우 센 인물이었다. 그 때문에 케인스는 가장 중요한 쟁점 중 하나인 국제통화 시스템에서의 달러의 지위를 놓고 화이트와 겨루다가 끝내 패배했다.

케인스와 화이트는 (케인스의 표현에 따르면 "야만적 유물"인) 금에 대한 맹목적인 집착을 끝내는 동시에, 자신들이 해악으로 간주했던 여러 관행을 제거한 국제통화 시스템을 구축하려 했다는 점에서 같은 이상을 추구했다. 제1차 세계대전 종전부터 제2차 세계대전 발발까지 각국이 서로에게 해로운 정책을 펼치는 일이 유행병처럼 번졌고, 그 결과 세계 경제는 극심한 타격을 입었다. 이를테면 많은 국가가 타국의 경제에 손실을 유발함으로써, 자국의 제조업체와 농민들을 보호하는 '근린 궁핍화 정책beggar-thy-neighbor policy'(직역하자면 이웃을 거지로 만드는 정책—옮긴이)을 즐겨 시행했다. 일부 국가는 1930년대 들어 금본위제를 폐지하고 자국 통화의 환율을 큰 폭으로 인하했다. 주요 버터 생산국인 덴마크와 뉴질랜드가 수익성이 좋은 영국의 버터 시장에서 경쟁 우위를 차지하고자 앞다투어 환율을 평가절하했던 일이 대표적인 사례다. 몇몇 국가는 높은 관세장벽을 세우거나, 심지어 노골적인 무역전쟁을 일으키기도 했다. 케인스와 화이트는 그 같은 정책과 투기성 자본의 광적인 흐름 탓에 대공황이 한층 더 극심해졌다는 데 뜻을 같이했다.

두 사람은 브레턴우즈 회의가 열리기까지 2년여간 사전 협상을 벌이며 전후 경제 질서의 몇 가지 기본 원칙을 합의했다. 세계 각국은 환율을 고정하되 상황의 변화에 따라 주기적으로 조정하는 융통성을 발휘해야 한다는 것과 이처럼 비교적 안정된 국제통화 시스템을 유지하려면 국경 간 자본 이동을 제한하는 규칙이 필요하다는 것이 그 둘의 공통된 생각이었다.

브레턴우즈 체제의 탄생

그러나 케인스와 화이트는 그러한 구상을 실행에 옮기는 방식에서 극명한 차이를 보였다. 케인스의 계획은 그가 영국 서식스의 전원주택에서 여름휴가를 보내는 동안 구체화되었는데, 스스로 "복잡하고 참신하며 이상주의적일 수 있다"라고 인정했을 정도로 굉장히 과감했다. '방코르$_{bancor}$'라는 이름의 신규 국제통화를 도입해 국제무역에 활용하되, 개인이나 민간기업이 실제로 사용하는 것이 아니라, 수출입 가치를 평가하는 단위로서 각국의 중앙은행 사이에서만 유통되도록 하자는 내용이었다. 더 나아가 국제청산연합International Clearing Union이라는 신생 기구를 설립해 방코르를 발행하고 전체적인 공급량을 조절하며 필요에 따라 발행량을 늘리거나 줄이는 한편, 나라마다 국제무역에서 차지하는 비중에 비례해 방코르를 배분하자는 방안도 제시했다. 방코르가 배분되고 나면 각국의 중앙은행은 국제무역의 정산에 사용할 방코르 계좌를 국제청산연합에 보유하게 된다. 어떤 나라가 상품을 수출하면 국제청산연합에 개설된 그 나라의 계좌에 방코르가 추가되며, 반대로 상품을 수입하면 계좌에서 방코르가 차감된다. 그 금액은 방코르와 각 통화 간의 고정된 환율에 따라 정해진다. 또한 각국의 중앙은행은 방코르를 활용해 자국 통화를 사고팔 수 있다. 이때 이들이 거래하는 방코르의 양은 자국의 수출업체가 해외로 상품을 판매해 벌어들이는 금액과 수입업체가 해외에서 상품을 구매하는 데 필요한 금액에 따라 결정된다.

이 계획에 대해 많은 독자가 난해하다고 느낄 텐데, 이는 정상적인 반응이다. 케인스의 계획을 이해하려면 방코르의 작동 방식보다는 "복잡하고 참신하며 이상주의적일 수 있다"라는 말에 주목해야 한다. 기능적인 국제통화를 고안하는 일이 얼마나 어려운지를 잘 표현한 말이기 때문이다. 어찌 되었든 그 계획은 각국 대표단이 브레턴우즈에 도착하기도 전에 밀려났다. 여러 가지 측면에서 미국의 국익에 위배된다는 게 가장 큰 이유였다. 무엇보다 화이트는 달러의 가치가 사실상 금과 동등해지기를 원했다. 그의 목표 중 하나는 금이 국제통화 시스템 안에서 어느 정도의 역할은 유지하되, 금본위제가 확고했던 때처럼 연준의 통화공급 조절 능력을 제한하지 않도록 하는 것이었다. 게다가 전쟁이 끝나면 미국의 GDP가 GWP의 대부분을 차지할 것이 확실했기에 미국의 참여와 적극적인 협력 없이는 그 어떠한 국제통화 시스템도 작동할 수 없었다. 그런 만큼 미국은 가장 유리한 고지를 선점한 셈이었다.

약 3주 동안 이어진 회의와 친교 끝에 브레턴우즈 회의의 참가자들은 화이트가 선호한 방식에 가장 가까운 계획을 채택했다. 방코르와 국제청산연합에 관한 구상은 배제하고, 그 대신 고정환율제를 감독하는 국제통화기금International Monetary Fund, 이하 IMF을 창설하는 것이었다. 이 회의를 통해 달러가 세계 최고 통화에 등극했으니, 미국으로서는 중대한 성과였다.

IMF에 가입한 나라들이 기준환율을 설정해 자국 통화를 달러에 고정했을 정도로, 달러는 새로운 국제통화 시스템의 중심축으로 자리매김했다. 예를 들어 네덜란드의 경우 1길더당 37.69센트로, 멕시코의 경우 1페소당 20.6센트로 기준환율을 정했다. 각국의 환율은 기준환율을 크게 벗어나지 않는 범위 내에서만 변동되었다. 어떤 나라의 환율이 기준환율보다 1퍼센트 이상 상승하거나 하락하면 그 나라의 금융당국이 의무적으로 개입해 자국 통화를 사거나 팔아서 기준환율과 비슷한 수준으로 되돌려놓았다. 그보다 더 큰 폭의 환율 조정은 IMF가 승인한다는 조건하에 허용되었다. 아울러 어떤 나라의 경제가 어려움에 빠져 원치 않는 평가절하가 이루어지면, IMF에서 달러를 빌려 자국 통화를 방어할 수 있다는 조항이 마련되었다. 그 나라가 경제를 다시 안정적인 기반 위로 올려놓을 때까지 도움을 제공함으로써, 고집스럽게 금본위제를 따랐던 과거와 달리 유사시에도 경제적 고통을 최소화하고자 함이었다. 한편 미국은 달러의 신뢰성을 강화하기 위해 1온스당 35달러로 정해진 금값에 달러 가치를 고정하기로 했다. 그렇다고 고전적인 금본위제로 복귀한 것은 아니었다. 이 같은 금 태환율은 정부나 중앙은행 같은 공공기관 간의 거래에만 적용되었으며, 평범한 미국인은 여전히 달러를 금으로 교환할 권리를 얻지 못했다. 다만 화이트는 달러의 일정 부분이 금으로 뒷받침되어야만 브레턴우즈 체제의 전반적인 안정성을 유지할 수 있다고 보았다. 그 같은 이유에서 브레턴우즈 체제는 '유사 금본위제'로도 불렸다.

브레턴우즈 체제는 여러 가지 편익을 제공했지만, 미국에 긍정적인 것만은 아니었다. 실제로 훗날 그로 인한 부담이 미국이 선뜻 감당할 수 있는 수준을 넘어서게 될 터였다. 어느 경제학자가 예측한 일이 그대로 실현되었던 것이다.

트리핀 딜레마

로버트 트리핀Robert Triffin이 보기에 단일 국가의 통화를 주축으로 운영되는 국제통화 시스템에는 근본적인 문제가 있었다. 벨기에의 작은 마을에서 정육점 주인의 아들로 태어난 트리핀은 가족 중 처음으로 고등학교와 대학교에 진학했다. 특히 하버드대학교 대학원에서 장학금을 받아 경제학 박사학위를 취득했을 정도로 학업에 뛰어났다. 그는 제1차 세계대전과 1930년대의 혼란을 겪으면서 국제 협력의 중요성에 대해 열렬한 신념을 품게 되었고, 케인스가 제안한 일종의 국제통화를 지지하기에 이르렀다. 아울러 깊은 연구 끝에 달러 중심의 브레턴우즈 체제가 실패로 끝나리라고 확신했는데, 이러한 견해는 그가 예일대학교 교수로 재직하던 1950년대 후반에 언론과 고위 관료들의 관심을 끌었다. 가령 1960년에 출간한 《금과 달러의 위기Gold and the Dollar Crisis》는 그해 대통령에 당선된 존 F. 케네디John F. Kennedy가 주의 깊게 읽었다고 전해진다. 같은 해 열린 상·하원합동경제위원회Joint Economic Committee of Congress 청문회에서 트리핀은 "한때 강력했던 달러가 임박한 위험"을 회피하기 위해 "국제통화 시스템의 근본적인 개혁"이 필요하다고 촉구했다.[17]

그때까지 브레턴우즈 체제는 자본주의 세계에 안정적인 국제 거래용 자산을 제공하는 역할을 비교적 잘 수행하고 있었다. 1950년대 내내 미국 제조업체들은 자동차, 철강, 가전제품, 기계류, 화학제품을 비롯한 다양한 상품으로 세계시장을 장악하고 있었다. 달러 결제가 필요한 이들 상품을 어떻게든 구매하고자 했던 외국인들 사이에서 달러는 강력한 수요를 보였다. 한편 전쟁으로 황폐해진 우방국들이 달러를 충분히 공급받아 경제 재건에 필요한 물품을 확보할 수 있도록, 미국 정부는 마셜플랜을 발동해 유럽 각국에 약 135억 달러의 차관과 원조를 제공했다. 그 외에도 별도의 프로그램을 통해 일본에 수억 달러 이상을 지원했다. (이를 합한 금액은 1940년대 후반 기준 미국 GDP의 5퍼센트를 웃돌았는데, 현재 달러 가치로 환산하면 1조 2500억 달러에 달한다.)

아울러 포트녹스Fort Knox(미국 정부의 금괴 보관소―옮긴이)에 쌓인 금괴만 전 세계 금괴의 75퍼센트에 달했으니, 이러한 사실만으로도 1온스당 35달러라는 금 태환율은 충분히 합당했다. 쉽게 말해 달러가 금만큼 믿을 수 있다는 평가는 합당하게 여겨졌으며, 달러는 한창 활

기를 띠고 있던 국제무역의 윤활유 역할을 맡은 바대로 충실하게 수행하고 있었다.[18]

그러나 유럽 각국과 일본이 전쟁의 참화를 회복하고 점점 더 큰 산업 경쟁력을 발휘하면서 미국의 GDP가—여전히 세계 최대 규모이기는 했지만—GWP에서 차지하는 비중이 감소하기 시작했다. 그 결과 달러와 금의 관계에 중대한 변화가 일어났다. 자급자족으로 돌아선 세계 각국은 경제 운영에 전처럼 많은 달러가 필요하지 않게 되었다. 이와 동시에 미국 기업과 개인이 달러를 지불하고 수입하는 외국산 제품이 증가했다. 그 결과 달러의 공급과잉이 나타나기 시작했다. 극심한 냉전 체제에서 비롯된 미국 정부의 군비 지출과 해외 원조도 그 같은 현상을 부추겼다. 이처럼 엄청난 양의 달러가 전 세계에 풀리자, 포트녹스에 있는 금괴가 그 많은 달러와 교환 가능할 정도로 충분한지에 대한 의혹이 확산했다.

트리핀이 분석한 당시 상황을 요약하면 다음과 같다. 우선 달러의 공급량은 국제무역을 활성화할 수 있을 만큼 빠른 속도로 증가해야 한다. 그러지 않으면 국가 간 거래에 필요한 통화량이 부족해지며 스태그네이션(장기 침체)이 세계경제를 잠식하게 된다. 다만 그렇다고 해서 너무 많은 달러가 창출되면, 1온스당 35달러의 금 태환율을 유지하겠다는 미국의 약속이 지켜지지 않을 수 있다는 불신이 생겨날지 모른다. 이 같은 역설은 '트리핀 딜레마'로 불리며 조만간 일어날 변화를 예고했다.

과도한 특권과 프랑스의 반발

한편 프랑스는 브레턴우즈 체제에 또 하나의 심각한 결함이 있다는 사실에 분개했다. 1960년대 중반에 프랑스 경제를 책임지던 발레리 지스카르데스탱Valery Giscard d'Estaing 경제재정부 장관은 틈만 나면 미국이 "과도한 특권"을 누린다고 꼬집었다. 미국만이 유일하게 자율성과 그에 수반되는 권력을 모두 누릴 수 있다는 힐난이었는데, 실제로 미국은 경제 영역에서 외부 제약에 개의치 않고 마음대로 행동할 수 있었다. 한 예로 미국의 정책 결정자들은 자국의 국제수지 적자를 크게 걱정하지 않아도 되었다. 다른 나라들은 상상도 못 할 일이었다.[19]

과도한 특권이라는 개념은 이 책에서 반복적으로 다룰 정도로 중요하다. 이를 이해하기 위해 국제경제의 기초 개념부터 간단히 알아보자. 국제수지는 모든 나라에 존재하며 그 나라 거주자와 외국 거주자 간의 모든 거래 내역을 반영한다. 국제수지 유입은 수출 수익과 해외에서 흘러 들어온 자본으로 이루어지고, 국제수지 유출은 수입 지출과 해외로 흘러 나간 자본으로 이루어진다. 유출이 유입을 초과하면 적자가 발생하는데, 이런 상황이 장기간 지속되면 어느 정도의 조정이 불가피하다. 이 같은 조정은 대개 고금리, 정부 지출 삭감, 세율 인상 등의 긴축 지향적 정책으로 귀결된다. 꽤 적절한 비유를 하나 살펴보자. 어떤 사람이 분수에 넘치는 생활을 하거나 고소득 일자리를 잃는다면, 그간 저축해놓은 돈을 꺼내 쓰거나 신용카드로 외상 구매를 함으로써 생활수준이 떨어지는 일을 잠시 미룰 수 있다. 그러나 또다시 고소득 일자리를 얻거나 뜻밖의 횡재를 하지 않는 한 심판의 날을 영원히 미룰 수는 없는 법이다.

개인과 달리 국가는 직접 돈을 찍어낼 수 있기에 위의 비유가 딱 들어맞지 않을 수 있다. 그러나 해당 국가의 통화가 국제적으로 두루 사용되지 않는 한 통화 발행을 통해 국제수지 문제를 해결할 수는 없다. 브레턴우즈 체제가 시행되는 동안 달러는 사실상 유일하게 국제 거래에 사용되는 통화였다. 게다가 브레턴우즈 체제의 규정에 따라 세계 각국은 무슨 일이 있어도 자국 통화의 가치를 달러에 고정할 수밖에 없었다. 이런 상황에서 만약 프랑스가 국제수지 적자를 내면(즉 프랑이 해외에 과잉 공급되면) 결과적으로 고통스러운 조정에 들어갈 수밖에 없다. 프랑스 정부는 수입을 억제하는 식으로 국민과 기업의 지출에 제한을 가해야 할 것이다. 중앙은행인 프랑스은행Banque de France이 달러 대 프랑의 환율을 방어할 만큼의 달러를 보유해야 하기 때문이다.

반면에 미국은 자국 기업이 해외에서 상품을 수입하거나 외국 기업을 인수할 때 필요한 달러를 어디서 구해야 할지 걱정할 필요가 없었다. 달러 창출이 연준의 재량에 달려 있었기 때문이다. 샤를 드골Charles de Gaulle 대통령의 경제고문을 지냈던 프랑스의 경제학자 자크 뤼에프Jacques Rueff가 분노에 차서 말했듯이 미국은 "눈물 없는 적자"를 낼 수 있었다.[20] 1965년 드골은 기자회견을 열어 달러를 맹비난하고 금본위제로의 복귀를 촉구했다. "(국제 거래는) 특정 국가의 표시가 없고 이론의 여지가 없는 기준 화폐를 토대로 이루어져야 하며 (…) 금 이외에는 그 무엇도 기준이 될 수 없습니다. 금은 변하는 법이 없고 (…) 국적이 없으며 금의 변치 않고 탁월한 신용 가치는 영구적이고 보편적으로 인정받습니다."[21]

프랑스의 불만은 곪을 대로 곪아갔다. 트리핀 딜레마는 쉽게 무시할 수 있는 문제가 아니었다.《금과 달러의 위기》가 출간된 직후인 1960년 10월, 런던금시장에서 보석 세공과 치과 치료 등 다양한 용도로 사용되는 금의 가격이 1온스당 40달러까지 치솟으며 브레턴우즈 체제에 경종이 울리기 시작했다. 연준은 금값을 35달러로 다시 끌어내리기 위해 유럽 각국의 중앙은행에 협력을 구했다. 중앙은행끼리 각자 보유한 금의 일부를 모아서 공동으로 운용하는가 하면, (사실상 상호 대출처럼) 통화를 서로 교환하는 협정을 체결하기도 했다. 이처럼 브레턴우즈 체제를 뒷받침하려는 노력이 1960년대 내내 계속되었다. 한편 프랑스가 달러의 일부를 금으로 교환하겠다고 고집하자, 미국의 정책 결정자들은 자국의 핵우산에 의존하고 있던 서독과 일본을 압박해 프랑스의 뒤를 따르지 못하도록 했다.[22]

폭주하는 금값

시간이 흐를수록 1온스당 35달러의 금값을 떠받치기 위해 동원되었던 조치들은 효력을 잃어갔다.[23] 1963년 암살당한 케네디의 뒤를 이어 미국 대통령이 된 린든 존슨Lyndon Johnson은 베트남전쟁 승리와 빈곤 퇴치를 아우른 '위대한 사회Great Society' 프로그램에 막대한 재정을 쏟아붓고 있었다. 그러다 보니 세입만으로는 지출을 감당할 수 없었다. 경제가 탄탄한 성장세를 보이고 있었는데도 연준이 통화공급을 단단히 틀어막지 않았으므로 인플레이션에 불이 붙기 시작했다. 소비자물

가지수Consumer Price Index, 이하 CPI가 1968년에는 4퍼센트 이상, 1969년에는 5.5퍼센트 가까이 상승했다(1960년대 초반에는 연간 CPI가 2퍼센트를 넘어선 적이 없었다). 각국의 중앙은행이 넘쳐나는 달러를 계속해서 매입해 비축하자, 달러의 과잉 공급은 그냥 넘어갈 수 없을 정도로 심각한 수준에 달했다. 한편 미국의 금 보유량은 1968년 3월에 이르러 10년 전의 절반 수준까지 떨어졌다. 1969년에는 투기꾼들 사이에서 금 태환율이 폐지된다는 예측이 나돌았고, 결국 금값은 1온스당 43달러를 돌파했다.

브레턴우즈 체제의 정통성에 굳은 신념을 품고 있던 사람들조차 그것이 부활할 수 있을지에 대해서는 회의적이었다. 그중에서도 눈에 띄는 인물이 있었으니, 2미터가 넘는 키에 여송연을 즐겨 씹던 폴 볼커Paul Volcker였다. 볼커는 민주당원이었는데도 공화당 의원 출신의 리처드 닉슨Richard Nixon 대통령에 의해 1969년 재무부의 통화 담당 차관보로 임명되었다. 이전 직장인 뉴욕연준은행에서 볼커는 브레턴우즈 체제의 핵심인 안정적인 통화 원칙이 유지되도록 애썼다. 그는 케인스와 화이트가 만든 그 원칙들이 전후 세계의 평화와 번영에 반드시 필요한 요소라고 믿었다. 그러나 볼커도 브레턴우즈 체제가 압박받고 있으며, 특히 1971년 들어 그러한 압박이 점점 더 거세지고 있다는 사실을 잘 알았다. 당시 미국은 종전 후 처음으로 수입이 수출을 초과하는 등 국제수지가 계속해서 악화되는 중이었다. 미국인들이 더 많은 수입품을 구매하기 위해 해외로 보내는 달러가 늘어날수록 세계 각국의 불안감은 커져만 갔다. 다른 나라들이 한꺼번에 달러를 금으로 바꾸려 할 경우 자기들만 달러를 팔지 못하게 될까 봐 우려했던 것이다.[24]

볼커는 2018년 출간한 회고록에서 "우리 중 누구도 브레턴우즈 체제의 고정환율제와 달러의 금 태환을 완전히 포기할 준비가 되어 있지 않았다"라면서도, 다른 선택의 여지가 없었음을 솔직하게 밝혔다. "우리의 분석을 통해 변화할 필요가 있다는 사실은 분명해졌다. 1969년 중반 당시 미국에 남아 있던 금 보유량은 달러로 표시된 대외 부채의 25퍼센트에 불과했다. 그때보다 8년 전인 케네디 행정부 초기의 80퍼센트 수준에서 급감한 수치였다. 이제 트리핀 딜레마는 누가 봐도 명백한 현실이 되었다."[25]

볼커는 비슷한 내용의 보고서를 닉슨 행정부의 고위 관료들에게 돌렸다. 벨기에의 경제학자 트리핀의 예언이 곧 실현되려 하고 있었다.

"인류에게 얼마나 큰 비극인가!"

유독 무더웠던 1971년 8월의 둘째 주 주말, 미국의 고위 관료 15명(장관, 기관장, 백악관 고문, 연준 의장)이 부인도 비서도 모르게 대통령 전용 별장인 캠프데이비드Camp David에 모였다. 별장에서는 메릴랜드주의 카톡틴산맥이 한눈에 보였는데, 이런 풍경을 감상하기에는 너무 무거운 분위기였다. 백악관의 연설문 작성자였던 윌리엄 새파이어William Safire의 기록에 따르면, 닉슨 대통령이 직접 나서서 "이곳에서 외부로 전화를 걸어서는 안 됩니다"라고, 또 "모두 이곳에서의 일을 입 밖에 내지 마십시오"라고 경고했다고 한다.[26]

닉슨에게 발언권을 넘겨받은 존 코널리John Connally 재무부 장관이 입을 떼자 비밀을 지켜야 할 이유가 분명해졌다. 백발의 코널리는 텍사스주 출신 특유의 기백을 경제정책에 반영한 인물로, 달러에 대한 시장의 압력이 가중되고 있는 상황에 대응하기 위해 그 자리에 모인 사람들이 고려해야 할 여러 조치를 하나씩 언급했다. 그중 "금 태환 창구를 닫는다"라는 조치는 참석자들을 충격에 빠뜨렸다. 더는 35달러를 금 1온스로 바꿔주지 않겠다는 뜻이었다. 그 가격은 브레턴우즈 체제의 핵심이었지만, 코널리가 보기에 유지할 수 없는 가격이었다. "누구든 원하기만 하면 우리를 무너뜨릴 수 있습니다"라는 코널리의 말은 강대국 중 단 한 곳이라도 대대적인 금 태환을 요구하면 미국의 금 보유고가 바닥날 수 있다는 섬뜩한 경고였다. 실제로 영국같이 중요한 우방국마저 신뢰를 잃었다는 신호를 보내고 있었다. 코널리는 "우리는 완전한 무방비 상태에 놓여 있어요"라고 덧붙였다.

사실 '완전한 무방비 상태'는 아니었다. 닉슨 행정부가 진심으로 브레턴우즈 체제의 유지를 우선시했다면 달러의 매력을 강화하고 1온스당 35달러의 금 태환율을 유지하는 조치를 취할 수 있었을 것이다. 예를 들어 금리를 인상하거나 세율을 높여 미국인들의 소비를 억제하면 될 일이었다. 그러나 미국의 실업률이 이미 6퍼센트까지 치솟은 데다가 대선이 가까워진 때에 백악관은 그 정도로 강력한 긴축정책을 결코 받아들일 수 없었다.[27] 재선을 노리는 대통령으로서 닉슨은 달러 문제를 해결할 종합적인 대책을 발표하고자 했다. 유권자들에게 자신이 물러서지 않고 주도적으로 나선다는 인상을 심어주고 싶었던 것이다. 그는 "내가 생각하는 건 10분 분량의 간결하고 강력하며 자신감에 찬 연설이오. 나라 사정이 아주 엉망이라고 징징거리는 내용은 제외한 채로요"라고 말했다.

닉슨은 대책을 결정하기에 앞서 철저한 브레인스토밍이 필요하다는 사실을 잘 알고 있었다. 또한 아서 번스Arthur Burns 연준 의장의 지지를 얻는 일에도 신경 썼다. 컬럼비아대학교 교수 시절부터 재정 건전성을 강조해온 번스는 사실 금 태환 창구의 폐쇄를 극도로 꺼렸다. 그는 일기에 브레턴우즈 체제를 유지하는 데 필요한 조치를 취하지 못하는 정부의 무능을 강하게 비판하면서 "인류에게 얼마나 큰 비극인가!"라고 썼다.[28] 그는 금 태환의 원칙이 재정 건전성 유지에 반드시 필요하다고 보았을 뿐 아니라, 그 자리에서 검토되던 다른 조치들—이를테면 수입품 전반에 대한 10퍼센트의 관세 부과—의 영향으로 미국이 우방국들에 호의를 잃게 될지 모른다고 우려했다. 실제로 대통령을 포함한 참석자들에게 "우방국들은 우리가 자기들에게 불리한 조치를 취할 거라고는 생각지도 못할 겁니다"라고 항의하기도 했다.

그러자 코널리가 특유의 호통치는 말투로 "다른 나라들이 싫어한다? 그래서 어쩌라는 거요?"라고 받아쳤다. 기세를 이어나간 그는 주요 강대국들이 보복할 가능성이 있더라도 개의치 않겠다고 으르렁거렸다. "그러라고 해요. 그 나라들이 뭘 할 수 있겠소?" 그 후 얼마간의 논쟁 끝에 번스는 계속 반대해도 헛수고라는 사실을 깨달았고, 대통령에게 "전폭적인 지지를" 약속했다.

모든 논의가 마무리된 8월 15일, 편안해야 할 일요일 저녁은 닉슨의 전국 생중계 연설로 마무리되었다. 닉슨은 수입품에 대한 할증 관세, 일시적인 임금과 가격 통제, 달러의 금 태환 중단을 골자로 한 '신新경제정책'을 발표했다. 금 태환 중단에 대해서는 "저는 달러가 다시는 국제 투기꾼들의 인질이 되는 일을 허용하지 않기로 결심했습니다"라고 이유를 밝혔다. 그러더니 다른 나라들의 반발을 무마하기 위해 이렇게 덧붙였다. "저는 이것만큼은 확실하게 약속합니다. 미국은 항상 그러했듯이 앞으로도 미래지향적이고 신뢰할 수 있는 무역 파트너로 남을 것입니다. (…) 우리는 당장 필요한 신규 국제통화 시스템의 설립을 위해 불가피한 개혁을 추진할 것입니다."[29]

닉슨의 약속대로 새로운 국제통화 시스템을 구축하기 위한 노력, 다시 말해 고정환율제를 개정하고 달러 가치를 미국이 한층 더 손쉽게 관리할 수 있는 수준으로 재조정하는 일이 이어졌다. 합의를 위해 볼커는 도쿄, 본, 파리, 런던, 로마를 자주 방문했으며 그곳의 재무부 장관들도 워싱턴을 자주 방문했다. 그러나 코널리의 오만한 태도 탓에 협상은 종종 긴장 상태로 치달았다. 그가 "달러는 우리 통화지만 문제는 당신들의 몫"이라는 유명한 발언으로 각국의 재무부 장관들에게 충격을 안긴 것도 바로 그 시기였다.[30] 결국 체결된 합의는 유지되지 못했고, 1973년 봄에 다시 한번 달러 투매가 발생하며 새로운 국제통화 시스템은 붕괴했다. 이후 모든 주요 통화의 환율은 세계 곳곳의 금융 중심지에서 활동하는 외환 딜러들이 그 수요와 공급을 어떻게 해석하는지에 따라 오르내리게 되었다.

브레턴우즈 체제 이후의 달러

이렇게 브레턴우즈 체제는 끝장났다. 순수한 명목화폐가 된 달러는 연준이 적절하다고 판단하는 바에 따라 공급량이 조절되었다. 오늘날 달러는 그야말로 허공에서 만들어진다. 즉 연준의 지시에 따라 뉴욕연준은행이 대형 은행과 증권사들에서 미국 국채를 매입하면, 그만큼의 달러가 창출되어 해당 금융회사들이 연준에 개설해둔 지급준비금 계좌에 입금되고, 이를 통해 금융회사들은 더 많은 대출을 내줄 수 있게 된다. 반대로 뉴욕연준은행이 금융회사들에 미국 국채를 매도하면 달러는 시중에서 사라지게 된다. 그 매입 대금만큼 금융회사들의 달러가 증발하는 셈이므로, 대출 여력 또한 줄어드는 것이다. 모든 과정이 제대로 돌아간다면, 연준이 은행들의 지급준비금을 늘리고 줄이기만 해도 달러 공급량이 조절될 뿐 아니라, 주요 물가지수의 상승이나 하락을 유발하지 않고도 미국의 상품과 서비스 생산능력을 확대할 수 있는 수준까지 금리를 조정할 수 있게 된다. 다만 달러가 너무 많이 풀리면 신용이 지나치게 완화되어 경제성장이 빨라지는 탓에 인플레이션이 발생하고, 달러가 너무 부족해지면 신용이 지나치게 위축되어 경기가 침체하는 탓에 일자리가 사라진다. 연준은 이미 1920년대 초반부터 이와 비슷한 일을 해왔다. 하지만 1971년 이후 연준의 달러 발행은 금이라는 제약에서 완전히 해방되었다.

각국 정부가 케인스와 화이트의 뜻과는 달리 국경 간 자본 이동에 대한 규제를 늦추면서 브레턴우즈 체제는 또 다른 측면에서도 막을 내리고 있었다. 국제무역의 자유화는 1940년대부터 1960년대 사이에 체결된 각종 협정을 통해 이미 진행되고 있었지만, 대출, 주식 및 채권의 발행과 매입, 기타 금융상품의 흐름을 비롯한 초국가적 자본 이동의 경우 1970년대에 이르러서야 물꼬가 트이기 시작했다. 그 결과 국경 안에 갇혀 있던 자본이 점점 더 자유로워져 정치적·지리적 경계와 상관없이 수익 극대화를 추구하기에 이르렀다.

변동환율제가 막 시행된 초기에는 달러의 성과가 형편없었다. 1973년 7월 《뉴욕타임스》의 레너드 실크Leonard Silk 논설위원이 "달러는 전 세계적으로 병든 통화로 여겨지고 있다"로 시작되는 기사를 썼을 정도다. 실크는 닉슨이 금 태환 창구를 닫은 이후 달러의 가치가 서독-마르크 대비 31퍼센트, 엔 대비 26퍼센트, 스위스-프랑 대비 23퍼센트나 하락했다고 지적하면서 다음과 같이 덧붙였다. "외국 소비자들이 보기에 대두와 고철 같은 미국산 제품이 너무나 저렴해지자, 미국 정부는 그 같은 제품이 미국을 빠져나가 국내의 인플레이션 압력을 강화하지 못하도록 수출 통제를 강행하기로 결정했다."[31]

달러의 국제적인 역할을 수호했던 브레턴우즈 체제가 해체되고 국제금융시장에서 달러가 요동치며 곤두박질치자, 이를 지켜보던 다수의 전문가가 입을 모아 미국의 통화 패권에 비관적인 평가를 내렸다. 그중 가장 주목할 만한 인물로 MIT의 찰스 킨들버거Charles Kindleberger 경제학 교수를 꼽을 만했다. 그는 금 태환 중단을 "1971년의 범죄"로 비난하며 "국제통화로서의 달러는 끝났다"라고 단언했다.[32]

달러가 몰락했다는 호들갑은 한참 지속되었으니, 킨들버거의 일침은 그 시작에 불과했다. 그 후로 달러의 몰락을 예언하는 일이 한층 더 잦아지게 되었다. 앞으로 살펴보겠지만, 그 같은 예언들은 대부분 허풍으로 밝혀졌다.

2장

위기에서 왕좌를 지키다

1944년 6월 브레턴우즈에서 만난 존 메이너드 케인스와 해리 덱스터 화이트. 제2차 세계대전 이후의 새로운 경제 질서를 짜기 위해 40여 개국의 고위 관료들이 브레턴우즈에 모였다. 그중에서도 시대를 풍미한 경제학자인 케인스와 화이트 미국 재무부 차관의 활약이 단연 돋보였다. 케인스는 금에 대한 맹목적인 집착을 끝내는 데 일조했고, 화이트는 달러 주도의 국제통화 시스템을 설계하고 밀어붙였다. 이로써 각국 통화의 가치는 달러에, 달러의 가치는 금에 고정하는 브레턴우즈 체제가 탄생했다.

1971년 8월의 닉슨쇼크. 미국을 비롯한 세계경제가 성장하며 달러 수요가 늘어나자, '트리핀 딜레마'라 불리는 문제가 발생했다. 달러를 끊임없이 공급하면 어느 순간 과연 금 태환이 가능할지 의구심이 퍼져나갈 것이다. 그렇다고 달러를 공급하지 않으면 경기 침체를 피할 수 없다. 한편 미국은 미국 나름대로 브레턴우즈 체제에서의 강달러 탓에 수입이 수출을 초과하는 문제에 직면했다. 결국 1971년 8월 15일 저녁, 리처드 닉슨 미국 대통령은 달러의 금 태환 포기를 기습적으로 발표했다. 사진은 그다음 날 발행된 《뉴욕타임스》의 1면으로, "달러와 금의 연결을 끊었다"라는 헤드라인이 눈에 띈다.

홍해 연안에 자리 잡은 사우디아라비아의 항구도시인 제다에는 몹시 낡고 파리 떼가 들끓는 건물이 있다. 과거 이곳은 세계에서 세 손가락 안에 드는 산유국의 중앙은행인 사우디아라비아통화청Saudi Arabian Monetary Agency의 본부였으며, 오일쇼크로 석유 가격이 네 배 가까이 치솟았던 1973년부터 1974년 사이에 세계에서 가장 많은 달러를 보관하고 있던 거대한 금고였다. 그러나 그 역할에 비해 시설이 형편없어 현대화와 동떨어진 사막 왕국의 특징을 전형적으로 보여주는 곳이기도 했다. 거래 기록은 가죽 장정을 한 장부에 수기로 기록되었으며, 배관이 노출되어 있는 화장실에는 하루에 한 번 오후 3시에만 물을 내릴 수 있는 변기가 설치되어 있었다. 해외에서 발행된 신문은 며칠씩 늦게 도착했고, 그러고 나서도 검열을 거쳐 왕실과 기득권층의 이슬람 원리주의자들에게 불쾌감을 줄 만한 내용이 삭제된 후에야 직원들에게 전달되었다.

해외와 통화 연결이 불가능했기에 국제통신은 전화기가 아니라 작은 삼각형 모양의 방에 설치된 텔렉스telex(음성이 아니라 문자로 소통하는 통신기기―옮긴이) 한 대를 통해 이루어졌다. 투자은행을 다니다가 1975년 사우디아라비아통화청의 고문으로 영입된 데이비드 멀포드David Mulford는 회고록에서 텔렉스의 번거로운 사용법을 자세히 설명했다. "텔렉스로 통신하려면 제다 시내 어딘가에 있는 중앙 교환원에게 연락해 뉴욕이나 런던이나 도쿄 등의 해외 연락처 번호를 알려주어야 했다. (…) 그런 다음에 10분에서 20분 정도를 기다려야 했다. 그렇게 무더위 속에서 졸고 있으면 갑자기 기계가 작동하면서 바깥 세계의 누군가와 연결되었다." 물론 그 후에도 상대방과 타자로 입력된 글만 주고받을 수 있었다.[1]

오일쇼크, 달러쇼크

사우디아라비아통화청은 부실한 외관과 어울리지 않게, 그 어떠한 나라도 경험해보지 못한 규모의 현금을 운용하고 있었다. 당시 전 세계 석유의 4분의 1이 사우디아라비아에 매장되어 있는 것으로 추정되는 상황에서, 석유 수출을 통해 날마다 1억 달러에 달하는 수입이 국고로 쏟아져 들어왔기 때문이다. 게다가 1970년대 초반만 해도 1배럴당 3달러 미만에 불과했던 석유 가격이 1974년 3월에는 1배럴당 11달러를 웃도는 수준까지 폭등했다. 석유수출기구Organization of the Petroleum Exporting Countries, 이하 OPEC 회원국들의 담합에 더해, 1973년 10월 이스라엘과 이집트 및 시리아가 충돌하며 제4차 중동전쟁이 벌어지자 아랍 국가들이 석유 금수조치를 발동했기 때문이다. 미국인들이 주유소에서 기다랗게 줄을 서며 애태우는 동안 미국 정부는 사우디아라비아와의 협상을 앞두고 고심에 빠졌다. 사실 사우디아라비아 왕실의 주인인 사우드 가문은 1940년대부터 미국과 긴밀한 동맹 관계를 유지하고 있었다. 그런데도 사우디아라비아가 이집트와 시리아를 지원하고 서구 국가들을 괴롭히기 위해 석유라는 무기를 적극적으로 사용하자 미국은 큰 충격에 빠졌다. 연장선에서 미국 정부는 사우디아라비아가 석유로 벌어들인 달러를 미국의 국익에 어긋나는 방향으로 활용할까 봐 긴장을 풀지 못했다.

인구 500만 명에 불과한 신정국가가 달러의 보유국으로서 막강한 영향력을 행사했다는 사실은 1970년대 당시 달러가 처한 곤경을 상징적으로 보여준다. 그때 달러는 브레턴우즈 체제 붕괴 이후 처음으로 크나큰 어려움에 부딪혔는데, 그것은 바로 인플레이션이었다. 이 때문에 달러의 가치는 지난 수십 년간 상상도 하지 못했던 수준까지 하락하고 말았다. 1974년 미국의 CPI는 11퍼센트나 상승했다. 그중에서도 석유제품의 가격이 가장 가파르게 상승했지만, 식료품을 비롯한 기타 생필품의 가격도 전년 대비 큰 폭으로 상승했다. 얼마 지나지 않아 인플레이션은 다소 진정되었으나, 1975년 9퍼센트, 1976년 5.7퍼센트, 1977년 6.5퍼센트, 1978년 7.6퍼센트라는 상대적으로 높은 수준을 계속 유지했다. 자연스레 달러의 구매력이 약화되자, 가치 저장 수단으로 달러를 활용하는 것에 대한 우려가 확산했다. 같은 시기 미국의 무역수지는 적자로 돌아섰는데, 급격히 증가한 석유 수입 비용이 그 원인 중 하나였다. 정부의 재정 적자도 시간이 갈수록 악화되었다. 모두 스태그플레이션이 맹위를 떨친 1970년대에 벌어졌던 일들이다. 이들 요소가 복합적으로 작용하면서 1973년 3월부터 1978년 10월까지 달러 환율은 서독-마르크 대비 34퍼센트, 엔 대비 30퍼센트, 스위스-프랑 대비 51퍼센트나 하락했다.

달러 패권의 핵심, 유동성

그렇다면 달러는 어떻게 해서 이처럼 어려운 시기에도 국제통화로서의 지배적인 위상을 유지할 수 있었을까? 그 배경에는 지정학, 미국 경제의 상대적인 규모, 사우디아라비아통화청의 텔렉스가 얽히고설킨 이야기가 존재한다.

미국은 사우디아라비아가 달러를 신뢰하지 않게 되거나, 더 나아가 반反이스라엘 국가들의 통화로 자금을 분산하려는 아랍 국가들의 계획에 동참할지 모른다는 두려움을 느꼈다. 이에 헨리 키신저Henry Kissinger 국무부 장관과 윌리엄 사이먼William Simon 재무부 장관이 사우디아라비아와 미국의 이익을 긴밀히 조율하기 위한 작업에 착수했다. 사이먼은 미국 정부가 쓸 차입금을 조달할 책임이 있는 최고위 관료로서 사우디아라비아를 방문했다. 사우디아라비아통화청에 미국 국채의 매입 권한을 주는 특별 협정을 비밀리에 체결하기 위해서였다. 일반적으로 미국 재무부는 공개 입찰을 통해 (만기가 1년 이하인) 단기국채, (만기가 1년을 초과하고 10년 이하인) 중기국채, (만기가 10년을 초과하는) 장기국채를 매각한다. 이들 국채는 가장 낮은 금리를 받아들일 의향이 있는 입찰자에게 낙찰된다. 최고 등급의 국채는 극도로 보수적인 사우디아라비아 왕실의 구미에 딱 들어맞았다. 그러나 사우디아라비아통화청은 미국 국채를 대량으로 사들이는 조건으로 입찰을 거치지 않고 직접 배정받을 수 있는 권한뿐 아니라, 공개 입찰에서 결정된 금리의 평균값을 수익률로 지정해달라고 요구했다. 그 외에도 미국에 (이스라엘로 흘러 들어갈지 모르는) 돈을 보탠다는 인상을 주지 않기 위해 중요한 조건을 하나 더 내세웠다. 훗날 공개된 재무부 차관의 메모에 따르면 그 조건은 다음과 같았다. "사우디아라비아가 요구한 필수 조건은 비밀 유지이며, 우리는 그들의 요구를 충족하기 위해 우리 권한 내에서 할 수 있는 조치를 빠짐없이 취하겠다고 확약하는 바다."[2]

한편 키신저는 국내외의 적들에게 통치권을 위협받고 있다는 사우디아라비아 왕실의 불안감을 이용했다. (훗날 국왕이 되는) 파드 빈 압둘아지즈Fahd bin Abdul-Aziz 왕세자가 1974년 6월 워싱턴을 방문했을 때, 양국은 국방 및 경제 정책을 조율하기 위한 공동위원회 설립에 합의했다. 이를 계기로 사우디아라비아는 1,000억 달러가 넘는 미국산 첨단 무기를 구매했고, 미군에 자국 군대의 훈련을 위탁했으며, 미군이 자신들의 영토 내에 군사기지와 비행장을 건설하는 데 협조했다.

이때의 합의를 가리켜 흥정에 지나지 않는다고 평가하는 시각도 있다. 미국은 사우디아라비아 왕실과 유전에 대한 군사적 보호를 약속했고, 그 대가로 사우디아라비아는 달러에 대한 흔들림 없는 지지를 맹세했다는 것이다. 실제로는 정확히 어떠한 보상이 제공되었는지 알 길이 없으며, 흥정이 이루어졌다는 명확한 증거가 드러난 적도 없다.[3] 그러나 달러가 험악했던 1970년대 중반을 거치고도 변함없이 우위를 지킬 수 있었던 이유를 파악하려면, 사우디아라비아통화청이 어째서 자산의 대부분을 달러 표시 유가증권으로 보유하려 했는지를 알아볼 필요가 있다.

멀포드의 회고록은 사우디아라비아가 달러를 선호한 이유를 명쾌하게 알려준다. 우선 다양한 통화에 분산 투자하기에는 사우디아라비아통화청의 업무 환경이 너무나 열악했다. 멀포드는 당시 상황을 다음과 같이 회상했다. "우리는 전문 인력이 여섯 명뿐인 작은 팀이었고 처리해야 할 업무가 산더미처럼 쌓여 있었다. 현대적인 기기도 없어서 일일이 손으로 문서 작업을 처리해야 했다. 게다가 포트폴리오는 30일마다 50억 달러씩 늘어나더니 나중에는 100억 달러씩 불어났다."[4]

게다가 사우디아라비아통화청은 투자할 시장을 선택할 때 유동성을 신경 써야 했다. 여기서 유동성이란 자산을 매입하거나 매각할 때 시장가격에 큰 영향을 주지 않고 거래할 수 있는 능력을 뜻한다. 사우디아라비아통화청이 날마다 수천만 달러씩 불어나는 막대한 자금을 쏟아부어도 흔들리지 않을 만큼 거대한 시장은 미국 외에는 사실상 존재하지 않았다.

한마디로 선택지 자체가 별로 없었던 것인데, 멀포드의 생생한 증언을 다시 한번 살펴보자. "미국보다 시장 규모가 훨씬 작고 유동성이 떨어지는 나라의 국채를 사려면 먼저 그 나라의 통화부터 확보해야 하는데, 그 일은 말처럼 쉽지 않았다. 당시 미국을 제외한 대부분의 시장은 500~1,000만 달러 규모의 외환 거래만으로도 들썩였기에 외환 거래를 며칠에 걸쳐 분산한다고 해도 현실적인 한계가 있었다. 그나마 가장 합리적인 선택지였던 독일의 슐트샤인Schuldschein(약속어음), 일본의 엔 채권, 네덜란드의 길더 채권, 스위스의 스위스-프랑 채권조차 미국 국채 정도의 규모로 매입하는 것은 절대적으로 불가능했다."[5]

사우디아라비아통화청은 일부 자금을 달러가 아닌 통화에도 투자했다. 1976년에는 자국 채권을 판매하는 일에 적극적으로 나선 일본 정부와 협정을 체결하기도 했다. 사이먼이 관여했던 미국 국채 관련 협정과 비슷한 내용이었다. 그 외에도 각국의 은행가들이 사우디아라비아의 자금줄을 쥐려는 기대를 품은 채 제다의 벌레가 들끓는 호텔에 묵으면서 다양한 방안을 제시했다. 멀포드에 따르면 이들 은행가가 사우디아라비아통화청에 선 줄이 때로는 두세 층을 휘감을 정도로 길었다고 한다. 그들은 사우디아라비아통화청이 미국을 제외한 유럽 등의 지역에서 진행되는 각종 공공 프로젝트와 민간 프로젝트에 차입금을 지원해주길 기대했다. 그 같은 거래를 성사하기 위해서는 수많은 행정 절차와 기나긴 협의 과정이 필요했는데, 사우디아라비아통화청의 원시적인 통신 환경 때문에 그 과정 하나하나가 고역이었다. 1977년 말까지 사우디아라비아통화청이 보유한 600억 달러 규모의 외화 자산 가운데 엔이나 서독-마르크의 비중은 6퍼센트에 지나지 않았으며, 나머지는 대부분 달러였다.[6]

유동성이 달러 패권 유지에 결정적인 역할을 한다는 사실을 이보다 더 간단하고 확실하게 보여주는 사례는 달리 없을 것이다. 더욱이 멀포드가 사우디아라비아에 머물던 1970년대 중반은 미국 금융시장에서 일어난 몇 가지 사건 때문에 달러의 유동성이 한층 더 강력해지고 있던 때였다.

리무진을 타는 국채 트레이더

누가 큰돈을 벌고 있는지 알고 싶다면 어떻게 해야 할까? "월가 근처 술집 앞에서 어떤 사람들이 리무진을 타고 가는지를 보면 알 수 있어요." 1976년 말 《포브스매거진》의 기사를 쓰기 위해 인터뷰했던 존 엑스타인John Eckstein의 재치 있는 답변이 기억에 남는다. 국채 트레이더였던 엑스타인은 당시 상황이 좋은 편이었다. "한때는 주식 트레이더들이 돈을 잘 벌었죠. 그다음은 펀드매니저였고, 그다음은 장외주식 트레이더였어요. 그리고 나서 부동산 투자신탁 담당자들이 뜨더군요. 올해 대박 난 사람들이요? 국채 트레이더들이죠."[7]

실제로 1970년대 중반 미국의 다양한 유가증권을 다루는 딜러와 트레이더들 사이에서 국채 트레이더들은 관련 시장의 경이로운 성장과 수익성 덕분에 선두를 달리고 있었다. 1976년 한 해 동안 미국 국채의 하루 평균 거래 규모를 달러 가치로 환산하면 105억 달러에 달했다. 주요 국채 트레이더들의 거래만 집계한 해당 금액은 1973년 대비 세 배에 달했으며, 같은 시기 뉴욕증권거래소의 하루 평균 거래액인 6억 3100만 달러를 크게 웃도는 수치였다. 국채 트레이더의 연봉과 보너스가 천정부지로 치솟던 와중에 모건개런티Morgan Guaranty나 뱅커스트러스트Bankers Trust 같은 은행들은 자사의 전도유망한 20~30대 직원들을 노리고 10만 달러 단위의 연봉을 제시하는 월가의 증권사들 때문에 몸살을 앓았다. 당시 기준으로는 터무니없이 높은 금액이었다. 한편 대부분의 국채 거래는 샐러먼브라더스Salomon Brothers, 페인웨버Paine Webber, 오브리랜스턴Aubrey Lanston 같은 대형 중개업체의 소란스럽고 북적거리며 강당 크기만 한 객장에서 이루어졌다. 그곳에서는 국채 트레이더들이 한참 떨어진 자리에 앉아 있는 동료와 시장의 이런저런 소문을 큰 소리로 교환하거나, 전화기 너머의 경쟁자들에게서 유리한 조건을 따내기 위해 고함치는 장면이 펼쳐졌다. 1987년 출간된 톰 울프Tom Wolfe의 《허영의 불꽃》에서 "우주의 지배자"로 묘사되었을 만큼 국채 트레이더의 위상은 엄청났다.

과연 누가 그런 일이 가능하리라고 예상했을까? 월가가 활황을 누렸던 1960년대에도 국채를 포함한 채권은 별 인기가 없었다. 주식시장이 호황이었기에 고정수익 투자로 평가받는 채권은 그 어느 때보다도 답이 없어 보였다. 채권시장의 상황이 어찌나 형편없었던지 1969년에는 금융 전문지 《인스티투셔널 인베스터Institutional Investor》가 공룡 그림으로 표지를 장식하며 〈채권시장이 살아남을 수 있을까?Can the bond market survive?〉라는 표제를 붙였을 정도다. 해당 잡지는 채권시장이 "시대착오적이라 (…) 장기적으로 보아 일반 채권의 공개 시장은 퇴물이 되어 사라질 수 있다"라고 예측했다.[8]

그도 그럴 것이 채권은 큰 수익보다는 안정적인 수익을 추구하는 투자자들을 위해 설계된 금융상품이다. 일반적으로 정부든 민간기업이든 채권의 발행 주체는 정기적인 이자 지급(대부분 매년, 또는 분기별 지급)과 만기 시의 원금 상환을 약속한다. 그런 만큼 주식보다 훨씬 덜 위험하지만, 그만큼 매력이 떨어지는 투자 대상이다. 주식은 수익을 보장하지 않으며, 기업이나 산업의 전망에 따라 그 가격이 매일은 물론이고 매분 큰 폭으로 변동한다. 이 때문에 은퇴자들은 저축한 돈의 대부분을 채권에 넣는다. 보험사, 연기금 운용사, 대학 기금과 같이 주식

시장의 하락에 대비해 포트폴리오를 방어할 필요가 있는 대형 기관도 마찬가지다. 물론 채권 발행자가 채무불이행을 선언할 수도 있다. 그렇기에 미국 정부의 전폭적인 신용과 신의로 보증되는 미국 국채는 최고의 안전자산으로 간주된다.

그런데 1970년대에는 여러 사건이 동시에 터지면서 국채시장이 호황을 맞이하기에 이르렀다. 결과적으로 대형 국채 트레이더들은 떼돈을 벌어들이면서도 불면의 밤과 긴박한 낮이 반복되는 하루하루를 보내게 되었다.

석유-달러-국채의 삼위일체

당시 미국 정부는 (제2차 세계대전 당시의 재정 적자를 제외하면) 이전에는 상상조차 할 수 없었던 규모의 재정 적자를 내고 있었다. 어쩔 수 없이 재무부가 수천억 달러 규모의 신규 국채를 발행해 자금을 조달했다. 그와 동시에 컴퓨터 기술의 발달로 국채 거래의 효율성이 크게 개선되었다. 그 덕분에 국채는 증권거래소의 객장에서 거래되는 주식과 달리 여러 곳에 흩어진 사무실에서 장외 방식으로 거래되었다. 《포브스》 기사를 쓰기 위해 인터뷰했던 국채 트레이더 윌리엄 마이클체크 William Michaelcheck는 "우리는 베팅을 하고 난 다음에 이 화면[국채 시세가 표시되는 모니터 화면]을 아주 주의 깊게 지켜보죠"라고 설명했다.

무엇보다 중요한 점은 금리가 1970년대 들어 그 전의 20년과 비교할 수 없을 정도로 크게 변동했다는 사실이다. 인플레이션이 투자에 따른 기대수익을 갉아먹고 있었으므로, 손실을 보상하는 차원에서 이자를 높일 수밖에 없었기 때문이다. 이 같은 금리의 오르내림은 채권 거래의 기본 원리, 즉 금리와 가격이 반대로 간다는 원리에 따라 국채 가격에도 큰 변동을 일으켰다. 예를 들어 1976년 한 해 동안 국채 가격은 무섭게 상승했다. 인플레이션이 1974년에 정점을 찍고 나서 금리가 급격히 하락하자, 9.25퍼센트까지 치솟았던 국채 수익률이 5퍼센트로 떨어졌는데(1,000달러짜리 국채의 이자 지급액이 92.50달러에서 50달러로 떨어졌다는 뜻이다), 누구나 수익률이 낮은 국채보다는 높은 국채를 보유하고 싶어 하기 때문에 과거에 발행된 국채의 가격이 올랐던 것이다. 반대로 금리가 걷잡을 수 없이 상승한 1973년부터 1974년 사이에는 국채시장 전반으로 손실이 확산했다. 새로 발행된 국채가 더 나은 수익률을 제공했기 때문에 기존 국채의 가격이 하락했던 것이다.

국채 트레이더들이 시장의 움직임을 정확히 예측했을 때 막대한 수익을 내고 잘못 예측했을 때 막대한 손실을 보는 까닭은 개별 거래에서 워낙 엄청난 양을 사고팔기 때문이다. 사실 국채 가격은 하루 안에 크게 변동하지 않는다. 금리가 이례적인 수준으로 급등하거나 급락하더라도 1,000달러짜리 국채를 기준으로 몇 달러 오르거나 내리는 정도에 불과하다. 그러나 국채 트레이더들은 어마어마한 양을 사고팔기 때문에 가격 변동 폭의 몇 배에 달하는 수익이나 손실을 내곤 한다. 국채 거래에서 이 같은 '지렛대leverage'는 위험하면서도 매혹적인 요소다. 실제로 자본금이 고작 2,500만 달러인 트레이더가 20배(5억 달러)는 물론이고 100배(25억 달러)에 달하는 규모의 국채를 매입한 일도 있었다. 이를 위해서는 은행에서, 또는 유휴자금을 굴려 약간의 이자를 얻고자 하는 기업의 자금 관리자에게서 돈을 빌려야 한다. 그렇게 해서 국채를 매입하고 나면, 국채 가격이 조금만 변동해도 트레이더는 큰 수익을 내거나 큰 손실을 보게 된다.

트레이더들의 증언에 따르면 그야말로 현기증이 날 만한 속도로 국채를 사고팔았다고 한다. 그들은 수억 달러 규모의 국채를 매입하고 나서 불과 몇 분 만에 그중 일부, 또는 전부를 팔아치워 '스프레드spread'를 벌어들일 수 있었다. 스프레드란 매수 호가와 매도 호가의 차이, 즉 구매자가 치르려 하는 금액과 판매자가 받으려 하는 금액의 차이를 뜻한다. 국채의 스프레드는 대개 가격의 0.78125퍼센트와 3.125퍼센트 사이를 오갈 정도로 극히 미미했다. 그러나 꽤 크기는 하지만 그리 특별하지 않은 규모인 1억 달러어치의 국채 거래에서 0.78125퍼센트의 스프레드는 7,812.50달러에 해당한다. 1970년대 기준으로 이는 며칠 치의 임대료, 난방비, 전기세는 물론이고 사무직 직원들의 급여를 치를 수 있는 금액이었다.

국채시장의 회전율이 어찌나 엄청났던지 대형 중개업체들에서 거래되는 국채는 하루에 두 번씩 사고팔릴 정도였다. 중개업체들은 마진이 작더라도 규모가 큰 거래를 기꺼이 떠맡았다. 100만 달러어치의 국채를 거래해 고작 50달러를 벌더라도 개의치 않아 했다. 전체 거래 규모가 10억 달러 수준에 이르면 수익도 5만 달러까지 커진다는 것을 알았기 때문이다. 이처럼 거래 자체를 소중하게 여긴 중개업체들은 국채 가격이 하락했을 때도 시장 조성자 역할을 지속적으로 수행했다. 다시 말해 모든 시장 참여자와 국채를 사고팔았다는 이야기다. 다만 자신들이 손실을 떠안는 일을 방지하기 위해 매수 가격을 매도 가격보다 한참 낮게 설정했기 때문에 매수 호가와 매도 호가 간의 스프레드가 크게 벌어지곤 했다.

이 같은 거래 행위가 고위험 투기처럼 보일지 모른다(사실 오늘날에는 그 규모가 과거와 비교할 수 없을 정도로 한층 더 커졌다). 하지만 어느 정도 투기의 성격을 띤다는 것과는 별개로, 미국 국채는 매우 중요한 역할을 맡고 있다. 개인이든, 기업이든, 금융회사든, 중앙은행이든 달러를 보유한 주체라면 누구든 자신의 달러를 세계에서 가장 안전한 금융상품 형태로 원활히 매수, 매도, 예치할 수 있는 시장이 존재한다는 사실에 마음이 놓일 것이다. 게다가 1970년대에는 '페트로달러 재활용'(석유 판매로 얻은 달러를 다른 자산에 투자하는 행위—옮긴이)을 계기로 달러가 새로운 경로와 수단을 거쳐 세계 곳곳에 유입됨에 따라 달러 시장이 폭발적으로 성장하는 추세였다. 사우디아라비아를 비롯한 중동 산유국들에 석유 대금으로 지급된 달러는 사우디아라비아통화청 등의 기관을 거쳐 중동의 대형 은행들에 예치되었다. 그중 일부는 미국에 본사를 둔 곳이었지만 대부분은 다른 나라들에 기반을 두고 있었다. 특히 급성장 중이던 유로달러(유럽을 비롯해 미국 밖의 은행들에서 거래되는 달러) 시장에서 활동하는 은행들이 많았다. 런던을 중심으로 한 유로달러 시장은 다국적은행들이 세계 각국에서 달러 예금을 받아 다시 세계 각국에 빌려주는 방식으로 작동했다. 이처럼 대출 가능한 달러가 넘쳐난 덕분에 미국을 포함한 여러 나라가 석유 수입에 필요한 자금을 조달할 수 있었다. (본문과는 상관없는 이야기지만, 유로달러 가운데 수십억 달러가 대출 형식으로 중남미 등의 몇몇 국가에 흘러 들어갔는데, 이로써 1980년대를 뒤흔든 심각한 국가 채무 위기의 씨앗이 심겼다.)

이처럼 공식적인 합의가 없었는데도 달러는 여전히 국제통화 사다리의 최정상을 차지하고 있었고, 이로써 미국은 캠프데이비드에서 모종의 회의가 열렸던 1971년 이전보다 더 큰 이익을 더 낮은 비용으로 거두어들이고 있었다. 그 이익은 정확히 계량하기 어려웠지만, 미국에 두말할 나위 없이 중요한 역할을 했다. 사실상 미국만이 자국의 중앙은행이 찍어낸 돈으로 석유를 구매할 수 있었다. 그뿐 아니라 달러는 석유를 사기 위해 달러가 필요한 나라들에서 상품을 수입하는 데도 사용되었다.[9] 영국의 정치경제학자 수전 스트레인지Susan Strange는 "어느 8월에 달러를 더는 금으로 바꿔주지 않기로 한 결정 탓에 과도한 특권이 최고로 과도한 특권으로 발전했다"라고 지적했다. 그러고는 "미국 정부는 무제한으로 돈을 찍어내는 권리를 행사하고 있었는데, 다른 나라가 (막대한 피해 없이) 그 돈을 받아들이지 않겠다고 거부하기란 불가능한 일이었다"라고 덧붙였다.[10]

인플레이션이 찾아오다

1970년대 후반에 이르러 달러를 무제한으로 찍어내는 행위는 사우디아라비아를 비롯한 달러 보유국들의 인내심이 바닥날 정도로 무분별해졌다. 비난의 손가락은 연준을 향했는데, 이는 꽤 정당한 반응이었다.

당시 연준은 달러 가치의 하락을 억제하지 못했던 것으로 보인다. 1970년 2월부터 1978년 1월까지 연준 의장을 지냈던 번스는 교수 특유의 태도로 인플레이션에 단호한 모습을 보였지만, 훗날 인정했듯이 높은 실업률 때문에 인플레이션을 진압할 정도로 금리를 올리는 데는 주저했다. 번스의 일기장에는 그가 자신을 임명한 닉슨 대통령에게서 1972년 대선 때까지 신용을 완화하라는 압력을 받다가 비겁하게 굴복했다는 내용이 적혀 있다. 게다가 1974년 닉슨이 사임한 후에도 강단 있는 태도를 보이지 못했다. 번스는 연준이 신용 긴축에 나설 때마다 "정부와 의회 양쪽에서 거센 비판이 어김없이 쏟아졌다"라며 한탄했다. 중앙은행의 독립성을 박탈하는 법이 제정될까 봐 걱정할 정도였다고 한다.[11] 번스의 후임으로 임명된, 거대 기업 텍스트론Textron의 CEO 출신인 윌리엄 밀러William Miller는 다른 이유에서였지만 한층 더 무능했다. 그는 통화정책을 논의할 의지도 자질도 부족했으며, 12인으로 구성된 연준의 정책 기구인 연방공개시장위원회Federal Open Market Committee, 이하 FOMC를 기업의 이사회처럼 취급했다. 위원들의 발언 시간을 제한하기 위해 에그 타이머를 사용할 정도였으며, 정책 방향이 상반된 매파(인플레이션 퇴치를 위해 신용 긴축을 선호하는 집단)와 비둘기파(경제성장을 촉진하기 위해 신용 완화를 선호하는 집단) 사이에서 가능한 한 빠른 합의를 끌어내는 데만 집중했다.[12]

   1979년 1월 이란혁명이 발생하며 달러의 안정성을 유지하기란 한층 더 벅찬 과제가 되었다. 이란혁명은 제2차 오일쇼크를 불러왔고 그 때문에 가뜩이나 높았던 석유 가격이 더욱 치솟았다. 1979년 9월 미국의 연간 인플레이션율은 10.75퍼센트까지 급등했고 달러 환율 또한 다시 한번 급락했다. OPEC 회원국들은 자신들이 보유한 달러의 가치가 엄청나게 떨어지자, 달러에서 이탈해 다른 금융상품으로 자산을 옮기겠다는 식의 위협적이고도 불길한 목소리를 내기 시작했다.[13] 그러나 이러한 위협은 대개 말로만 그쳤다. 미국 시장의 거대한 규모가 여전히 결정적인 고려 사항이었기 때문이다. 한편 사우디아라비아 통화청은 1978년 10월 사막에 있는 수도 리야드의 새 건물로 이전했는데, 멀포드에 따르면 "놀라운 시설을 갖추고 있어서 버튼식 제어장치로 바레인의 위성을 통해 주요 은행들의 자금 데스크와 바로 접촉할 수 있을" 정도였다. 그런데도 "사우디아라비아통화청의 비非달러 자산 비중은 전체 자산의 15~20퍼센트를 넘어선 적이 없었다." 물론 멀포드도 그 시기의 "우선 과제"가 통화 다각화였음을 인정했다.[14]

그 이유를 이해하기란 어렵지 않다. 달러를 은행 계좌에 예치하거나 미국 국채에 투자한 사람들은 인플레이션 때문에 이자 수익이 실질적으로 감소했다. 게다가 외국인 투자자들에게는 환율 하락의 위험까지 더해졌다. 결국 1979년 가을까지 수많은 투자자가 달러에서 황급히 이탈해 귀금속, 부동산, 예술품 등의 실물 자산을 마구 사들이면서, 그 가격이 유례없는 수준까지 치솟았다. 금값은 그해 초에 1온스당 200달러 정도였지만, 유고슬라비아의 베오그라드에서 IMF와 세계은행World Bank의 연례 회의가 개최된 9월 말이 되자 1온스당 400달러를 넘어섰다.[15] 회의에 참석한 각국의 고위 관료들은 기축통화인 달러의 폭락을 저지하라며 미국 측에 강력한 조치를 촉구했다.

그들은 오래 기다릴 필요가 없었다. 달러 공급을 책임지는 기관이 새로운 지도자를 맞아들였기 때문이다.

인플레이션 파이터 볼커

볼커는 애주가가 아니었다. 그러나 연준 의장으로 취임하고 두 달째 되는 1979년 10월 5일, 그와 가까운 동료 두 명이 저녁 식사 자리에서 와인 몇 잔을 권했다. 연준 부의장이었던 프레더릭 슐츠Frederic Schultz는 볼커가 너무 지치고 괴로워 보여 "솔직히 말해 걱정스러웠다"라고 회상했다.[16]

와인을 들고 나서야 볼커의 기분이 풀어졌고 동료들의 농담에도 웃음을 터뜨리기 시작했다. 바로 그때 유력 상원의원이었던 앨런 크랜스턴Alan Cranston이 식당에 들어왔다. 이를 본 볼커가 갑자기 정색하더니, "우리가 내일 할 일을 생각하면 가벼운 행동을 삼가는 편이 좋겠네"라고 동료들을 점잖게 타일렀다.

그다음 날 연준은 인플레이션과의 전쟁을 선포했다. 맹렬하고도 장기적으로 진행된 이 전쟁에는 극심한 대가가 뒤따랐다. 금리가 기록적인 수준으로 뛰어올랐고, 경기 침체는 40년 만의 최악의 수준으로 치달았으며, 실업률은 11퍼센트 가까이 상승했다. 그러나 동시에 엄청난 성과를 거두기도 했다. 1981년 14.8퍼센트까지 치솟은 인플레이션율은 도저히 탈출할 수 없을 것만 같았고, 임금이 물가를 따라가지 못하는 탓에 수많은 중산층이 고통을 겪었다. 하지만 결국에는 달러에 대한 신뢰를 더 훼손하지 않는 수준으로 떨어졌다. 1985년 경제는 탄탄히 성장 중이었고, CPI는 3.5퍼센트만 상승했으며, 그 후 수십 년 동안 연간 인플레이션율은 대개 4퍼센트를 넉넉히 밑돌았다.

나는 1980년대 중반 《월스트리트저널》 기자로 활동하며 몇 달에 걸쳐 연준 내부에서 벌어지는 일들을 취재했다. 그러면서 알게 된 가장 놀라운 것은 연준과 다른 정부 기관의 상호작용 방식이었다. 이를 다룬 기사의 일부를 소개하면, 다음과 같다. "역대 대통령 중 한 명이었던 지미 카터Jimmy Carter는 연준의 전략에 처음부터 반대했지만, 거의 무시당했다. 그다음 대통령이었던 로널드 레이건Ronald Reagan은 연준에 꼭 필요한 정치적 지원을 보냈지만, 레이건 행정부가 이따금 제기한 불만은 대부분 묵살되었다. 이론적으로 의회가 언제든 연준의 전략을 뒤집어엎을 수 있었지만, 이론상으로만 그랬다. 연준이 무슨 일을 하는지 제대로 아는 의원이 거의 없었기 때문이다."

이와 같이 소수의 임명직 관료가 비범한 결단력을 발휘해 한때 달러를 무척이나 위태롭게 했던 문제들을 물리쳤다. 게다가 그들은 인플레이션 억제라는 임무를 달성함으로써, 달러의 국제적인 위상을 지탱하는 원칙, 즉 미국 중앙은행의 독립성에 신성한 권위까지 부여했다.

물론 볼커 휘하의 연준이 경기를 억누르는 일에만 지나치게 열중했다고, 또한 통화공급과 금리에 대해 독재에 가까운 권한을 행사하면서 민주주의의 규범을 위반했다고 비판하는 시각도 있다. 그러나 그 일련의 조치가 달러에 대한 신뢰를 사상 최대치로 끌어올렸다는 것만큼은 논쟁의 여지가 없다. 브레턴우즈 체제가 끝난 이후 달러의 지배력을 유지하고자 시행된 여러 조치 중에서도 볼커의 조치가 단연코 가장 중요했으며, 그때의 교훈은 2020년대에도 빛을 발한다. 인플레이션은 그때나 지금이나 달러를 크게 위협하는 골칫거리다. 2021년 이래 급등하기 시작한 물가가 쉬이 잡히지 않는다면 미국의 경제정책은 어떤 반응을 보일 것이며 어떻게 대응해야 할까? 과거의 극심한 인플레이션을 어떻게 극복했는지 제대로 파악하지 않고서는 이 질문에 대한 합리적인 답을 도출할 수 없다. 특히 주목해야 할 점은 난해한 데이터, 전문용어, 볼커의 여송연 연기에 가려져 잘 드러나지 않았지만, 연준이 자율적으로 정책을 결정하고 시행했다는 사실이다.

"행동에 나서야만 하는 이유"

연준의 자율성은 상당 부분 볼커의 노련한 조종 능력에서 비롯되었다. 1979년 7월 임기 중반에 들어선 카터는 달러의 건전성을 지키겠다는 단호한 의지를 보여주고자 새로운 연순 의장으로 볼커를 임명했다. 볼커는 뉴욕연준은행 총재로 재직하며 FOMC의 열두 표 중 한 표를 행사한 5년 동안 다수 의견과 비교해 훨씬 더 높은 금리를 주장해 왔다. 그렇게 판세에 영향을 미치며 매파로서의 입지를 확고히 다졌다. 카터가 기대한 대로 시장은 (재무부 장관에 오른) 밀러를 볼커가 대체하자 안도하는 반응을 보였다. 그러나 백악관은 새 의장이 얼마나 강경한 매파인지를 잘 알지 못했다.

볼커는 10월의 저녁 식사를 앞둔 몇 주 동안 연준의 인플레이션 대응 방식을 점검하며 철저히 재정비할 필요가 있겠다고 결론 내렸다. 그가 우려한 바는 명확했다. 금리를 조금씩 올려서는 임금과 물가 상승의 악순환에 대응할 수 없다는 것이었다. 볼커는 엄청난 파장을 불러일으킬 계획을 구체화하면서, 연준 이사들을 은밀하게 설득하고 백악관 및 재무부의 고위 관료들과 상의하는 등 이례적인 조치를 취했다. 볼커의 계획은 이러했다. 연준은 오랫동안 은행들에 지급준비금을 투입하거나 회수하는 방식으로 '연방기금금리federal funds rate'(은행 간 1일물 대출에 적용되는 기준금리)를 조정해왔지만, 더는 그러지 않을 참이었다. 그 대신 통화공급량의 증가 속도를 늦추는 일에 치중하기로 했다. 구체적으로는 시중에 유통 중인 현금 및 개인 당좌예금의 주간 지표를 뜻하는 'M1', 즉 협의통화를 목표 범위 안으로 유지하는 데 방점을 찍었다. 볼커는 금리가 시장의 힘에 어떻게 반응하든 통화공급량을 확고부동하게 제한할 생각이었으므로, 적어도 초반에는 금리가 상승할 뿐 아니라 극심하게 출렁이리라는 것 또한 염두에 두고 있었다.

이러한 전략은 오랫동안 통화주의 경제학자들에게 지지받았다. 그들은 통화공급량의 점진적이고 꾸준한 증가가 낮은 인플레이션과 경제 안정의 비결이라고 믿었다. 볼커는 통화주의자가 아니었지만, 확고한 통화공급 목표가 인플레이션 억제를 향한 연준의 끈질긴 의지를 보여주고 정책 결정자들의 기강을 바로잡을 수 있으리라 판단했다. 그의 계획은 연준을 정치적인 비난의 포화에서도 방어해줄 터였다. 연준이 통화공급량의 관리에 집중하기 위해 금리 조정은 포기한다고 주장할 수 있었기 때문이다.

시장이 광란하듯 날뛰던 9월 29일, 볼커는 IMF와 세계은행의 연례회의에 참석차 베오그라드행 비행기에 올랐고, 자신의 계획을 밀러와 카터의 수석경제고문이었던 찰스 슐츠Charles Schultze에게 설명했다. 그 둘은 강한 우려를 표명하며 연준이 전통적인 인플레이션 대응 방식을 고수해야 한다고 충고했다. 얼마 후 밀러는 볼커에게 대통령도 반대한다고 전했다.

한편 볼커의 출장에는 헬무트 슈미트 서독 총리의 요청으로 함부르크에 잠시 들르는 일정이 포함되어 있었다. 슈미트가 재무부 장관이던 시절부터 볼커는 그를 잘 알았고 존경했다. 볼커는 회고록에서 슈미트와의 만남을 이렇게 묘사했다. "미국의 정책 결정자들이 우유부단했던 탓에 인플레이션이 날뛰고 달러의 신뢰도가 떨어졌다며 한 시간 가까이 열변을 토했다. (…) 나는 말없이 앉아 있었다. 내가 행동에 나서야만 하는 이유에 대해 그의 말보다 더 설득력 있는 근거는 있을 수 없었다."[17] 워싱턴으로 돌아온 볼커는 1979년 10월 6일 토요일에 긴급히 FOMC 회의를 소집했다.

연준 의장이라고 해서 경제학자를 포함한 연준 이사 일곱 명과 연준 은행 총재 다섯 명으로 구성된 FOMC에 자신의 뜻을 무작성 강요할 수는 없다. 그러나 의장은 안건을 결정하고, 워싱턴 본부의 직원들을 지휘해 개별 회의에 제시할 복수의 정책안을 준비할 수 있다. 무엇보다 의장의 권한은 FOMC 전반에 퍼져 있는 연준에 대한 충성심과 동료 간의 협력 관계에서 비롯된다. 따라서 무조건 반대하거나 독단적인 주장을 반복하거나 정치적인 의제를 밀어붙이는 위원은 고립되고 영향력을 잃게 마련이다. 게다가 연준은 옹졸한 정쟁을 초월해 장기적인 국익만을 위해 움직여야 한다는, 독선에 가까운 기풍에 젖어 있는 조직이다. 그 같은 점도 충성심과 협력을 고취하는 데 도움을 준다.

통화공급량의 증가 속도에 초점을 맞추자는 볼커의 제안은 만장일치로 수용되었다. 비둘기파는 금리가 올라갈 가능성이 있듯이 떨어질 가능성도 보장해야 한다는 것만을 조건으로 내세웠다. 예상대로 우대금리, 즉 은행이 우대 고객에게 대출을 내어줄 때 적용하는 기준금리가 6개월 만에 6퍼센트포인트나 뛰어오르는 등 차입 비용이 급등했다. 그 후 몇 달에 걸쳐 물가가 지속적으로 급등하자, 볼커와 그의 동료들은 대통령 선거를 몇 주 앞둔 1980년 9월에 다시 한번 강력한 인플레이션 퇴치 메시지를 내놓기로 뜻을 모았다. 일반적으로 연준은 정치에 개입한다는 인상을 줄까 봐 선거가 있는 해에는 조치를 취하지 않는 경향이 있다. 그러나 볼커의 연준은 달랐으니, 9월 25일에 재할인율(연준이 회원 은행들에 대출을 내줄 때 부과하는 금리)을 1퍼센트포인트나 인상했다. 백악관은 격분했고 대선 유세 중에 소식을 들은 카터는 심적 타격을 입은 채 "무분별한" 정책이라며 연준을 공격했다. 하지만 대통령에게는 중앙은행의 행보를 바꿀 힘이 없었다.[18]

일보 후퇴와 이보 전진

카터를 밀어내고 백악관을 차지한 레이건은 점진적인 통화 공급을 통한 인플레이션 길들이기에 우호적인 입장이라고 밝혔지만, 신용 긴축이 계속해서 경제성장을 방해하자 생각이 달라졌다. 1981년 레이건이 의회를 통해 밀어붙인 감세 정책이 기대와 달리 경기 호황을 끌어내지 못하자, 고위 관료들은 M1을 "일관성 없이" 관리했다는 등의 이유를 들어 연준을 끊임없이 비난했다. 그러나 연준은 그러한 비난에 거의 귀를 기울이지 않았다. 볼커와 그의 동료들은 자신들이 그보다 한층 더 높은 정치적 권위를, 즉 계속된 물가 상승으로 고통받고 지친 미국인 대다수의 뜻을 따르고 있다고 확신했다. 그즈음 연준의 정책은

'배짱 튕기기'라 불릴 정도로 바뀌어 있었다. 인플레이션의 악순환을 끊어내기 위해 미국 사회가 어느 선까지 실업률을 감내할 수 있는지 한계를 시험하는 방식이었다. 그 결과 자동차 판매상들이 팔지 못한 자동차의 열쇠를 연준에 보내고, 농민들이 트랙터를 몰아 연준 본부를 에워싸기에 이르렀다. 이처럼 큰 타격을 받은 산업계가 불만을 쏟아 냈는데도 금리는 여전히 높은 수준을 유지했다.

경제학자 몇 명이 대공황을 경고하고 미국의 은행 시스템이 극심한 압박에 시달리던 1982년 10월에 이르러서야 볼커는 마침내 양보했다. 그렇지 않아도 의회의 개입 가능성에 불안감을 느끼던 시점이었다. 실제로 하원금융서비스위원회House Financial Services Committee의 민주당 측 간사인 헨리 곤살레즈Henry Gonzalez 의원이 볼커의 탄핵 소추를 요구하고 있었다. 이와는 별개로 볼커는 자신의 독립성이 절대적이지 않음을 잘 알고 있었다. 그는 FOMC 회의에서 항상 마지막에 발언하던 관례를 깨고 회의 시작과 동시에 입을 열어 동료들을 놀라게 했다. 훗날 연준 내부에서 '비관적이고 암울한 연설'로 불린 발언은 다음과 같았다. "현실적으로 민간시장의 압력을 완화할 필요가 있습니다. (…) 역사석으로 지금과 유사한 상황은 1929년 정도밖에 없었습니다."[19] 위원들은 연준 역사상 가장 큰 실수가 대공황을 막지 못한 것임을 잘 알고 있었기에, 열두 명 중 아홉 명이 한층 더 유연하고 성장 촉진적인 정책을 지지하는 쪽으로 표를 던졌다.

경기가 회복되기 시작하자 연준은 또 다른 측면에서 레이건 행정부와 충돌했다. 연준은 경제성장률이 강하게 반등하면 인플레이션이 되살아날 수 있다고 보았기에 그 같은 일을 막고자 일련의 조치를 취했다. 특히 자신의 예측 능력을 자부하던 라일 그램리Lyle Gramley 연준 이사는 1983년 5월에 열린 FOMC 회의에서 경제학자 대다수가 저인플레이션에 따른 미약한 경기회복을 전망한 것이 잘못되었다고 주장했다. 결국 FOMC는 경기 확장세가 꺾일지 모른다는 우려를 뚫고 신용긴축 조치를 취하는 쪽으로 중지를 모았다. 그 후 경제성장률이 급속도로 치솟고 병목인플레이션과 공급 부족에 대한 우려가 커진 것을 보면, 그램리의 예측이 옳았음을 알 수 있다. 그해 후반 경기 둔화의 몇가지 조짐이 나타나자, 1984년 대선을 앞두고 탄탄한 경제성장을 원하던 레이건 행정부는 연준에 신용 완화를 요구했다. 그러나 볼커와 그의 동료들은 인플레이션 압력이 여전히 존재한다고 반박하며, 12월에 열린 FOMC 회의에서 추가적인 신용 긴축에 나섰다. 이에 레이건 행정부가 반발하고 금융시장이 요동쳤지만, 역설적이게도 그 덕분에 1984년은 "미국의 아침Morning in America"이라는 레이건의 선거 구호에 더할 나위 없이 잘 어울리는 한 해가 되었다. 실업률은 낮아졌고 인플레이션은 잠잠했으며 금리마저 하락했던 것이다.

그러나 한 가지 문제를 해결하자 또 다른 문제가 튀어나왔다.

양날의 검이 된 달러 강세

스티븐 매리스Stephen Marris는 달러 가치가 볼썽사납게 곤두박질칠 것이라는 자신의 확신을 입증하기 위해 믿음을 행동으로 옮겼다. 케임브리지대학교에서 박사학위를 받고 워싱턴의 국제경제연구소Institute for International Economics에서 경제학자로 일하며 모아둔 은퇴 자금을 서독-마르크로 보유했던 것이다. 매리스는 《뉴욕타임스》와의 인터뷰에서 "그 돈은 프랑크푸르트에 있어요"라고 밝히며, "언제든 10미터 길이의 크루즈용 쌍동선을 구입할 때 파운드로 바꿀 수 있죠"라며 자신만만해했다.[20]

1985년 출간한 《적자와 달러Deficits and the Dollar》에서 미국의 막대한 무역 적자와 재정 적자를 다룬 매리스는 책의 결론을 따라 제 나름대로 논리적인 투자 결정을 내렸다. 그는 "현재의 정책 기조로는 달러와 세계경제의 경착륙이 불가피해지고 있다"라면서, "달러 가치는 시간이 흐르면서 과도한 하락세를 보일 것이고, 그에 따라 불쾌한 세계 경기 침체가 올 것이다"라고 주장했다.[21] 매리스는 그 같은 견해를 가장 노골적으로 밝힌 인물로 꼽히지만, 많은 이가 그의 생각에 동조했다.

미국은 '과도'하다는 표현이 달러의 특권뿐 아니라 높은 달러 수요가 유발하는 고통에도 적용될 수 있다는 사실을 점차 깨닫고 있었다.[22] 1980년대 초반만 해도 달러는 (경제와 관련해서도 통용되는) 중력의 법칙을 무시하듯이 강세를 띠는 일이 잦았는데, 그 가치가 엔 대비 30퍼센트 가까이, 서독-마르크 대비 60퍼센트 이상 상승했다. 달러 환율이 천정부지로 치솟자, 미국 시장의 수입산 제품은 갈수록 저렴해졌다. 그 덕분에 미국 소비자들은 각종 상점과 전시장에 대량으로 진열된 (신발, 의류, 가전제품, 자동차 등의) 값싼 상품들을 보며 큰 만족감을 느꼈다. 하지만 미국 기업들은 해외 시장에서의 경쟁에 어려움을 느끼며 큰 고통을 겪어야 했다. 불만의 목소리를 가장 크게 낸 사람 중에는 캐터필러트랙터Caterpillar Tractor의 리 모건Lee Morgan CEO가 있었는데, 그는 의회에서 조직적인 로비 활동을 펼쳤다. 모건은 캐터필러트랙터가 해외 시장에서 코마츠Komatsu 같은 일본 기업들에 밀려 매출 손실을 본 배경으로 달러-엔 환율을 지목하며, 그 때문에 1만 5000명의 직원을 해고할 수밖에 없었다고 주장했다. 러스트벨트에서 대량 실업이 이어지던 시기에 1만 5000명이라는 숫자는 폭넓은 공감을 불러일으켰다.

물론 달러 강세는 연준이 신용 긴축을 통해 달성하고자 한 목표였다. 미국 국채의 높은 수익률과 낮은 인플레이션이 결합하면서 달러는 매력적인 투자처가 되었다. 문제는 달러 강세가 과도했다는 사실이다.

수입과 수출 간의 격차가 갈수록 커지면서 달러를 둘러싸고 우려할 만한 상황이 벌어졌다. 1985년에 이르기까지 무역 적자는 (상품과 서비스뿐 아니라 이자와 배당금 등의 소득 흐름까지 포함하는) 가장 포괄적인 지표인 경상수지 기준으로 연간 1,200억 달러에 달했는데, 당시 미국 GDP의 3퍼센트에 해당하는 규모였다. 그 결과 미국의 재정 건전성은 사상 그 어느 때보다도 외국자본에 의존하게 되었다. 미국인들이 독일산 자동차나 일본산 전자제품 등의 수입품을 사면 달러가 해외로 흘러 나간다. 그 달러는 미국산 제품의 구매에 다시 사용되지 않는 한 외국인의 주머니에 그대로 남게 된다. 물론 외국인이 보유한 달러의 상당 부분은 미국 국채 매입과 같이 미국 경제에 이득이 되는 방식으로 쓰였다. 하지만 해결되지 않는 문제가 하나 있었다. 세계 각국에 비축된 달러가 어느 순간 너무 많아져서 미국 자산의 대량 매각이 발생한다면 어떻게 될까? 매리스가 극단적인 경고를 한 데는 이처럼 무시무시한 가정이 깔려 있었고, 볼커도 어느 정도 그 같은 우려에 공감했다.

그러한 이유에서 경각심을 불러일으킨 것은 무역 적자만이 아니었다. 외국인이 보유한 미국 국채 비율의 상승세를 알면, 재정 적자 따위는 그리 큰 걱정거리가 아니었다.

플라자 합의와 질서 있는 평가절상

보통 무역 적자가 이 정도로 큰 나라는 통화가 약세로 돌아서는 조정을 겪으며 자연스레 수출 경쟁력이 높아지는 효과를 누리게 된다(수입품 가격도 올라간다). 그러나 1985년 초에는 전 세계의 투자자들이 포트폴리오를 달러로 가득 채움에 따라 달러 환율이 계속해서 아찔한 수준을 넘나들었다. 한편 미국 의회에서는 자국을 상대로 큰 폭의 무역 흑자를 거둔 나라들에 관세를 부과하자는 목소리가 힘을 얻고 있었다. 그 와중에 재무부의 제임스 베이커James Baker 장관과 리처드 다먼Richard Darman 차관은 달러 강세가 억제되지 않는다면, 국제무역 시스템이 무너질 수 있다는 점을 깨달았다.

세계에서 가장 은밀한 금융기관에서 일했으며 기밀이 요구되는 업무를 어려움 없이 수행할 수 있는 사람이 문제 해결을 위해 파견되었다. 멀포드는 1985년 중반 사우디아라비아통화청을 떠나 미국 재무부의 국제 업무 담당 차관보로 임명되었고, 상관들의 지시에 따라 최고의 신중함을 발휘해야 하는 임무에 투입되었다. 그의 목적지는 4개국의 수도였는데, 그곳에서 일본, 서독, 영국, 프랑스의 고위 관료들을 만나 대화를 나누었다. 이들은 멀포드를 비롯한 미국 측 인사들과 함께 당시 세계경제를 실질적으로 주도했던 주요 5개국(G5) 재무부 장관 및 중앙은행 총재 회의를 이끌고 있었다. 멀포드의 임무는 주요 통화들의 운명을 바꾸게 될 협정을 성사하는 것이었다.

멀포드는 G5 회의에서 다 같이 시장에 충격을 가해 달러의 가치를 끌어내리자고 제안했다. 그 같은 조치는 기습적으로 취해져야 효과적인 법이므로 논의는 극비리에 진행되었다. 멀포드는 미국 측이 준비한 공동성명서 초안을 G5 회의가 시작할 때 배포하고 끝날 때 다시 회수하는 식으로 정보 유출 가능성을 최소화했다. 하지만 논의 과정은 순탄치 못했고, 미국을 제외한 4개국의 관료들은 미국의 과도한 지출과 낮은 세율이 문제의 원인이라고 비난했다. 그러나 결국 1985년 늦여름부터 초가을 사이에 협정의 윤곽이 잡혔다.

그해 9월 22일 "세계에서 가장 철저히 숨겨진 비밀"이 공개되었고, 멀포드가 회고록에 자랑스럽게 쓴 문구를 빌리자면 "기습 효과는 완벽했다."[23] 일요일이었던 그날 G5의 재무부 장관들과 중앙은행 총재들은 뉴욕 플라자호텔에 함께 나타나 흔히 '플라자 합의'로 불리는 협정을 발표했다. "달러에 대한 비달러 주요 통화들의 질서 있는 평가절상"을 촉구하는 것이 협정의 핵심이었다. ('질서 있는orderly'이라는 표현은 달러가 한없이 추락해 예측 불가능한 규모의 대혼란을 일으킬 것을 우려한 볼커의 강력한 요청에 따라 삽입되었다.) 목표를 달성하기 위해 "한층 더 심층적인 협력"이 예고되었다. 이는 외화보유고를 활용해 시장에 개입하겠다는 의지를 신중하면서도 강력하게 밝힌 것이었다. 실제로 G5가 그다음 날부터 각국의 중앙은행에 비축해둔 수십억 달러의 자산을 내다 팔기 시작했다. 특히 일본은 실질적인 정책을 추가로 마련하는 등 가장 적극적으로 나섰다. 일본은행은 플라자 합의를 지침으로 삼아 금리와 통화공급량을 결정했다. 그러면서 "유연하며 엔 환율에 적절한 주의를 기울이는 통화정책 운영"을 약속했다.[24]

플라자 합의에 따라 달러 환율은 볼커나 매리스의 끔찍한 우려와는 달리 급격한 폭락 없이, 가파르면서도 안정적으로 하락했다. 1985년 10월 말에 이르기까지 달러 환율은 엔 대비 13퍼센트 정도, 서독-마르크 대비 10퍼센트 넘게 하락했다. 이후 2년 동안의 전체 하락 폭은 엔과 서독-마르크 대비 각각 40퍼센트와 36퍼센트에 달했다. 그러한 움직임 중 얼마나 많은 부분이 플라자 합의 때문이었는지, 얼마나 많은 부분이 플라자 합의 없이도 일어날 일이었는지는 여전히 논쟁거리로 남아 있다. 어찌 되었든 달러 환율의 약세로 미국의 무역 불균형은 어느 정도 완화되었다. 1980년대 후반부터 1990년대 초반까지 GDP 대비 경상수지 적자의 비율도 줄어들었다.

그러나 달러에 대한 우려 그리고 미국의 무역 적자와 그에 따른 외국자본 의존에 대한 우려가 완전히 사라진 것은 아니었다. 1980년대 후반 들어 일본이 우월한 위치로 올라선 데다가, 1986년 미국의 누적 대외 부채가 해외 자산을 초과하면서 '미국 쇠퇴론'이라는 정서가 확산했다. 대외 부채 문제는 경제적으로 사소한 것이었지만, 미국이 채권국에서 채무국으로 전락했다고 단편적으로만, 또 과장되게 받아들여졌다. 미국이 냉전에서 승리하고 일본의 금융 버블이 붕괴한 1990년대 초반에도 비관론자들은 미국 제조업체들의 수출 실적이 여전히 저조하다는 점을 지적했다.

달러 약세가 이어지던 1995년《포린어페어스》에〈달러 질서의 몰

락: 세계 주도권을 잃어가고 있는 미국The Fall of the Dollar Order: The World the United States Is Losing〉이란 제목의 기고문이 실렸다. 예일대학교에서 미국 경제정책사를 연구한 다이앤 쿤즈Diane Kunz는 그 글에서 달러 시대의 붕괴를 다음과 같이 경고했다. "유럽전승기념일은 달러 시대의 시작을 알리는 날이었다. [클린턴] 행정부가 방임적인 달러 정책을 바꾸지 않고, 재정 적자를 줄이지 않고, 저축을 늘리지 않고, 무역에 대해 강경한 노선을 취하지 않는다면 유럽전승기념일 50주년은 달러 시대의 붕괴를 상징하는 날이 될 것이다."[25] 같은 맥락에서 《이코노미스트》는 평가절하 탓에 "달러의 지배력이 약해지고 있다"라고 꼬집었다. "기축통화로서의 고전적인 기능을 더는 수행하지 못하고 있다. (…) 미국은 1980년대까지 세계 최대 채권국이었다. 그러나 이제는 세계 최대 채무국이 되었고, 그런 만큼 인플레이션을 방임해 자국 부채의 실질 가치를 조금씩 떨어뜨리거나 무역 적자를 줄이기 위해 달러의 평가절하를 시행하고픈 유혹에 빠질 가능성이 커졌다."[26]

이 글들은 그다음 10년 동안에 이어질 온갖 경고의 맛보기에 불과했다. 미국의 방만한 재정 운영과 달러에 대한 불안감은 점점 더 커져서 최고조에 이를 터였다.

중국이라는 문제

미국 재무부 건물은 워싱턴의 펜실베이니아가에 있는데, 웅장한 기둥으로 장식된 정문 앞에 4대 재무부 장관인 앨버트 갤러틴Albert

Gallatin의 동상이 서 있다. 2004년 10월 1일 저녁, 중국의 진런칭金人慶 재정부 부장이 주요 7개국(G7) 재무부 장관 및 중앙은행 총재 회의의 만찬에 참석하기 위해 재무부 건물에 도착했을 때 정문으로 들어가야 한다고 생각한 것은 당연한 일이었다. 그날 만찬은 중국 관료들이 처음으로 초대받은 G7 회의에서도 첫 일정이었다. 하지만 안타깝게도 관계자의 실수로 15번가에 있는 다른 출입문을 이용해야 한다는 지침이 진런칭에게 전달되지 않았고, 결국 정문에서 미국 비밀경호국Secret Service 요원들이 그를 막아서며 소동이 벌어졌다. 심각한 외교 문제로 비화할 뻔했던 이 사건은 자초지종을 보고받은 존 스노John Snow 재무부 장관이 급히 진런칭의 정문 출입을 허가하며 일단락되었다. 스노는 곧바로 정문으로 달려가 진런칭을 맞이했다. 다행히 진런칭은 곧 흥분을 가라앉혔고, 주변의 기자들은 그가 당한 무례한 처사를 눈치채지 못했다.[27]

무사히 수습되기는 했지만, 이는 세계경제의 중대한 결함을 상징하는 사건이었다. 중국이 G7 회의에 초대된 것은 중국 경제의 규모와 중대성이 급속도로 커지고 있음을 감안할 때 뒤늦은 감이 있었다. 당시 미국은 수입하고 소비하며 빚을 지는 반면에 아시아 국가들은 수출하고 저축하며 돈을 빌려주고 있었다. 그 불균형의 정도가 심화하며 세계 곳곳에서 우려가 터져 나왔다. 혼란이 심해졌으며 관련 논쟁으로 적대감이 팽배했다. 이 같은 문제를 해결하기 위해 미국은 중국의 협력이 반드시 필요했다.[28]

2000년대가 되자 미국의 수입은 절대적인 규모에서나 경제에서 차지하는 비율에서나 1980년대보다 훨씬 더 큰 폭으로 수출을 초과했다. 미국의 경상수지 적자는 1987년에 GDP의 3.4퍼센트를 기록하며 정점을 찍은 듯이 보였지만, 2004년에는 6,000억 달러를 넘어서며 GDP의 6퍼센트에 가까워졌고, 그 후로도 계속해서 더 큰 폭으로 불어났다. 이와 대조적으로 태평양 건너편의 한국, 일본, 중국, 대만 등에서는 그와 비슷한 비율로 흑자가 쌓여가고 있었다.

사실 혜택을 입은 것은 양측 모두였다. 아시아인들은 수출용 상품을 제조하는 기업들의 활황으로 일자리를 얻었고, 미국 소비자들은 품질 좋고 저렴한 제품을 그 어느 때보다 풍부하게 구매할 수 있었다. 그뿐 아니라 미국은 아시아에서 값싼 자금을 얻었다. 아시아인들이 수출로 벌어들인 달러가 미국 국채나 패니메이Fannie Mae, 프레디맥Freddie Mac 같은 주택담보대출 전문 금융회사에 투자되었기 때문이다. 이처럼 아시아인들이 미국 유가증권을 매입한 덕분에 미국 금리가 낮게 유지되면서 주택 시장이 호황을 누리게 되었다.

미국이 누린 가장 과도한 특권은 다음과 같았다. 미국 정부가 달러 기호를 넣은 종잇조각을 대량으로 찍어내 외국인들에게 넘겨준 대가로, 미국인들은 값싼 제품과 저금리 대출을 통해 자신들의 생활수준을 최대한도까지 끌어올릴 수 있었다. 그러나 결국에는 종잇조각의 양이 시장이 감당할 수 있는 한도를 넘어서는 심판의 날이 다가올 터였고, 미국의 과소비 행태도 대가를 치르는 것이 마땅해 보였다. 실제로 미국의 개인 저축률(가처분소득 대비 저축률)은 2005년에 0퍼센트대로 떨어졌고, 그 후 3년 동안 비슷한 수준에 머물렀다.

하지만 당시 전문가들은 그 같은 상황이 지속 가능하리라 믿었기에, 세계경제를 가리켜 '브레턴우즈 2기 체제'라 불렀다. 여기에는 미국과 주요 수출국들이 과거의 브레턴우즈 체제만큼 탄탄하고 건강한 상호의존관계를 장기간에 걸쳐 유지하고 있다는 관점이 반영되었다. 어쨌든 무역 흑자가 큰 국가들로서는 미국의 과소비 성향을 계속해서 북돋아야 할 유인이 충분했다. 그러한 국가들은 수출산업을 통해 일자리를 창출했다. 게다가 수출업체들이 벌어들이고 중앙은행의 외화보유고에 비축된 달러는 그들 정부에 안도감을 주었다. 당시는 1990년대 후반에 한국을 비롯한 여러 나라를 강타했던 외환위기의 기억이 여전히 아물지 않은 상처로 남아 있었던 때다. 이들 국가는 경제를 돌아가게 할 달러가 바닥나는 바람에 IMF의 구제금융을 받아야 했으며, 그 대가로 불쾌한 조건들을 수용해야 했다. 각국 정부는 그 일을 계기로 중앙은행에 달러를 많이 비축해둘수록 금융시장 붕괴에 대한 방어력이 높아진다는 사실을 깨닫게 되었다.

게다가 아시아 국가들의 통화는 과거의 브레턴우즈 체제를 반영하듯이 달러에 어느 정도 연동되어 있었다. 특히 중국의 위안화가 달러에 가장 확고하게 연동되어 있었는데, 그 환율이 1994년 이후 1달러에 8.28위안으로 고정된 상태였다. 2005년 중국의 경상수지 흑자가 GDP의 7퍼센트를 넘어서며 일본이나 독일보다 높은 수준을 기록했는데도, 중국 정부는 해당 환율을 유지했다. 일반적으로 그처럼 막대한 흑자를 기록하는 국가의 통화가치는 상승하게 마련이지만, 중국은 위안화 가치를 인위적으로 낮게 유지했다. 환율이 조금만 상승해도 대부분 이윤이 낮은 품목으로 구성된 자국 수출산업의 경쟁력이 크게 떨어지며 대규모 실업이 발생할 수 있었기 때문이다. 미국의 자동차, 가구, 섬유업체 등이 중국 기업들과의 경쟁에서 큰 타격을 입고 거세게 반발한 것은 예상된 결과였다. 이들은 위안화의 환율 고정이 미국 근로자들에게는 해가 되는 반면에 중국 근로자들에게는 득이 된다는 점에서 전형적인 시장 조작이라고 보았다. 격분한 의회가 위안화의 평가절하에 대응하기 위해 중국산 제품에 관세를 부과하자는 법안을 발의했지만, 사실 미국에는 선택지가 별로 없었다. 중국산 제품에 일방적으로 관세를 부과하는 것은 국제무역 원칙을 심각하게 위반하는 데다가 중국과의 경제전쟁을 초래할지 몰랐다. 바꿔 말해 상식적인 판단하에서 관세 부과는 무조건 재앙을 초래하는 최악의 수였다. 2005년 중국은 위안화 가치를 아주 소폭 높였지만, 수출산업의 성장세가 수그러들지 않으며 세계시장에서 점점 더 큰 점유율을 차지하게 되었다. 실제로 2007년 중국의 외화보유고는 5년 전의 다섯 배인 1조 7,000억 달러로 불어나 있었다.

위기의 요소들

한편 브레턴우즈 2기 체제에 대한 긍정적인 평가에 모두가 동의하는 것은 아니었다. 오히려 대부분의 경제학자는 학계에 있든 정부 기관에 있든 간에 미국의 무역 적자가 결국에는 달러 가치의 폭락과 미국 유가증권의 전 세계적인 헐값 매각으로 이어질 수 있다고 우려했다. 그들이 보기에 외국인 투자자들이 '달러 리스크'에 과도하게 노출되어 있다는 사실을 자각하는 것은 시간문제일 뿐이었다. 외국인들이 산더미 같은 규모로 미국 국채를 쌓아가고 있다는 사실은 미국이 수

입품에 대한 과소비를 감당하기 위해 점점 더 많은 빚을 지고 있다는 것을 의미했다.[29]

IMF의 수석경제학자였던 케네스 로고프Kenneth Rogoff는 이 같은 상황을 가리켜 "세계가 그 아래의 물이 얼마나 깊은지도 모르고 폭포 꼭대기에서 뛰어내리려 하고 있다"라고 지적했다.[30] 그는 미국이 무역균형을 회복하려면 달러 가치가 35퍼센트나 하락해야 한다는 논문을 공동 집필하기도 했다. 경제학자이자 《채무국이 된 미국The United States as a Debtor Nation》의 저자인 윌리엄 클라인William Cline은 《워싱턴포스트》의 머리기사에서 "머지않아 세계는 미국을 더 돈을 빌려주기에는 안전하지 않은 대상이라고 판단할 것이다"라고 내다보았다. (솔직히 털어놓자면 2005년 11월 보도된 그 기사의 필자란에 내 이름이 포함되어 있었다. 나는 또 다른 기사에서도 클라인과 비슷한 견해를 밝혔다.)[31]

뉴욕대학교의 누리엘 루비니Nouriel Roubini 경제학 교수는 훨씬 더 비관적인 전망을 내놓았다. 그는 2005년 2월 발표한 논문에서 "브레턴우즈 2기 체제가 2006년 말 이전에 붕괴할 실질적인 위험이 존재한다"라고 강력히 경고하며, 이후의 예상되는 상황을 다음과 같이 나열했다. "달러 가치의 급격한 하락, 미국 장기금리의 급등, 주식과 주택을 포함한 여러 위험자산 가격의 급락"이 발생해 결국 "본격적인 경기 침체까지는 아니더라도 [전 세계적으로] 극심한 경기 둔화가 나타날 것이다."[32] 이처럼 암울한 전망을 내놓고 각종 언론 매체에 등장해 부동산 거품에 따른 위험을 경고한 결과 그는 '닥터 둠Dr. Doom'이라는 별명을 얻었다.

모든 관심이 환태평양 지역의 불균형에 쏟아진 가운데 일련의 거대하면서도 한층 더 치명적일지 모를 흐름이 대서양을 가로질러 꿈틀거리고 있었다. 하지만 이를 주목하는 사람은 거의 없었다. 영국을 포함한 유럽 각국의 은행들은 미국의 주택담보대출을 토대로 발행된 각종 증권의 높은 수익률에 이끌려 미국 주택 시장에 수천억 달러를 쏟아부었다. 런던과 취리히의 대형 은행부터 독일 산업 중심지의 란데스방크Landesbank(독일어권의 주 정부들이 소유한 은행—옮긴이)까지, 수많은 은행이 위험하기 짝이 없으며 독성 자산으로 악명을 떨칠 증권들에 막대한 자금을 투입했다. 그리고 그 투자 방식은 매우 아슬아슬했다. 이들은 달러 기반의 자산을 매입했지만, 미국인들이 저축한 달러 예금 자체를 확보한 것은 아니었기에 필요한 달러를 금융시장에서 차입해야 했다. 어떤 은행은 미국 은행에서 직접 단기 대출을 받았다. 달러로 표시된 기업어음(일반적으로 만기가 30~180일인 차용증서)을 발급받은 경우도 있었다. 그 같은 기업어음은 대부분 미국의 MMFMoney Market Fund 운용사들에 다시 판매되었다. 뒤늦게나마 그러한 사업 모델이 얼마나 위험했는지를 실감하려면, 당시 거의 비슷한 방식으로 투자한, 즉 단기 자금을 빌려 부동산 투기라는 도박을 감행한 월가의 금융회사들이 어디였는지 알아보면 된다. 바로 베어스턴스Bear Stearns와 리먼브라더스Lehman Brothers였다.[33]

끝내 위기의 요소들이 모두 갖춰졌다. 곧이어 펼쳐질 충격적인 사건들 가운데서도 가장 큰 경악을 자아낸 것은 달러와 관련된 사건들이었다.

왜 위기일수록 달러 수요는 증가하는가

2007년 말 브라질 출신의 슈퍼모델 지젤 번천Gisele Bundchen이 유명 브랜드의 모발용 제품과 향수를 홍보하면서, 달러가 아닌 유로로 광고료를 지급받았다는 소문이 돌았다. 하지만 누가 번천을 비난할 수 있겠는가? 당시는 미국 금융 시스템이 잇따른 위기로 휘청거리는 가운데 달러 가치가 유로와 캐나다-달러 대비 사상 최저치를 연일 경신 중이었던 때다. 실제로 2007년 여름 헤지펀드 네 곳이 서브프라임 모기지를 기초 자산으로 삼은 증권들에 막대한 투자를 감행했다가 파산했다. 그 여파가 사그라지지 않자, 연준은 추가적인 충격이 닥칠 수 있다고 판단해 2007년 하반기 들어 미국의 금리를 연달아 인하했다. 그 결과 달러 가치는 크게 떨어졌다. 억만장자 투자자 워런 버핏Warren Buffett은 달러에 대해 비관적인 관점을 드러냈고, 세계 최대 규모의 채권펀드를 운용하는 빌 그로스Bill Gross도 고객들에게 "투자할 의향이 있고 한 가지에만 투자하려 한다면 달러 외의 통화로 된 자산에 투자해야 합니다"라고 조언했다. 번천이 유로를 선호한다는 사실이 전 세계적으로 주목받은 것만 보더라도 달러 회피 현상이 금융 및 외환 전문가뿐 아니라 일반 대중 사이에서도 확산하고 있었음을 알 수 있다(다만 번천의 대리인에 따르면 보도와 달리 그는 유로를 고집하지 않았다고 한다).[34]

달러가 곧 유명 애니메이션 시리즈인 〈루니 툰Looney Tunes〉의 주인공 와일 E. 코요테와 비슷한 신세에 처할지 모른다는 분위기가 팽배했다. 언제나 하릴없이 절벽에서 떨어지는 와일 E. 코요테처럼 달러도 공포에 떠밀리고 중력의 힘에 굴복해 끝내 추락할 것만 같았다. 그러한 일이 실제로 벌어졌다면, 브레턴우즈 2기 체제의 붕괴를 예측했던 닥터 둠이나 또 다른 비관론자들의 주장이 사실로 입증되었을 것이다. 그러나 다들 알다시피 그 시기는 이전과는 완전히 다른 새로운 위기의 초입 단계였다. 즉 위기가 진행될수록 상황은 점점 더 복잡해졌고, 달러는 닥터 둠 같은 비관론자들이 예측했던 것과는 점점 더 다른 결말을 향해 나아갔다.

수많은 책이 세계금융위기의 원인을 규명하고자 시도했다. 그 원인이 무척 복잡했기 때문인데, 어떤 책들은 미국 주택 시장에서 벌어졌던 온갖 부정행위에 초점을 맞추었고, 또 다른 책들은 빠듯한 형편의 주택 구매자들에게 무리한 대출을 알선해 두둑한 수수료를 챙긴 주택담보대출 중개업체들의 비양심적인 행태를 꼬집었다. 개중에는 월가가 여러 개의 주택담보대출을 묶어 부채담보부증권Collaterized Debt Obligation, 이하 CDO 등의 투자상품으로 만들어 판매했다는 사실을 폭로한 책들도 있었다. CDO는 '트랑슈tranche'라 불리는 위험 등급에 따라 상환받는 시기가 달라지는 상품이다. 이는 쏠쏠한 수수료와 수익을 보장했기에 수요가 날로 커졌는데, 그 결과 안정성이 한참 떨어지는 주택담보대출조차 (어차피 CDO로 묶일 테니) 마구 발행되었다. 주택담보대출에 기반한 증권의 상당수는 신용평가사의 공모 덕분에 AAA 등급을 받았으므로, 투자자들은 안전성을 포기하지 않고도 높은 수익을 올릴 수 있다고 믿었다. 그 외에도 베어스턴스나 리먼브라더스 같은 월가의 거대 금융회사들이 몰락해간 과정을 추적하면서, 금융의 안전성을 높일 목적으로 설계된 각종 모델이 정반대의 결과를 초래했음을 보여주는 책들이 출간되었다. 이 책들은 성과급에 혈안이 된 트레이더들이 CDO 같은 파생상품에서 큰 손실이 발생할 가능성을 지나치게 과소평가한 모델에 의존하는 바람에 재앙이 발생했다고 결론지었다. 몇몇 책은 연준과 재무부의 관료들이 금융 시스템 전체가 붕괴하는 것을 막고자 허둥지둥했던 상황을 생생히 묘사했다. 어쨌든 거의 모든 책의 주제가 하나로 수렴되었는데, 규제 당국이 금융업계에 포획되었거나 자유방임주의를 맹신했기 때문에 시장 과열을 외면하는 과오를 저질렀다는 지적이다.

그 무서운 이야기들을 이 책에서 재탕할 필요는 없을 것이다. 여기에서 짚고자 하는 점은 그 같은 과실, 의무 불이행, 의도적인 불법행위 등이 대부분 미국 내에서 비롯된 문세였는데도, 다시 말해 위기가 미국산이었는데도 세계 각국의 자금이 달러로 몰려들었다는 사실이다. 위기가 최고조에 이르렀던 2008년 4월부터 2009년 3월 사이의 달러 환율은 다른 통화들 대비 15퍼센트 넘게 상승했다(인플레이션 보정 수치). 이 같은 현상을 '직관에 반한다', '역설적이다', '불공평하다', '혼란스럽다', '왜곡되었다' 등으로 표현할 수 있겠으나, 위기의 진원지인 미국의 통화인 달러가 안전한 피난처로 인정받은 것만큼은 사실이다. 월가가 고품질의 금융상품을 만들지 못했으며 미국 정부가 금융 감독에 처참하게 실패했는데도 미국 경제는 달러에 대한 전 세계 투자자들의 갈망 덕분에 공황이라는 최악의 참사를 피할 수 있었다. 결과적으로 미국은 다시 한번 과도한 특권을 얻었다. 물론 그 형태는 완전히 새로웠지만 말이다.

세계금융위기와 연준의 개입

세계금융위기 때 달러가 매력적으로 여겨졌던 가장 큰 이유는 사우디아라비아통화청이 달러 표시 자산을 선호할 수밖에 없었던 이유와 비슷했다. 그것은 바로 미국 금융시장의 유동성이었다. 1970년대에 사우디아라비아가 대량으로 매입하더라도 가격에 영향을 주지 않아 언제든 손쉽게 팔 수 있는 투자상품은 사실상 미국 국채뿐이라고 판단했듯이 2007년부터 2009년 사이의 투자자들도 미국 국채를 가장 유동성이 뛰어난 자산으로 보고 갈망했다.

금융위기는 본질적으로 시장 참여자들이 일상적인 활동에 필요한 거래를 수행하지 못하게 되어 유동성이 증발하고 시장이 마비되는 상황을 뜻한다. 예를 들어 은행이 만기가 임박한 채무를 상환하기 위해 다른 은행에서 단기 자금을 빌리지 못하게 되는 등의 상황이다. 세계금융위기 당시 시장이 마비된 까닭은 떳떳하지 못한 주택담보대출 관행이 폭로되면서 은행들 사이에 불신이 커졌기 때문이다. 그 어떠한 은행도 다른 은행이 대출 담보로 건넨 주택저당증권mortgage backed security(주택담보대출을 내준 은행이 유동성을 확보하기 위해 저당권을 담보로 다시 발행한 채권—옮긴이)의 실제 가치를 제대로 파악할 수 없었다. 이와 같은 상황에서 상대 은행이 현금 부족을 겪을 수 있다는 우려가 생겨나면 어떤 일이 벌어질까? 순식간에 두려움이 퍼져나가면서 모든 시장 참여자가 넉넉한 현금을 확보하려 기를 쓸 것이고, 그 결과 유동자산의 가치가 급등할 것이다. 세계금융위기가 시작되었을 때도 사람들은 쉽고 빠르게, 또 최소한의 비용으로 현금화할 수 있는 자산을 찾아

쌓아두려 했다. 이런 상황에서 유동성이 낮은 자산을 헐값에 내다 팔게 되거나, 한술 더 떠서 유동성 부족으로 채무를 변제하지 못해 막대한 손실을 떠안게 될 위험을 누가 감수하려 했겠는가. 자연스레 미국 국채에 대한 수요가 대폭 증가했다.

달러가 미국발 위기에서 무사히 살아남고 오히려 주도적인 위상을 유지했다는 모순을 어떻게 이해해야 할까? 이를 위해서는 해외은행들의 다급한 달러 수요라는 또 하나의 위기 현상과 이에 대한 연준의 구제 조치를 자세히 살펴볼 필요가 있다. 그 과정에서 벤 버냉키Ben Bernanke 의장 휘하의 연준은 사상 최초로 미국뿐 아니라 다른 나라들을 위해서도 최종 대부자 역할을 맡게 되었다. 정치적으로 민감한 조치들이 함께 이루어졌기 때문에 연준은 가능한 한 오랫동안 세부 사항들을 기밀로 유지하려 했고, 몇 년이 지난 후에야 법원의 결정에 따라 어쩔 수 없이 공개했다.[35]

앞서 살펴보았듯이 유럽에 기반을 둔 은행들의 대차대조표에는 달러로 표시된 부채가 잔뜩 쌓여 있었다(훗날 그 규모가 2조 달러를 웃도는 것으로 추산되었다). 미국의 주택담보대출에 투자하면 큰 수익을 올릴 수 있다는 판단하에 마구 돈을 빌렸던 것이다.[36] 2007년 하반기 들어 시장이 마비되기 시작하자, 유럽의 은행들도 다른 지역의 은행들과 마찬가지로 만기가 도래한 부채의 상환에 필요한 현금을 마련하느라 허덕였다. 그러자 잉글랜드은행, 스위스국립은행Swiss National Bank, 유럽중앙은행European Central Bank을 비롯한 유럽의 중앙은행들이 대량으로 돈을 찍어내는 본연의 임무를 수행함으로써 약간의 도움을 주었다. 그러나 이들이 무한정으로 공급할 수 있는 통화는 파운드, 스위스-프랑,

유로뿐이었니, 은행들이 가장 절실히 필요로 했던 달러는 찍어낼 수 없었다.

바로 이때 연준이 개입했다. 연준만이 달러를 발행하고 필요한 곳에 공급할 수 있었다. 우선 연준과 각국의 중앙은행이 통화 스와프 협정을 체결하는 식으로 간접적인 통화공급이 이루어졌다. 1차 통화 스와프 협정은 잉글랜드은행, 스위스국립은행, 유럽중앙은행, 캐나다은행Bank of Canada이 대상이었는데, 2007년 12월 12일 연준이 체결 사실을 발표함과 동시에 시행되었다. 통화 스와프는 중앙은행들이 일정 기간만큼 현재 환율에 따라 자국의 통화를 맞교환하는 형태로 이루어졌다. 예를 들어 연준이 유럽중앙은행에 50억 달러나 100억 달러를 보내면 유럽중앙은행은 그에 상응하는 유로를 연준에 보내고, 약속한 기간이 지난 후에 서로 상대방의 통화를 돌려주는 식이었다. 그사이에 유럽중앙은행은 달러 부족에 시달리는 유로존의 은행들에 연준이 보내준 달러를 빌려주었다.

2007년의 조치는 시작에 불과했다. 2008년 들어 시장의 혼란이 한층 더 극심해지자 버냉키와 그의 동료들은 전 세계의 금융회사들을 위해 달러의 수문을 더욱 활짝 열어젖혔다. 특히 9월 중순에 리먼브라더스 파산, 뱅크오브아메리카Bank of America의 메릴린치Merrill Lynch 긴급 인수, 대형 보험사 AIG에 대한 구제금융 투입 같은 충격적인 사건이 연달아 터지면서, 달러가 본격적으로 살포되었다. 연준은 금리 인하나 통화공급량 확대 같은 전통적인 접근법만으로는 역부족이라는 사실을 인식하고, 금융회사들에 직접 유동성을 공급하기 위해 다양한 프로그램을 도입했다. 그렇게 공급된 수조 달러 덕분에 기업어음 시장, 자산유동화증권asset-backed security(현금 흐름을 창출하기 위해 유동성이 낮은 자산을 기초로 발행된 증권—옮긴이) 시장, 환매조건부채권repurchase agreements(일정 기간이 지난 후 확정 수익을 제공하고 재구매하는 조건으로 발행되는 채권. '레포repo'로도 불린다—옮긴이) 시장을 비롯한 핵심 금융 부문들이 기사회생했다. 해당 프로그램들의 명칭은 현기증을 유발할 정도로 복잡했는데, 대표적으로 '기간 입찰 대출term auction facility', '프라이머리 딜러 신용 창구primary dealer credit facility', '단기국채 대여 제도term securities lending facility', '기간 자산 담보부 증권 대출term asset-backed securities loan facility', '기업어음 자금 공급 창구commercial paper funding facility' 등이 있었다.

"그들을 돕는 것이 우리에게도 이익이 됩니다"

이러한 프로그램들에는 작지만 불쾌한 비밀이 숨어 있었다. 외국계 은행들이 이들 프로그램을 적극적으로 활용하는 데서 더 나아가, 자금의 대부분을 빨아들였다는 사실이다. 유럽의 대표적인 수혜자로는 영국의 바클리스Barclays와 스코틀랜드왕립은행Royal Bank of Scotland, 독일의 도이체은행Deutsche Bank와 드레스드너은행Dresdner Bank 그리고 베스트도이체란데스은행Westdeustche Landesbank, 스위스의 스위스국립은행과 크레디트스위스, 벨기에의 덱시아Dexia 등이 있었다. 이 같은 사실은 소수의 연준 내부자만 알고 있었던 극비 정보로, 일반인들에게는 공개되지 않다가 의회의 법 제정과 블룸버그가 제기한 정보공개법Freedom of

Information Act 소송을 통해 2010년 말부터 2011년 초 사이에 공개되었다. 참고로 연준은 블룸버그와의 소송전을 대법원까지 끌고 가며 끝까지 싸웠다.[37]

결론부터 말해 연준이 해외은행들을 지원한 것은 불법도 아니었고, 부적절하다거나 바람직하지 못한 일도 아니었다. 다만 내가 '불쾌한dirty' 비밀이라 표현한 것은, 버냉키와 그의 동료들이 전 세계에 유동성을 공급한 일 때문에 큰 논란이 벌어지리라는 것을 몰랐을 리 없었기 때문이다. 해외은행들이 달러 유동성 부족으로 미국 채권자들의 채무를 변제하지 못했다면 세계경제로 불길이 확산했을 것이다. 미국으로서는 그 같은 가능성을 최소화하는 것이 '계몽된 자기 이익'(타인에게 선한 일을 하면 결국 자기한테도 이익이 된다는 개념—옮긴이)에 부합하는 일이었다. 연준은 계몽된 자기 이익을 추구하는 과정에서 140여 년 전 배젓이 수립한 원칙을 따랐다. 자금을 아무 곳에나 무턱대고 퍼준 것이 아니었다는 뜻이다. 최종 대부자는 '대부'라는 단어가 드러내듯이 적절한 담보(단기적으로는 헐값에 매각할 수밖에 없지만 상시적으로는 가치가 있을 법한 유가증권)를 제공받아야만 현금을 빌려주는 존재다(물론 이자도 받는다). 게다가 연준의 프로그램에 참여한 해외은행들은 엄밀히 말해 외국에 있는 은행이 아니라 외국에 본사를 둔 은행의 미국 내 지점이었다. 따라서 이들은 법적으로 미국 은행들과 동등한 대우를 받을 자격이 있었다.

그러나 연준 내부에서도 외국계 은행들에 대규모 자금을 대출해주는 데 대한 우려와 반발이 끊이지 않았다. 특히 2008년 9월 리먼브라더스가 붕괴하고 몇 주에 걸쳐 통화 스와프의 규모와 범위가 급속도로 확대되어 총액이 5,000억 달러를 넘어서자, 부정적인 목소리가 커졌다. 그즈음 연준은 호주, 덴마크, 노르웨이, 스웨덴, 뉴질랜드 등의 중앙은행들과도 통화 스와프 협정을 체결했고, 특히 유럽중앙은행, 잉글랜드은행, 일본은행, 스위스국립은행 등 4대 주요 중앙은행에는 달러를 원하는 만큼 교환할 수 있는 이례적인 권한을 부여했다. 2008년 10월 말에는 브라질, 멕시코, 싱가포르, 한국 등 "시스템적으로 중요한" 네 개 신흥국의 중앙은행과도 통화 스와프 협정을 체결했다는 연준의 발표가 있었다. 이들 각각에 대해서는 최대 300억 달러의 한도가 설정되었다.

버냉키가 이들 신흥국의 중앙은행과 통화 스와프 협정을 체결하고자 FOMC에 승인을 요청했을 때 일부 위원이 빈빌했다. 회의록에 따르면 필라델피아연준은행의 찰스 플로서Charles Plosser 총재는 "우리가 어디서부터 선을 그어야 할지 잘 모르겠습니다"라고 우려를 표했다.[38] 다른 위원들은 통화 스와프 협정 요청을 거절당한 나라가 있는지 물었고, "그렇다"라는 답을 들었다. 그 나라들의 경제가 네 개 신흥국만큼 "시스템적으로 중요하지 않다"라는 이유에서였다.[39] 논의 중에 플로서는 이들 신흥국이 연준 대신에 IMF를 접촉하는 게 낫지 않겠느냐고 의문을 제기했다. IMF가 유동성 문제를 겪는 나라들을 위해 새로운 형태의 대출 제도를 계획하는 중이라고 알려졌기 때문이다. 플로서는 "나머지 나라들에 IMF부터 찾아가라고 말하지 않은 이유가 대체 뭡니까?"라고 따졌다.[40]

물론 IMF는 여러 가지 측면에서 긴급 달러 지원이라는 역할에 더할 나위 없이 적합해 보였다. 1장에서 살펴보았듯이 IMF는 본래 위기를 겪는 나라들에 달러를 공급하는 기구로서 설립되었다. (실제로 연준에 통화 스와프 협정을 요청한 네 개 신흥국 중 브라질, 멕시코, 한국은 앞선 15년 동안 다양한 시점에 IMF의 구제금융을 받은 적이 있었다.) 미국으로서는 구제금융을 다자간의 꼴로 제공한다는 점이 IMF의 가장 큰 장점이다. 미국이 단독으로 자금을 제공해야 하는 부담과 정치적 압력에서 벗어날 수 있기 때문이다.

폴로서의 주장에 버냉키와 국제 업무 총책임자였던 네이선 시츠Nathan Sheets가 반론을 제기했다. IMF가 그러한 과제를 감당하기에는 재정적 여력이 부족하다는 것이었다. 두 사람의 말은 옳았다. IMF는 브레턴우즈에서 케인스가 구상했던 것과는 딴판인 기관이었다. 즉 아무것도 없는 상태에서 국제통화를 창출할 힘이 없었다. 활동 자금은 상당했지만, 회원국들이 달러나 국제 거래에서 통용되는 기타 경화로 납입한 금액에 따라 상한선이 정해져 있었다. 시츠는 "IMF의 대출 능력은 2,500억 달러 정도입니다"라고 설명하며 다음과 같이 덧붙였다. "따라서 오늘 우리가 제안한 1,200억 달러[네 개 신흥국 각각에 300억 달러씩]의 통화 스와프 협성은 IMF가 제공할 수 있는 전체 금액의 절반에 달하는 셈이죠." 시츠의 주장에 따르면 IMF는 다른 나라들이 위기에 빠질 경우에 대비해 자금을 아껴둘 필요가 있었다.[41]

뉴욕연준은행의 티머시 가이트너Timothy Geithner 총재는 연준이 내린 중대한 결정을 균형 잡힌 시각으로 설명했다. "기축통화가 되는 특권에는 어느 정도의 부담도 따릅니다"라며 입을 뗀 가이트너는 다른 위원들을 다음과 같이 설득했다. "물론 우리가 특권 때문만으로 의무를 감당하는 것은 아니지만, 그 나라들이 처한 문제를 덜도록 돕는 것이 우리에게도 이익이 됩니다."[42] 한마디로 달러를 발행하는 연준만이 국제적인 최종 대부자 역할에 적합한 기관이었고, 그 막중한 책임을 다하는 것이 미국 금융 시스템과 복잡하게 얽혀 있는 국제금융 시스템의 붕괴를 막는 길이었다.

결국에는 플로서도 동의했지만 "어디서부터 선을 그어야 할지" 모르겠다는 그의 우려는 근본적이고 골치 아픈 문제를 제기했다. 훗날 또 위기가 닥치면 세계 유일의 최종 대부자인 연준은 어디서부터 선을 그어야 할까? 구제받을 자격이 있는 금융 시스템을 어떻게 판단할 수 있을까? 정치적·외교적 고려 사항이 개입될 경우 판단이 달라져야 할까? 연준이 유동성을 지원해준 해외은행들의 명단을 공개하지 않으려 했던 사실을 감안할 때 비슷한 상황이 다시 발생한다면 지원을 한층 더 망설이게 되지 않을까? 게다가 미국 우선주의 성향의 대통령이 백악관을 차지한다면 연준은 얼마나 제약받게 될까?

위기 이후의 달러

일단 위기가 지나가자, 달러에 기반한 국제통화 시스템의 개혁을 요구하는 목소리가 울려 퍼진 것은 놀라운 일이 아니었다. 미국이 과도한 특권을 무책임하게 남용한 탓에 전 세계가 고통을 겪었다는 비판이 들끓었고, 외국의 정책 결정자들은 달러의 변화무쌍함에 속수무책으로 휘둘릴 수밖에 없다는 현실에 분노를 느꼈다.

2009년 3월 중국인민은행의 저우샤오촨周小川 총재가 작성한 글은 이 같은 분위기를 잘 대변했다. 은행 홈페이지에 게시된 글에서 저우샤오촨은 "국제통화 시스템에 내재한 취약성과 체계적 위험이 드러났다"라고 지적했다.[43] 그는 달러를 직접 언급하지 않으면서도, "특정 국가의 경제 상황이나 국가적 이해관계와 연관되지 않는" 기축통화를 채택해야 한다고 주장했다. 이어서 케인스가 제안한 방코르가 브레턴우즈 회의에서 거부당한 것에 아쉬움을 표하는 동시에, IMF가 관리하는 준(準)통화인 '특별인출권Special Drawing Rights, 이하 SDR'이 앞으로 비슷한 기능을 수행할 수 있을 것이라며 기대감을 표했다. (SDR에 대해서는 3장에서 자세히 살펴볼 것이다.) 몇 달 뒤에 구성된 국제연합United Nations, 이하 UN의 전문가 위원회도 위기 이후의 개혁안을 고심하며 "특정 국가 경제의 대외적 상황에 좌우되지 않는 세계 기축통화의 창출이 필요하다. (…) 이제 그러한 구상이 실현되어야 할 때가 왔다"라고 의견을 모았다.[44]

유럽 각국의 정책 결정자들은 연준이 자국 은행들을 구제한 일은 외면하다시피 하면서 국제통화 질서를 근본적으로 재편하겠다고 다짐했다. 독일의 페어 슈타인브뤼크Peer Steinbrück 재무부 장관이 "미국은 국제금융 시스템에서 초강대국의 지위를 잃게 될 것"이라고 전망하는가 하면, 2008년 11월 프랑스의 니콜라 사르코지Nicolas Sarkozy 대통령은 조지 W. 부시George W. Bush 대통령이 주최한 정상회담을 앞두고 "저는 내일 워싱턴으로 갑니다. 제2차 세계대전 이후의 브레턴우즈 체제 하에서 세계 유일의 국제통화였던 달러"가 그 우월한 지위를 "더는 차지할 수 없음을 설명하러 가는 겁니다"라고 선언했다. 그러더니 특유의 허풍 섞인 말투로 "1945년에 옳았던 것이 오늘날에도 옳을 수는 없습니다"라고 덧붙였다.[45]

학자 중에도 이러한 생각에 동조하는 사람이 꽤 많았다. 코넬대학교의 조너선 커슈너Jonathan Kirshner는 "달러 종말론자들은 과거에도 여러 차례 늑대가 나타났다고 외쳤지만 (…) 2008년의 세계금융위기로 달러의 기반은 한층 더 약화되었다. 그러한 약세는 세계경제가 회복되면 더욱더 뚜렷이 드러날 것이다"라고 전망했다.46 대서양 건너편에서는 아인슈타인국제연구소Einstein Centre for International Studies의 안토니오 모스코니Antonio Mosconi가 2008년의 세계금융위기를 가리켜 "달러가 국제적인 역할을 하면서 겪는 마지막 경련"이라고 꼬집었다.47

세계금융위기와 관련해 달러의 과실이 이렇게나 비난받을 만큼 컸을까? 미국인을 포함한 여러 저명한 학자의 주장에 따르면, 적어도 미국은 기축통화를 보유함으로써 얻은 것보다 잃은 것이 더 많았다. 베이징대학교의 마이클 페티스Michael Pettis 금융학 교수는 그 같은 주장의 선두 주자 중 한 명이다. 페티스는 공동 집필한 저서에서 "미국의 달러 패권 때문에 미국인들은 다른 나라에서 유입된 과잉자본과 다른 나라에서 과잉생산된 공산품을 떠안았다"라고 지적하고는 그 폐해를 다음과 같이 설명했다. "그 결과가 주택담보대출 거품과 제조업 붕괴다. 달러의 국제적인 위상은 과도한 특권이 아니라 과도한 부담을 미국에 안겼다."48

물론 달러를 향한 이 모든 비난은 지나치게 과장된 감이 있다. 외국 자본이 없었더라도 2000년대 초반의 미국 주택 가격은 급등할 수밖에 없었다. 일단 비양심적인 대출업자들이 구매자들에게 감당할 수 없을 만큼 큰 집을 사라고 부추겼을 테고, 월가는 주택저당증권을 이리 쪼개고 저리 쪼개어 판매했을 것이며, 신용평가사들과 규제 당국은 기계적으로 승인 도장을 찍었을 것이다. 경제학 연구에 따르면 외국자금은 위기 이전까지 미국 국채 수익률을 0.5~0.9퍼센트가량 낮추었는데, 그 정도만으로는 부동산 거품이나 그와 연관된 금융계의 부정행위를 유발하기 어렵다.[49] 미국의 제조업 붕괴도 수입품과의 경쟁만이 원인은 아니며, 따라서 달러 강세로 인한 경쟁력 약화는 극히 미미한 영향만 미쳤을 뿐이다. 지난 50년 동안 모든 주요 선진국에서, 심지어 독일 같은 산업 강국에서도 제조업 일자리는 급격히 감소했는데, 무엇보다 기술 발전과 자동화에 따른 (근로자당) 노동생산성의 증가가 가장 큰 원인이었다.

그러나 달러 패권과 그로 인한 국제적인 불균형이 위기를 심화했다는 주장은 상당 부분 타당하다. 외국인들의 높은 달러 수요가 없었다면 미국의 금리는 지금보다 더 높았을 것이고 대출은 덜 무모하게 이루어졌을 것이며 시장은 과열을 억제하는 기능을 더 제대로 수행했을 것이다. 물론 그렇더라도 미국의 제조업체들이 2000년대 초반에 저임금과 강력한 수출 경쟁력을 앞세운 '차이나 쇼크'를 피할 수는 없었을 것이다. 하지만 이 충격 또한 평가절하된 위안화 때문에 한층 더 크게 다가왔다. 그러한 점에서 페티스가 지적한 부담은 과도하다고까지 할 수는 없더라도, 최소한 실체가 있는 것이었다.

어쨌든 위기를 통해 단일 통화가 지배하는 시스템의 심각한 결함이 여실히 드러났다는 사실만큼은 부정할 수 없다. 그렇다면 단일 통화의 대안은 과연 무엇일까? 위기 이후에 달러를 더 나은 기축통화로 대체해야 바람직하다는 주장이 학술회의, 학술지, 언론 매체, 정책 결정자들 사이에서 수없이 논의되었다. 하지만 변화를 추구하거나 기대하는 이들 중 그 누구도 달러를 대체하는 데 조금이라도 성공할 가능성이 있는 통화가 무엇이냐는 질문에는 선뜻 답을 내놓지 못했다.

다음 장에서는 그나마 가장 유력한 후보인 네 개 통화를 살펴볼 것이다. 이들 각각은 시기에 따라 달러를 대체하리라고 예측되었거나 달러보다 나은 선택지로 지지받았던 바 있다. 그러나 저마다 결함을 지니고 있었으며 때로는 그 결함이 너무 빨리 드러나 지지자들을 민망하게 했다. 실제로 세계금융위기 이후의 세계는 달러의 가장 강력한 경쟁자가 얼마나 많은 문제를 가지고 있는지 깨닫게 될 터였다.

3장

통화전쟁이 벌어지다

1973년 12월 사우디아라비아로 날아간 헨리 키신저. 미국 국무부 장관으로 임명되고 얼마 후 키신저는 파이살 빈 압둘 아지즈 국왕을 알현하고자 사우디아라비아행 비행기에 몸을 실었다. 중동, 더 나아가 전 세계를 아우르는 달러 패권을 설계하기 위해서였다. 미국은 사우디아라비아에 석유를 달러로만 거래한다면, 미국 국채를 굉장히 유리한 조건으로 매수할 권리와 정권 보호를 약속했다. 이로써 페트로달러 시스템이 탄생했다. 오늘날 중동 산유국들은 석유를 팔아 번 막대한 달러로 각종 자산에 투자해, 전 세계에 달러가 흘러 들어가게 하고 있다.

2008년 9월 파산한 리먼브라더스. 2007년 시작되어 2008년 정점을 맞은 세계금융위기는 미국의 서브프라임 모기지 사태에서 비롯되었다. 저질의 부동산 관련 금융상품들이 마구 만들어지고 판매되는 와중에, 개인들이 주택담보대출을 갚지 못하자, 거대한 금융회사들마저 파산을 피하지 못했다. 이 미국발 금융위기는 곧 전 세계를 덮쳤는데, 오히려 위기가 심화할수록 달러 표시 자산(가령 미국 국채)이 안전자산으로 여겨지며 수요가 급증했다.

2002년 취재차 아테네를 방문했을 때 만난 그리스인들은 자국이 새로운 통화를 사용하게 되었다는 사실에 기뻐했다. 그해부터 드라크마는 유통되지 않았다. 독일의 마르크, 프랑스의 프랑, 이탈리아의 리라, 스페인의 페세타, 네덜란드의 길더 등 유럽 각국의 통화도 마찬가지였다. 《워싱턴포스트》 편집국의 지시에 따라 나는 그 거대한 경제권을 아우를 새로운 공동 통화, 즉 유로가 초기에 어떻게 유통될지 들여다볼 참이었다.

그리스는 취재를 시작하기에 안성맞춤인 곳이었다. 그곳의 정책 결정자들은 흔히 '유로존'으로 불리는 유럽연합European Union, EU의 경제통화연맹Economic and Monetary Union에 가입한다면, 자국 경제에 오랫동안 반복적으로 타격을 가한 불안정성이 잦아들 것이라고 믿었다. 그들은 12개국(당시 유로존 회원국의 숫자)이 같은 통화를 사용하고, 프랑크푸르트에 본부를 둔 유럽중앙은행이 통화공급을 관리한다는 점에서, 그리스의 경제적 기반이 훨씬 더 견고해지리라는 쪽에 내기를 걸었다. 내가 그리스를 방문했을 때만 해도 그들의 도박은 성공하는 듯 보였다.

통합을 꿈꾸는 유럽

내가 인터뷰한 기업가 중에는 디미트리 파팔렉소풀로스Dimitri Papalexopoulos라는 사람이 있었다. 원래 미국에 살던 그는 가족이 설립한 대형 건축자재 회사의 경영을 돕기 위해 1990년대 초반에 아테네로 돌아왔다. 그래서 유로 이전, 드라크마 시대의 그리스를 잘 알고 있었다. 1994년까지 20년에 걸쳐 그리스의 인플레이션율은 연평균 17퍼센트에 달했고 드라크마는 여러 차례의 가치 하락을 겪었다. 그 결과 금리가 하늘 높은 줄 모르고 치솟아 회사들의 설비 투자가 막히면서, 그리스의 경제성장률은 1980년부터 연평균 1퍼센트에도 미치지 못했다(인플레이션 보정 수치).

파팔렉소풀로스는 이와 관련해 흥미로운 경험담을 들려주었다. 한번은 직원들에게 평소 회사가 투자처를 물색할 때 '허들 레이트hurdle rate'(감당할 수 있는 대출금리)를 얼마로 생각하느냐고 물었더니, "그게 무슨 말인가요?"라고 되묻더라는 것이었다. 직원들이 그런 반응을 보인 까닭에 대해 파팔렉소풀로스는 이렇게 설명했다. "예전에는 고정된 장기금리라는 것이 존재하지 않았고 1년짜리 단기금리만 존재했어요. 따라서 드라크마로는 어떠한 장기 프로젝트의 자금도 조달하기 어려웠습니다."[1]

그리스가 유로존에 가입한 후에는 파팔렉소풀로스도 독일인, 네덜란드인, 핀란드인들과 똑같이 프랑크푸르트에서 관리하는 통화로 자금을 조달할 수 있게 되었다. 그는 "그리스인들의 귀에는 믿지 못할 소리처럼 들리겠지만 지금 우리 그리스의 자본조달 비용은 미국과 거의 비슷합니다"라면서 그 덕분에 회사의 사업 확장 능력에 "큰 변화가 생겼어요"라고 덧붙였다. 시멘트를 비롯해 자사가 생산하는 제품에 대한 수요도 느는 중이라고 했다. 이전에는 없는 것이나 마찬가지였던 주택담보대출 및 소비자 대출 시장이 급성장하고 주택 구매가 폭증한 것도 비슷한 이유에서였다.

하지만 안타깝게도 그리스는 유로존을 붕괴 직전까지 몰고 갔던 유럽재정위기에 처음으로 휘말린 나라 중 하나가 될 운명이었다. 유로존이 어쩌다가 그 같은 어려움에 빠지게 되었는지를 되짚어보면, 세계 2위 통화인 유로가 그토록 많은 장점이 있는데도 어째서 최정상에 설 가망이 없는지를 이해할 수 있다. 해당 시기를 살펴볼 가치가 있는 까닭은 위기가 발생한 2010년 전까지만 해도 유로의 잠재력이 달러와 충분히 경쟁할 만하다고 예측되었기 때문이다.

유로 탄생에는 여러 가지 동기가 작용했지만, 그 가운데서도 경제적 중요성에 걸맞은 통화를 소유하고 싶어 한 유럽 국가들의 열망이 가장 컸다. 그 정책 결정자들은 거대한 규모의 단일 시장을 구축해 경제적 역동성을 촉진하고 유혈 충돌에 마침표를 찍는다는 구상에 따라 수많은 관세와 무역 장벽을 철폐해왔다. 그 과정은 6개국이 참여했던 유럽석탄철강공동체European Coal and Steel Community to the European Economic Community를 시작으로 유럽경제공동체European Economic Community를 거쳐 EU로 이어졌다. 통합을 완성하겠다는 그들의 목표는 나라마다 다른 통화의 다양성 때문에 달성하기가 쉽지 않았다. 브레턴우즈 체제가 붕괴한 후에는 국경을 넘나들며 투자, 대출, 무역을 추진하던 기업과 은행들 앞에 환율의 급격한 변동이라는 장애물이 더해졌다. 통화 통합이 이루어지면 그 같은 불확실성을 단번에 제거할 수 있을 터였다. 그 같은 판단에 따라 유럽 국가들은 1990년대 들어 본격적으로 통화 통합이라는 목표를 향해 나아가기 시작했다.

미국과 영국의 경제학자들을 중심으로 그처럼 이질적인 나라들이 공동 통화를 사용하는 것이 타당하느냐는 의문이 제기되었다. 특히 노벨경제학상 수상자인 밀턴 프리드먼Milton Friedman, 하버드대학교의 마틴 펠드스타인Martin Feldstein, MIT의 루디거 돈부시Rudiger Dornbusch, 훗날 노벨경제학상을 받게 될 폴 크루그먼Paul Krugman을 비롯한 경제학계의 거물들이 가장 큰 목소리로 반대 의견을 냈다. 그들은 통화 통합이 EU 내에서의 무역과 기타 경제 교류를 촉진한다는 점에서 유익하며, 한때 적국이었던 나라들을 한층 더 긴밀히 결속시킨다는 점에서 숭고한 과업이라는 데는 대개 동의했다. 하지만 통화동맹에 가입하면, 자국의 재정 건전성에 영향을 미칠 수 있는 매우 중요한 수단들(통화공급, 금리, 환율 등)에 대한 통제권을 유럽중앙은행에 넘길 수밖에 없다는 점을 꼬집었다. 경제와 사회의 수많은 양상이, 특히 재정 정책과 규제 정책, 금융 시스템과 산업 경쟁력 그리고 무엇보다 언어가 그처럼 다른데도 유럽 국가들이 통일된 통화정책을 수용한다면 심각한 문제에 휘말릴지 모른다고 앞서 경고했던 것이다. 통화동맹을 시도하는 유럽 국가들의 가장 확실한 비교 대상은 미국이었다. 미국에서 단일한 통화와 통화정책이 제대로 작동하는 이유 중 하나는 노동 이동성 때문이다. 가령 특정 지역의 실업률이 높더라도, 실직자들은 경제 사정이 좀 더 나은 지역으로 손쉽게 이동할 수 있다. 이 덕분에 연준은 개별 지역에 신경 쓸 필요 없이 미국 경제 전반의 안정성과 저인플레이션을 유지한다는 목표에 맞춰 통화공급량과 금리 수준을 결정할 수 있다. 반면에 유럽 각국의 사람들은 수백 킬로미터 떨어진 곳까지 이동해 구직하는 일에 훨씬 더 소극적이다. 국경을 넘으면 언어가 통하지 않거나 문화적으로 동질감을 느끼지 못할 가능성이 크기 때문이다. 여기에 더해 몇몇 회의론자는 다수의 유럽 국가가 호황을 누리는 와중에 특정 국가(또는 몇 개 국가)만 극심한 불황을 겪는다면, 이들로서는 자국의 통화공급량과 환율을 통제할 수 없으므로 경기를 회복하기가 무척 어려울 것이라고 지적했다.

그 같은 우려는 1992년 2월 마스트리흐트 조약이 체결된 후로도 잦아들지 않았다. 해당 조약을 통해 유럽 국가들은 저인플레이션, 저금리, GDP 대비 3퍼센트 미만의 재정 적자 등의 조건을 충족해야만 유로존에 가입할 수 있다는 데 합의했다. 이를 위반한 나라들에 제재를 가하겠다는 경고와 함께 규율을 강화하기 위한 '안정과 성장 협약 Stability and Growth Pact'이 1997년 추가로 체결되었지만, 부정적인 견해는 좀처럼 수그러들지 않았다. 회의론자들은 그러한 규칙들이 중요한 분야를 충분히 망라하지 못했으며, 어찌 되었든 제대로 집행되지 못하리라고 보았다.

유로를 향한 찬사

이런 우려에도 아랑곳없이 유럽 국가들은 독일과 프랑스 정부의 주도에 따라 통화 통합을 강행했다. 통화 통합이 마무리 단계에 접어들었을 때 북미의 일부 경제학자가 유로에 강력한 지지를 보냈다. 그들은 동료 경제학자들이 유로존의 잠재력을 과소평가할 뿐 아니라, 전 세계가 새로운 통화인 유로에 십중팔구 관심을 보이리라는 점을 인정하지 않는다고 비판했다. 그 대표적인 인물로 국제경제연구소의 프레드 버그스텐Fred Bergsten 소장이 있었다. 1997년 그는 《포린어페어스》에 기고한 글에서 유로가 불과 5~10년 만에 달러와의 "완전한 등가교환"을 달성할 것이라고 예측하며, 다음과 같이 과감한 전망을 내놓았다. "유로의 성공으로 제2차 세계대전 이후 달러가 지배해온 국제통화 시스템은 양극체제로 전환될 것이다."[2] 캐나다 출신의 경제학자이자 컬럼비아대학교 교수인 로버트 먼델Robert Mundell도 "유로의 도입으로 달러의 위상은 위협받을 것이며 국제통화 시스템의 권력 구도에 변화가 일어날 것"이라고 밝혔다. 노벨경제학상 수상자로서의 권위가 느껴지는 발언이었다.[3]

2002년 유로존 회원국들의 기존 통화는 유통이 중단되었다. 그러자 유로에 대한 비관론이 사그라지기 시작했다. 새로운 통화에 대한 신뢰를 가장 두드러지게 보여준 신호는 금융시장이 유로존 회원국들의 신용 등급을 대등하게 다루기 시작했다는 사실이었다. 이때부터 투자자들은, 이를테면 페세타의 하락으로 스페인의 국채 가치가 떨어질까 봐 걱정하지 않아도 되었고, 따라서 유로존 회원국들의 국채를 더욱더 적극적으로 매입했다. 파팔렉소풀로스를 그토록 매혹했던 현상이 본격적으로 시작되었던 것이다. 1990년대 초반 그리스의 대출금리는 독일보다 세 배나 높았다. 그러나 유로를 도입하고 10년 동안은 독일과 거의 같은 금리로 자금을 조달할 수 있었다. 예를 들어 2007년 그리스 정부가 발행한 10년 만기 국채 금리는 4.29퍼센트여서, 독일의 10년 만기 국채 수익률인 4.02퍼센트와 별 차이가 없었다.

2008년 말부터 유로 출범 10주년을 축하하는 분위기가 고조되면서 유로에 대한 찬사가 쏟아졌다. 하필이면 달러가 세계금융위기의 주범으로 큰 비난을 받고 있던 때이기도 했다. 각종 학술회의, 학술지, 언론 매체가 유로를 상찬했다. 이 공동 통화를 도입한 15개국에 안정과 번영을 안겨준 데다가,[4] 월가와 시티 오브 런던(런던 도심에 있는 영국 금융시장의 심장 같은 곳 — 옮긴이)을 휩쓴 대혼란이 확산하지 않게 막아주었다고 말이다.

"유로는 굉장한 성공작입니다." 유럽중앙은행의 루카스 파파데모스 Lucas Papademos 부총재는 '유로 10주년'이라고 명명된 회의를 개최하며 이렇게 말했다. 《월스트리트저널》도 사설을 통해 "1999년 새해 첫날 태어난 유럽의 단일 통화는 지난 10년 동안 세계경제에서 보기 드문 빛나는 별이 되어왔다"라고 평가했다. 유로를 만든다는 구상이 조롱의 대상이 되었던 때를 기억하는 사람들로서는 회심의 미소를 참기 어려웠을 것이다. 독일을 대표하는 일간지 《디벨트 Die Welt》의 한 칼럼니스트는 "유로가 10주년을 맞이하면서 받은 가장 의미 있는 찬사는 그 성공 가능성을 가장 크게 의심한 영국에서 나왔다. 영국의 논평가들은 (영국 금융 역량의 오랜 상징인 파운드를 버리고) 유로를 도입한다면 국가

경제에 이익이 될지 모른다고 공공연하게 주장한다"라고 썼다.[5]

유로는 첫 10년 동안 세계 2위 통화로 우뚝 서는 데 성공했다. 각국의 중앙은행이 보유한 외환 지급준비금 가운데 25퍼센트 정도가 유로였는데, 이는 65퍼센트를 차지한 달러에 이어 두 번째 규모였다. 유로의 장점은 부분적으로 유로존의 GDP가 GWP의 16퍼센트를 넘어설 정도로 매우 크다는 데서 비롯되었다. 아울러 유럽중앙은행의 건전한 통화정책도 결정적인 역할을 했다. 특히 유럽중앙은행의 장클로드 트리셰Jean-Claude Trichet 총재는 청렴함은 물론이고 중앙은행 업무에 대한 풍부한 경험으로 정평이 난 인물이었다. 이 모든 요소가 종합된 결과 유로존의 인플레이션은 낮게 유지되었으며, 회원국 간의 무역과 투자는 크게 늘어났다. 아울러 역내 금융시장은 세계 최고 수준으로 정교하게 돌아갔으며, 유가증권의 매수와 매도 시 발생하는 거래 비용은 미국 시장과 비슷하거나 때로 더 낮았다. 당연히 이 같은 성과는 유로가 곧 달러를 따라잡거나 심지어 추월하게 되는 것 아니냐는 의문을 불러일으켰다.

유로 출범 10주년에 찬사를 보낸 사람들이 보기에 그 답은 일시적으로나마 "그럴 것이다"였다. 다트머스대학교의 엘리아스 파파이오안누Elias Papaioannou 교수와 런던비즈니스스쿨의 리처드 포츠Richard Portes 교수는 EU 집행위원회European Commission가 펴낸 보고서에서 "유로의 첫 10년은 달러와 동등한 국제통화가 되는 길을 향해 점진적이고도 뚜렷한 발걸음을 내디딘 시기였다"라고 평가했다. 위스콘신대학교의 멘지 친Menzie Chinn 교수와 하버드대학교의 제프리 프랭클Jeffrey Frankel 교수는 2008년 발표한 논문에서 좀 더 과감한 주장을 펼쳤다. "이제 유로라는, 세계 1위 통화인 달러의 확실한 경쟁자가 존재한다." 두 사람은 미국의 "25년 동안 쌓인 만성 경상수지 적자"와 경제정책에 대한 비판을 전제한 채 "유로가 이르면 2015년경에 달러를 추월할지 모른다"라고 전망했다. "유로가 수십 년 내에 달러를 넘어선다면 100년에 한 번 있을 법한 사건이 될 것이다. 20세기에 파운드가 그런 일을 겪었으니 21세기에 달러라고 그런 일을 당하지 않으리라 과연 누가 장담할 수 있을까?"[6]

한편 《뉴욕타임스매거진》에는 유로의 성과를 지정학적 패권의 변화로 분석한 기고문 〈패권에 작별을 고하며 Waving Goodbye to Hegemony〉가 실렸다. 시대정신을 고스란히 담아낸 이 글의 저자 파라그 카나 Parag Khanna는 "유로 도입 당시 조롱을 퍼붓고 유럽의 공동 통화 계획은 무리수에 불과해 곧 실패할 것이라고 주장하는 미국인들이 많았다"라고 꼬집고는, 그때와 180도 달라진 상황을 다음과 같이 나열했다. "그러나 오늘날에는 페르시아만의 석유 수출국들이 외화보유고를 유로로 다각화하고 있으며, 이란의 마무드 아마디네자드 Mahmoud Ahmadinejad 대통령은 OPEC 회원국들에 더는 석유 가격을 '무가치한' 달러로 책정하지 말자고 제안했다. 베네수엘라의 우고 차베스 Hugo Chavez 대통령은 유로를 대안으로 제시하고 나섰다. (…) 그사이 세계 외화보유고 중 달러의 비중은 65퍼센트까지 하락했고, 번천은 모델료를 유로로 지급해달라고 요구했으며, 래퍼인 제이지 Jay-Z는 최신 뮤직비디오에서 500유로짜리 돈다발에 파묻히는 장면을 촬영했다."[7]

유로존 붕괴 시나리오

그러나 유로 출범 10주년 이후 몇 달도 지나지 않아 큰 결함들이 적나라하게 드러나기 시작했다.

그리스 정부는 저금리를 이용해 돈을 빌리면서 점점 더 깊은 수렁으로 빠져들었다. 2010년에는 부채가 3,000억 유로를 넘어서며 자국 GDP와 맞먹는 수준에 이르렀고, 그 과정에서 경제 상황이 실제보다 양호하게 보이도록 재정 통계를 왜곡하기도 했다. 연장선에서 유로존 회원국 간의 무역 불균형이 극심해지고 있다는 것도 문제였다. 2006년 독일과 네덜란드는 GDP 대비 각각 6.1퍼센트와 8.2퍼센트라는 상당한 경상수지 흑자를 기록했다. 하지만 그리스, 스페인, 포르투갈은 GDP 대비 8~11퍼센트나 되는 경상수지 적자를 냈다.[8]

이 같은 수치를 보면 유럽 북부의 흑자국들이 스페인과 아일랜드의 주택 매입 열풍을 비롯한 과소비, 그리스의 흥청망청한 재정지출 같은 적자국들의 돈 잔치에 사실상 자금을 대주고 있었음을 알 수 있다. 한마디로 검소하고 경쟁력이 극히 우수한 유로존의 중심부 국가들에서 주변부 국가들로 막대한 자금이 흘러 들어갔다. 그중에서도 가장 열심히 돈을 퍼다 나른 것은 독일의 지역 은행들이었다(미국의 주택저당증권에 대규모 투자를 감행했던 은행들이기도 하다). 이들 덕분에 주변부 국가들의 정부, 기업, 개인은 자금을 차입하기가 한층 더 쉬워졌으며, 그들 대다수는 지나치게 많은 돈을 빌렸다. 그 결과 세계는 뼈아픈 교훈을 얻게 될 터였다.

2009년 봄이 되자 유로가 달러를 압도하리라는 전망을 깨부술 조짐이 나타나기 시작했다. 금융 혼란이 유로존의 가장 취약한 회원국들을 휩쓸면서 해당 국가들의 국채가 대량 매각되었다. 그 결과 투자자들이 요구하는 국채 수익률이 급등했고, 그에 상응해 해당 국가들이 새로 자금을 차입할 때 적용되는 금리도 상승했다. 예를 들어 2009년 초 그리스 정부의 10년 만기 국채 수익률은 한때 6퍼센트를 돌파했는데, 그러면서 유럽 최고의 안전자산으로 간주되는 독일 국채와의 금리 차이가 300베이시스포인트basis point를 넘어섰다(1베이시스포인트는 0.01퍼센트포인트다). 이 같은 큰 폭의 스프레드 확대는 그리스만의 문제는 아니어서, 같은 시기에 독일 국채와 아일랜드 국채의 스프레드는 250베이시스포인트, 이탈리아 및 포르투갈 국채의 스프레드는 150베이시스포인트, 스페인 국채의 스프레드는 125베이시스포인트까지 확대되었다.

2009년 10월 그리스의 당해 연도 재정 적자가 기존 추정치의 세 배를 넘어서서 GDP 대비 12.5퍼센트를 웃돌 것이라는 충격적인 사실이 밝혀졌다. 곧 그리스는 금융위기의 수렁으로 미끄러지기 시작했다. 그리스 정부는 신규 국채에 과거보다 훨씬 더 높은 금리를 부담해야 했으며, 막대한 채무 상환이 임박한 시점에 경기 침체로 경제가 위축되어 세수마저 줄어드는 악순환에 갇히고 말았다. 재정지출을 늘리거나 세금을 감면하는 방법으로는 침체에서 빠져나올 수 없었다. 그랬다가는 그리스의 채무 부담이 늘어나 금리가 추가로 인상되리라는 시장의 불안감이 커질 터였다. 통화정책은 유럽중앙은행이 권한을 쥐고 있었기 때문에 통화공급량을 늘리거나 통화의 평가절하를 단행할 수도 없었다. 2010년 봄이 되자 이전에는 상상조차 할 수 없었던 그리스 정부의 채무불이행이 시장분석 보고서와 언론 보도를 통해 현실성 있는 결말로 논의되기 시작했다.

그리스 정부가 유로를 포기한다는 시나리오가 가장 큰 공포를 불러일으켰다. 그랬다가는 그리스는 물론이고 다른 유로존 회원국들에도 지옥과 같은 혼란이 펼쳐질 것이 자명했기 때문이다. 몇몇 경제 전문가는 그리스 정부가 유로존을 탈퇴하고 드라크마를 다시 도입해 통화정책에 대한 통제권을 회복해야 한다고 주장했지만, 탈퇴로 인한 손실이 이익보다 훨씬 더 크다는 것이 절대다수의 의견이었다. 유로로 체결한 각종 계약과 금융 채무를 드라크마로 다시 체결한다면 치열하고 지난하며 복잡한 법적 분쟁이 뒤따를 터였다. 게다가 통화동맹 탈퇴라는 금기가 한번 깨지고 나면 다른 취약 국가들도 자국 통화로 복귀해야 한다는 압력을 받을 것이 뻔했다. 공포에 휩싸인 사람들이 자금을 안전한 해외로 옮기려 할 게 분명해진 상황에서, 이를 막으려면 유로를 포기하는 것이 가장 빠른 방법이었기 때문이다. 유로존의 붕괴는 한때 터무니없는 공상처럼 보였지만, 그때부터 더는 불가능한 일처럼 여겨지지 않았다.

유럽재정위기의 상흔

주말인 2010년 5월 7일부터 9일까지 쉴 새 없이 이어진 회의에서 유럽 각국의 정·재계 지도자들이 치열한 협상을 벌인 끝에 한 가지 해결책이 도출되었다. 채무불이행을 막기 위해 그리스에 1,100억 유로 규모의 구제금융을 제공한다는 것이었다. 그 돈의 대부분은 유로존 회원국들이 마스트리흐트 조약에 명시된 구제 금지 조항을 어쩔 수 없이 위반하면서 조성한 것이었다. (해당 조항은 회원국들이 타국의 "책임을 떠맡아서는 안 된다"라고 규정한다.) 그 대가로 그리스는 정부 지출의 대폭 삭감, 세금 인상, 근로자의 해고를 어렵게 하는 관련 법 개정을 비롯한 구조 개혁 등이 망라된 매우 가혹한 조건을 받아들여야 했다. 한편 금융위기에 빠진 회원국에 긴급히 대출해줄 수 있는 안정화 기금이 신설되었다. 이는 다른 회원국으로 위기가 번지지 않도록 막는 방화벽 역할을 할 터였다. 아울러 유럽중앙은행이 IMF와 더불어 위기에 빠진 회원국들의 국채를 선별적으로 매입하기로 했다.

그 후 찾아온 안정은 오래 가지 못했다. 불과 몇 달 뒤에 이번에는 아일랜드에서 혼란이 시작되었다. 아일랜드는 그리스보다 훨씬 더 엄격한 재정 정책을 시행해왔지만, 부실 부동산 대출을 남발한 은행들이 문제를 일으켰다. 아일랜드의 논평가들이 '검은 목요일'이라 부른 2010년 9월 30일, 브라이언 레니헌Brian Lenihan 재무부 장관은 앵글로 아이리시은행Anglo Irish Bank의 손실이 이미 알려진 것보다 훨씬 더 막대하다고 시인했다. 레니헌은 아일랜드식 표현대로 "입을 얻어맞은 것처럼" 충격적인 사실을 하나 더 발표했다. 세계금융위기 당시 아일랜드 정부가 국내 은행들의 모든 예금에 대해 2년 동안의 지급보증을 약속한 탓에 정부가 감당해야 할 구제금융 비용이 급증했고, 그 결과 2010년의 재정 적자가 GDP 대비 32퍼센트에 달하게 되리라는 것이었다. 이로써 아일랜드의 GDP 대비 국가 채무 비율은 2007년만 해도 25퍼센트에 불과했으나 2010년에는 98.6퍼센트에 이를 전망이었다.

결국 아일랜드는 850억 유로 규모의 구제금융을 받았고, 뒤이어

2011년 봄에는 포르투갈이 그보다 약간 더 작은 규모의 구제금융을 받았다. 2012년에는 그리스가 2차 구제금융을 받았는데, 여기에는 사상 최대 규모의 채무 구조 조정이 포함되었다. 이후 이탈리아, 스페인, 키프로스에서도 금융위기가 발생해 유로존 당국이 사실상 회원국 전체에 개입해야 했다. 말 그대로 유럽이 불타는 과정에서 유독 두드러졌던 현상 중 하나가 '파멸의 순환'이다. 즉 정부의 재정 취약성이 은행의 취약성을 악화하고, 다시 은행의 취약성이 정부의 재정 취약성을 한층 더 악화하는 일이 만연했다. 당시 유로존에서는 은행 규제와 은행 부실의 관리 권한이 회원국 각각에 분산되어 있었다(미국은 연방정부가 해당 권한을 가졌다). 그 결과 자기 강화적(어떤 순환 속에서 문제가 점점 더 커지는 것—옮긴이) 악순환이 반복되었다. 정부가 은행을 지원하지 못할 수 있다는 우려 때문에 은행은 예금자와 채권자의 신뢰를 모두 잃었다. 이와 동시에 은행에 대한 구제금융 비용이 정부의 세수만으로는 감당할 수 없을 만큼 엄청날 수 있다는 불안감이 확산했다.

2012년 중반 들어 파멸의 순환이 연이어 발생하자, 유럽중앙은행의 마리오 드라기Mario Draghi 총재가 직접 나서서 "유로를 지키기 위해서라면 무슨 일이든" 하겠다고 선언하기에 이르렀다. 드라기는 훗날 "모든 신용 시장이 완전히 붕괴할 위험"이라고 표현할 상황을 접하고는 EU와 IMF가 정한 엄격한 조건을 받아들인다는 조건하에 유럽중앙은행이 금융위기에 빠진 유로존 회원국들의 국채를 무제한으로 매입하겠다고 약속했다. 독일의 반대를 물리치고 한 약속이었다. 해당 조치 덕분에 유럽재정위기의 가장 파괴적인 국면이 종식되었고, 위기가 끝났을 무렵 유로존은 통화 통합을 유지하는 데 필요한 개혁을 상당 부분

이루어냈다. 새로운 규칙들이 정해졌고 취약 요소가 줄어들었다. 그뿐 아니라 향후 다시 위기가 발생하더라도 회원국들이 홀로 방치되는 일이 없도록 유럽안정메커니즘Europe Stability Mechanism이라는 대형 구제 기구가 신설되었다.

그러나 이미 일어난 일을 잊을 수는 없었고 그 일이 유로에 미친 파장도 무시할 수 없었다.

유럽재정위기는 유로존의 공동 통화와 회원국들의 다양한 특성이 충돌한다는 사실을 드러냈다. 유로존은 미국 연방정부와 비슷한 중앙 감독 기구가 존재하지 않는 만큼, 역시 미국 재무부 같은 단일한 채권 발행 기관을 설치할 수 없다는 한계를 안고 있다. 독일 정부가 발행하는 장기국채는 미국 국채만큼 안전할지 몰라도, 이탈리아나 스페인 같은 다른 주요 회원국들의 국채에 대해서는 같은 평가를 내리기가 어렵다. 그들의 국채는 모두 유로로 표시되어 있지만, 각각의 위험 수준은 개별 국가의 신용도에 따라 차이가 난다. 따라서 전 세계의 투자자와 중앙은행이 비상시에 대비해 보유할 국채를 선택할 때 유로존 회원국들의 국채보다 훨씬 안전하면서도 유동성이 뛰어난 미국 국채를 선호하는 것은 당연한 일일 수밖에 없다.

돼지 꼬리 자르기

장인의 손에서 탄생한 도자기와 옻칠된 그릇들에 절묘하게 담긴 온갖 산해진미를 기모노 차림의 여종업원들이 시중드는 일본의 전통 코스 요리인 가이세키. 여기에 곁들여 쉴 새 없이 마시는 사케와 고급 주류. 그 앞에서 특유의 경직된 미소를 지은 채 노래와 춤을 선보이는 게이샤들의 가무. 1980년대에 엔-달러 협정을 위해 도쿄를 찾은 미국 재무부 관료들은 이처럼 화려한 접대를 받았다. 일본 재무성 관료들은 미국인들을 도쿄에서 가장 고급스러운 식당과 유흥업소에 데리고 다니면서 그 모든 비용을 정부 예산으로 처리할 만큼 권한이 막강했다.[9]

이처럼 저녁마다 향응이 펼쳐졌는데도 미국인들은 도쿄 출장에 불만을 느꼈다. 그들의 목표는 강력한 금융 규제를 철폐하도록 일본 정부를 설득하고 엔을 세계화함으로써, 자금이 자유로이 유입되고 유출되게 하는 것이었다. 미국 정부가 엔을 달러와 비슷한 형태로 바꾸고 싶어 했다는 것은 반복해서 강조할 만한 가치가 있다. 이는 반드시 기억해야 할 사실이다. 미국 재무부 관료들은 엔의 국제적인 역할을 적극적으로 지지한 정도가 아니라, 반드시 그렇게 되어야 한다고 요구했다.

그러나 진전은 매우 더뎠다. 일본 재무성 관료들은 자국 정부가 미국이 원하는 조치를 취할 수 없는 이유와 그러한 조치를 취하더라도 몇 년에 걸쳐 서서히 추진할 수밖에 없는 이유를 자세히 설명하면서 미국의 요구를 능숙하게 피해 갔다. 대부분의 논의가 지나치게 격식을 갖춘 분위기에서 이루어진 것도 도움이 되지 않았다. 양측 대표들이 긴 테이블을 사이에 두고 마주 앉은 가운데 재무성의 신참 관료 수십 명이 회의실 벽에 붙어 있거나 옆방에 대기하면서 상관에게 실무 관련 자료를 제공하는 분위기였다.

미국 정부가 짜증이 났음은 목소리가 쩌렁쩌렁한 열혈 자유시장주의자인 베릴 스프링클Beryl Sprinkel 재무부 차관이 일본 측 협상 대표인 오바 토모미츠大場智満 재무성 차관의 주장을 반박했을 때 명확히 드러났다. 스프링클은 뜬금없게도 "저는 미주리주의 작은 농장에서 자랐습니다"라며 입을 뗐다. 그러고는 새끼 돼지들이 태어났을 때를 회상하면서 "우리 가족은 그 꼬리를 잘라내야 했어요. 그럴 때 한 번에 2~3센티미터씩 자르는 짓은 하지 않았죠! 그렇게 하면 돼지들이 더 아파했을 테니까요. 우리는 그냥 한 번에 바짝 잘라내는 걸로 끝냈어요"라고 거의 외치다시피 말했다. 몇 초 뒤 해당 발언이 일본어로 통역되었을 때 테이블 너머는 충격에 빠진 듯 정적만이 감돌았다. 오바가 웃음을 터뜨리고 나서야 그의 부하들 사이에서도 폭소가 터져 나왔다. 그다음 날 오바는 스프링클의 뜻을 이해했다면서 앞으로는 일본의 접근법이 "점진적"인 데서 "과감한" 것으로 바뀔 것이라고 단언했다.[10]

이 일화가 보여주듯이 미국 정부는 달러의 국제적인 역할을 일부라도 떠맡을 경쟁 통화의 등장을 적극적으로 장려했지만, 아무도 그러한 도전에 나서려 하지 않았기에 늘 벽에 부딪히고 말았다. 가령 일본 정부는 엔의 낮은 위상이 전후의 경제 기적을 가능케 한 핵심 요소 중 하나라고 생각했기에, 이를 건드리고 싶어 하지 않았다.

1980년대는 일본의 경제 기적이 한창 무르익은 때였다. 1970년대부터 미국 시장 공략에 나선 도요타Toyota, 닛산Nissan, 혼다Honda가 큰 결실을 거두고 있었고, 마찬가지로 소니Sony와 마쓰시타전기松下電器(지금의 파나소닉Panasonic)가 전자제품 분야에서, 후지쯔Fujitsu와 NEC가 컴퓨터와 반도체 분야에서, 도시바Toshiba와 히타치Hitachi가 발전 설비 및 중공업 분야에서 돌풍을 일으키고 있었다. 그 외에도 극도로 경쟁력을 갖춘 일본 기업들이 철강부터 건설 장비와 전동공구까지 수많은 분야에서 큰 성과를 냈다. 이런 흐름을 타고《세계 제일 일본Japan as Number One》이나《뒤집힌 위상Trading Places》같은 책들이 출판되기도 했다. 천연자원이 부족한 섬나라가 어떻게 해서 세계 2위의 GDP를 달성하고, 세계에서 가장 큰 규모의 외화보유고를 확보한 경제 대국이 되어 미국의 위상을 위협하고 있는지를 미국인들에게 설명하기 위해서였다.

폭발적인 성장을 위해 일본 정부는 경제학자들이 '금융 억압financial repression'이라 부르는 발전 모델을 채택했다. 금융 억압의 핵심은 자국의 제조업체와 수출업체에 유리한 방향으로 금융 시스템을 활용하는 것이다. 전후 첫 25년 동안 일본 정부는 산업 경쟁력 강화에 필요한 장비, 기술, 원자재를 수입하는 일에 달러와 기타 외화들을 신중하게 배분하는 등 금융 억압을 매우 엄격하게 시행했다. 국경 간 자본 이동이 어찌나 철저히 통제되었는지, 무려 1970년까지 일본의 무역 대금이 엔으로 청구되는 일 자체가 거의 없었다. 그러한 규제는 이후 몇 년에 걸쳐 완화되었지만, 1980년대에도 일본의 개인과 은행들이 해외로 보낼 수 있는 자금의 액수는 엄격히 제한되었다. 일본 정부는 자국 기업들에 최대한 낮은 금리로 자금을 조달하기 위해 국내에 가능한 한 많은 자금을 묶어두고자 했다. 금융 억압의 또 다른 목적은 외국인들이 무제한으로 엔을 매입하지 못하도록 막는 것이었다. 엔이 줄어들어 가치가 상승하면 세계시장에서 일본산 제품의 경쟁력이 떨어질 수밖에 없었기 때문이다.[11]

엔을 둘러싼 야단법석과 초라한 결말

1980년대 들어 그 같은 정책에 대한 미국 정부의 인내심이 한계에 도달했다. 2장에서 살펴보았듯이 미국의 제조업체들은 달러 대비 엔의 약세 때문에 불리한 조건에 처하자 크게 분노했다. 게다가 미국의 은행, 증권사, 자산 운용사들도 일본의 폐쇄적인 금융시장에 진출하게 해달라고 아우성쳤다. 중상주의적 관행을 탈피하라는 미국의 압력이 거세지자, 일본 정부도 더는 버티지 못하고 1984년 엔-달러 협정을 체결했다. 그 결과 일본의 금융 시스템이 어느 정도 자유화되었다. 실제로 엔으로 결제된 수출 대금의 비중이 1980년대 초반에는 30퍼센트 미만이었으나 1991년에는 40퍼센트까지 증가했다.[12] 엔-달러 협정에 이어 1985년 체결된 플라자 합의는 달러에 대한 엔의 평가절상을 노골적으로 요구했다.

잇따른 조치들로 미국의 불만이 어느 정도 해소되었는데도, 일본의 경제적 위력은 오히려 더 강해지기만 했다. 일본은행은 엔고가 수출에 미치는 영향을 상쇄하기 위해 금리를 사상 최저 수준으로 인하했다. 그 결과 일본 증시와 대도시들의 부동산 가격이 천정부지로 치솟았다. 그 여파로 생산 비용이 상승하자, 일본의 다국적기업들은 노동집약적인 생산공정을 소비자들이 있는 북미와 유럽으로 이전하는 동시에, 인건비를 포함해 모든 것이 저렴한 동아시아와 동남아시아에서 제품을 생산 및 수출하는 전략으로 대처했다. 마쓰시타전기의 말레이시아 공장에 근무하는 근로자 1만 7000명이 오사카 본사의 직원들과 똑같은 유니폼을 입고 똑같은 사가社歌에 맞춰 제조하는 것으로 하루를 시작했다는 이야기는 너무나 유명하다. 이 같은 과정을 통해 일본은 아시아 국가 대다수의 최대 무역 상대국이자 해외 투자국으로 우뚝 섰고, 결과적으로 일본은 반일주의자들을 불안에 떨게 할 정도로 큰 영향력을 떨치게 되었다. 《뉴스위크》는 1991년 8월 호의 커버스토리에서 "아시아에서 일본의 영향력이 너무나 빠르게 확산하면서 '공영共榮'이란 표현이 진부하게 느껴질 정도로 자주 언급되고 있다"라고 설명했다. 그 제목이 〈사요나라 아메리카Sayonara, America〉였던 해당 기사는, 미국 기업들이 유례를 찾아볼 수 없을 정도로 폭발적인 일본의 역동성에 밀려 한참 뒤처지고 있음을 한탄했다. "올해는 경제협력개발기구Organisation for Economic Co-operation and Development의 통계 집계 이후 처음으로 엔 블록의 아시아 국가들이 창출할 실질 경제성장률이 유럽공동체European Community나 북미의 모든 국가를 앞설 전망이다."[13]

당시 '엔 블록'이란 표현은 다양한 뜻으로 쓰였다. 때로는 일본이 관리할 것으로 예상되는 무역 지대를 뜻했다. 엔이 금융 억압에서 벗어나 달러를 따돌리고 아시아를 장악하리라는 전망 자체를 의미하기도 했다. 1990년이 되자 동아시아 국가들의 외화보유고에서 엔의 비중은 17퍼센트를 웃돌았으며,[14] 아시아 국가들의 엔 대출은 달러 대출을 능가했다. 이는 해외 차입을 이용한 사람들이 엔을 선호했기 때문이다. (2장에서 설명했듯이) 1995년 예일대학교의 쿤즈 교수는 《포린어페어스》에 기고한 〈달러 질서의 몰락The Fall of the Dollar Order〉에서 파격적인 전망을 내놓았다. 쿤즈는 "엔 블록이 공고하게 구축되고, 엔이 태평양 지역의 공동 통화가 되면 미국인들은 아시아 국가와 거래하기 위해 달러를 팔고 엔을 사야 할 것이다"라면서 "달러 질서의 붕괴로 아메리

칸드림의 대가는 놀랄 만큼 커지는 동시에 미국의 전 세계적인 영향력은 박살 날 것이다"라고 단언했다.¹⁵ 그해 말에는 다국적 컨설팅업체인 프라이스워터하우스Pricewaterhouse의 마크 테일러Mark Taylor가 역시《포 린어페어스》에 기고한〈기술을 통한 지배: 일본이 동남아에 엔 블록을 구축하고 있는가?Dominance through Technology: Is Japan Creating a Yen Bloc in Southeast Asia?〉에서 다음과 같이 경고했다. "미국 기업이 일본 중심의 경제블록에서 배제될 날도 멀지 않았다."¹⁶

엔을 둘러싼 야단법석은 유로의 무한한 잠재력에 대한 억측이 쏟아졌던 유럽재정위기 직전만큼이나 시기적으로 적절하지 못했다. 1990년대 중반 일본 경제는 주가 폭락과 부동산 거품의 붕괴에서 비롯된 디플레이션의 늪에 빠져 있었다. 이를 다시 활성화하기 위해 일본 정부가 내놓은 정책 가운데 1996년 단행된 '빅뱅' 계획은 기존의 금융 억압을 모조리 중단하고, 10년 전의 런던이 그러했던 것처럼 다양한 조치를 시행해 도쿄를 금융 허브로 전환한다는 내용을 담고 있었다. 그러나 일본은 금융 억압이라는 관행을 극복하지 못했다. 일본 은행들은 거품 시대의 막대한 대출을 짊어지고 있었는데, 재무성의 애지중지에 익숙해져 있었던 탓에 은행 자체도, 막강한 규제 당국도 대부분의 대출이 사실상 회수 불가능한 상태라는 사실을 인정할 생각이 없었다. 일본이 악전고투하는 모습을 본 해외 금융회사들은 도쿄 사업부를 축소하고 홍콩, 싱가포르, 상하이처럼 좀 더 활력이 넘치는 아시아의 다른 금융 중심지들로 향했다.

1999년 추가적인 자유화 정책이 도입되었으나, 국제통화 질서에서 엔은 달러에 한참 뒤처진 낙오자로 남았다. 2001년 엔은 세계 외화보유고의 5.5퍼센트를 차지했는데, 2016년 들어 그 비중이 3퍼센트로 감소했다. 심지어 엔은 일본 자체의 상거래에서도 크지 않은 비중을 차지했다. 이를테면 일본의 수출 대금 가운데 37퍼센트만이, 또 수입 대금 가운데 26퍼센트만이 엔으로 결제되었다.[17] 오늘날 일본은 부러워할 만한 부를 누리고 있지만, 급속한 고령화와 인구 감소에 발목이 잡혀 경제성장률은 빈약한 수준에 머물러 있다. 한마디로 1980년대 이후의 일본은 1980년대 수준의 영향력을 전혀 발휘하지 못했다. 일본은행이 디플레이션을 막기 위해 자국의 국채를 너무나 많이 사들였던 탓에 최근 몇 년 동안에는 일본 국채 매매가 거의 이루어지지 않았다. 이 또한 국제통화 질서에서 엔이 상대적으로 낮은 순위를 차지하는 이유 중 하나다.

일본 재무성 관료들이 스프링클의 새끼 돼지 이야기가 주는 교훈을 마음 깊이 새기고 훨씬 더 일찍 금융 억압을 완화했더라면 달러 사용자가 엔으로 옮겨갈 강력한 유인이 생겼을 것이다. 그러나 기회는 사라졌다.

종이 금의 탄생

평일이면 날마다 수십 개국 출신의 경제학자 수백 명이 워싱턴 중심가에 있는 IMF 본부로 출근해 입구에서 출입증을 제시하고 겹겹이 설치된 보안 게이트를 지나 사무실로 올라가는 엘리베이터를 탄다. 그들은 세계 각국의 경제 상황을 모니터링하거나, 금융위기에 빠진 나라들에 대출해줄 구제금융 금액을 산출하거나, 기타 경제 연구를 수행한다. 한편 12층에는 IMF의 가장 복잡한 기능을 감독하는 부서가 있다. 그들은 국제통화와 가장 유사한 자산인 SDR을 발행하고 할당하며 관리한다.

SDR 정책 부서의 사무실은 IMF의 다른 사무실들과 다를 바 없이 현대적인 디자인의 책상들과 옅은 색 나무로 만들어진 소형 테이블로 채워져 있다. 그곳에는 지폐를 찍는 기계나 대형 메인프레임컴퓨터는 물론이고, 돈과 비슷한 물건을 만드는 데 필요할 법한 어떤 장비도 없다. 그럴 만도 한 것이, SDR과 실물 화폐의 관련성은 매우 희박하다(억지로 관련성을 짜내보려 해봐도 잘되지 않는다). 친구와 이웃들에게 직업을 어떻게 소개하느냐는 내 질문에 부서의 책임자인 올라프 운터오버되스터Olaf Unteroberdoerster는 큰 소리로 웃으며 이렇게 답했다. "자발적으로 말하는 일은 없지만 질문은 받습니다. 독일에 있는 동생에게 설명해주려고 애썼습니다만 쉽지 않았죠."[18] 흔히 SDR을 설명하려면 SDR에 해당하지 않는 것을 설명해야만 한다. 일단 SDR은 개인이나 민간기업이 지출하거나 상품과 서비스를 구매하는 일에 사용되는 화폐가 아니다. IMF에 대한 채권도 아니며 중앙은행이 외환시장 개입에 사용할 수 있는 수단도 아니다. 수입 대금의 결제에도 사용할 수 없다.

SDR을 앞서 정의하려 했던 각종 문헌을 살펴보면 비전문가 처지에서는 혼란스러워할 법한 내용이 대부분이다. "보충용 준비자산"이라거나, "IMF가 사용하는 회계 단위"라거나, "주요 통화 바스켓을 기준으로 만든 IMF 단위"라거나, "자유롭게 사용 가능한 통화들에 대한 IMF 회원국의 잠재적 청구권"이라거나, "IMF가 회원국에 대출을 제공할 때 사용하는 복합 회계 단위"라거나, "정부 간의 국제수지 정산과 IMF와의 거래에 사용되는" 도구라는 식이다. 개인적으로는 "복합적인 디지털 유사 통화"라는 정의가 가장 마음에 든다.

SDR의 이론적 기반, 즉 기축통화가 단일 국가의 통화가 아니라 진정한 국제통화라면 세계경제가 더 번영하리라는 논리는 브레턴우즈 체제의 초기에 케인스와 트리핀 같은 다자주의자들이 영감을 얻었던 그 숭고한 이상과 일맥상통한다. 달러처럼 단일 국가의 통화가 기축통화로 쓰일 때의 뚜렷한 단점은 개발도상국이 고소득 국가의 유가증권을 보유해야만 한다는 것이다. 이는 가난한 나라가 저렴한 이자를 받고 부자 나라한테 돈을 빌려주는 상황과 다르지 않다. 그러나 SDR의 실망스러운 이력을 되짚어보면, 국제통화라는 환상이 환상으로 남아 있을 수밖에 없는 이유를 똑똑히 알 수 있다.[19]

SDR은 달러가 브레턴우즈 체제를 지탱하기에 적합한지 의심받던 1960년대에 처음 발행되었다. 당시는 국제무역이 빠른 속도로 성장하고 국제 거래 대금이 증가함에 따라 결제에 쓰일 달러의 수요가 크게 증가하던 때였다. 게다가 세계 각국은 달러 대비 자국 통화의 고정환율을 유지하기 위해 점점 더 많은 준비자산을 비축해야 했다(당시 각국의 중앙은행이 지급준비금으로 보유하고, 또 활용할 수 있었던 것은 달러와 금뿐이었다). 그렇다면 달러 공급량이 적절한 속도로 증가했을까? 트리핀이 경고한 대로 브레턴우즈 체제에는 치명적인 딜레마가 잠재해 있었다. 미국인들이 외국산 제품을 충분히 구매하지 않는 등 갖가지 이유로 미국이 해외에 충분한 달러를 내보내지 못하면, 세계경제는 유동성 부족으로 쪼들릴 수밖에 없었다. 반대로 지나치게 많은 달러가 유통되면, 금 태환에 대한 신뢰도가 하락해 결과적으로 브레턴우즈 체제의 몰락으로 이어질 터였다. 수많은 논의를 거쳐 1967년 해결책이 합의되었으니, 훗날 '종이 금'으로 불리게 될 SDR을 IMF가 모든 회원국에 발행해주는 것이었다. 이때 1SDR의 가치는 금 35분의 1트로이온스$_{troy\ ounce}$(1트로이온스는 약 31그램—옮긴이)로 책정되었다(즉 1달러 정도였다). 중앙은행의 금고가 SDR로 채워지기 시작하면 달러 부족 사태가 완화되리라는 기대감 속에서 SDR 발행이 시작되었다.

끝내 만나가 되지 못한 SDR

그러나 SDR은 너무 뒤늦게 발행되었고 발행량도 너무 미미했다. 처음 할당된 수량은 93억 SDR에 불과했다. 게다가 그 직후에 닉슨 대통령이 브레턴우즈 체제의 호흡기를 떼버리며, 달러가 더는 국제통화 시스템의 기준이 아니게 되었다. 따라서 SDR의 발행 또한 주요 통화들을 모두 포함하는 방식으로 전환되었고, 그 가치는 바스켓에 포함된 주요 통화들의 환율에 연동되었다. 달러의 비중이 가장 컸지만 엔, 파운드, 프랑, 서독-마르크도 바스켓에 포함되었다. (1999년 유로가 프랑과 서독-마르크를 대체했다.) IMF는 세계 각국의 경제 규모에 대략 비례하는 정도로 SDR을 할당했다. SDR을 받은 나라는 바스켓에서 원하는 통화로 교환할 수 있었다. 예를 들어 파라과이나 방글라데시가 달러를 원한다면 IMF를 통해 SDR을 달러로 교환하는 식이었다.[20]

1970년대의 혼란상 속에서 SDR의 온갖 활용 방안이 등장했고,

1970년대 후반에는 또 한 차례의 할당이 승인되었다. 그러나 그다음 발행까지는 30년이라는 긴 세월이 걸렸다. 그 이유 중 하나는 변동환율이 널리 도입됨에 따라, 나라마다 자국 환율을 방어할 지급준비금의 수요가 줄어들었기 때문이다. 미국의 반대도 중요한 원인이었다. IMF는 아무것도 없는 상태에서 SDR을 창출할 수 있지만, 그러려면 전체 회원국이 참여한 투표에서 85퍼센트 이상의 찬성표를 얻어야 한다. 그러므로 전체 표의 16.5퍼센트를 보유한 미국이 거부권을 행사하면 SDR 발행은 불가능해진다. 미국 정부는 아무리 IMF 회원국이라지만 이란, 시리아, 베네수엘라, 짐바브웨 같은 나라들에도 기적의 만나manna(이스라엘 민족이 이집트를 탈출하고 가나안을 방황할 때 야훼가 하늘에서 내려주었다는 음식—옮긴이)가 제공되는 것을 못마땅하게 여긴다.

 SDR이 다시 발행된 것은 세계금융위기가 지나고 나서였으며 그마저도 얼마 되지 않는 규모였다. 개도국 가운데 상당수가 경제공황에 따른 자본 이탈을 경험하는 등 크게 쪼들리자, 2009년 미국의 새 대통령으로 취임한 버락 오바마Barack Obama가 결단을 내려 개도국들에 1,610억 SDR(대략 2,500억 달러)을 할당하는 합의가 이루어졌다. 그보다도 더 중요한 점은 저명인사들이 국제통화 시스템의 개편을 요구하고 나섰다는 사실이다. 2장에서 설명했듯이 개혁주의자들은 달러 기반 금융 시스템이 세계경제의 위기를 유발하거나 심화했다고 비판했다. 그들은 국채부터 주식까지 미국의 온갖 유가증권을 보유한 외국인들이 저금리 기조를 조성하지 않았더라면, 미국 주택 시장에 그토록 많은 거품이 끼지 않았을 것이라고 주장했다. 그중에서도 중국인민은행의 저우샤오촨 총재가 과감한 전망을 제시했다. "SDR은 아직 정부와 국제기구 간에만 사용되지만, 국제무역과 금융거래에서 통용되는 결제 수단으로 발전할 수 있습니다."[21]

저우샤오촨은 자신의 구상을 설명하는 자리에서 실제 시행까지는 "오랜 시간이 걸릴 수 있습니다"라고 인정했다. 그러나 "오랜 시간"이라는 것은 매우 완곡한 표현이었다. 다수의 경제학자는 그의 제안이 충분히 검토할 만하다고 인정하면서도,[22] 버클리대학교의 배리 아이켄그린Barry Eichengreen 교수가 지적한 것처럼 "안정적이고 유동성이 큰 SDR 시장"과 "임계질량"을 형성하는 것이 우선이라는 데 입을 모았다. SDR은 통화이긴 하되 다양한 통화를 조합한 형태에 불과할뿐더러 거래를 위한 민간시장이 전혀 존재하지 않아, 아이켄그린이 말한 전제 조건을 갖추려면 복잡한 과정을 거쳐야 하는 만큼, 당연히 엄청난 비용과 시간이 소요될 터였다. 아이켄그린은 IMF가 미국 국채의 중개업체 같은 시장 중개인 역할을 맡아 충분히 매력적인 가격에 SDR을 사고팔면 대규모 거래가 신속하고 원활하게 이루어질 수 있겠지만, 회원국들이 IMF의 활동에 필요한 자금을 선뜻 분담하려 하겠느냐고 의문을 제기했다. 미국이 시큰둥한 반응을 보인다면 중국은 그 비용을 혼자 떠맡으려 하겠는가? 아이켄그린은 그 외에도 현실적인 장애물들을 여럿 언급했다.[23]

운터오버되스터와 그의 동료들은 결코 한가한 사람들이 아니다. 그들은 아침마다 바스켓에 포함된 통화들의 환율에 따라 SDR의 가치를 재평가해야 한다. 더욱이 2015년에는 위안화까지 바스켓에 추가되었다. 특정 회원국이 할당받은 SDR을 바스켓의 통화 중 하나로 교환하려고 할 경우 SDR 정책 부서가 직접 업무를 처리한다. 또한 IMF 회원국들이 (2021년에 개도국의 팬데믹 대응을 지원하기 위해 그랬듯이) SDR의 대규모 할당을 승인하면, 각국의 중앙은행에 메시지를 보내 그들의 SDR 계좌에 새로 입금된 금액을 알리는 것도 해당 부서의 일이다.

그러나 SDR 정책 부서의 역할은 케인스가 방코르를 구상하며 생각했던 국제청산연합과는 거리가 멀다. 게다가 SDR이 여전히 세계 준비자산 가운데 미미한 비중을 차지하고 있다는 사실을 감안하면, 달러의 어설픈 모조품에 불과하다는 평가는 합당하다.

중국의 금융 개혁과 시장 개방

1990년대 초반에 나처럼 중국에 체류했던 외국인들은 외화교환증서Foreign Exchange Certificate, 이하 FEC라는 이름의 독특한 화폐를 사용해야 했다. FEC에 인쇄된 문구는 일부 중국어를 제외하고는 대부분 영어였는데, 특히 "해당 증서는 중국 내 지정된 장소에서만 사용할 수 있다This certificate can only be used within China at designated places"라는 문구가 눈에 띄었다. 다양한 액면가로 발행된 FEC의 가장 고액권은 만리장성이 그려진 100위안짜리였다. (중국 화폐의 공식 명칭은 '인민의 돈'을 뜻하는 런민비人民幣이며 그 기본 단위가 위안元이지만, 이 책에서는 더 널리 알려진 위안화라는 표현을 런민비 대신에 쓰기로 한다.) 달러나 엔을 FEC로 환전하면 고급 호텔, 식당, 우호 상점 등에서 사용할 수 있었다. 중국인의 출입이 금지된 우호 상점은 와인, 초콜릿 바, 땅콩버터, 서구식 세면도구, 화장품 같은 고급 상품을 사실상 유일하게 판매하는 곳이었다. 그러나

FEC가 아닌 일반 위안화를 합법적으로 소지할 수 없었던 것은 상당히 골치 아픈 일이었다. 관련 법이 엄격히 집행되지는 않았지만, 나는 외국인이 지갑에 위안화를 소지하고 다니다가 적발되면 성가신 일을 당할 수 있다는 경고를 자주 들었다. 해당 제도의 주된 목적은 외국인이 드나들 수 있는 시설과 여행 가능한 지역을 제한하는 것이었다. 그랬기에 1994년 들어 중국 정부가 FEC를 점진적으로 폐지했을 때 다행한 일이라고 생각했다. 그러나 FEC가 존재했다는 사실은 기억해둘 필요가 있다. 중국이 오랫동안 자국의 통화 및 금융 시스템을 경제적·사회적·정치적 통제 수단으로 이용했다는 사실을 뚜렷하게 일깨워주는 사례이기 때문이다. 물론 그러한 접근 방식은 위안화의 평판에 별 도움이 되지 않았다.

당시 중국 정부는 자국 경제의 구석구석에 여전히 큰 영향을 미치고 있었으며,[24] 특히 국영기업에서 그러한 측면이 두드러졌다. 그 대표적인 사례로 내가 1993년 방문했던 디이자동차─汽車集 공장을 꼽을 만하다. 1930년대 중국 북동부의 창춘에 세워진 그곳에서 10만 명의 근로자가 지에팡解放(트럭)과 훙치紅旗(리무진) 등 다양한 차량을 만들고 있었다. 그들이 렌치와 용접기를 들고 엔진과 문짝을 접합하는 모습을 보니 일본이나 미국의 자동화 공장보다는 1936년 개봉된 찰리 채플린의 코미디 영화 〈모던 타임스〉가 떠올랐다. 사방으로 뻗친 공장 부지에는 근로자와 그 가족을 위한 수만 호의 아파트형 기숙사, 병원, 22개의 초중고등학교, 수십 개의 상점, 극장 등이 들어서 있었다. 이처럼 요람부터 무덤까지 책임지는 사회복지 시스템이 갖춰진 덕분에 그곳은 '철밥통鐵飯碗'으로 불렸다. 또한 디이자동차는 높은 관세로 외국 기업들과의 경쟁에서 보호받았으며 국영은행에서 막대한 자금을 지원받았다. 정부의 공식 지령에 따라 국영은행이 순순히 대출을 내주었던 것이다. 이는 일종의 금융 억압으로, 일본에서 시행된 것보다 훨씬 더 강력하고 광범위하게 이루어졌다.

극적인 변화는 몇 년 후에 찾아왔다. 주룽지朱鎔基 총리가 이끄는 개혁주의자들이 그 수많은 국영기업을 민영화하고 관련 국가기관을 대부분 해체했던 것이다. 결정적으로 미국이 내세운 시장 개방 조건을 받아들여 2001년 세계무역기구World Trade Organization, 이하 WTO에 가입했다. 이로써 수출입이 급증하고 제조업체들이 세계시장에서의 경쟁에 노출되었는데, 금융 부문만큼은 엄격한 통제가 이어졌다. 외국자본은 (공장, 설비, 상업 시설 건설 등의) 직접투자 형태로 유입되는 경우에만 환영받았다. 그러나 언제든 내던져질 수 있는 투기성 증권 투자, 위기의 조짐이 보이자마자 회수될 수 있는 은행 대출 등의 자금은 환영받지 못했다. 1990년대 후반 태국, 인도네시아, 한국 등 주변국들을 강타한 외환위기를 목격한 중국 정부는 경제의 안정성을 유지하고자 단기자본의 유입을 금지하고 기업의 해외은행을 통한 차입을 강력히 억제하는 방식으로 금융 억압을 설계했다. WTO에 가입하고 1년 뒤인 2002년에는 외국계 금융회사들도 중국 유가증권을 매입할 수 있게 허용했지만, 장기적으로 투자할 의향이 있는 곳만을 가려내기 위해 엄격한 인허가 조건을 내걸었다. 그와 동시에 (2장에서 설명했듯이) 달러 대비 위안화의 환율을 낮게 유지했으니, 이는 수출산업에 엄청난 추진력으로 작용했다.

금융 억압은 완화된 형태로나마 계속되었다. 2003년 들어 중국 은행들은 국가기관인 중앙회금투자공사中央匯金投資公司의 관리를 받게 되었다. 투자공사는 중국의 4대 은행인 중국은행, 중국공상은행, 중국건설은행, 중국농업은행뿐 아니라 여러 중소 금융회사의 지분을 절반 이상 보유하며 막강한 영향력을 행사했다. 그 전까지 해당 은행들은 주요 증권거래소에 상장되고 세계 곳곳에 지점을 열며 수익을 내기 위해 서로 대출 경쟁을 벌였다. 고수익을 창출해야 한다는 압박이 상당해 꼭 민간은행처럼 보일 지경이었다. 이런 은행들이 투자공사의 통제를 받게 되자, 정부의 정책적 목적에 맞춰 대출을 투입할 수단으로 전락했다.[25]

그 같은 체제는 마오쩌둥毛澤東 사후에 관료들이 상부의 지시에 따라 아무 생각 없이 국영기업에 보조금을 퍼주던 때만큼 통제적이지는 않았지만, 완전한 자유시장 체제와도 거리가 멀었다. 정부가 금리를 설정했기에 은행들은 손쉽게 스프레드를 예측하고 대출을 내줌으로써 수익을 낼 수 있었다. 은행들은 정부가 보증하는 국영기업이나 중국공산당이 선호하는 사업 계획에 대출을 내주는 것이 상대적으로 안전하다는 것을 잘 알았다. 특히 주요 은행의 고위 간부는 당에 의해 임명되는 데다가, 실제로 당 지도부에 한자리씩 차지하고 있는 경우가 많았기에, 은행과 정부의 관계는 매우 밀접했다. 이러한 체제의 근간이 되는 중국상업은행법에는 "상업은행은 국민경제와 사회 발전의 수요에 근거해 국가 산업 정책의 지도 아래에 대출 업무를 전개한다"라는 조항이 명시되어 있다.[26]

그린백에서 레드백으로?

세계금융위기로 달러 기반 금융 시스템에 대한 우려가 심화하며 중국 통화정책의 방향이 바뀌었다. SDR로 달러를 대체하자는 저우샤오찬의 제안이 진전을 보이지 않자, 중국 정부는 위안화의 국제적인 역할을 처음에는 조심스럽게, 이후 점점 더 과감하게 강화하기 시작했다. 중앙회금투자공사가 두각을 나타낸 2003년 중국 정부는 본토 기업과 해외 고객 및 공급업체 간의 거래에서 대금 결제를 위안화로 할 수 있도록 허용하는 시범 프로그램을 도입했다. 해당 프로그램은 본토 내 다섯 개 도시와 홍콩, 마카오, 동남아시아의 중국 기업들을 대상으로 시행되었는데, 2012년 들어 중국의 모든 기업에 적용되었다. 아울러 중국은 외국의 위안화 소지자들에게 매력적인 투자 기회를 제공하고자, 홍콩에 한해 외국계 기업이 위안화 표시 채권을 발행할 수 있도록 허가했다. 이 같은 '딤섬 채권'의 대표적인 사례로 2010년 8월 맥도날드가 발행했던 3년 만기 채권을 꼽을 만하다. 2억 위안 규모의 해당 채권은 연 3퍼센트의 수익률을 보장해 눈길을 끌었다. 그 후 전면적이지는 않더라도 전보다는 훨씬 더 자유롭게 자본을 유입 및 유출할 수 있게 허가하는 조치들이 뒤따랐다. 런던과 프랑크푸르트처럼 멀리 떨어진 해외 도시들에 위안화 결제 센터가 세워졌고, 중국인민은행은 수십 개국의 중앙은행들과 통화 스와프 협정을 체결하기 위한 협상에 나섰다. 위안화 환율은 여전히 관리 대상이었지만, 2005년부터 2015년까지 달러 대비 25퍼센트의 점진적인 평가절상이 이루어졌다.[27]

이러한 조치들은 중국 경제의 눈부신 전진, 즉 21세기의 첫 10년 동안 GDP가 네 배 증가한 끝에 2010년 세계 2위의 경제 대국으로 올라선 업적과 결합해 위안화의 전망에 대한 기대감을 불러일으켰다.

영국을 대표하는 금융회사인 HSBC의 중국 담당 수석경제학자였던 취훙빈屈宏斌은 2010년 11월 11일 자《파이낸셜타임스》에 실린 기고문에서 "우리는 진정으로 장대한 규모의 금융혁명을 눈앞에 두고 있는지 모른다"라며 다음과 같이 단언했다. "중국의 경제력과 무역 능력을 감안할 때 (…) 위안화는 점점 더 자연스럽게 기축통화로 인식될 것이다. 세계는 느리지만 확실하게 그린백에서 레드백redback(달러를 뜻하는 그린백에 빗대어 붉은색으로 인쇄된 위안화를 일컫는 표현—옮긴이)으로 이동하고 있다."28 이듬해에는 경제학자 아르빈드 수브라마니안Arvind Subramanian이 저서《쇠퇴Eclipse》에서 "위안화는 다음 10년의 중반이 되기도 전에 달러를 제치고 세계 최고의 기축통화가 될 수 있다"라고 전망했다. 해당 책의 부제는 무려 "중국의 경제 지배와 그 그늘 안에서 살아가는 것Living in the Shadow of China's Economic Dominance"이었다.29 이 같은 예측은 2011년 미국 정부가 채무불이행을 간신히 모면한 사건으로 한층 더 힘을 얻었다. 당시 오바마 행정부와 의회의 다수를 장악한 공화당은 정부의 국가 채무 한도를 높이는 문제를 놓고 상대방을 벼랑 끝으로 내모는 격한 충돌을 빚었다.

2015년 위안화는 SDR을 구성하는 바스켓에 포함되면서 그 위상이 한층 더 높아졌다. 불과 5년 전에 IMF는 개도국이 SDR과 교환하고 싶어 할 만큼 "자유롭게 사용할 수 있는" 통화가 아니라면서 위안화의 바스켓 편입을 거부한 바 있었다. 하지만 그사이 국제 무대에서 중국의 영향력과 발언권이 커지며, 크리스틴 라가르드Christine Lagarde 총재를 비롯한 IMF의 고위 임원들도 위안화를 무시할 수 없게 되었고, 결국 결정을 뒤집을 수밖에 없었다. 바스켓 편입이라는 특권 부여는 실질적이라기보다는 상징적인 조치였지만, 중국 정부가 국경 간 자본 이동에 대한 추가적인 규제 완화와 예금 금리의 상한선 폐지를 약속하자, IMF는 2015년 8월 위안화의 국제화를 긍정적으로 평가하는 보고서를 펴냈다.[30] 여기에 더해 중국 정부가 위안화의 바스켓 편입이 끝내 거부된다면 이는 견디기 어려운 모욕이 될 것이라고 공식 성명을 발표하며 압박을 가하자, 결국 11월 30일 IMF 집행이사회는 위안화를 그 고귀한 목록에 올리는 데 찬성표를 던졌다. 그에 따라 개편된 바스켓에서 위안화의 비중은 41.73퍼센트인 달러와 30.93퍼센트인 유로보다는 낮았지만, 8.33퍼센트인 엔과 8.09퍼센트인 파운드보다는 높게 책정되었다.[31]

죽은 마오쩌둥이 산 위안화를 갉아먹다

그러나 중국 정부가 그 기념비적인 성과를 축하하고 있던 바로 그때 중국 금융시장이 흔들리며 위안화가 정말로 매력적인 통화인지에 대한 불신이 퍼져나가기 시작했다.

2015년이 되자마자 아찔할 정도로 급등했던 상하이종합지수와 선전종합지수의 주가가 한여름부터 급락하기 시작했다. 이는 경기 둔화의 조짐으로 받아들여졌다. 설상가상으로 8월 11일 중국인민은행이 위안화를 9.1퍼센트 평가절하하고 환율 결정 방식을 바꾸겠다고 발표하자, 시장은 공황 상태에 빠졌다. 투자자들은 중국이 수출을 부양하기 위해 위안화의 가치를 떨어뜨리던 과거로 회귀할지 모른다는 두려움에 휩싸여 서둘러 중국에 있던 자금을 빼냈다. 역설적이게도 바로 얼마 전에 자본 유출 규제가 완화된 덕분에 가능한 일이었다. 주가가 자꾸만 하락하자 중국 정부는 강경한 대응에 나섰다. 주식을 사라며 연기금 운용사와 보험사 등의 대형 금융회사들을 압박했고, 공매도를 징역형까지 가능한 불법행위로 규정했다. 그뿐 아니라 유명 경제지의 기자 등 수십 명을 유언비어 유포 혐의로 체포했다.[32] 중국인민은행은 자본 이탈을 막기 위해 외화보유고에서 매달 1,000억 달러 정도를 꺼내 위안화를 매입했다. 그 결과 2016년 10월 말에는 외화보유고가 5년 만의 최저치인 3조 1000억 달러까지 감소했다. 위안화 매입이 별 효과를 내지 못하자, 자본 유출을 엄격히 단속하기 위해 2016년 말부터 다양한 규제를 가하기 시작했다.[33] 사실 초기의 공황은 근거 없는 두려움이었다. 중국인민은행은 위안화를 평가절하하려던 것이 아니라 방어하려 했을 뿐이다. 그러나 이미 엎질러진 물이었다.

이 사건을 통해 그토록 화려한 인프라를 자랑해온 중국 금융시장의 약점이 여실히 드러났다. 즉 진정으로 투명하지도 않고, 정부 개입에서 완전히 벗어나지도 못했던 것이다. 투자자들로서는 혼란한 시기에 자금을 회수하지 못할 수 있다고 우려할 만했다. 그 여파로 세계시장에서 위안화의 사용이 정체되었을 뿐 아니라 줄어들었다. 위안화가 국경 간 결제에서 차지하는 비중은 2015년 8월 2.8퍼센트로 정점에 달했다. 위안화로 무역 대금을 결제하는 프로그램이 2009년에야 전격적으로 시행되었다는 점을 감안하면 놀라운 비중이었다. 그러나 그 비중은 반년 만인 2016년 4월 1.8퍼센트까지 줄어들었으며 그 후로도 몇 년 동안이나 그 수준을 맴돌았다.[34] 심지어 일본, 한국, 태국, 인도네시아 같은 이웃 국가들과의 무역에서도 대금 결제에 위안화가 사용된 비중은 극히 미미해서 2020년에는 0.5~3.3퍼센트에 불과했다.[35] 딤섬 채권 또한 2016년을 지나며 인기가 시들해졌다.

위안화가 매력을 발휘하지 못한 까닭은 단순히 2015년부터 2016년 사이의 사건들 때문만은 아니었다.

그보다 훨씬 더 중요하고 설득력 있는 원인은 중국의 권위주의가 강화되고 있으며, 특히 시진핑習近平이 중국공산당 총서기에 오른 2012년 이후 그 추세가 가속화되고 있다는 점이다. 오늘날 중국의 활동가들과 반체제 인사들은 마오쩌둥 시대 이후의 그 어느 때보다도 위험한 상황에 놓여 있다. 시진핑 체제하에서 중국 정부의 경제통제는 더욱더 강화되었으며, 특히 신에너지 차량, 생체 의학, 로봇공학 등의 핵심 산업에서 자급자족을 달성하기 위해 훨씬 더 과감한 목표와 수단이 동원되고 있다.

무엇보다 법치주의의 약화가 투자자들의 신뢰를 떨어뜨리고 있다. 지금 같은 상황에서는 재산권이 보호되고 계약이 집행되며 자산이 법적 분쟁의 대상이 되었을 때 공정한 판결이 내려지리라고 선뜻 믿기 어려운 게 사실이다.[36]

시진핑이 집권하기 전의 10여 년 동안, 그러니까 WTO에 가입하고 나서 몇 년 동안 중국 정부는 WTO가 제시한 의무 조항을 준수하기 위해 마오쩌둥 사상Maoism의 그림자를 떨쳐내고 법률 제도와 규제를 재정비했다. 그 때문에 법질서를 개혁하는 것처럼 보였고 법치주의가 뿌리내리는 듯했다. 예를 들어 중국의 규제 당국은 전에 비해 투명한 절차에 따라 규정을 집행했고 사법부는 법률 교육을 받지 않은 퇴역 군인들에게 장악당했던 시대에서 벗어나 점점 더 전문성을 갖추기 시작했다. 그러나 곧이어 중국공산당의 교리를 강조하고 성문법을 사회 안정이라는 국가적 이익에 종속시키는 '사회주의 법치국가' 운동이 등장했다. 사법부가 중국공산당의 국가 지배, 즉 당-국가 체제를 어느 정도 견제해주리라는 기대는 2015년에 완전히 꺾이고 말았다. 최고인민법원의 홈페이지에 주치앙周强 법원장이 서명한 성명서가 게시되었는데, 그 내용이 시진핑과 중국공산당에 충성하라는 것이었기 때문이다. "모든 법원은 주서이 발표한 일련의 중요 연설에 담긴 정신으로 사상을 무장하고 실천의 방향을 세우며 업무를 강화하라. (…) 당에 충성하고 국가에 충성하며 법에 충성하는 조직을 양성해야 한다." 2018년 주치앙은 베이징의 법조인들을 만난 자리에서 더 노골적인 내용을 입에 올렸다. "중국의 법원은 사법부의 독립이라는 서구식 개념뿐 아니라 권력분립과 같이 [중국공산당의] 지도력을 위협하는 여러 이념에도 단호히 저항해야 합니다." 같은 해에 시진핑 본인도 어느 연설에서 비슷한 말을 뱉었다.[37]

이 모든 일은 중국에서 핀테크혁명이 막 시작되고 '위안화국제결제시스템Cross-Border Interbank Payment System, 이하 CIPS'이 구축되던 시점에 일어났다. 핀테크혁명과 종종 CHIPS나 SWIFT의 잠재적 경쟁 상대로 묘사되는 CIPS 개발은 위안화의 가능성을 논할 때 자주 언급되는 사안들인데, 뒤에서 좀 더 자세히 살펴볼 것이다. 다만 IMF의 중국 담당 국장을 지냈던 에스와르 프라사드Eswar Prasad가 2017년 출간한 《위안화의 지위 상승Gaining Currency》의 결론은 여전히 유효하다. 프라사드는 위안화의 미래에 대해 "위안화의 위상이 계속해서 높아질 가능성은 있지만, 위안화가 달러에 맞먹는 세계 최고의 기축통화가 되리라는 생각은 현실성이 없다"라고 전망했다.[38]

"과도한 특권은 더는 과도하지 않다"

이번 장과 앞선 2장을 요약해보자. 지난 반세기의 역사는 달러 패권에 심각한 의문을 제기하는 사건과 상황으로 가득하지만, 그런데도 본질적으로 달러의 위상에는 변화가 없었다. 달러를 위협한 사건들로는 브레턴우즈 체제의 종말, 1970년대와 1980년대의 인플레이션, 미국의 무역 적자 확대, 일본의 급격한 발전, 유로의 출범, 세계금융위기, 중국의 급부상 등이 있었다. 매번 달러의 몰락이 예측되었지만, 모두 빗나갔다. 달러에 도전하는 통화들의 결함 때문이기도 했고, 달러 기반 금융 시스템의 놀라운 회복력 때문이기도 했다. 위안화가 후퇴한 2010년대 중반 이후 달러의 국제적 위상은 그 어느 때보다도 높아 보였다.

그렇다면 미국인들이 얻은 이익은 무엇일까? 버냉키가 연준 의장에서 물러나고 한참 후인 2016년, 브루킹스연구소Brookings Institution의 블로그에 작성한 글에서 잘 설명했듯이 경제적으로는 별로 없었다.[39] 버냉키는 프랑스의 정책 결정자들이 달러의 과도한 특권을 비판했던 1960년대 중반과 최근을 비교하며 "지난 수십 년 동안 달러의 지위가 미국에 가져다주는 이익은 크게 줄어들었다"라고 지적하고는, 다음과 같이 근거를 댔다. "미국이 국채 같은 안전자산에 치르는 금리는 미국 외의 신용 등급이 높은 산업국가들에 비해 일반적으로 낮지 않다(오히려 현재는 더 높은 수준이다)." 그가 제시한 도표에 따르면, 캐나다, 독일, 일본, 영국 정부가 하나같이 미국 재무부보다 더 낮은 실질금리(인플레이션 보정 금리)를 지급해왔다.

버냉키의 글은 다음과 같이 이어진다.

달러는 상당 부분 해외에 비축되어 있는데, 이러한 현상은 미국에 이자를 받지 않고 돈을 빌려주는 효과를 낸다. 그러나 이로써 미국이 절약하는 이자는 연간 200억 달러 정도로 GDP에서 극히 일부만을 차지한다. 이 같은 시뇨리지$_{seigniorage}$(중앙은행이나 정부가 화폐 발행으로 얻는 이익—옮긴이)는 국제 거래에서 달러가 다른 통화에 밀리더라도 여전히 존재할 것으로 보인다. 국제 거래에서 미국 기업들이 환율 리스크를 약간 덜 수는 있겠지만, 그러한 효과가 과장되어서는 안 된다. 주요 무역 상대국들의 통화 대비 달러 환율이 변동하기 때문이다. 달러가 위기의 피난처로 인식되는 현상도 미국 기업들에 정말이지 부정적으로 작용한다. 세계경제 상황이 가장 어려운 시기에 (달러 사재기에 따른 달러 강세 때문에) 미국 기업들의 경쟁력이 약화한다는 뜻이기 때문이다.

요약하자면 영어가 국제 거래와 정치의 공통 언어라는 사실이 달러의 국제적인 위상보다 미국에 훨씬 더 큰 이익을 안겨준다. 과도한 특권은 더는 과도하지 않다.[40]

버냉키의 주장은 2016년에도 적절했고 지금도 유효하다. 물론 그는 경제학이라는 자신의 전문 분야에서만 달러의 명암을 파고들었다. 대외 정책 측면에서 달러의 위상은 미국 정부에 엄청난 우위를 안겨주었으며, 새로운 대통령이 집권할 때마다 그러한 우위는 더욱더 적극적으로 활용될 터였다.

4장

달러의 무기화

2001년 10월 애국자법에 서명히는 조지 W. 부시. 9·11 테러를 계기로 미국은 달러 무기화의 새 지평을 열었다. 특히 부시 대통령이 주도한 애국자법은 전 세계 은행들을 강제로 동참시키는 내용을 담았는데, 미국의 적과 거래하는 은행은 (어느 나라에 있든, 누구의 소유이든) 그 즉시 달러 기반 국제금융 시스템에서 배제한다는 것이었다. 사실상 경제활동에서 사형선고를 내리는 것과 다름없었다.

2018년 5월 대이란 제재를 명령하는 도널드 트럼프. 미국과 그 우방국들은 경제제재로 이란의 핵무기 개발 의지를 꺾고, 이를 명문화한 '포괄적 공동행동계획'을 2015년 체결했다. 하지만 2017년 백악관을 차지한 트럼프 대통령은 이듬해 이란과의 합의를 파기하고, 과거보다 한층 더 강화된 제재를 부과했다. 지나친 달러의 무기화로 평가받는 이 조치 탓에 중동 정세는 다시금 혼란에 빠졌다.

유럽 각국의 지도자들에게 트럼프가 미국 대통령으로 처음 재임한 2017년부터 2021년까지는 공격적인 언행, 모욕, 무례한 대우가 끝없이 이어지는 시련의 시기였다. 특히 트럼프가 달러를 무기로 삼아 위협한 2018년에 유럽 국가들의 분노는 극에 달했다.

당시 쟁점은 이란이었다. 2015년 이란은 핵무기 개발을 포기하겠다고 약속하며 6개국(미국, 러시아, 중국, 영국, 프랑스, 독일)과 핵 협정을 체결했다. 트럼프는 이를 무효화하겠다고 결심했고, 정말 실행에 옮겼다. 2018년 5월 8일 그는 핵 협정 체결을 주도했던 오바마 행정부를 비웃으며 "끔찍하고 일방적인 합의"에서 탈퇴하겠다고 발표했다. 새 대통령의 뜻을 따라 백악관 또한 다시 한번 이란 경제를 마비시키기 위한 경제제재에 나서겠다고 밝혔다.[1]

핵 협정에 함께했던 EU는 이 문제에 대해 미국과 거리를 두겠다는 입장을 분명히 했다. 특히 핵 협정에 따른 조치들이 제대로 이행되고 있으므로(즉 이란이 합의 조건을 잘 따르고 있으므로), 이란의 핵무기 확보는 괜한 우려에 불과하다고 주장했다. 그런 만큼 미국이 어떤 조치를 취하든 이란과 경제적 관계는 그대로 유지할 것이라고 밝혔다.[2]

트럼프 행정부는 저항은 무의미하다는 식으로 응수했고 실제로도 그러했다. 저항하는 자들은 달러와 연을 끊을 각오를 해야 했기 때문이다. 결과적으로 유럽을 대표하는 다국적기업들이 하나둘씩 트럼프의 요구대로 이란과의 거래를 중단하겠다고 나서면서 유럽 각국의 지도자들은 체면을 구겼다. 덴마크의 해운 대기업인 머스크Maersk, 프랑스의 자동차 제조업체 푸조Peugeot, 독일의 복합 대기업인 지멘스Siemens를 비롯해 중동에서 새로운 거점을 마련하고자 했던 수많은 유럽 기업이 미국의 경제제재를 피하기 위해 어쩔 수 없이 이란에서 철수했다. 유럽 각국은 트럼프의 정책에 반대하며 이란과의 지속적인 무역을 뒷받침하는 관련 법을 유지했지만, 유럽 기업들은 감당하기에 너무나 벅찬 불이익의 위협 앞에서 굴복하고 말았다.[3]

미국의 새로운 전쟁 수행 방식

트럼프가 자신의 의지를 관철하기 위해 사용한 방법은 달러 무기화의 일종인 2차 제재였다. 2차 제재의 효력은 미국의 일반적인 관할권에 국한하지 않고 세계 구석구석에 미치므로, 일단 발동되면 외국인들은 미국 정부의 말을 들을지, 세계에서 가장 거대하고 수익성이 큰 시장과 작별할지 선택해야 한다. 1차 제재는 미국 기업이나 금융회사가 제재 대상과 거래하는 것을 금지한다. 2차 제재는 더 나아가 거래 장소가 어디든, 어느 나라의 법이 적용되든 상관없이 제재 대상과 거래를 지속하는 기업이나 금융회사에 타격을 가한다. 예를 들어 미국 영토 밖에서 활동하는 기업이라도 이란산 석유를 구매하거나 북한에 미사일 부품을 판매하는 거래에 관여할 경우 제재 대상이 되어 달러 기반 금융 시스템에서 퇴출당할 수 있다. 심지어 2차 제재가 부과된 기업에 대출이나 결제 서비스를 제공하는 은행도 제재 대상이 된다. 달러가 국제금융에서 차지하는 위상 때문에 2차 제재는 국경을 초월해 막강한 영향력을 떨친다. 2018년 9월 트럼프 행정부는 기자들을 상대로 대이란 제재 관련 브리핑을 진행했는데, 처음부터 끝까지 2차 제재의 파괴력을 과시하는 노골적인 언사로 채워졌다. "당신이 미국의 적과 거래하기로 결정했다면 미국과도 거래하지 못하리라는 것을 알려주고 싶습니다. 그랬다가는 미국 금융 시스템에 접근할 수도 없고 달러를 사용할 수도 없을 겁니다."[4] 그들은 한술 더 떠서 전 세계를 아우르는 결제 인프라의 중심축인 SWIFT에 이란계 은행들을 퇴출하라고 요구했다. 유럽 각국이 반대했으나 SWIFT는 미국의 압력에 굴복하고 말았다.

    미국이 새로이 선호하게 된 전쟁 수행 방식을 보라. 미국 국방부는 스텔스 폭격기, 특수부대, 레이저 유도 미사일, 항공모함 전단으로 무장된 세계 최강의 병력을 지휘하지만, 정치인들은 군사 분쟁에 뒤따르는 인명 피해와 자금 손실을 점점 더 꺼리는 추세다. 이 때문에 대외 정책을 달성하는 데 훨씬 더 적합한 수단으로 미국 재무부가 관리하는 경제제재가 떠올랐다. 이는 미국의 적을 처벌하고 약화하며 압박할 뿐 아니라, 경우에 따라서는 우방국과 중립국까지 미국의 편에 서도록 강요하는 수단이 된다. 이라크와 아프가니스탄에서 전쟁의 무익함을 경험한 백악관과 미국 의회는 2020년대 들어 전례 없는 수준으로 제재에 의존하게 되었다. 실제로 2000년대 초반만 하더라도 재무부가 제재를 부과한 국가는 4개국에 불과했으나, 그 숫자는 2018년까지 22개국으로 늘어났다.[5] 여기에 더해 개인과 기업도 제재 대상이 되었으니, 특히 트럼프가 이란을 정조준한 시기에 그 수가 대폭 증가해 2014년에는 600건, 2015년에는 500건, 2016년에는 600건, 2017년에는 900건, 2018년에는 1,200건이 새로 추가되었다.[6] 세계금융위기가 기승을 부린 2008년 이후 몇 년에 걸쳐 검사들이 제재를 위반한 해외은행들을 무차별적으로 기소한 것도 달러의 화력을 크게 강화했다. 트럼프가 유별나게 공격적으로 제재를 가한 것은 사실이지만, 그가 한 일은 이미 존재하는 추세를 가속화하고 강화한 것에 지나지 않았다.

유럽 각국의 지도자들은 미국의 경제제재에 제대로 대응하지 못하자 엄청난 좌절감을 느꼈다. EU 관료들은 트럼프 행정부의 대이란 제재가 이란과의 경제 관계에 영향을 미치지 못하도록 유화적인 제스처부터 정면 대결까지 온갖 수단을 전부 동원했다. 특히 '조부祖父 조항'(현재 운영 중인 조직이나 제도에 대해 불리한 새 조치를 소급 적용하지 못하게 하는 조항—옮긴이)을 근거로 내세우며, 이미 이란에 자리 잡은 유럽 기업들의 경우 사업을 계속할 수 있도록 허용해야 한다고 주장했다.[7] 그러나 미국 재무부는 그들의 요청을 승인할 의향이 없어 보였다. 그러자 EU는 유럽 기업들이 미국의 제재에 따르는 것을 금지하는 '대항 법령'을 제정하고, 해당 제재로 손실을 보면 금전적으로 보상해주는 프로그램까지 검토했다.[8]

유럽 국가들의 절치부심

그러나 이러한 노력이 무색하게도 2018년 6월 4일, 푸조가 이란의 자동차 제조업체들과 3년째 진행해오던 합작 사업을 중단하겠다고 발표했다.[9] 푸조로서는 뼈 아픈 결정이었다. 이란은 2017년에만 약 44만 대의 푸조 자동차를 구매하며 프랑스에 이어 두 번째로 큰 매출을 안겨주었다. 반면에 미국에서는 1991년 철수한 탓에 푸조 자동차를 찾아볼 수 없었다. 하지만 푸조는 미국에서 상당한 액수의 자금을 조달했고, 따라서 트럼프 행정부의 제재 대상이 되면 회사가 휘청거릴 디였다. 프랑스의 초대형 석유기업인 토탈Total도 비슷한 해명을 내놓았다. 토탈은 이란과 수십억 달러 규모의 천연가스 채굴 계약을 맺은 상태였지만, 미국의 심기를 거슬렀다가는 자금 융통에 문제가 생길 수 있다며 해당 계약을 포기하겠다고 밝혔다.[10] 머스크가 자사 유조선의 이란산 석유 운송을 중단할 것이라고 발표한 데 이어, 지멘스는 이란에서 수주한 기관차 제작 주문을 포기했다. 에어버스Airbus, BPBritish Petroleum, 로열더치셸Royal Dutch Shell 등도 마찬가지였다. 이와 더불어 오스트리아의 오버은행Oberbank, 독일의 DZ은행DZ Bank, 이탈리아의 포폴라레디손드리오은행Banca Popolare di Sondrio, 프랑스의 웜저프레르은행Banque Wormser Freres 등 이란과 거래해왔던 여러 중소형 은행도 발을 뺐다. 이들 은행은 미국에서 영업하지 않았지만, 달러 사용이 금지되는 위험을 감수할 수 없었다. 이란의 석유 판매 대금이 이들 은행을 거쳐 오가는 일은 더는 없을 터였다.[11]

트럼프의 우격다짐을 저지하는 데 실패한 유럽 각국의 정책 결정자들은 비슷한 일이 재발하지 않도록 근본적인 조치를 취하겠다고 다짐했다. 가령 2018년 8월 21일 독일의 하이코 마스Heiko Maas 외무청 장관은 자국의 유력 경제지인 《한델스블라트Handelsblatt》에 기고한 글에서 "미국과 별개의 결제 경로를 구축함으로써 유럽의 자율성을 강화하는 일이 반드시 필요하다"라고 밝혔다.[12] 며칠 뒤에 프랑스의 브뤼노 르메르Bruno Le Maire 경제재정부 장관이 기자회견에서 비슷한 말을 했다. 그는 "프랑스는 독일과 함께 미국의 국경을 초월하는 경제제재로 인한 부수적 피해를 막기 위해 유럽의 독자적인 금융 시스템, 또는 프랑스와 독일의 공동 금융 시스템을 구축하는 일에 전념할 작정입니다"라며 다음과 같이 선언했다. "나는 유럽이 속국이 아니라 자주적인 대륙이 되기를 바라며 이를 위해서는 아직 존재하지 않는 철저히 독립적인 금융 기구가 필요합니다."[13] EU 집행위원회의 장클로드 융커Jean-Claude Juncker 위원장은 특히 유럽의 석유 수입에 달러가 그토록 광범위하게 사용되고 있는 현실을 안타까워했다. 유럽의회European Parliament에선 그는 유로를 달러와 경쟁할 만한 기축통화로 전환할 것을 촉구하며 다음과 같이 강조했다. "유로는 유럽의 주권을 강화하는 적극적인 도구가 되어야 합니다."[14]

유럽 국가들의 절치부심은 이해할 만한 반응이기는 했지만, 국제통화 시스템의 실질적인 변화로 이어지지는 못했다. 2019년 초 EU는 이란과의 비달러 거래를 촉진하고자 무역교환지원기구Instrument in Support of Trade Exchanges, 이하 INSTEX를 설립했다. 그러나 INSTEX는 2020년 3월에 이르러서야 간신히 첫 거래를 수행할 만큼 이란인들에게조차 쓸모없는 기구로 무시당하며 이를 고안한 EU 관료들에게 낙담을 안겼다.

이란이 보기에도 미국과 사업적으로 엮여 있는 유럽 기업들이 미국 정부를 적으로 돌릴 위험을 감수하면서까지 INSTEX를 이용할 리 없다는 사실이 뻔했던 것이다.[15]

통화전쟁이 시작되는가

달러가 어떻게 무기로 발전했는지, 미국 정부는 이를 어떻게 연마해 거대한 경제권을 배후에 둔 EU마저 제압할 수 있었는지는 5장과 6장에서 자세히 살펴볼 것이다. 그 이야기는 미국 재무부 관료들의 무용담과 흥미로운 반전으로 가득하다. 어쨌든 2000년대 초반의 재무부 관료들은 화학 실험 중에 폭발 반응이 일어나는 것을 보고 신기해하는 아이들처럼 달러의 영향력을 제대로 인식하지 못했다. 그러다가 다른 나라들에 경제제재를 직접 가하고 나서야 그 영향력이 얼마나 큰지 깨닫게 되었다. 재무부 관료들은 법률 조항을 비롯해 자신들이 마음껏 활용할 수 있는 여러 수단을 명확히 파악하고, 또 효과적으로 구사하기 시작했다. 특히 의회가 재무부에 한층 더 다양한 권한을 부여하는 법안을 통과시키고, 검사들이 직권을 행사해 제재 위반자들을 수사하고 기소하기 시작하면서, 무기의 힘은 한층 더 막강해졌다.

달러를 무기로 삼는 전략은 효과가 너무나 강력한 데다가 표적이 되어 위협받는 나라들에 너무나 큰 반감을 사기 때문에, 미국의 정책 결정자 중에는 그 과도한 영향력에 불안감을 느끼는 이들이 있다. 제이컵 잭 루Jacob Jack Lew 재무부 장관은 임기 마지막 해였던 2016년에 그러한 우려를 다음과 같이 언급했다. "미국이라는 금융 중심지를 대체하는 국가나 달러라는 기축통화를 대체하는 통화가 나타나 국제 금융 시스템에서 더 큰 역할을 담당하는 날이 오면, 미국은 달러 기반의 경제제재를 가했던 일을 후회하게 될지 모릅니다."[16] 몇 년 뒤에 트럼프 행정부가 대이란 제재를 발동하자, 루는 《포린어페어스》에 실린 공동 기고문에서 그 결과를 다음과 같이 예견했다. "미국은 달러의 대안이 없기 때문에 원하는 거의 모든 것을 얻고 있다. (…) 그러나 미국 정부가 자기들이 보기에도 불법적이고 무분별한 정책을 다른 나라들에 따르라고 지속적으로 강요한다면, 앞으로 20~30년 동안 세계는 미국의 경제와 금융 시스템에서 이탈하려 할 것이다."[17] 루와 같은 내각에서 국무부 장관을 지냈던 존 케리John Kerry는 이란과의 핵 협정을 파기하는 것이 "기축통화 지위 상실로의 직행"이라며 한층 더 과격하게 경고했다.[18]

더 나아가 일부 전문가는 미국이 쌓아온 업보로 보복당하는 운명에 처할 수 있다는 극단적인 견해를 내놓기도 했다. 프랑스 경제재정부 출신의 아가트 드마레Agathe Demarais가 2022년 출간한 《역풍Backfire》이 좋은 예다. "제재 때문에 미국의 국익에 맞선 세계How Sanctions Reshape the World against U.S. Interests"라는 부제처럼 이 책은 유로나 위안화가 무기화되는 날에 미국이 앙갚음당하지 않으려면 경제제재를 완화해야 한다고 경고한다. 드마레는 "그런 일은 정말로 일어난다고 해도 앞으로 수십 년 동안에는 일어나지 않을 것이다"라면서도, 그 후의 어두운 미래를 다음과 같이 전망했다. "미국 기업이 해외에서 거래할 때 달러가 아닌 다른 통화를 사용해야 하는 상황이 온다면, EU나 중국 같은 주요 경제 세력의 초국가적 제재나 2차 제재를 받을 위험에 노출될 수 있다. EU와 중국의 경제력을 감안할 때 그러한 제재는 미국 기업에 큰 타격을 가할 수 있다."[19]

시러큐스대학교의 대니얼 맥다월Daniel McDowell 교수는 경제제재에 놀란 국가들이 어떠한 방법으로 달러 이탈을 시도해왔는지 기록한《달러에 대한 반발Bucking the Buck》에서 좀 더 신중한 분석을 제시했다. 맥다월은 "미국이 앞으로 20년 동안에도 지금과 같은 강도와 빈도로 제재에 지속적으로 의존한다면, 특히 일방적으로 금융제재를 취한다면 달러에 반대하는 국가들의 숫자는 계속해서 늘어날 것"이라면서도, 예상되는 결과에 대해서는 비교적 온건하게 접근했다. "[달러에 반대하는 국가들이] 달러를 세계 1위의 자리에서 몰아낼 가능성은 작지만, 어느 정도의 변화는 여전히 가능해서 (…) 외교적 수단으로서의 효력이 약화하는 형태로 달러의 지배력이 조금씩 잠식될 수 있다."[20]

국제 거래의 초크포인트

경제제재의 무분별한 사용이 여러 가지 이유에서 미국의 국익을 해친다는 것은 분명하다. 그러나 그 때문에 달러가 몰락할 것이라든지, 달러라는 무기가 완전히 무력해질 것이라든지, 경쟁국들이 자국 통화를 무기화해 미국 기업에 앙갚음할 것이라는 등의 예측은 회의적인 시선으로 바라보아야 한다. 달러라는 무기의 파괴력과 내구성을 제대로 평가하려면, 달러의 역사와 작동 방식을 자세히 들여다보는 것이 우선이다. 그 출발점은 국제 결제 시스템이 되어야 하며, 그러자면 이 책의 프롤로그에서 다룬 청산과 결제라는 주제부터 다시 살펴보아야 한다.

프롤로그의 핵심 내용을 다시 정리하면 이렇다. 1853년 설립된 뉴욕 청산소가 CHIPS의 기원이 되었는데, 오늘날 이 시스템을 통해 달러로 이루어지는 국제 거래의 95퍼센트가 청산되고 결제된다. 프롤로그에서 설명했듯이 국제 거래의 거의 대부분이 달러로 청산 및 결제되는 만큼, CHIPS는 국제 거래의 '초크포인트chokepoint'(반드시 지나가야 하는 길목─옮긴이)가 된다. 그 덕분에 CHIPS를 법적으로 관할하는 미국 정부는 마음만 먹으면 제재하고자 하는 은행의 접근을 제한하거나 배제함으로써 힘을 행사할 수 있다.[21] (국제 거래 중 일부는 연준이 운영하는 페드와이어를 통해 처리되지만, 대부분은 CHIPS를 통해 처리된다.) CHIPS뿐 아니라 CHIPS와 직접 거래하는 40여 개의 대형 은행도 미국 정부의 손안에 있다. 이들 은행 가운데는 뱅크오브아메리카, 씨티은행Citibank, JP모건체이스JPMorgan Chase, 뉴욕멜론은행Bank of New York Mellon, 웰스파고Wells Fargo와 같이 미국에 본사를 둔 은행들이 있는가 하면, 브라질은행Banco do Brasil, 미쓰이스미토모은행Sumitomo Mitsui Banking, 스탠다드차타드은행Standard Chartered Bank, 인도국립은행State Bank of India, 소시에테제네랄Société Générale, 도이체은행, 중국은행, 중국초상은행과 같이 해외에 본점을 둔 은행들도 있다. 어쨌든 해외은행들도 CHIPS에 참여하기 위해서는 미국에 지점이나 자회사를 두어야 하며, 따라서 미국 은행업 면허를 받고 미국 법을 준수할 의무가 있다.[22] CHIPS에 참여한 은행들은 그 자체로 자금이 흐르는 경로가 되는데, 엄밀히 말해 그 가운데 일부만이 주요 경로로 쓰인다. 결제를 주제로 한 대표적인 책인 《결제는 어떻게 세상을 바꾸는가》는 SWIFT의 전직 임원 두 사람이 함께 써 권위를 인정받았는데, 다음과 같은 놀랄 만한 통계가 인용되어 있다. "전 세계 200여 개국의 2만 5000여 개 은행에서 자금 결제가 이루어지지만, 불과 15개 은행만이 국경 간 결제의 대부분을 담당한다."[23]

일반인들이 보기에 CHIPS의 작동 방식은 지구궤도를 돌며 온갖 신호와 데이터를 전송하는 인공위성만큼이나 난해하다. 우리가 흔히 접하는 결제 인프라는 현금 인출 기능이 있는 ATM, 신용카드의 칩과 마그네틱 스트라이프를 읽거나 스마트폰 화면의 QR 코드를 스캔하는 POS 단말기, 은행과 신용카드사가 매달 보내는 명세서 정도에 그친다. 그러나 그 배후에는 무척이나 방대한 은행 간 연결망이 존재한다. 특히 CHIPS는 날마다 1조 달러 규모의 다양한 국경 간 결제를 처리한다. 여기에는 급여 지급(가령 기업이 해외 주재원에게 지급하는 급여), 채무 상환(가령 기업이나 정부가 외국의 채권자에게 상환하는 이자나 원금), 개인 간 송금(가령 이주 노동자가 본국의 가족에게 보내는 생활비) 등이 포함된다. 가장 큰 금액이 오가는 것은 단연코 기업 간 결제로서, 이를테면 어떤 나라의 기업이 다른 나라의 공급업체에서 물품이나 서비스를 제공받고 지급하는 대금이다.

이와 관련해 여전히 실물 화폐가 국경을 넘나든다고 오해하는 사람이 많지만, 실제로는 그렇지 않다. 우리가 해외의 수취인에게 송금해줄 것을 은행에 요청한다고 해서, 누군가가 현금으로 가득 찬 가방과 함께 비행기를 타는 것이 아니다. 여기에는 단순히 품이 많이 들어간다는 것 이상의 꽤 합리적인 이유가 있다. 한마디로 모든 돈이 쓸모 있는 것은 아니다. 예를 들어 법정통화로 랜드를 쓰는 남아프리카공화국 사람에게 폴란드의 법정통화인 즈워티를 뭉치로 보낸들 별 도움이 되지 않는다. 그보다는 돈을 보내는 사람의 은행 장부와 받는 사람의 은행 장부에 각각 오간 금액을 기록하는 것이 훨씬 더 효율적이다. 두 사람 각자의 거래 은행이 마침 서로 자주 거래해온 다국적은행들이라면, 이 과정은 매우 신속하게 진행될 것이다. 이럴 경우 우선 두 다국적은행이 돈을 주고받은 두 고객의 계좌에서 잔고를 가감한다. 그다음 청산소가 두 다국적은행 간에 실제로 오가야 할 금액을 정산하며, 절차가 마무리된다. 만약 두 사람이 각자의 국가에서만 운영되는, 그리하여 서로 직접 거래하지 않는 두 현지 은행을 이용한다면, 어떻게 될까? 이런 상황 때문에 환거래은행이 존재한다. 환거래은행은 다른 은행의 예금을 보유하고 있다가 그 은행의 해외 결제를 대신 처리해줄 뿐 아니라, 외화 환전과 같이 국제 거래에 필요한 서비스를 제공한다. CHIPS에 참여하는 대부분의 은행이 환거래은행 역할을 한다.

그렇다면 결제 단계별로 중개자 역할을 하는 환거래은행이 (환전 수수료를 포함한) 중개 수수료 등의 자기 몫을 챙길까? 물론이다. 바로 그러한 관행 때문에 국경 간 결제가 전 세계적으로 비난받고, 그토록 많은 기업이 이주 노동자나 주재원에게 좀 더 유리한 송금 서비스를 개발하고자 안간힘을 쓰는 것이다. 실제로 해외에서 일하는 사람들은 자기가 어렵게 번 돈의 일부가 은행 수수료로 뜯겨 나가는 것에 불만이 크다. 그러나 명심해야 할 점은 환거래은행을 통한 결제 가운데 상당수가 일반인의 송금 규모를 아득히 뛰어넘는다는 사실이다. 실제로 수백만 달러가 오가는 경우도 많다. 그런 만큼 CHIPS가 제대로 작동하기 위해서는 유동성이 확보되어야만 한다. 그것도 엄청난 유동성이 필요하다. 《결제는 어떻게 세상을 바꾸는가》에서 제시된 간단한 예시를 하나 살펴보자. 네덜란드에 사는 A가 미국에 사는 C에게 100달러를 보낼 일이 생긴다. A는 역시 미국에 살며 미국 은행 계좌를 가진 B에게 이를 대신 부탁한다. 그러고는 자신의 네덜란드 은행 계좌에서 100달러 상당의 유로를 B의 미국 은행 계좌로 보내 돈을 갚는다. 저자들은 이 예시를 통해 일반인들이 주로 하는 소규모 결제와 대규모 결제의 결정적 차이를 설명한다. "100달러를 보내달라는 형의 부탁 정도는 쉽게 들어줄 수 있다. 그러나 10만 달러를 대신 보내달라고 부탁한다면 웃기지 말라고 할 것이다. 내 미국 은행 계좌에 그 정도의 유동성이 있을 리도 없고, 형이 내게 어마어마한 돈을 송금해달라고 부탁할 그 희박한 가능성 때문에 그렇게 큰돈을 쌓아둘 일도 없기 때문이다." 바꿔 말해 "대규모 결제가 이루어지려면 은행의 대규모 유동성이 필요"하다. 바로 이 대규모 결제 덕분에 "국제무역과 금융이 원활하게 돌아간다."[24]

무기로 만들어지지 않은 무기

이 모든 배경을 알고 나면 CHIPS가 국제 거래의 초크포인트로서 어떠한 역할을 하는지, 그 역할에 따라 미국 정부가 어느 정도의 경제 제재를 행사할 수 있는지를 쉽게 이해할 수 있다. 본점이 어느 나라에 있든 간에 다국적은행이라면 CHIPS에 참여해야 한다. 만약 그것이 어렵다면 CHIPS에 참여하는 다른 은행과 관계를 맺음으로써, 환거래은행이라도 확보해야 한다. 그러지 않으면 사실상 일정 규모 이상의 달러 거래를 처리할 수 없다. CHIPS에서 퇴출당하거나 배제된 은행은 존속 자체가 어려워진다. 미국 정부가 특정 은행을 제재 명단에 올리면 환거래은행을 비롯한 다른 금융회사들도 그 은행과의 거래를 중단해야 한다. 결과적으로 해당 은행은 사실상 국제 거래를 수행할 수 없게 되며 궁극적으로는 파산에 이를지 모른다. 그런 만큼 제재 대상이 된 기업이나 개인도 국제 거래를 수행하는 데 큰 어려움에 직면할 수밖에 없다. 제재 대상이 된 고객과 거래할 만큼 배짱이 센 은행은 거의 없을 것이기 때문이다.

엄밀히 말해 CHIPS 자체가 (미국 정부가 금지한) 특정 활동을 가려내지는 않는다. 그 역할은 은행 각자의 몫이며, 특히 대형 은행은 수천 명의 인력과 고가의 하드웨어 및 소프트웨어가 갖춰진 준법 부서를 운영하는 데 연간 수십억 달러를 쏟아붓는다. 이처럼 민간 부문이 크나큰 역할을 담당하고 그 비용도 대부분 부담하기 때문에 미국 정부로서는 경제제재에 큰 매력을 느낄 수밖에 없다. 심지어 은행을 비롯한 금융회사만이 그 같은 역할을 떠맡는 것도 아니다. 최근 몇 년간 컨설팅업체, 법무법인, 소프트웨어 분석 업체, 실사 전문 업체 등으로 구성된 민간 부문이 형성되어 특정 거래가 제재 당국의 심기를 거스르지는 않을지 분석하고 있다.

법무법인인 깁슨, 던 앤드 크러처Gibson, Dunn & Crutcher의 파트너 변호사이자 오바마 행정부에서 재무부 관료를 지냈던 애덤 M. 스미스Adam M. Smith는 미국 정부의 경제제재에서 민간 부문이 맡는 역할을 내게 다음과 같이 설명했다. "민간 부문은 창과 방패의 가장 중요한 부분이죠. 다시 말해 정부의 제재를 실행에 옮기는 주체도 민간 부문이며 허용되지 않은 거래가 처리되었을 때 가장 혹독한 조사를 받는 곳도 민간 부문입니다. (…) 대기업 대다수는 제재 불이행의 위험을 감수하느니 과도하다시피 한 이행을 택하게 마련입니다."[25]

스미스는 또 하나의 중요한 사실을 덧붙였다. 관련 법 덕분에 미국 정부가 자국의 관할권에 속하는 거래나 자산에 사실상 무제한으로 규제를 가할 수 있다는 점이다. 그 대표적인 사례가 1977년 제정된 이래 경제제재의 주요 법적 근거로 활용되어온 '국제긴급경제권한법International Emergency Economic Powers Act, 이하 IEEPA'으로, 미국 정부에 제재 대상의 자산을 동결하는 등의 막강한 권한을 부여한다 스미스는 "대통령이 '국가 비상사태'를 확인하기만 하면 IEEPA를 적용할 수 있습니다"라면서 그 함의를 다음과 같이 설명했다. "국가 비상사태가 무엇인지를 정의하는 법률이나 판례가 거의 없는 것은 물론이고, 그 권한을 딱히 제한하는 법률도 존재하지 않아요. 지금까지의 판례는 오히려 그 반대인데, IEEPA가 발동될 때 정부에 유달리 광범위한 권한을 인정하는 판결이 많았습니다." 미국의 독자적인 대외 정책을 뒷받침하는 IEEPA의 가치는 20세기 후반의 자금세탁 단속과 21세기 초반의 테러와의 전쟁 같은 일련의 복잡한 국면을 거치고 나서야 명확하게 드러나기 시작했다. 달러라는 무기의 효력을 정확히 이해하려면 그 같은 사건들이 어떻게 전개되었는지를 알아볼 필요가 있다. 이야기는 과거 수십 년, 또는 수백 년간 다양한 형태로 시행된 경제적 강압 조치와 기껏해야 애매하다고 평가되는 그 성과를 살펴보는 데서 시작된다.

경제제재의 허와 실

달러가 이제 막 세계 최고 통화로 부상하던 바로 그때 트럼프와는 기질적으로 전혀 다른 대통령이 군사력 대신 경제적 영향력을 체계적으로 활용하겠다는 구상을 밝혔다. 미국의 28대 대통령이었던 윌슨은 경제제재를 활용하면 1917년에 경험했던 해외 파병의 번거로움과 비참함을 더는 겪지 않아도 되리라고 믿었다. 그는 국제연맹League of Nations을 통해 제재가 전 세계적으로 적용되고, 그 덕분에 온 인류가 먼 미래에까지 전쟁을 피할 수 있기를 꿈꾸었다. 수많은 나라가 제1차 세계대전의 참극에서 여전히 헤어 나오지 못한 시기에 그러한 구상은 매우 매력적인 것이었다. 국제연맹 규약에는 침략전쟁을 일으킨 나라에 무조건 금수조치를 가한다는 점이 명시되어 있었다. 다른 나라와의 무역을 포함한 상거래 관계가 단절된다는 뜻이었다. 역사적으로 금수조치는 적국을 겨냥한 가장 일반적인 형태의 제재였다. 기록에 남은 최초의 사례는 기원전 432년까지 거슬러 올라가는데, 고대 그리스의 아테네가 그 배경이었다. 한편 금수조치는 종종 파국을 불러왔다. 예를 들어 토머스 제퍼슨Thomas Jefferson이 대통령이던 1807년 제정된 금수조치법Embargo Act은 영국과의 갈등을 심화했으며 미국 경제에 막대한 손해를 입혔다. 다만 윌슨은 국제연맹 회원국이 모두 함께 금수조치에 나설 수 있다면, 그 가능성이 "무서운 교정 수단"처럼 작용해 침략을 꾀하던 국가들도 어쩔 수 없이 평화적인 방법으로 국제분쟁을 해결하리라고 판단했다.[26]

초기에는 희망적인 결과도 있었다. (미국은 국제연맹 가입을 거부했지만)

1920년대에 국제연맹이 가한 경제제재 위협은 유고슬라비아와 그리스 같은 소국들의 침략 행위를 저지하는 데 일조했다. 그러나 1930년대에는 권위주의적인 주요 국가들을 억제하는 데 실패했을 뿐 아니라 역효과만 일으켰다. 특히 1935년 에티오피아를 침공한 이탈리아에 취한 금수조치가 가장 실망스러운 결과를 낳았다. 금수조치에도 아랑곳없이 이탈리아의 독재자 베니토 무솔리니Benito Mussolini는 에티오피아 저항군을 진압하기 위해 겨자가스를 살포하는 등 잔혹 행위를 이어갔다. 흔히 이탈리아에 대한 금수조치가 형편없는 결과를 낸 이유로 국제연맹의 무능함을 지적한다. 그러나 사실 이탈리아 경제는 큰 타격을 입었다. 수출과 수입은 각각 61퍼센트와 44퍼센트나 감소했고, 법정통화인 리라의 가치는 25퍼센트나 추락했으며, GDP는 1.7퍼센트나 하락했다. 코넬대학교의 니컬러스 멀더Nicholas Mulder 교수는 그 시대의 역사를 다룬 명저 《경제 무기Economic Weapon》에서 국제연맹이 집행한 금수조치의 한계를 이해하는 데 도움이 될 만한 좀 더 폭넓은 관점을 제시했다. 대공황 시대에는 모든 것을 자급자족해야 한다는 자립 경제 기조가 심화했다. 이런 추세 속에서 다음 제재 대상이 될까 봐 두려워했던 일부 국가는 이웃한 약소국들에 대한 지배권을 손에 넣는 방식으로 서구 민주주의 국가들에 대한 의존에서 벗어나고자 전력을 다했다. 특히 독일과 일본의 움직임이 두드러졌다. 이후 일련의 과정이 이어지며 악순환의 소용돌이는 한층 더 거세졌고, 세계는 전쟁을 향해 나아가기에 이르렀다. 이를테면 자원이 부족해 영국과 미국에서의 수입에 크게 의존했던 일본은 자국의 산업과 군사력을 유지하는 데 필요한 원자재를 원활히 공급받기 위해 대동아 공영권을 구축하기 시작했다.

당시 미국 대통령이었던 프랭클린 D. 루스벨트Franklin D. Roosevelt는 일본군이 중국에서 저지른 잔학 행위에 분노한 나머지 1941년 7월 말 전격적으로 미국 내 일본 자산을 동결했고, 영국 및 네덜란드와 함께 금수조치에 나서 일본이 외국산 석유와 기타 전략물자를 거의 수입하지 못하도록 막았다. 이에 대해 일본은 진주만, 홍콩, 필리핀, 말레이반도에 대한 동시 공격으로 대응했으니, 네덜란드령 동인도의 풍부한 석유 자원을 확보하려는 절박함에서 비롯된 몸부림이었다.

누를수록 더 튀어 오르다

이처럼 1930년대에는 경제제재를 통해 어느 정도 타격을 가하는 데는 성공해도 기대한 성과는 얻지 못하는 일이 빈번했으며, 이 같은 패턴은 20세기 후반에도 자주 반복되었다.

1959년 피델 카스트로Fidel Castro가 주도한 쿠바혁명을 계기로 미국이 단행한 전면적인 금수조치는 쿠바에서 무역과 관광이라는 막대한 수입원을 빼앗았지만, 카스트로 정권을 몰아내지는 못했다. 그로부터 20년 뒤인 1979년 미국 외교관들이 이란 테헤란에서 인질로 붙잡히자, 카터 대통령은 미국 은행들에 예치되어 있던 이란의 자산을 동결했다. 그해 말 소련이 아프가니스탄을 침공하자, 이듬해 소련에 대한 곡물 수출을 금지하기도 했다. 그러나 두 조치 모두 심리적 만족감 외의 별다른 성과는 얻지 못했다. 1980년대 들어 파나마의 지도자였던 마누엘 노리에가Manuel Noriega가 마약 밀매 혐의로 미국 법원에 기소되었을 때도 비슷한 상황이 반복되었다. 파나마는 달러를 법정통화로 사용하기 때문에 미국의 경제제재로 큰 타격을 받을 만한 나라였다. 실제로 미국이 파나마로의 달러 송금을 전면 금지하자, 은행들이 문을 닫고 정부가 대체 통화를 마련하느라 갈팡질팡하면서 파나마 경제는 나락으로 떨어지고 말았다. 그래도 노리에가는 권력을 놓지 않았고, 1989년 조지 H.W. 부시 대통령이 미군을 보낸 후에야 축출되었다.

그런데 1990년대 들어 경제제재는 여러 가지 이유에서 탄력을 받기 시작했다. 무엇보다 남아프리카공화국에서 인종차별 정책인 아파르트헤이트가 해체되고 넬슨 만델라Nelson Mandela가 대통령으로 당선된 것이 추진력으로 작용했다. 이는 수십 년간 여러 나라가 연대해 금수조치를 단행한 끝에 얻어낸 눈부신 성과였다.

냉전의 종식과 지정학적 단극 시대의 시작도 경제제재의 효과를 높였다. 미국이 무적의 초강대국으로 떠오르고 소련이 UN안전보장이사회United Nations Security Council에서 걸핏하면 거부권을 행사하던 일이 사실상 사라지자, 20세기의 마지막 10년 동안 UN은 세계 질서를 위협하는 정권들에 대한 제재를 열두 차례나 가결했다. 그때까지 40년 동안 단 두 번만 승인했던 것과 비교하면 극히 대조적인 태도였다. 대표적으로 쿠웨이트가 이라크 침공으로, 르완다가 인권유린으로 제재받았다. 미국 정부는 UN의 지지를 끌어내지 못해 제재의 정당성이 확보되지 않으면 독자적으로라도 행동에 나섰고, 특히 1990년대 들어 그러한 경향이 두드러졌다. 그 가운데서도 가장 큰 논란을 일으킨 조치는 1996년의 헬름스버턴법Helms-Burton Act 제정이었다. 발의자로 이름을 올린 두 공화당 의원의 이름을 딴 이 법은 쿠바에서 사업하는 제삼국의 기업에 2차 제재를 가할 수 있도록 했다. 그러자 쿠바의 주요 무역국이자 수많은 관광객을 보내는 캐나다와 유럽 국가들이 격분했다. 법안에 서명했던 빌 클린턴Bill Clinton 대통령이 직접 나서서 제재의 집행을 유예하겠다고 약속하고 나서야 그들의 분노는 간신히 잦아들었다.

이 사건을 계기로 경제제재에 대한 반발이 구체적으로 나타나기 시작했다. 1997년 브루킹스연구소의 대외 정책 연구책임자였던 리처드 하스Richard Haass가 포문을 열었다. 그는 전문가들 사이에서 점점 확산하던 공감대를 충실히 반영한 〈제재의 광기Sanctioning Madness〉라는 글을 《포린어페어스》에 기고했다.[27] 게리 허프바우어Gary Hufbauer, 제프리 쇼트Jeffrey Schott, 킴벌리 엘리엇Kimberly Elliott 등의 경제학자들은 일련의 영향력 있는 저서와 논문을 통해 제재의 결함들을 지적했다. 그중 하나는 소련이 쿠바에 그러했던 것처럼 '흑기사'가 제재 대상의 숨통을 틔워줄 수 있다는 점이었다.[28] 1990년대 후반까지 제재는 적지 않은 불신을 초래했고, 수많은 문제의 근원으로 지목되었다. 제재 대상이 된 독재 정권이 필사적으로 버티면서 한층 더 큰 탄압을 저지르는 식의 역풍이 불곤 했다. 1990년대 내내 이어진 UN의 전면적인 제재 탓에 수백만 명의 국민이 빈곤에 시달리는데도 바그다드에서 자신의 위치를 굳건히 지켰던 사담 후세인Saddam Hussein의 사례가 대표적이다.[29] 그뿐 아니라 제재는 부수적인 피해를 초래하기도 했는데, (정작 소련은 대수롭지 않은 일로 치부한) 카터의 곡물 금수조치가 미국 농민들에게 큰 손실을 안겼던 것처럼, 미국 스스로 제 발등을 찍는 경우가 많았다. 한마디로 제재는 너무나 비효율적인 수단으로 간주되었다. 지배층의 행태를 바꾸거나 정권 교체를 강행하지도 못하면서, 무고한 일반인들에게 영양실조와 질병이라는 고통을 떠안길 뿐이었다.

그 결과 미국 정부는 마약 카르텔이나 범죄단체, 외국의 특정 적대 세력을 목표로 삼아 좀 더 정밀한 형태의 경제적 압박을 가하게 되었으며, 그 과정에서 보다 과감한 작전이 수행되었다.

창과 방패

《워싱턴포스트》의 경제 기자로 일하면서 여러 경험을 쌓았지만, 버지니아주 외곽의 어느 정부 청사에서 받은 브리핑만큼 기억에 남는 것은 없다. 나는 작전실 비슷한 곳에 앉아 대형 스크린을 보고 있었는데, 재무부 직원이 가족이든 친구든 누구라도 좋으니 플로리다주에 사는 지인의 이름을 알려달라고 요청했다. 당시 집권 마지막 해를 보내고 있던 클린턴 행정부는 자금세탁 단속 역량이 급속도로 강화되고 있다는 사실을 나 같은 기자들에게 홍보하고 싶어 했다.

나는 잠시 플로리다주에 사는 지인을 떠올리려 애쓰다가, 그곳의 어느 은퇴자 공동체로 이사한 전 장모님을 기억해냈다. 내가 이름을 알려주자마자 온갖 신상 정보가 스크린을 가득 채웠다. 주소와 전화번호뿐 아니라, 몇 년도에 어떤 아파트를 얼마에 샀는지, 주택담보대출의 총액과 잔액은 얼마이고 대출을 내준 은행은 어디인지, 소유한 차량 모델과 연식은 어떠한지, 차량 구매를 위해 어떤 조건의 대출을 받았는지, 생년월일과 결혼기념일은 언제인지 등 그 내용이 놀랄 만큼 자세했다. 재무부 직원은 훨씬 더 많은 신상 정보를 스크린에 띄울 수 있지만 개인정보 보호 차원에서 그러지 않았다고 귀띔했다. 아울러 하필 플로리다주에 사는 사람의 이름을 요청한 까닭도 설명했다. 그곳이 정부 기관의 공공 자료를 취합하고 중앙 집중형 디지털 파일로 변환하는 데 대부분의 주보다 앞섰던 것이다. 재무부 직원은 다른 곳들도 플로리다주를 따라가고 있다는 말로 설명을 마쳤다.

내가 전 장모님의 신상 정보를 본 곳은 재무부 산하의 금융범죄단속네트워크Financial Crimes Enforcement Network, 이하 FinCEN 본부였다. FinCEN은 마약 밀매업자를 비롯해 각종 범죄자의 거래 흔적을 적발하고자 미국 내 자금 흐름과 관련된 방대한 정보를 수집하고 분석하는 기관이다. 예를 들어 1만 달러가 넘는 현금이 무언가를 구매하는 데 사용되거나 예금되면, 거래 당사자나 은행은 해당 내용을 FinCEN에 신고해야 한다. 아울러 자금세탁이나 탈세로 의심되는 수상한 낌새를 포착하면 의심활동보고서Suspicious Activity Reports, 이하 SAR도 제출해야 한다. 내게 브리핑을 해준 재무부 직원에 따르면, FinCEN은 해당 거래를 합법적인 것으로 보고 무시할지, 아니면 연방정부나 주 정부의 법 집행 기관에 추가 조사를 요청할지 판단하기 위해 자체 데이터베이스에서 SAR에 언급된 개인들의 신상 정보를 조회한다. 다행히도 내 전 장모님의 신상 정보에는 FinCEN이 적신호로 받아들일 만한 것이 없었기에, 설사 그의 이름이 포함된 SAR이 FinCEN에 제출되더라도 수백만 건의 다른 보고서와 마찬가지로 폐기될 것이 거의 확실했다.

미국 정부가 이처럼 정교한 감시체계 개발에 박차를 가한 배경에는 마약과의 전쟁이 있었다. 마약 밀매업자가 법 집행기관의 눈길을 끌지 않고, 또 탈세 혐의로 체포되지 않으려면, 자신의 재산을 합법적인 수익인 양 위장할 필요가 있다. (알 카포네Al Capone가 경쟁 조직의 단원들을 살해한 혐의가 아니라 탈세 혐의로 유죄판결을 받고 몰락했다는 사실을 기억하라.) 따라서 영리한 범죄자는 더러운 돈을 깨끗한 돈처럼 보이도록 세탁한다. 돈다발을 카지노로 가져가 칩을 구매하고 룰렛이나 블랙잭으로 대박을 터뜨린 척한 다음에, 도박 수익으로 인정받은 돈을 은행에 입금하는 것이 자금세탁의 전형적인 수법 중 하나다.

애매하게 끝난 마약 카르텔과의 전쟁

이러한 속임수에 대응하기 위해 20세기 후반의 수십 년 동안 전 세계적으로 엄청나게 다양한 법률, 규제, 정부 기관, 국제기구가 수립되었다. 그 과정에서 온갖 전문용어가 튀어나왔으니, 이어지는 문단들에서 언급할 그 용어들의 난해함에 대해 미리 양해를 구하는 바다.[30]

1970년 닉슨 대통령의 서명으로 발효된 은행비밀법Bank Secrecy Act은 미국 정부가 금융 범죄와의 전쟁에서 취한 첫 번째 주요 조치였다. 이후 꾸준히 개정된 은행비밀법은 은행을 포함한 금융회사들에 고객의 거래 내역뿐 아니라 신상 정보를 기록 및 보관하고, 수상한 정황이 있으면 추적 관찰해 SAR를 제출하도록 요구할 만큼 강화되었다. 그렇다고 해도 미국이 (세계 최초로) 자금세탁을 법으로 금지한 것은 1986년에 이르러서였다. 얼마 지나지 않아 해외에 널린 자금세탁의 기회 때문에 국내 단속의 효과가 반감된다는 것을 깨달은 미국 정부는 다른 나라들에 자신들의 선례를 따르라고 재촉하기 시작했다. 특히 1989년

G7의 나머지 국가들을 설득해 국제자금세탁방지기구Financial Action Task Force, 이하 FATF를 설립하고, 각국 정부가 규제 법안을 만들 때 참고해야 할 수십 가지의 권고 사항을 제시했다. FATF는 법적 구속력이 있는 조약에 기반을 둔 기관도 아니고 공식적인 법 집행 권한도 부여받지 못한 '소프트 로soft law'(국회의 입법 절차를 거치지 않아 법적 강제력은 거의 없지만, 법질서의 유지를 돕는 연성 규범—옮긴이) 기구이지만, 전 세계 은행들의 업무 방식에 엄청난 영향력을 행사하고 있다. 가령 FATF의 자체 기준을 충족하고, 그 이행 여부를 따지는 추적 관찰에서 책잡히지 않으려면, 은행들은 엄격한 고객확인절차Know Your Customer를 의무적으로 시행해야만 한다. 이 제도의 원래 목적은 자금세탁 방지인데, 2001년의 9·11 테러를 계기로 테러 자금 조달 차단이 추가되었다. 은행은 신분, 사업 내용, 자금 출처, 국적 등 온갖 정보를 확보하고, 관련 서류를 검증해 '리스크프로파일risk profile'(위험의 수준과 종류를 요약한 보고서—옮긴이)을 작성함으로써, 고객을 확인한다. 물론 고위험군으로 분류된 고객에 대해서는 한층 더 엄격한 심사가 이루어진다. FATF의 기준을 충족하지 못한 국가는 비협조국 목록에 올라, 해당 국가의 은행들이 매우 곤란한 상황에 빠지게 된다. 해외은행들의 경계가 심해지며 거래가 천천히 처리되거나, 환거래 업무 등에 청구되는 수수료가 인상되거나, 극단적으로는 거래 자체가 중단된다.

 FATF의 기준을 우습게 여겼다가 값비싼 대가를 치르며 뼈저린 교훈을 얻은 정부와 은행이 적지 않다.[31] 2000년대 초반 태평양의 작은 섬나라 나우루는 FATF의 블랙리스트에 올랐고, 그 결과 금융거래가 봉쇄되며 전체 경제가 마비되었다. 그로부터 약 10년 후에는 멕시코의 마약 카르텔 두 곳이 HSBC의 금융망을 자금 이동 경로로 사용하다가 발각되었다. 진짜 문제는 HSBC가 사실상 이를 방조하며 별다른 제약을 가하지 않았다는 것이다. 이 사건 때문에 HSBC는 어마어마한 금전적 손실을 입은 데 더해 평판마저 크게 깎였다. FATF는 자금세탁용으로 쓰일 가능성이 큰, 멕시코 같은 고위험 국가에서 개설된 은행 계좌는 더욱 엄격히 심사하도록 규정하고 있다. 하지만 HSBC는 이들 마약 카르텔의 계좌를 최저 위험 등급으로 분류했다. 바로 이 부주의함 때문에 미국 정부에 12억 5000만 달러의 벌금을 토해내야 했다. 이 같은 사례들은 은행들이 경각심을 느끼는 계기가 되었다. 오늘날 그들은 자국 정부에 FATF의 규정을 이행하는 데 도움이 될 만한 법률, 규제, 집행 체계를 마련해달라고 요구하고 있다.

클린턴 행정부는 자금세탁 방지에 전념하고 있음을 알리고자, 1995년 관련 법의 집행을 강화했다. 그 중심에 '누구도 이름을 들어본 적 없지만 가장 강력한 정부 기관'으로 불리는 해외자산통제국Office of Foreign Assets Control, 이하 OFAC이 있었다.

재무부 산하의 OFAC은 주로 중남미에서 마약 거래에 관여한 수많은 개인과 기업을 '특별지정국민Specially Designated National, 이하 SDN'으로 분류했다. SDN으로 지정되어 이른바 '클린턴 리스트'에 이름이 올라가는 순간 전 세계의 모든 은행과 작별해야 했다. 관련 법의 금지 조항에 따라 미국의 법인은 (그것의 형태가 개인이든 기업이든 금융회사든 상관없이) SDN과 그 어떠한 거래도 할 수 없었기 때문이다.[32] 바로 이 때문에 콜롬비아처럼 대규모 마약 카르텔이 암약하는 국가의 은행들조차 자사의 고객이나 그 고객과 거래하는 제삼자가 클린턴 리스트에 올라 있는지 철저히 확인했다. SDN으로 지정될 것을 우려해서였다. 그들에게 이는 사형선고와 다름없었다.

이러한 법적·행정적 장치가 정말 마약왕들의 자금세탁을 방지할 수 있을까? 그 정도를 정확히 수치화하기는 어렵지만, 적어도 그 답은 "매우 쓸모없다"이다. 불법단체는 영리한 변호사나 회계사만 있으면 경제제재를 우회할 방법을 얼마든지 찾아낼 수 있다. 예를 들어 돈뭉치를 1만 달러 미만으로 쪼개서 입금하거나, 겉으로 보기에는 깨끗한 공범의 명의로 은행 계좌를 개설하거나, 위장용 상품을 비정상적으로 싸게 팔거나, 반대로 비정상적으로 비싸게 사면, 정당한 거래로 위장해 자금을 옮길 수 있다. 나 같은 기자들이 그러한 문제를 따져 물을 때마다 재무부 관료들은 한결같이 범죄자들을 완전히 막지는 못하더라도 방해하고 있으며, 적어도 일부 범죄자는 추가 비용 때문에 자금세탁을 포기하게 마련이라고 답했다. 그러나 조지 W. 부시가 대통령에 취임하면서 자금세탁 방지 정책을 회의적으로 보는 시각이 등장했다. 폴 오닐Paul O'Neill 재무부 장관은 기존 관료 조직을 낮잡아 본 인물로, 2001년 중반 자금세탁 방지 정책이 은행에 지우는 부담을 정당화할 만큼 효과적인지 전면 재검토하라고 지시했다.[33] 오닐에게는 로런스 린지Lawrence Lindsey라는 열정적인 동료가 있었다. 린지는 부시 행정부의 국가경제위원회National Economic Council 의장이었는데, 보수 성향 싱크탱크인 미국기업연구소American Enterprise Institute에서 근무했을 때 자금세탁 방지 정책을 가리켜 "헌법의 초안자들이 금지하고자 했던 일괄 수색"이라고 비판하는 책을 쓰기도 했다. 이로써 자금세탁 방지 정책은 큰 후퇴를 앞둔 듯 보였다. 그러나 부시 행정부에서 오닐의 입지가 좁아지기까지는 그리 오랜 시간이 걸리지 않았다. 얼마 지나지 않아 마약 카르텔과의 전쟁은 전례 없는 유형의 악당들을 겨냥한 전쟁으로 확대될 터였다.

테러 자금과의 전쟁이 시작되다

9·11 테러가 발생하고 열흘 후인 2001년 9월 22일, 워싱턴이 여전히 군의 삼엄한 경계 아래 있던 그때 재무부의 존 테일러John Taylor 국제업무 담당 차관은 수석비서관과 함께 백악관 인근의 터널을 지나 펜실베이니아가를 사이에 두고 재무부 본관과 마주하고 있는 OFAC 사무실로 향했다. OFAC이 테러리스트와 그들에게 자금을 대는 자들을 조준할 때가 온 것이었다.[34]

토요일 아침이었지만 테일러와 OFAC 직원들은 테러에 연루된 개인과 조직의 은행 계좌를 동결하기 위한 국제 공조 계획을 세우느라 여념이 없었다. 월요일까지 완성해 상부에 보고해야 했기 때문에 주말 내내 매진해야 할 터였다. 느긋하고 지적이며 다부진 체격에 흰머리가 덥수룩한 테일러는 사실 자유시장 정책과 통화 및 금융 분야에 대한 정부의 최소 개입을 옹호해온 학자 출신이었다. 그는 훗날 "나는 자금 흐름의 차단에는 문외한이나 다름없었다. 국제금융에 대한 기존의 내 접근법은 자금 흐름을 장려하는 것이었다"라고 회상했다.[35] 그러나 테일러는 뉴욕의 쌍둥이 빌딩을 겨냥해 수많은 사상자를 낸 테러가 세상을 어떻게 바꾸어놓았는지 금세 파악했다.

테러와 관련해 충격적인 사실들이 계속해서 드러났다. 무엇보다 항공기 납치범들이 미국 내에서 훈련받고 음모를 꾸미는 동안 해외의 알카에다Al-Qaeda로부터 손쉽게 자금을 건네받았다는 사실이 큰 충격을 안겼다. 19명 전원이 뱅크오브아메리카나 선트러스트Sun Trust 같은 미국 은행에 본인 명의의 계좌를 개설해놓고, 두바이에서 송금된 자금을 필요할 때마다 인출해 숙박비, 식비, 비행 학교 수업료로 썼다. 전체 작전 비용이 대략 50만 달러에 불과했기 때문에 그들은 개별 거래액을 일정 수준 이하로 제한함으로써, FinCEN의 눈을 피할 수 있었다.

테러 직후 미군과 정보기관이 알카에다를 추적하고 법의 심판대에 세우는 임무를 맡았듯이, 테일러를 비롯한 재무부 관료들도 그들의 계좌를 색출하고 동결하는 임무를 맡았다.[36] 이들이 알카에다와 그 후원자들의 명단을 작성하자마자 부시는 미국 내 은행 수천 곳에 행정명령을 내렸다. 은행들은 전자적으로 전달된 행정명령에 따라 모든 계좌를 샅샅이 뒤져 해당 명단에 포함되었거나 수상해 보이는 고객들의 계좌를 색출하고 동결했다. 그렇게 특정된 계좌는 "미국 내 개인이나 단체"와의 거래가 전면 금지되었고, 명단을 공유받은 외국 정부들이 비슷한 조치를 취한 덕분에 해외 거래가 막히는 것도 시간문제였다. 9월 24일 부시는 백악관 장미정원에서 기자회견을 열고 자신이 내린 행정명령을 공식 발표하면서 명단에 포함된 개인과 단체의 이름을 전부 언급했다. 전부 27개로, 개중에는 이슬람 자선단체가 포함되어 있기도 했다. "오늘 아침 한 번의 펜 놀림으로 테러와의 전쟁에서 중대한 공격 조치를 단행했습니다"라고 입을 뗀 부시는 "돈은 테러 작전의 구명줄과 같습니다. 오늘 우리는 전 세계에 지급 중단을 요청합니다"라고 선포했다.[37]

몇 주 만에 제재 대상이 크게 확대되었고 미국 정부는 여러 다자간 기구의 지지를 확보했다. UN안전보상이사회는 모든 국가에 테러 자금 조달을 불법화하도록 요구하는 결의안을 채택했다. FATF는 각국 정부가 시행해야 할 반테러법과 관련 규제의 기준을 구체적으로 명시한 여덟 가지 권고안을 발표했다.

가장 중요한 분기점은 미국애국자법USA PATRIOT Act, 이하 애국자법의 시행이었다. 10월 26일 부시의 서명으로 이 법이 발효됨에 따라 테러와의 전쟁에 전 세계 은행들을 강제로 동참시킨다는 구상이 구체화되었다.[38] 그 덕분에 미국 재무부는 외국 정부의 관할권과 기관 그리고 모든 종류의 해외 거래를 '주요자금세탁우려대상primary money laundering concern'으로 지정할 수 있는 이례적인 재량권을 얻게 되었다. 그렇게 지정된 개인이나 단체는 SDN과 마찬가지로 국제금융 시스템에서 차단당했으니, 경제활동에서 사형선고를 받는 것과 다름없었다. 이와 더불어 미국 은행들은 테러리스트나 기타 제재 대상의 자금을 다루는 일이 없도록, 새로운 계좌를 개설하거나 국제 거래를 처리할 때 한층 더 엄격한 심사를 진행해야 했다. 결정적으로 애국자법은 고위험 국가들에 미국 은행의 환거래 계좌를 이용하지 못하게 막겠다고 위협함으로써, 해외은행에도 같은 기준을 따르도록 압력을 가했다. 스위스, 룩셈부르크, 리히텐슈타인처럼 오랫동안 기밀 유지를 우선시한 나라의 은행들조차 감사관과 조사 인력을 충원했을 뿐 아니라 규제 당국에 제출하는 의심 거래 보고서의 분량을 기하급수적으로 늘려야 했다. 고객 정보 조회에 대한 법적 제한 같은 변명은 전혀 통하지 않았다.

미국 재무부 관료들은 애국자법이 부여한 권한을 행사하면서 자신들의 영향력이 전 세계 구석구석까지 미친다는 사실에 놀라움을 금치 못했다. 재무부의 고위 관료였던 후안 사라테Juan Zarate는 2013년 출간한 《재무부의 전쟁Treasury's War》에서 당시 상황을 이렇게 묘사했다. "우리는 은행들이 불량 세력과의 금융 관계를 단절하도록 유도할 수 있었고, 이를 통해 해당 세력을 국제금융 시스템에서 고립시킬 수 있었다. 그리고 그 같은 주요 조치는 은행들의 사업적 판단에 맡겨도 충분히 잘 작동했다."39

애국자법에서도 특히 강력했던 조항인 311조는 사라테가 주도한 '불량 은행 퇴출 계획Bad Bank Initiative'의 법적 근거가 되었다. 해당 계획의 목표는 지속적으로 불법 활동의 거점 역할을 하는 은행들을 철저히 무너뜨리는 것이었다. 사라테는 "311조 덕분에 문제 있는 은행을 식별하고 주요자금세탁우려대상으로 지정할 수 있었다"라면서, 그 파급효과를 다음과 같이 설명했다. "미국 재무부 장관은 불량 은행과 관련된 모든 환거래 계좌를 폐쇄하도록 요구했다. 미국 금융 시스템의 이용을 차단하는 조치였다. 해당 조치는 직접적으로는 미국 내의 은행 활동에만 영향을 미칠 수 있었지만, 우리는 세계 곳곳에 영향력을 미치는 것을 목표로 했다. 불량 은행 대다수가 미국에서의 거래가 거의 없거나 미미했지만, 311조 때문에 곧바로 전 세계 은행들의 기피 대상이 되었다. (…) 미국 금융 시스템에서 퇴출당할 위험을 감수하려는 은행은 없었다."40

한편 테러 자금을 조달하는 데 일종의 '역방향 자금세탁'이 활용되기도 했다. 보통은 범죄자가 '더러운' 자금을 세탁하고 싶어 한다. 그런데 종교 기관이나 인도주의 단체처럼 언뜻 건전해 보이는 단체가 알카에다 같은 테러 조직에 '깨끗한' 자금을 보내면 그 흐름이 반대가 된다. 즉 이미 세탁된 돈으로 테러를 저지르는 것이다. 이 때문에 사라테와 그의 동료들은 미국의 국익을 해치는 불순한 목적을 위해 자금이 전달된다고 판단되면 새로 얻은 권한을 적극적으로 행사했다. 마약 밀매와 자금세탁을 겨냥할 때도 있었지만 테러 자금을 표적으로 삼기도 했다. 그들은 2003년부터 3년간 시리아, 레바논, 키프로스, 미얀마, 라트비아, 벨라루스의 은행들을 주요자금세탁우려대상으로 지정했다. 우크라이나의 경우 애국자법 311조에 의해 고위험 국가로 분류되자, 의회가 나서서 단 한 달 만에 기존의 자금세탁방지법보다 한층 더 강화된 개정안을 통과시켰다. 미국 은행들도 예외는 아니었다. 특히 워싱턴의 최대 은행이자 1840년대 설립되어 '세계에서 가장 중요한 도시의 가장 중요한 은행'이라 자부하던 리그스은행Riggs Bank의 사례는 충격을 안겼다. 2004년 5월 미국 재무부는 외국 대사관과의 거래를 대충 처리했다는 혐의로 리그스은행에 2,500만 달러의 벌금을 부과했다. 그 결과 리그스은행의 평판은 추락했고, 결국 피츠버그의 PNC은행에 매각되고 말았다.[41]

그러나 그때까지도 미국 재무부의 새로운 전략이 완전한 위력을 떨친 것은 아니었다. 더욱이 재무부는 온갖 자금이 국경을 넘나드는 복잡한 상황 속에서 불법행위를 효과적으로 포착하고자, 독자적으로 확보한 정보를 잔뜩 쌓아놓고 있는 정보원에게서 비밀리에 도움받고 있었다.

미국에서 온 불청객들

벨기에의 라홀페는 19세기에 지어진 성으로 유명한 곳인데, 그 근처 호숫가에 국제금융의 교환원이라 할 수 있는 SWIFT 본부가 있다. 신고전주의풍으로 꾸며진 SWIFT 본부는 깔끔하게 손질된 정원과 테니스 코트가 있고 사슴과 꿩이 돌아다니는 숲에 둘러싸여 있지만 보안만큼은 매우 엄격하다. 대부분의 구역에 방문객 출입이 금지되어 있으며 몇몇 구역의 출입문은 암호를 입력해야만 열린다. 이 같은 안전장치는 200여 개국에 퍼져 있는 1만 1000여 개의 은행이 메시지를 주고받는 네트워크의 물리적·전자적 무결성을 확보하기 위한 것이다. 2022년 기준 날마다 대략 4,500만 건의 메시지가 SWIFT의 네트워크를 통해 오갔다. 국제 송금은 물론이고 유가증권, 외환, 신용장, 수출입 등과 관련된 금융 거래가 이루어질 때마다 해당 네트워크가 이용된다고 보면 된다. 네덜란드의 하이네켄 공장 근처나 미국 버지니아주의 컬페퍼 등에 건립된 SWIFT의 주요 네이터센터도 높은 울타리와 경비원이 24시간 상주하는 출입문으로 외부와 단절되어 있다.[42]

여덟 개에서 열한 개의 문자열로 구성된 'SWIFT 코드'에 익숙한 사람이라면, 해당 문자열이 국제 송금 시에 돈을 보내는 은행과 받는 은행을 식별하는 데 사용된다는 사실을 짐작할 수 있을 것이다. 그렇다고 해서 SWIFT가 직접 돈을 보관하거나 이체하는 것은 아니다. SWIFT는 은행도 아니고 청산과 결제를 수행하는 기관도 아니다. 그러나 SWIFT가 전송하는 메시지는 국제 거래가 원활히 진행되는 데 필수적인 요소다. 거래에 관여한 모든 이가 해당 메시지 덕분에 상대방의 신원과 입출금 지시의 유효성을 신뢰할 수 있기 때문이다. 메시지는 대개 "당사는 귀사가 ABC사에 1만 유로를 지급하는 것을 승인합니다. 해당 거래를 위해 XYZ환거래은행에 개설된 당사의 계좌에서 해당 금액만큼 차감해 귀사의 계좌에 동일한 금액을 입금하십시오"라는 내용으로 요약된다. 모든 메시지는 표준화된 코드와 포맷을 사용해 전달되므로, 번역과 신원 확인이 쉽고 빠르다.

SWIFT가 설립되기 전인 1970년대 중반까지만 해도 해외에 송금하려면, 국경 안과 밖의 두 은행이 텔렉스로 여러 줄의 지시 사항을 작성해 주고받아야 했다. 그 과정에서 사람의 실수나 기계의 오류가 발생하기 쉬웠다. 이런 상황을 개선하고자, 주요 은행의 결제 전문가들이 민간 통신망의 구축을 놓고 수년에 걸쳐 머리를 맞댄 끝에 1973년 15개국의 239개 은행이 벨기에 법에 따라 일종의 협동조합을 설립하는 데 합의했다. 추가 작업이 이루어진 후인 1977년 5월 9일, (훗날 벨기에 국왕이 되는) 알베르 2세Albert II 왕자가 최초의 메시지를 발송했다.

SWIFT의 메시지에는 예금주 이름, 은행명, 송금액, 송금 일시, 심지어 여권 번호와 비슷한 결정적인 식별 정보 등이 망라되어 있다. 따라서 자금세탁 방지 활동에 나선 미국과 각국 정부에 매력적인 정보원으로 여겨졌다. 1990년대 초반 미국 법무부와 FATF의 고위 관료들은 SWIFT에 수사기관이 소환장을 제시하면 메시지를 입수하고 자금 수취인을 추적할 수 있도록 시스템을 개편해달라고 제안했다. 그러나 SWIFT의 레너드 레니 슈랭크Leonard Lenny Schrank CEO는 그 제안에 몸서리쳤다. 훗날 그는 다양한 개인정보 보호법과 규정을 적용받는 민간조직인 SWIFT가 회원사들이 맡긴 기밀 정보를 넘긴다는 것은 "상상도 할 수 없는" 일이었다고 회상했다. 실제로 SWIFT는 미국에서 온 불청객들에게 메시지의 내용을 공개할 수 없으니, 개별 은행들에서 얻어내라고 통보했다. 여담이지만 슈랭크는 미국인이었다.[43]

세상에서 가장 강력한 재무 부처

하지만 9·11 테러로 상황이 급반전되었다. 쌍둥이 빌딩이 무너지고 몇 주 후에 미국 재무부 관료들은 슈랭크를 워싱턴으로 소환했다. 사라테에 따르면, 재무부의 법률고문인 데이비드 아우프하우저David Aufhauser가 "회의가 시작되자마자 아주 뻔뻔하게 '당신네 자료를 주시오'라고 요구했다. 슈랭크는 그 즉시 '왜 진작 말씀하지 않으셨나요?'라고 답했다."[44]

물론 슈랭크가 미국 정부에 SWIFT의 메시지를 샅샅이 뒤져도 된다며 전권을 위임한 것은 결코 아니었다. 그는 국제금융 시스템의 핵심 인프라라는 SWIFT의 지위가 손상되지 않으려면 중립적이고 비정치적인 입장을 유지해야 한다고 강조했다. 그뿐 아니라 SWIFT의 기밀 제공 소식이 알려진다면 개인정보 보호에 특히 민감한 유럽 국가들에서 큰 반발이 일어날 수밖에 없다고 지적했다. 이에 아우프하우저는 미국 재무부가 SWIFT에 소환장을 발부할 수 있고, 그 결과 법정 다툼이 벌어질지 모르지만, "이 싸움은 당신네가 이길 수 없는 싸움이 될 겁니다. 무엇보다 중요한 사실은 당신네가 이기고 싶어 할 싸움도 아니라는 점입니다"라며 압박을 가했다.[45]

결국 양해각서 형태로 SWIFT와 미국 재무부의 타협이 이루어졌다. SWIFT는 재무부의 소환장에 응하되, 합당한 근거에 따라 테러와 관련되었다고 판단할 만한 메시지만 공개하기로 했다. 그리하여 SWIFT는 늦어도 2001년 10월부터 미국 정부에 메시지를 제공했다. 재무부의 소환장은 한 달에 한 번 정도만 발부되었는데, 보통 여러 건의 메시지를 한꺼번에 요청했다. 중앙정보국Central Intelligence Agency, 이하 CIA에서 파견된 분석관들이 테러리스트가 남긴 단서를 찾기 위해 메시지를 자세히 들여다보았다. 동시에 외부 감사관들이 메시지가 제대로 관리되고 있는지, 합법적인 테러 관련 수사에만 제공되고 있는지 빈틈없이 감시했다.[46]

2003년 봄이 되자 상황은 다시 한번 달라졌다. SWIFT 이사회 내에서 불안감이 확산하며 메시지를 제공하지 않기로 결의했던 것이다. 네덜란드 출신의 은행가이자 당시 이사회 의장이었던 야프 캄프Jaap Kamp가 슈랭크와 함께 워싱턴으로 날아가 메시지 제공이 너무 오랫동안 지속되었다며 강력하게 항의했다. 그러자 연방수사국Federal Bureau of Investigation, 이하 FBI의 로버트 뮬러Robert Mueller 국장을 비롯한 미국의 고위 관료들이 모두 나서서 SWIFT가 제공하는 메시지가 테러 조직의 와해와 인명 보호에 매우 중요한 역할을 하고 있으니 계속해서 도와달라고 애원했다.[47] 아우프하우저는 직접 벨기에로 날아가 SWIFT 이사회에 다섯 건의 실제 사례를 들려주었다. 물론 모두 극비 사항이었다. 사라테에 따르면, "[이사회] 구성원들은 놀라서 말을 잇지 못했으며 슈랭크를 비롯한 몇 명은 납득한 것이 분명했다. 그들은 일찌감치 협력하기로 결정한 것이 타당했다며 안도했다."[48] 그 후 '참관인'이라는 비공식 직함이 붙은 SWIFT 직원들이 CIA 분석관들과 짝을 이루어 모든 조사 과정을 감시하고, 메시지 사용이 도를 넘는다고 판단될 때마다 이의를 제기하는 안이 합의되면서 프로그램이 다시 가동되었다.[49]

시간이 흐르며 각국 정부가 해당 프로그램의 존재를 알게 되었다. 경악을 동반한 갈등과 대립이 여러 차례 발생했지만, 적어도 겉으로 드러나지는 않았다. 그러다가 2006년 6월 슈랭크의 우려대로 큰 사건이 터지고야 말았다. 《뉴욕타임스》를 필두로 몇몇 언론사가, SWIFT에서 제공받는 메시지에는 일반인들의 개인정보가 포함되어 있지 않으며 이것이 공개되면 테러리스트들에게 도움을 줄 뿐이라는 백악관의 애원을 뿌리치고, 관련 내용을 폭로했다.[50]

부시 행정부의 고위 관료들은 언론 보도가 국가 안보를 위협하며 귀중한 정보를 박탈하는 행위라며 격분했다. 그러나 미국 재무부가 SWIFT에서만 정보를 수집하고 있었던 것은 아니다. 재무부는 CIA를 비롯한 정보기관의 정보를 '수동적으로 소비'하기만 해서는 안 된다는 인식에 따라 2004년 차관보급 인사를 국장으로 하는 정보분석국Office of Intelligence and Analysis, 이하 OIA을 신설했다. 의회에서 공식적으로 승인받은 OIA의 활동 덕분에 미국 재무부는 세계에서 유일하게 독자적인 정보 분석 역량을 갖춘 재무 부처가 되었다.[51]

달러가 더 강력하고 더 정교한 무기가 됨에 따라, 그 어느 때보다도 질 좋은 정보가 중요해졌다. 특히 2005년 들어 미국이 일개 은행이나 소수의 악당이 아니라 절대 권력을 갖춘 통치자들을 상대하게 됨에 따라 그 중요성이 훨씬 커졌다.

5장

달에도 세금을 매길 것

러시아의 미르 결제 시스템. 2014년 우크라이나의 크림반도를 점령한 러시아는 미국의 대대적인 경제제재에 대비해 자체적인 금융 시스템을 만들었다. 미르 결제 시스템이 그 대표적인 사례다. 2022년 우크라이나를 본격적으로 침공하며 결국 달러 기반 국제통화 시스템에서 배제된 러시아는, 미르 결제 시스템을 한발 앞서 도입한 선견지명 덕분에 적어도 자국 내에서의 거래는 큰 어려움을 겪지 않고 있다. 이처럼 제재가 아무리 강력하더라도 우회로는 늘 생겨나기 마련이다.

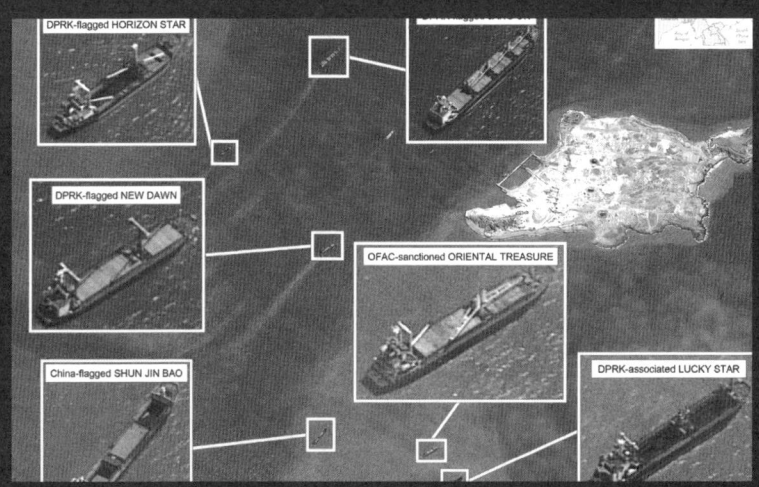

2020년 8월 북한으로 몰래 석탄을 실어 나르는 선박들. 1990년대부터 본격적으로 핵무기를 개발해온 북한은 2005년 방코델타아시아의 계좌가 동결된 것을 시작으로 고강도의 경제제재를 당하고 있다. 북한은 이러한 제재에 무릎 꿇지 않고 끊임없이 이런저런 우회로를 개척하고 있는데, 소유 및 관리 주체가 미심쩍은 선박들을 통해 공해상에서 석유나 석탄을 제공받는 것도 그중 하나다. 사진은 중국 저장성 닝보 근해에서 중국 국기를 매단 배가 북한 국기를 매단 배에 석탄을 옮기는 모습을 촬영한 것이다. UN안전보장이사회의 대북 제재 위원회 전문가 패널 보고서의 일부다.

미국의 정부 기관 중 실제로 지폐 형태의 달러를 찍어내는 곳은 재무부 산하의 인쇄국Bureau of Engraving and Printing이 유일하다. 그런데 인쇄국을 통하지 않는 달러가 있다. '슈퍼노트supernote'라는 100달러짜리 위조지폐로, 인쇄국이 사용하는 것과 동일한 첨단 인쇄기에 색 변환 잉크를 넣어 진짜 달러와 섬유 조성이 거의 같은 종이 위에 인쇄되는 만큼 그 품질이 감쪽같다. 2002년 봄, 이 슈퍼노트에 관한 비공개 브리핑이 국가 안보를 다루는 고위 관료들을 대상으로 진행되었다. 이를 주최한 비밀경호국은 국토안보부 산하의 조직으로, 달러 위조를 방지할 책임이 있었다. 그들은 슈퍼노트가 미국 경제의 건강을 위협할 만큼 대량으로 유통되고 있다고는 생각하지 않았지만, 여기에 연루된 이들이 한낱 범죄자가 아니라 북한의 정보기관 요원들이라는 증거를 제시해 충격을 안겼다.

"우리는 북한이 이미 1980년대 후반부터 세계 최고 수준의 100달러짜리 위조지폐를 만들었다는 사실을 알고 있었다." 당시 국무부의 동아시아·태평양 담당 선임고문이었던 데이비드 애셔David Asher는 몇 년 뒤에 작성한 보고서에서 미국이 슈퍼노트 문제와 관련해 북한을 얼마나 자세히 들여다보고 있었는지 자세히 밝혔다. "우리는 심지어 북한의 고위층 인사가 은행과 카지노에서 직접 슈퍼노트를 건네는 감시 카메라 영상도 확보했다. 그들이 위조에 관여했음을 명백히 보여주는 증거였다."[1]

애셔는 분석관 몇 명과 함께 북한이 해외에서 어떻게 불법적으로 돈을 버는지 조사했는데, 그 결과 위조지폐 제작은 북한이 직접, 또는 대리인을 내세워 벌이는 수많은 범죄 활동 가운데 하나에 불과하다는 사실을 알아냈다. 탈북자들이 제공하고 법 집행기관이 입증한 증거자료와 첩보자료에 따르면 북한은 헤로인, 코카인, 메스암페타민 같은 마약뿐 아니라 무기, 위조 담배, 심지어 위조 비아그라 유통에까지 관여하고 있었다. 그렇게 벌어들인 돈은 북한 인민들의 비참한 생활수준을 끌어올리는 데 쓰이지 않았다. 대신 군부와 안보 기관을 장악한 고위층 인사들에게 사치품을 선물하는 데 쓰이며, 궁극적으로 북한의 최고 지도자 김정일의 권력 기반을 공고히 다지는 데 이바지했다.[2] 연구자들도 비슷한 결론에 도달했으며, 특히 정치학자 시나 체스트넛Sheena Chestnut은 면밀한 연구 끝에 북한을 "소프라노 국가Sopranos state"(미국의 유명 드라마에 등장하는 마피아 조직으로, 불법행위를 일삼고 권력을 세습하는 소프라노 가문에 북한을 빗댄 표현—옮긴이)로 규정했다.[3]

북한이라는 소프라노 국가는 다른 무기들이 효력을 발휘하지 못하는 상황에서 미국의 금융 전사들이 개발한 신무기의 목표로 삼기에 적절했다.

북핵 위기의 짧은 역사

미국은 한국전쟁이 정전협정으로 일단락된 1953년 이후 평양의 전체주의 정권을 압박하기 위한 노력을 아끼지 않았고, 냉전 종식 이후에도 한반도가 여전히 분쟁 위험 지역으로 남음에 따라 똑같은 정책을 지속했다. 미국 정부의 엄격한 제한으로 미국인의 북한 여행이나 북한 기업과의 거래가 대부분 금지되었고, 이에 맞서 북한 정부도 외국인 대다수와의 교류에 적대적인 입장을 취했다. 그러한 조치는 특히 1990년대 초반의 소련 붕괴 이후 북한 전체를 궁핍에 빠뜨렸지만, 핵무장을 향한 북한의 위협적인 행진을 저지하기에는 역부족이었다. 미군은 북한의 핵 시설을 파괴할 능력을 갖추고 있었지만, 북한의 보복 공격으로 1,000만 명이 거주하는 서울이 초토화될 가능성이 커 군사행동은 배제되다시피 했다. 결국 1990년대 중반 클린턴 행정부가 첨예한 대립 구도를 완화하고자 북한과의 협상에 나섰다. 그리하여 북한은 핵무기 개발용으로 의심받던 원자로 건설을 중단하고, 미국은 그 대가로 북한이 절실히 필요로 하던 에너지자원을 제공하기로 합의했다.

그러나 2002년 말 북한이 국제사회와의 약속을 어기고 고농축 우라늄을 비밀리에 생산하기 시작했다는 정황이 드러나면서 위기가 다시 고조되었다. 북한의 오랜 우방국인 중국마저 북한의 핵무장 가능성을 우려해 2003년 처음 열린 6자 회담에 참여했을 정도다. 하지만 북한, 미국, 러시아, 한국, 일본, 중국이 참가한 6자 회담은 별 성과를 내지 못한 채 지지부진했고, 부시 행정부는 점점 더 초조해졌다. 부시 행정부는 이미 북한을 중동의 두 국가(이라크, 이란)와 함께 "악의 축"으로 규정한 상태였다.

부시 행정부는 어떻게 하면 북한에 압력을 가할 수 있을까 고심했다. 전통적인 무역제재나 다른 경제적 고립 조치는 소용없어 보였다. 미국과 북한 간 무역 규모는 너무나 미미해서 거래를 막을 만한 상품도 없었던 데다가, 북한은 중국과의 상업적 교류만으로도 경제를 어느 정도 유지할 수 있었다. 이런 상황에서 재무부 관료들이 '불량 은행'들과 싸워온 노하우를 바탕으로 몇 가지 방법을 생각해냈다.[4] 국무부에서 국가안보회의National Security Council, 이하 NSC로 자리를 옮긴 애셔도 재무부를 도왔다. 문제는 재무부의 계획에 다른 정부 기관들을 동참시키는 것이었다.

당시 재무부 부차관보로 사라테와 호흡을 맞춘 대니얼 글레이저Daniel Glaser는 나와의 인터뷰에서 "온갖 부처 간 회의에 참석했는데, 그때마다 '우리는 311조를 활용할 수 있습니다'라는 말을 셀 수 없을 정도로 자주 꺼냈어요"라고 회상했다. 하지만 311조가 전가의 보도처럼 활약하던 과거와는 상황이 달랐다. "그러나 회의에 참석할 때마다 거의 매번 처음부터 다시 설명해야 했습니다. 사람들은 '311조가 뭐죠? 다시 설명해줄 수 있나요?'라고 묻곤 했죠. 311조에 대해 들어본 사람이 아무도 없었습니다."[5]

수개월에 걸친 논의 끝에 마침내 백악관에서 새로운 무기를 개시해도 좋다는 승인이 떨어졌다. 재무부는 즉각 행동에 나섰고, 그 결과는 대단히 충격적이었다.

미국도 깜짝 놀란 애국자법의 위력

직접적인 표적이 된 방코델타아시아Banco Delta Asia, 이하 BDA는 전형적인 '무명 은행'이었다. 아홉 개 지점 대부분이 중국 남동부 해안가에 자리 잡은 도박의 도시이자, 과거에 포르투갈의 식민지였던 마카오에 있었다. 가족 기업처럼 운영되던 BDA는 수백 년 된 예수회 건물 옆에 본점을 두고 있었으며 고객이 3만 명에 불과한 데다가 예금도 4억 달러가 채 되지 않았다.[6] 그러나 미국 재무부는 몇 달간 이어진 면밀한 조사 끝에 BDA가 그 지역에서 북한의 암시장 사업을 여러모로 도와주고 있는 은행 중 하나라고 결론 내렸다. 게다가 중국 정부와 긴밀하게 연결된 대형 은행들과 달리 BDA는 규모가 매우 작았기 때문에 표적으로 삼더라도 외교적 파장이 작을 터였다.

미국 재부무는 2005년 9월 15일 자 보도 자료를 통해 BDA가 "북한 정부의 부정한 금융 활동을 자발적으로 도운 앞잡이가 되어왔다"라고 비판하며, 다음과 같이 선언했다. "애국자법을 적용함으로써 미국 금융 회사들을 보호하는 동시에 BDA가 유발한 불법 금융의 위험성을 국제사회에 경고하고자 한다." 이로써 BDA는 애국자법 311조에 따라 하루아침에 주요자금세탁우려대상이 되었다.[7]

BDA의 고객들은 겁에 질린 채 엿새 만에 예금 총액의 3분의 1에 해당하는 1억 3300만 달러를 인출했다. 곧이어 마카오의 행정 당국이 은행을 장악해 북한 관련 계좌에 예치된 2,500만 달러를 동결했다. 그러나 한층 더 충격적인 일은 아시아 전역의 은행들이 보인 반응이었다. 그들은 미국 재무부의 그다음 표적이 될까 봐 합법적인 거래든 아니든 상관없이 북한과 관련된 모든 거래를 스스로 중단해버렸다. 중국 은행들조차 조금이라도 수상한 점이 보이면 북한과의 거래를 중단했다. 예를 들어 중국은행의 마카오 지점은 북한 명의의 모든 계좌를 동결했다. 중국 정부는 그 나름대로 김정일 정권을 지원해야만 할 이유가 있었겠지만, 은행들로서는 달러 기반 금융 시스템에서 축출될지 모른다는 것보다 시급한 문제는 없었다. 결국 은행들의 요구 사항이 우선시되었다.[8]

다시 말해 미국 재무부가 마카오의 작은 은행에 불과한 BDA를 망신 주는 공고문을 발표한 것만으로도 북한은 국제금융 시스템과 차단된 왕따가 되고 말았다. 사라테는 그로부터 몇 년 뒤에 "세상이 재무부의 권한을 자각하는 순간이었다"라고 회상하며, 다음과 같이 덧붙였다. "이로써 금융 억압과 금융전쟁의 새 시대가 무르익었다."[9] 사라테는 놀라운 일이 아니었다고 주장했지만, 글레이저는 내게 "우리의 역량에 대해 나만큼 확신한 사람은 없었습니다. 하지만 그런 나조차 그 상력함에 깜짝 놀라고 밀었어요"라고 털어놓았다.[10]

BDA의 고위 간부들은 자기 은행이 수상쩍은 거래에 연루되었다는 의혹을 부인했다. 사실 미국 재무부의 보도 자료를 자세히 살펴보면, 다음과 같이 모호하게 쓰인 부분이 적지 않았다. "BDA의 고위 간부들이 북한 관료들과 협력해 위조된 달러를 비롯한 막대한 현금을 예금으로 받아들이고 있으며, 그러한 위조지폐를 유통하는 데 동의한 정황이 있다."[11] 그러나 재무부의 판단 기준은 그리 깐깐하지 않았다. 실제로 재무부는 애국자법의 자금세탁 방지 조항을 집행할 때 전임 장관인 오닐이 정한 '80 대 20 법칙'에 따라 위법 가능성을 80퍼센트만

확신할 수 있어도 해당 조항을 적용했다.[12]

당시 미국 국무부의 동아시아·태평양 담당 차관보였던 크리스토퍼 힐Christopher Hill은 북한 측 협상 대표에게 "우리는 세계 어디에서든 당신네가 하는 활동을 추적할 수 있습니다. 당신네가 달나라에 계좌를 개설해도 찾아낼 겁니다"라고 경고하면서 대북 압박 수위를 높였다.[13] 또 한번은 술에 취한 북한 측 협상 대표가 NSC의 아시아 담당 국장인 빅터 차Victor Cha에게 "당신네 미국인들은 마침내 우리를 해칠 방법을 찾아냈군요"라고 본심을 내뱉기도 했다.[14]

그러나 BDA에 취한 조치가 북한에 고통을 주었다고는 해도 그것이 북한의 정책에 영향을 미쳤는지는 매우 의문스럽다. 해당 조치는 공교롭게도 6자 회담이 타결 직전까지 갔던 시점에 시행되었는데, 북한은 자기들이 입은 피해가 복구되기 전까지는 협상을 지속할 수 없다며 회담장을 박차고 나가버렸다. 이후 2006년 7월 북한은 미사일을 시험 발사했으며 그로부터 석 달 뒤에는 첫 핵실험에 성공했다. 그러자 부시 행정부에서 내부 균열이 발생했다. 먼저 포화를 쏟아낸 곳은 국무부였다. 힐과 그의 상관인 콘돌리자 라이스Condoleezza Rice 장관은 재무부의 조치 탓에 북한의 비핵화라는 궁극적인 목표를 달성하는 데 실패했다며 날을 세웠다. 이에 대해 재무부는 자신들의 조치를 철회한다면 북한의 불법행위를 묵인하는 꼴이라며 강력히 반발했다. 결국 북한이 6자 회담에 복귀하면, 미국은 BDA에 대한 조치를 거두어들인다는 힐의 타협안이 받아들여지며 상황은 일단락되었다. 영 깔끔하지 못한 모양새였다. 실제로 동결된 2,500만 달러를 풀어주기 위한 복잡한 협의가 몇 달에 걸쳐 진행되었다. 강경파는 이를 항복이라고 맹비난했다. 결과

적으로 북한은 핵보유국을 향한 전진을 이어나갔다.[15]

비록 결과는 좋지 못했지만, 이 일을 계기로 미국 재무부의 무기가 파괴적인 힘을 발휘할 수 있다는 것이 완벽히 입증되었다. 그다음으로 재무부의 주요 표적이 된 대상은 더 거대했으며, 그만큼 더 큰 타격을 입게 될 터였다.

강요와 강조 사이

일반적으로 미국 재무부 관료들은 해외 출장 시 상대국의 재무 부처 관료들과 정부 차원의 상호 관심사를 논의하거나 관련 협상에 나선다. 그러나 스튜어트 레비Stuart Levey는 달랐다. 재무부에서 최초로 테러·금융 정보 담당 차관이 된 그는 2004년부터 2011년까지 오랫동안 해당 직함을 유지하며 외국의 정책 결정자보다는 전 세계 은행들의 고위 간부를 만나는 데 주력했다. 레비는 재임 기간을 통틀어 은행들과 100회 이상 회의를 열었으며, 그때마다 상대측에 자칫 선을 넘을지 모르는 거래가 존재하니 즉각 중단하라고 귀띔했다. 대부분의 은행은 레비의 눈 밖에 났다가는 어떠한 결과를 초래하게 될지 뼈저리게 인식하고 있었기에, 그의 말을 경청했다.[16]

레비가 주재한 회의의 주제는 거의 예외 없이 이란이었다. 이란은 전통적인 경제제재나 외교적 압박 수단에 굴하지 않아 미국을 애태웠으며 북한과 마찬가지로 오랫동안 미국의 적대국으로 간주되었다. 1984년 미국은 이란을 테러 지원국 명단에 올렸으며 1990년대 내내 전면적인 금수조치를 단행했다. 부시 행정부는 이란을 "악의 축"으로 지목했으며, UN은 여러 차례에 걸쳐 대이란 제재 결의안을 채택했다. 특히 이란의 이슬람 세력이 창설한 일종의 친위대인 이슬람혁명수비대Islamic Revolutionary Guard Corps는 미국의 제재 대상에 이름을 올린 최초의 군사 조직이 되었다. 그런데도 이란의 기세는 꺾이지 않았다. 중동 전역에서 미국에 지원받는 정부들을 무너뜨리는 데 혈안이 된 무장 단체, 조직, 준군사 세력들에 이후로도 끊임없이 무기와 자금을 지원했다. 이란의 풍부한 석유는 세계 각국에 수출되어 막대한 수익을 창출했다. 미국을 가장 불안하게 한 점은 UN이나 국제원자력기구International Atomic Energy Agency가 이란의 핵무기용 연료 제조 시설에 끝내 접근하지 못했다는 사실이었다. 미국의 정책 결정자들이 보기에 민족 간의 증오가 끓어오르는 중동에서 이란의 핵무장과 그에 따른 핵 군비경쟁은 어떠한 희생을 치르더라도 반드시 막아야 할 중대사였다.

레비는 BDA를 주요자금세탁우려대상으로 지정하자마자 다른 은행들이 잇따라 북한과의 거래를 끊는 것을 보았기에, 비슷한 전략이 이란에도 통하리라고 판단했다. 2006년 그는 훗날 '소문내기 캠페인'으로 불린 순방길에 올라 유럽, 중동, 아시아를 차례대로 방문하면서 현지 은행장들과의 만남을 밀어붙였다. 이란이 북한과 마찬가지로 국제금융 시스템을 불법적으로 이용하고 있다고 경고하기 위해서였다. 미국 재무부는 이견이 제기될 여지를 없애고자 이란 은행들을 SDN으로 지정하기 시작했다. 2006년 9월 8일에는 OFAC이 해외 지점만 3,400개에 달하는 이란의 국영은행인 사데라트은행Bank Saderat을 블랙리스트에 올렸다. 사데라트은행이 시아파 무장 단체인 헤즈볼라Hezbollah의 "중대한 조력자"일 뿐 아니라, 하마스Hamas, 팔레스타인해방인민전선Popular Front for the Liberation of Palestine, 팔레스타인이슬람지하드Palestine Islamic Jihad Movement 같은 급진 이슬람주의 단체와 "이란 정부 사이의 전달자" 역할을 했다는 것이 그 이유였다. 원래부터도 사데라트은행은 이란의 여느 은행과 마찬가지로 미국 은행과의 거래가 금지되어 있었지만, OFAC의 조치를 계기로 제삼국의 은행을 경유하더라도 사데라트은행과 관련된 거래라면 미국 금융 시스템을 이용할 수 없게 되었다. 재무부는 그다음 목표로 이란계 은행 중에서도 상당한 규모의 해외 금융망을 보유한 세파은행Bank Sepah, 멜리은행Bank Melli, 멜라트은행Bank Mellat 등을 노렸다.

레비와 만난 은행장 중 적어도 일부는 위협을 느꼈음이 분명하다. 레비가 무언가 좋은 말을 던져도 "이렇게 좋은 곳에 무슨 일이 생기면 참 안타까울 거예요"라고 들렸다고 한다. 이란과의 거래를 끊으라는 요구를 거부했다가는 BDA처럼 제재받을 위험이 있었기 때문이다. 내가 은행장들이 느꼈던 위협에 대해 묻자, 레비는 "강요로 받아들인 사람이 있었을지 모르죠. 하지만 나와 재무부의 의도는 이란이 테러나 대량살상무기 개발 같은 불법적인 목적을 위해 국제금융 시스템을 악용할수록, 그것의 신뢰성이 훼손된다는 사실을 강조하는 것이었어요"라고 답했다.[17]

나는 레비가 은행장들을 노골적으로 협박했다는 증거는 발견하지 못했다. 평판이 위태로워질 수 있다는 조언만으로도 은행들을 설득할 수 있었기 때문에 사실 그럴 필요가 없었다. 누군가가 굳이 짚어주지 않아도, 은행들은 평판이 떨어질 만한 행동이 어떤 결과를 초래할지 이미 잘 알고 있었다. 다만 레비는 설득력을 높이기 위해 이란의 불법 행위가 일목요연하게 정리된 자료를 건네곤 했다. 거기에는 이란 정부와 이슬람혁명수비대가 핵무기 부품을 구매하는 등의 불법적인 국제 거래를 이어가고자 유령회사 같은 복잡한 수법을 동원한다는 내용이 담겨 있었다. 레비는 재임 기간에 진행한 텔레비전 인터뷰에서 자신의 일을 이렇게 설명했다.

"근본적으로 금융 산업은 불법행위에 연루되는 것을 꺼립니다. 한 번의 거래나 한 명의 고객을 통해 얻는 반짝 이익 때문에 위험을 감수할 필요는 없기 때문입니다. (…) 나는 은행에 가서 단지 이렇게 말합니다. '이봐요. 난 정보 공동체의 도움을 받을 수 있어요. 당신네보다 정보를 얻기가 유리하죠. 이것 좀 보세요. 우리가 파악한 바에 따르면 [이란인들은] 당신네 은행의 내부 통제를 우회하기 위해 다음과 같은 방법을 쓰고 있어요. 통제 시스템이 훌륭한 건 사실이지만 그들은 그것을 뚫고 들어와 당신네 은행을 거래에 끌어들이려고 하죠. 그런데 거래의 실상을 알고 나면 절대 관여하고 싶지 않을 겁니다.' 이런 식으로 정보를 공유하고 은행을 나와 같은 편으로 대우해주면, 굉장히 긍정적인 반응을 얻을 수 있습니다. 그들은 곧 이란이나 북한에 관한 한 합법적인 거래와 불법적인 거래를 구분할 수 없다는 것을 깨닫게 됩니다. 결국 최선의 선택이란 거래 자체를 완전히 포기하는 것임을 알게 되지요."[18]

이란이라는 거대한 적

은행들은 평판을 지키기 위해서든 미국의 경제제재에서 자기 자신을 보호하기 위해서든, 미국이 만족할 만한 반응을 보였다. 2008년 4월 레비는 의회 청문회에 출석해 "세계의 주요 금융회사들은 어떠한 통화로든 이란, 특히 이란 은행들과의 거래를 대부분 중단했습니다"라고 증언했다.[19] 베테랑 언론인인 로빈 라이트Robin Wright의 자세한 보도에 따르면, 그해 가을이 될 때까지 전 세계 은행들 가운데 80여 곳이 이란과의 거래를 줄였다고 한다. 라이트는 "그러한 기세에 레비 자신도 놀랐다. (…) 은행가들은 내게 바레인과 말레이시아 같은 이슬람권 국가의 은행들조차 이란과의 거래를 줄였다고 귀띔했다. 가장 놀라운 것은 중국계 은행 몇 곳의 태세 전환이었다"라고 덧붙였다.[20] 한편 이란 정부는 자국 은행들의 활동에 대한 레비의 주장을 거세게 반박했으며, 그중 한 명은 미국 재무부가 "시온주의자인 부차관보에게 이란 경제를 마비시키는 임무를 맡겼다"[21]라며 원색적인 비난을 쏟아냈다. 물론 이러한 반응은 레비의 전략이 실제로 큰 피해를 입히고 있음을 방증할 뿐이었다. 이란 기업들은 대출을 받기가 점점 더 어려워졌고, 일부는 외국 고객이나 공급업체와 물물교환으로 거래를 진행해야 했다.

새로 들어선 오바마 행정부는 레비의 유능함에 대한 감사의 표시로 그를 유임했다. 레비는 신임 대통령이 외교적 접근을 시도하는 동안에는 지시에 따라 압박을 중단했다. 하지만 이란이 테헤란 인근의 소도시 쿰에 몰래 건설 중이던 우라늄 농축 시설의 존재가 2009년 9월 만천하에 공개된 것을 계기로 활동을 재개했다. 세계 각국은 이란을 성토하는 한편, 중동에서 핵 군비경쟁이 벌어질까 봐 불안해했다.

이러한 흐름을 타고 재무부를 따라 미국의 온갖 정부 기관이 달러라는 무기를 휘두르기 시작했고, 이는 전 세계 은행들에 한층 더 강력한 두려움을 심었다.

한편 맨해튼을 휘어잡았던 로버트 모겐소Robert Morgenthau 같은 검사들도 이란을 정조준하기 시작했다. 이로써 미국의 경제제재는 재무부가 단독으로는 집행했을 때보다 좀 더 온전한 꼴을 갖추게 되었다. 법 집행이라는 차원이 추가되었기 때문이다.[22] 검사들은 제삼국의 은행들이 제재 대상인 이란과 거래했는지 확인하기 위해 형사소송을 제기했다. 그 덕분에 도청, 압수 수색, 비밀 정보원 활용 등 재무부로서는 꿈도 꾸기 어려웠던 수사 기법들이 모두 동원되었다. 2009년 모겐소는 이란의 유령회사들을 대신해 달러 거래를 진행한 혐의로 영국계 로이드은행Lloyds Bank에 3억 5000만 달러의 벌금을 부과했는데, 이는 은행을 정조준한 첫 번째 급습 작전에 불과했다. 2016년까지 스탠다드차타드은행, 크레디트스위스, BNP파리바BNP Paribas, 코메르츠은행Commerzbank 등 대부분 유럽에 근거지를 둔 대형 은행 10여 곳이 형사소송을 피하기 위해 수십억 달러의 벌금을 치르는 데 합의했다. 이 과정에서 다수의 은행이 미국의 제재를 피할 의도로 이란과 관련된 사항을 송금 지시서에서 삭제한 사실이 밝혀졌다.

일부 해외은행은 미국의 준거법이 모호하고 미국 검찰이 부당하게 표적 수사한다고 반발하며, 자국 정부의 지원을 받아 혐의 제기에 맞서 싸웠다. 그러나 결과적으로 그들도 뉴욕주가 발급한 은행업 면허를 박탈당할 수 있다는 위협에 굴복해 합의를 택했다. 뉴욕주, 특히 뉴욕에서 영업을 못 한다는 것은 문을 닫아야 한다는 뜻과 다름없었기 때문이다. BNP파리바는 벌금으로 무려 90억 달러를 내야 했으니, 당시 기준으로 사상 최고 액수였다. 물론 벌금 납부는 시작에 불과했다. 은행들은 자금세탁 방지 및 경제제재 관련 준법 감시 인력을 보강하고 미국 규제 당국의 강도 높은 감독을 받는 등 다양한 개혁 조치를 시행해야 했다(특히 준법 감시 인력의 보강을 위해 수억 달러를 쏟아부었다). 한 예로 HSBC는 미국 정부와 합의한 기간인 2012년부터 2017년 사이에 준법 감시 인력을 8,300명으로 늘렸는데, 기존의 일곱 배에 달하는 규모였다. 아울러 2011년 공직을 떠난 레비를 최고법률책임자로 영입해 잘못을 바로잡겠다는 결의를 내보였다.[23]

검찰을 뒤따라 미국 의회도 움직였다. 이란에 대한 적대감이 컸던 의회는 입법을 통해 재무부에 2차 제재를 가할 수 있는 전례 없는 권한을 안겨주었다. 특히 '포괄적 이란 제재·책임 부과·투자 철수법 Comprehensive Iran Sanctions, Accountability, and Divestment Act'의 통과가 결정적이었다. 소위 '포괄적 이란제재법'이라 불린 이 법에 따라 재무부는 제삼국의 은행이 제재 대상인 이란의 법인과 "상당한 규모"로 거래할 경우, 설사 현지에서는 합법적인 거래라 할지라도, 해당 은행이 미국계 은행에 개설한 환거래 계좌를 막아버릴 수 있었다. 이 조치는 훗날 트럼프 행정부가 시행할 강력한 경제제재의 예고편이었는데, 당시에도 유럽 국가들의 반발을 샀다. 그렇지만 이란에 대해서만큼은 그들의 인식도 미국과 비슷해졌으니, 2011년에는 EU 스스로 이란산 석유에 대해 금수조치를 시행하는 등 압박 수위를 높였다. 그뿐 아니라 미국과 EU는 공동으로 SWIFT를 압박해 이란의 주요 은행들을 퇴출했다.

이란은 미국 주도하에 압박이 이어지던 기간 내내 도전적인 태도로 버텼고, 핵 개발을 멈추라는 국제사회의 요구를 거부했다. 이란의 정보기관 요원들은 통치가 느슨한 나라들을 공략해 자국에 필요한 수입품을 조달하고, 또 자국의 석유를 수출해 세입을 창출했다. 미국의 경제제재가 이란 국민에게 고난을 안기고는 있었지만, 이란 정부의 정책 변화를 끌어내기에는 분명 역부족이었다. 이런 상황에서 워싱턴의 강경파들은 이란의 핵무장을 막을 시간이 얼마 남지 않았다며 목소리를 계속 높여갔다.

끝내 무릎 꿇리다

그리하여 달러를 더 정교하고 가혹하게 무기화하는 방안이 힘을 얻었다. 2011년 말 미국은 이란이 석유 판매 대금을 일절 수익화하지 못하도록 특단의 조치를 취했다. 즉 애국자법 311조를 발동해 이란의 중앙은행인 마르카지은행Bank Markazi과 이란계 은행 전부를 주요자금세탁우려대상으로 지정해버렸다. 이로써 마르카지은행과 거래하는 제삼국의 은행들 또한 2차 제재에 따라 미국 금융 시스템에서 퇴출당할 위험에 처했다. 재무부 관료들은 미국의 의지를 명확히 전달하기 위해 유럽, 아시아, 중동 곳곳의 은행들을 직접 방문했다. 그렇다고 은행들을 밀어붙이기만 했던 것은 아니다. 포괄적 이란제재법에는 이란의 석유 판매를 대폭 제한하기 위해 전략적으로 설계된 예외 조항이 있었다. 이란산 석유의 수입을 "상당히" 줄이는 국가의 은행은 2차 제재에서 제외해준다는 내용이었다. 당시 이란은 세계에서 세 손가락 안에 드는 석유 수출국이었던 만큼, 갑자기 이란산 석유의 수입을 전면 중단하는 것은 어떤 국가라도 쉽지 않은 일이었다. 이 같은 상황에서 등장한 예외 조항은 일단 수입량을 대폭 줄이도록 유도했다는 점에서 꽤 현실적인 접근법이었다.

2013년 중반까지 2년여간 일본은 45퍼센트, 대만은 57퍼센트, 인도는 30퍼센트, 중국은 21퍼센트를 감축하는 등 아시아 국가들은 이란산 석유의 수입을 충실히 줄여나갔다. 이러한 움직임에 EU의 이란산 석유 금수조치가 더해지며 이란의 하루 석유 수출량은 2011년 기준 250만 배럴에서 2013년 기준 100만 배럴로 급감했다. 그 결과 이란은 극심한 경기 침체에 빠져 GDP가 6.6퍼센트나 쪼그라들고, 법정통화인 리알의 가치가 80퍼센트 가까이 폭락했으며, 육류, 곡물, 채소, 과일 등의 시장 물가가 급등했다.[24]

결국 2012년 중반 이란은 협상 테이블로 돌아왔다. 이듬해 이란 국민은 핵 개발에 따른 경제제재 문제를 해결하겠다고 공약한 하산 로하니Hassan Rouhani를 새 대통령으로 선출했다. 이때부터 지지부진하던 비핵화 논의가 속도를 내기 시작했다. 그러나 최종 결정권을 쥔 이란의 최고 지도자 알리 하메네이Ali Khamenei가 어깃장을 놓는 바람에 벼랑 끝 전술이 2년 더 이어져야 했다. 그리하여 2015년 7월 이란의 핵 시설을 비군사적인 용도로 제한한다는 내용의 '포괄적 공동행동계획Joint Comprehensive Plan of Action'이 체결되었다. 이에 대해 기념비적인 핵 협정이라는 평가가 주를 이루었다.

이란의 양보를 끌어냈다는 점에서 북한의 사례와 비교하면 달러라는 무기의 위력이 한층 더 강해졌음을 알 수 있다. 더욱이 미국은 경제제재의 효력이 다른 주요 강대국들에 미칠 영향까지 계산하며 신중하게 달러를 무기로 사용했다. 물론 레비의 소문내기 캠페인이나 미국 검찰의 해외은행 기소가 우방국들을 자극한 것은 사실이지만, 오바마 행정부가 그들과 적극적으로 소통한 끝에 이란에 과도하거나 급격한 압박을 가하지 않기로 하면서, 세계경제는 큰 타격을 입지 않았다.

이란과의 핵 협정은 트럼프 행정부에서 살아남지 못할 운명이었다. 그것과 별개로 미국이 선보인 신무기는 국제사회에서 크게 주목받았으며, 특히 사이가 나쁜 국가들에 충격을 안겼다. 그들은 가만히 앉아서 당하는 대신에 미국의 신무기를 무력화하거나 적어도 그 충격을 완화할 방어 체제와 대응책을 마련하기 시작했다. 그중에서도 러시아, 중국, 북한의 조치를 주목할 만하다. 그들의 대응은 미국의 신무기를 어떻게 변화시켰을까?

러시아 요새 공방전

세르게이 글라지예프Sergey Glazyev는 미국의 행위를 "금융 테러리즘"이라 부르며 그 누구보다도 강한 적개심을 표출했다. 모스크바국립대학교에서 경제학 박사학위를 받고 경제고문으로 블라디미르 푸틴Vladimir Putin 대통령을 보좌했던 글라지예프는 미국의 경제제재에 격렬한 비난을 퍼붓는 일이 잦았다. "우리는 모든 사람에게 미국 국채를 팔아치우고, 달러라는 신뢰할 수 없는 통화를 털어버리고, 미국 시장을 떠나라고 권유할 것"이라고 선언한 적도 있었다. 러시아의 관영통신사인 타스Tass와 인터뷰하면서는 "미국이 공격적으로 나올수록 달러의 최종적인 붕괴가 빨라질 것입니다. 미국의 공격으로 피해를 본 자들이 그 공세를 멈출 수 있는 유일한 방법은 달러를 제거하는 것입니다"라고 말했다.[25]

허풍과 과장이 섞여 있기는 하지만, 강력한 반反달러 조치가 필요하다는 글라지예프의 주장은 크림반도를 침공하고 합병한 2014년 이후 줄곧 경제제재에 시달려온 러시아 정부의 내부 기류를 고스란히 반영하고 있었다. 오바마 행정부가 가한 초기의 제재는 러시아로부터의 에너지 수입에 차질이 빚어질까 봐 불안해하던 유럽 각국의 요구를 반영해 과도하지 않게 설계되었다. 러시아가 한술 더 떠서 우크라이나를 침공하고 나서야 미국과 그 우방국들은 압박의 수위를 한껏 높여 러시아 기업들이 세계시장에서 자금을 조달하지 못하도록 사실상 차단하기에 이르렀다. 러시아 은행들을 SWIFT에서 퇴출하는 방안도 논의되었지만, 너무 과격하다는 이유로 폐기되었다. 그런데도 일련의 제재 조치는 러시아의 주요 수출품인 석유 가격 하락과 맞물리며 러시아 경제의 깊은 침체를 유발했다. 이에 푸틴은 서구 국가들의 공격을 막아내기 위한 대응 조치 마련에 총력을 기울이라고 지시했다.

그 결과 탄생한 것이 '러시아 요새Fortress Russia' 전략으로, 그 핵심 요소는 다음과 같다. 우선 공공 부문과 민간 부문 모두가 외국 채권자들에게 진 빚을 줄인다. 그에 따라 재정 및 통화정책을 긴축적으로 운용함으로써, 러시아중앙은행Central Bank of Russia이 루블을 방어하고 위기를 완화하는 데 도움을 줄 외화보유고를 축적한다. 그뿐 아니라 무역과 금융거래에서 달러의 비중을 대폭 줄이고, 달러가 지배하는 SWIFT 등의 국제금융 시스템에 대한 의존도를 낮춘다.[26]

러시아중앙은행은 정말 SWIFT에서 퇴출당할까 봐 재빠르게 움직였고, 2014년 11월 SWIFT의 대안이 될 '금융메시지전송시스템System for the Transfer of Financial Messages, 이하 SPFS'을 구축하기 시작했다. SPFS는 2017년 전면 가동에 들어갔다. 물론 SWIFT의 대체재가 생겼다고 해서 해외 금융회사들이 대거 참여한 것은 아니었으며, 주로 벨라루스를 비롯한 몇몇 구소련 국가의 금융회사들만이 제한적으로 SPFS에 가입했다. 그러나 적어도 러시아 은행끼리는 메시지를 주고받을 수 있는 시스템이 마련된 셈이었다. 이와 연계해 러시아중앙은행은 비자Visa와 마스터카드Mastercard에 대한 소비자들의 의존도를 줄일 목적으로, 독자적인 신용카드 결제망도 구축했다. 연장선에서 미르Mir라는 신용카드를 개발하고 그 사용을 적극적으로 장려했다.

러시아 요새 전략은 여러 면에서 예상외의 큰 효과를 발휘하며, 서구 국가들의 경제제재가 본격화된 2014년 이후 몇 년 동안 러시아 경제가 무너지지 않도록 단단히 지탱했다. 2019년에 이르면 러시아의 정부 예산은 탄탄한 흑자 기조를 보였고, 정부 채무는 GDP 대비 15퍼센트에 불과해 EU 평균인 80퍼센트와 대비되었다. 외화보유고는 거의 50퍼센트나 불어나 5,420억 달러에 달했으며, 우크라이나를 전면적으로 침공하는 2022년 2월 직전까지 수백억 달러가 더 늘어났다. 물론 러시아 요새 전략에 따른 긴축재정으로 경제성장률과 사람들의 생활수준은 얼마간 악화되었다. 2014년부터 2017년까지 실질 가처분소득은 매년 감소하다가 이후 미미하게 증가하는 데 그쳤다. 다만 경제적 곤궁에 대해 묻는 여론조사에서 러시아 국민은 소련 붕괴 직후 겪어야 했던 일들에 비하면 견딜 만하다고 응답했다.

그러나 러시아는 탈달러화라는 목표에서만큼은 큰 진전을 보이지 못했다.[27] 솔직히 말해 러시아로서는 요원한 목표였다. 2013년 러시아중앙은행의 외화보유고에서 달러가 차지하는 비중은 40퍼센트 이상이었으며, 러시아가 청구하는 수출 대금의 80퍼센트 이상이 달러로 결제되는 상황이었다. 그 후 러시아중앙은행은 달러 표시 자산을 줄여나가기 시작해 외화보유고에서 달러의 비중이 2020년에는 24퍼센트까지, 2022년 초에는 16퍼센트까지 감소했다. 그 결과 러시아중앙은행의 포트폴리오에서 유로가 달러를 제치고 최대 결제 통화가 되었다. 그러나 이는 사실 그리 대단한 일이 아니었다. 중앙은행이라면 원하는 대로 달러를 사고팔아 보유 자산의 구성을 조정할 수 있기 때문이다. 그러나 해외 공급업체나 고객을 상대해야 하는 러시아 기업들이 달러가 아닌 통화로만 수출입 대금을 처리하는 것은 불가능에 가까웠다.

러시아 기업들은 2013년부터 2020년까지 대금을 달러로 결제받는 수출의 비중을 20퍼센트포인트 넘게 줄였다. 여기에는 국제무역에서 유로, 루블, 위안화 결제를 확대하라는 러시아 정부의 권고도 작용했다. 그러나 여전히 러시아의 전체 수출 대금 가운데 60퍼센트가 달러로 결제되고 있었다.

미국의 경제제재 위협에 직면한 국가들의 탈달러화 시도를 면밀하게 분석한 맥다월에 따르면, 러시아는 인도 및 EU와의 무역에서 달러 결제를 상당 부분 줄이는 데 성공했다. 그러나 맥다월이 취합한 자료를 꼼꼼히 살펴보면 그 성과가 얼마나 미미했는지 알 수 있다. 2020년 러시아가 EU에 청구한 수출 대금 중에서 달러로 결제받은 비중은 40퍼센트에 달했다. 이는 유로와 거의 동일한 수준이었다. 수입에서의 달러 의존도 또한 과도하게 높은 상태를 유지하고 있었다. 맥다월은 가장 단적인 사례로 러시아와 튀르키예 간의 무역을 제시했다. 2020년 두 나라의 무역에서 가장 많이 사용된 통화는 여전히 달러였으며, 2013년과 거의 비슷한 수준이었다. 맥다월은 "이 시기에 러시아와 튀르키예의 무역에서 달러가 꾸준하게 큰 비중을 차지한 것은 주목할 만한 일"이라고 강조하면서, 다음과 같이 덧붙였다. "미국 정부가 두 나라를 모두 표적으로 삼았고, 푸틴과 레제프 타이이프 에르도안Recep Tayyip Erdoğan 두 대통령 모두 무역에서의 자국 통화 결제를 추진하겠다고 다짐했다는 사실을 감안하면 더욱더 그렇다. 이처럼 뜻을 같이했는데도 탈달러화는 여전히 실현하기 어려운 과제로 남았다."[28]

그나마 푸틴은 중국과의 무역에서 소기의 성과를 달성했다. 중국에 대한 수출에서는 유로가 달러를 제치고 주요 결제 통화가 되었다. 중국은 국제통화 시스템에서 달러의 지배력을 약화한다는 러시아의 목표에 공감했을뿐더러, 그 나름의 계획도 구상하고 있었다.

중국의 역습

우연의 일치이든 아니든 그 시점에 주목할 필요가 있다. 이란 은행들이 SWIFT에서 퇴출당하고 불과 한 달 만인 2012년 4월, 중국인민은행은 독자적인 국제 결제 시스템의 구축 계획을 발표했다. 이듬해 열

린 출범식에서 그 이름이 공개되었으니, 바로 CIPS였다.[29]

CIPS는 SWIFT나 SPFS처럼 메시지 전송 시스템에 그치지 않고 자금의 청산과 결제 기능까지 갖추고 있다. 그런 만큼 국제 거래의 초크포인트 역할을 하는 CHIPS를 위협할 수 있다. CHIPS를 거쳐 이동하는 수조 달러 중 상당량이 CIPS로 옮겨 갈 경우 미국의 경제제재 역량은 약화될 수밖에 없다. 아울러 SWIFT를 통해 전송되고 있는 메시지 또한 상당 부분 CIPS로 이동한다면, 미국의 제재 역량은 극도로 큰 타격을 받을 것이다.

그러나 이러한 '만약'이 얼마나 벅찬 과제인지는 통계만 보더라도 분명해진다. 2024년의 첫 4개월 동안 CIPS를 거쳐 청산되고 결제된 금액은 하루 평균 6,500억 위안(900억 달러)으로, CHIPS를 통해 처리되는 1조 8000억 달러에 비하면 턱없이 적다. 게다가 CIPS를 이용하는 은행의 수는 SWIFT 대비 7분의 1에 불과하며, 심지어 그들조차 송금 관련 메시지는 여전히 SWIFT를 통해 전송한다. 한마디로 은행들이 SWIFT를 훨씬 더 편리하게 생각한다는 것이다. 물론 CIPS의 거래 규모가 상대적으로 작다고 해서 언젠가 판도가 뒤집히지 않으리라는 보장은 없으며, 실제로 그렇게 예측하는 이들이 있다.

예를 들어 2021년부터 2024년까지 NSC의 중국 담당 국장을 지냈던 러쉬 도시Rush Doshi는 저서 《롱 게임》에서 CIPS가 "아직 중국 외부에서는 국경 간 결제를 위한 기존 메시지 전송 시스템의 대안 역할을 할 준비가 되어 있지 않다. 그래도 그렇게 될 날은 다가올 것이다"라고 주장했다.[30] 러프트와 코린도 저서 《탈달러화》에서 비슷한 전망을 내놓았다. "CIPS와 SPFS는 SWIFT만큼 보편적인 시스템이 되기에는 아직 한참 멀었다. (…) 그러나 오늘은 오늘이고 내일은 내일이다."[31]

CIPS에 대한 낙관론의 근거로 보통 급속한 사용량 증가가 제시된다.[32] 2020년 초부터 2023년 초까지 CIPS를 통한 거래액은 두 배 넘게 증가했으며, 은행 500여 곳이 간접 참가 기관으로 합류했다. 2024년 초 기준 1,500개 이상의 금융회사가 CIPS에 연결되어 있는데, 그중에는 아시아, 유럽, 아프리카, 북미, 오세아니아, 남미 등지의 은행들뿐 아니라 씨티은행, 스탠다드차타드은행, BNP파리바 같은 전 세계적인 대형 은행들도 포함되어 있다.

하지만 CIPS가 CHIPS를 따라잡기는커녕 근접할 가능성조차 없다고 보아도 무방하다. 이유는 명확하다. CIPS는 위안화로 거래를 청산하고 결제하지만, CHIPS는 달러를 기반으로 하기 때문이다. 3장에서 살펴보았듯이 위안화의 걸림돌은 중국의 금융 시스템과 정치 시스템이 지닌 근본적 특성 그 자체다. 물론 중국 정부는 위안화의 국제화를 위해 수많은 조치를 추진해왔다. 가령 중국인민은행은 지금까지 40곳에 달하는 해외 중앙은행과 통화 스와프 협정을 체결했고,[33] 금융시장의 추가 개방도 단행했다. 그뿐 아니라 다른 강대국들보다 훨씬 더 신속하게 디지털 화폐를 발행했다(이에 관해서는 뒤에서 다룰 것이다). 이 같은 조치들은 CHIPS를 우회해서, 무엇보다 미국의 감시 밖에서 거래하는 데 도움을 주며, 그 덕분에 중국 자체도 미국의 경제제재에 덜 취약해질 수 있다. 그러나 위안화 표시 자산을 보유한 사람은 해당 자산을 중국 안으로, 또는 중국 밖으로 옮기지 못할 위험을 감수해야 한다. 중국의 규제 당국이 언제든 자본 통제를 시행할 수 있기 때문이다. 그보다 더 중요한 문제는 위안화 표시 자산을 둘러싸고 법적 분쟁이 발생할 경우, 어떤 상황이 벌어지게 될지 짐작하기 어렵다는 점이다. 중국공산당의 뜻을 따르는 중국 법원이 미국 법원처럼 공정하게 판결하리라고 기대할 수 있을까? 이 같은 우려가 지속되는 한 위안화의 국제화는 달러에 비해 정체될 수밖에 없으며, CIPS의 성장도 CHIPS에 비해 지지부진할 것이다.

중국이 미국의 경제제재에 대응하기 위해 고안한 책략으로는 CIPS 외에도 '버너은행burner bank'이 있다. 이는 달러 거래를 회피할 목적으로 특수하게 설계된 은행으로, 미국 재무부에서 SDN으로 지정하더라도 크게 영향받지 않는다. 이름에서 짐작할 수 있듯이 마약 밀매업자들이 법 집행기관의 추적을 피하기 위해 잠시 사용하고 버리는 '버너폰burner phones'과 비슷한 형태다. 이런 은행들은 '소모용 은행expendable bank', '희생용 은행sacrificial bank', '단일 목적 은행single purpose bank'으로도 불리지만, 내게는 영국을 대표하는 싱크탱크인 왕립합동군사연구소 Royal United Services Institute의 톰 키팅Tom Keatinge이 생각해낸 버너은행이 가장 기억에 남는다. 그 대표적인 사례가 중국의 신장위구르자치구에 본점을 둔 쿤룬은행Bank of Kunlun으로, 2009년 에너지 대기업인 중국석유천연가스공사에 인수된 후부터 이란산 석유 수입에 활용되었다. 결국 쿤룬은행은 이란 은행들에 수백만 달러 규모의 석유 수출 대금을 결제해준 혐의로 2012년 제재 대상에 올랐다. 하지만 쿤룬은행은 애초에 뉴욕을 거치는 청산과 결제 업무를 하지 않기 때문에 영업을 계속할 수 있었다. 러시아도 대형 은행이 제재 대상으로 지정되는 것을 피하고자, 소형 은행을 통해 무기 수출 대금을 결제받는 식의 유사한 수법을 사용한 바 있었다.[34]

그렇다면 버너은행이 달러 기반 금융 시스템을 우회하고 미국의 경제제재를 무력화하는 데 널리 활용될 수 있을까? 이론상으로는 가능할지 모른다. 버너은행들이 자체 금융망을 형성해 환거래은행을 통하지 않고도 자기들끼리만 청산과 결제를 처리할 수 있다면 그럴 수 있다. 그러나 기억해야 할 점은 미국 재무부 산하에서 온갖 정보를 수집하고 분석하는 부서들이 버너은행들의 금융망을 쉽사리 탐지해낼 수 있다는 사실이다. 그 경우 재무부는 버너은행들과 거래하는 모든 은행과 기업에 2차 제재를 가하겠다고 위협할 수 있다. 국제 거래를 원활하게 수행하기 위해서는 CHIPS와 환거래은행들의 금융망을 통해 무엇보다 달러로 청산하고 결제할 수 있어야 하므로, 그런 위협을 무시할 수 있는 은행은 극히 드물다. 버너은행이 숫자와 지속성 측면에서 한계가 있는 이유도 그 때문이다. 실제로 쿤룬은행은 2018년 이란 은행들에 대한 결제 처리 업무를 중단했다.[35]

첩보 영화처럼 좀 더 은밀하고 모험적인 제재 회피 수법에 관해서는 다음으로 소개할 나라를 따라갈 곳이 없다.

"전형적으로 어려운 표적"

2020년 5월 대만 앞바다에 다이아몬드 8호가 모습을 드러냈다. 이 유조선은 이미 대기 중이던 또 다른 배에 조금씩 다가가 석유를 넘겨받고는 곧장 북한으로 향했다. 평양 인근의 남포항에 정박한 다이아몬드 8호는 육상의 저장 탱크에 석유를 흘려보내는 것으로 비밀스러운 항해를 마쳤다. 일련의 위성사진으로 포착된 이 과정은 다이아몬드 8호가 2019년부터 2020년 사이에 감행한 여러 번의 북한행 항해 중 하나였다. 그 과정에서 다이아몬드 8호는 선박이라면 의무적으로 전송해야 하는 위치 추적 신호를 꺼버리거나 다른 선박인 척 신호를 조작했다. 서류상으로 이 배는 아프리카-인도양에 떠 있는 작은 섬나라인 세이셸에 설립된 인도네시아 회사가 관리했지만, 이는 위장에 불과했다. 실제로는 다이아몬드 8호와 공해상에서 석유를 넘긴 다른 두 척의 배 모두 지배 구조가 불투명한 모종의 무역회사와 연관되어 있었다. 회사 대표는 중국과 대만에서 밀수와 뇌물 수수 혐의로 수사받은 전적이 있는 푸젠성 출신의 토니 퉁Tony Tung이었다. (그가 받은 단 한 건의 유죄 판결은 나중에 뒤집혔다.)[36]

교묘하게 계획된 다이아몬드 8호의 항해 덕분에 북한은 2016년 1월의 핵실험 이후 경제제재가 한층 더 강화되었는데도 꾸준히 석유를 공급받을 수 있었다. 북한은 석유 매장량이 전무하기 때문에 무조건 수입해야 한다. 그런데 UN이 군사력을 강화하는 데 "직접 이바지할 수 있는 물품 일체"의 이전을 금지하는 조치로서 북한의 석유 수입을 제한해버렸다. 게다가 미국 재무부가 BDA를 제재 대상으로 전격 지정하며 북한과 관련된 사업은 국제금융계에서 독극물 취급을 받게 되었다. 하지만 북한의 고위 관료들은 이후 몇 년 동안 능숙한 솜씨로 해외 협력자들을 찾아냈다. 그들은 이제 막 첫발을 내디딘 김정은 정권이 제재로 철저히 고립된 상황을 극복할 수 있도록 적극적으로 도왔다. 석유 밀수는 그중 한 가지 사례였을 뿐이다.

북한은 합법적이든 불법적이든 할 것 없이 국제무역의 상당 부분을

'국가무역회사_state trading company_'를 통해 수행했다. 하버드대학교의 존 박_John Park_과 MIT의 짐 월시_Jim Walsh_는 2016년 발표한 논문에서 국가무역회사의 급속한 고도화를 상세히 다루었다.[37] 그들은 북한의 국가무역회사에서 일하다가 탈북한 관리자들을 인터뷰해 다음과 같이 결론 내렸다. 즉 경제제재가 강력해질수록 북한의 회피 실력 또한 크게 향상되는 역효과가 발생한다는 것이었다.

박과 월시에 따르면, 그 첫 사례는 BDA 사건이었다. "북한은 이 사건을 통해 불법 활동이 미국의 해외은행 제재, 특히 달러를 사용하는 은행에 대한 제재에 매우 취약하다는 사실을 알게 되었다. 북한은 자신들이 미국 재무부의 영향권 밖에서 활동할 수 있도록 도와줄 협력자와 금융 수단을 새롭게 찾아야 했다." 2009년 원자바오_溫家寶_ 중국 총리가 평양을 방문해 북한과의 관계를 강화하겠다고 발언한 것도 하나의 계기가 되었다. "그 후에 북한은 중국의 민간 중개인들을 더 적극적으로 활용하게 되었다. 과거보다 더 유능한 민간기업들과 계약을 맺기도 했다. 미국이 기대한 대로 새로운 경제제재 조치들은 북한과의 거래에 따르는 리스크를 키웠다. 그러나 북한은 더 커진 리스크를 보상하기 위해 더 높은 수수료를 지급하는 식으로 대응했다. 그리하여 더 능숙한 중국인 협력자들을 더 많이 끌어들일 수 있었다."

북한의 국가무역회사 관리자들은 예전처럼 중국을 잠깐 다녀오는 대신에 아예 중국의 대도시로 이주했다. 장기 체류하느라 자녀들을 현지 학교에 입학시키는 일도 많았다. 그 덕분에 다른 외국인 사업가들과 비슷한 대우를 받을 수 있었다는 것이 전직 관리자의 설명이다. 국가무역회사의 관리자들은 북한이 합법적으로 확보할 수 없는 물품을 조달하기 위해 제삼자를 활용했다. 박과 월시는 그 과정을 다음과 같이 설명했다. "국가무역회사는 자사 명의로, 또는 유령회사를 통해 민간기업으로 위장한 중국인 브로커와 계약을 맺었다. 브로커는 다시 중국 내 공급업체와 계약을 맺었다. 공급업체는 북한이 아닌 중국의 기업과 거래한다고 믿었다. 수상한 낌새를 알아차리지 못한 공급업체가 정상적으로 물품을 건네면, 브로커는 이를 북한으로 전달했다." 1,500킬로미터에 달하는 중국과 북한의 긴 국경도 그 같은 활동에 도움을 주었다. "이제 북한은 중동의 어느 항구에서 부품을 몰래 실어 나르던 자기네 선박에만 의존하지 않는다. 그 대신 중국인 협력자들이 비교적 작은 북한행 화물을 중국 국내에서 대량으로 유통되는 일반적인 물품들 속에 숨긴다. 일단 그렇게 되면 탈북자들의 공공연한 표현대로 해당 화물은 사실상 은닉된다."

물론 북한은 매우 예외적인 사례일지 모른다. 실제로 북한 경제 전문가인 마커스 놀런드Marcus Noland와 스테펀 해거드Stephan Haggard는 2017년 출간한 저서에서 북한을 "전형적으로 어려운 표적"으로 표현했다.[38] 어쨌든 위의 사례를 통해 달러의 무기화에도 한계가 있음이 드러났다. 그런데도 트럼프 행정부는 달러라는 무기를 최대한도로 활용하는 데 거리낌이 없었다.

달러 무기화의 먼 길

"전에도 강력하게 밝혔지만 다시 한번 강조하건대 튀르키예가 내 위대하고 타의 추종을 불허하는 지혜에 비추어 도를 넘는 행위를 한다면 나는 그곳의 경제를 완전히 파괴하고 말살할 것이다. (전에 그렇게 한 적이 있다!)"[39]

이는 2019년 10월 8일 튀르키예가 시리아 북부를 침공하자, 무려 미국 대통령이 올렸던 트윗이다. 이 같은 엄포는 트럼프가 경제제재를 가하는 전형적인 방식이었다. 그는 사진기자들 앞에서 기꺼이 행정명령에 서명하고는 특유의 찡그린 표정을 한 채 해당 문서를 휘둘러댔다. 그의 보좌관들이 언론에 털어놓은 바에 따르면, 트럼프는 특히 제재를 가하는 행정명령에 서명할 때 희열을 느꼈다고 한다. 적대국들을 비용 없이 응징하는 수단으로 여겼기 때문이다.[40] 4장에서 살펴보았듯이 2018년 유럽 기업들은 미국의 2차 제재 위협에 굴욕적으로 복종했다. 그러한 사례를 보면 트럼프 행정부가 대외 정책을 실현하고자 달러를 무기로 사용하는 데 유달리 능숙했다고 결론지을 만하다. 그러나 사실은 그렇지 않았다.

미국이 대이란 제재를 재개하자, 이란 경제는 회복세에서 하락세로 역전되었다. 석유 수출이 절반으로 줄었고 GDP는 2018년부터 2021년까지 12퍼센트나 위축되었으며, 인플레이션율이 급등했고 환율은 급락했다. 생활수준은 극도로 저하되어 중산층으로 분류되는 이란 국민의 비중이 2017년에는 45퍼센트였으나 2020년에는 30퍼센트로 줄어들었다.[41] 그러나 이란 정부는 전보다 훨씬 더 가혹해진 미국의 요구에 응하지 않았다. 긴축재정에 반대하는 시위가 이란의 여러 도시에서 일어나 정권 교체 가능성이 커지는 듯 보였지만, 이란의 지도부는 건재했고, 이란의 핵 개발을 멈추는 일에도 아무런 진전이 없었다.[42] 오히려 경제제재는 역효과를 낳아 이란은 전보다 더 미국에 적대적인 정책과 군사 조치를 취하게 되었다. 이란 정부 내 강경파는 미국처럼 약속을 번복하는 초강대국과 타협해봐야 별 소용이 없다고 주장했고, 그와 동시에 온건파는 세력이 꺾였다. 이런 상황은 이란에 정통한 네 명의 미국인 학자가 함께 쓴 책에 잘 묘사되어 있다. 학생 운동을 했던 샤디Shadee가 그들에게 한 이야기를 들어보자. "우리는 지난 두 번의 대통령 선거[2013년과 2017년]에서 '투표해야 이란이 더는 제재당하지 않고 서구 국가들과의 문제를 해결할 수 있다'라고 사람들에게 말했어요. 그러나 트럼프가 협정을 탈퇴하고 제재를 재개하면서 우리가 그 많은 일을 겪은 지금은 (…) 다시 거리로 나가서 사람들에게 투표하라고 설득할 수가 없습니다. 무슨 말을 해야 할까요? 더는 설득할 명분이 없어요. 말문이 막힌 상황입니다."[43]

베네수엘라에서도 비슷한 일이 벌어졌다. 트럼프 행정부는 베네수엘라의 석유 수출을 강력히 규제함으로써, 니콜라스 마두로Nicolas Maduro 대통령을 몰아내려 했지만 그는 권력을 놓지 않았다. 이 경제제재 또한 예상치 못한 결과를 낳았다고 비난받는데, 특히 베네수엘라 경제가 붕괴하면서 국민 다수가 난민으로 전락해 다른 중남미 국가들로, 더 나아가 미국으로 대규모 유입되는 부작용이 발생했다. 트럼프 지지자들은 마두로의 형편없는 경제 운영 때문에 베네수엘라가 가난해진 것이며, 그 난민들 또한 2021년 이후에 급증한 만큼 바이든 행정부의 책임이라고 반박한다. 그러나 베네수엘라에 대한 제재 결정은 트럼프 행정부 내에서도 격렬한 반대를 불러일으킨 사건이었다. 많은 관료가 제재의 부작용이 부메랑처럼 돌아와 미국에 타격을 가할 수 있다고 경고했다. 2016년부터 2018년까지 국무부 정무차관을 지냈던 토머스 섀 넌Thomas Shannon은 《워싱턴포스트》와의 인터뷰에서 자신이 그 반대자 중 한 명이었다고 밝혔다. "나는 제재가 베네수엘라 경제를 산산조각 내고 사람들과 관련해 엄청난 파장을 일으킬 거라고 말했습니다. 그중 하나가 인구 이탈이었고요. (…) 제재는 분명 이탈을 가속화했습니다. 그리고 그들이 북미 이주를 결심하는 건 시간문제일 뿐이었죠."44

미국이 2018년 단행한 대러 제재 또한 실패로 이어졌다. 의회에서 올리가르히를 정조준한 경제제재 법안이 통과되자, 재무부는 푸틴의 측근인 억만장자 올레크 데리파스카Oleg Deripaska를 제재 대상으로 점찍었다.45 곧 데리파스카가 소유한 수많은 기업 가운데 세계 2위의 알루미늄 제조업체인 루살Rusal이 SDN으로 지정되었다. 원자재 구매 대금을 달러로 지급할 수 없게 된 데다가, 은행을 통한 대출이나 채무 상환이 불가능해진 루살은 곧 국제적으로 고립되었다. 그때까지 루살과 거래했던 은행과 기업들이 괜히 연루될까 봐 두려워하는 와중에, 제재 계획을 미리 듣지 못한 유럽의 우방국들도 큰 충격을 받았다. 아일랜드와 스웨덴에 있는 루살 공장이 멈춰지면서, 공급 부족 우려로 알루미늄 가격이 20퍼센트나 급등했기 때문이다. 독일의 자동차 제조업체들도 알루미늄 부족 탓에 생산을 멈출 수 있다고 경고하면서, 수십만 개의 일자리가 위태로워졌다. 데리파스카는 자신의 제국을 최대한 지키기 위해 OFAC과 협상을 벌였고, 그 결과 루살의 지분을 대량 매각함으로써 수십억 달러 규모의 자산 손실을 감내해야 했다. 그 정도로 체면치레한 미국 정부도 후퇴를 결정했다. 여파를 충분히 고려하지 않은 채 단행되었던 제재는 그렇게 흐지부지되었다. 이 사건은 달러라는 무기가 경제에 어떠한 피해를 입힐 수 있는지를 단적으로 보여주는 사례로 꼽힌다.

경제제재를 가해 적대국들의 정책 변화를 끌어내기란 매우 어려운 일이었는데도, 트럼프 행정부는 달러의 무기화에 여전히 사로잡혀 있었다. 그들은 외국 정부가 적대감을 품을 가능성을 무시하거나, 오히려 그러한 반응을 기쁜 마음으로 기다렸다는 듯이 제재를 거리낌 없이 퍼부었다. 2020년 9월 마이크 폼페이오Mike Pompeo 국무부 장관은 국제형사재판소International Criminal Court의 파투 벤수다Fatou Bensouda 검사장이 제재 대상이 될 것이라고 발표했다. 벤수다가 아프가니스탄에서 미군이 저지른 전쟁범죄를 조사하고 있었기 때문이다. 헤이그에 본부를 둔 국제형사재판소는 전쟁범죄뿐 아니라 집단살해처럼 잔혹한 범죄로 기소된 이들을 판결하기 위해 설립된 국제기구다. 바꿔 말해 벤수다는 자기가 해야 할 일을 했을 뿐이다. 그런데도 트럼프 행정부는 미국이 국제형사재판소의 회원국이 아니므로 해당 재판소가 미국인을 기소할 권한이 없다고 주장했다. 그리하여 벤수다가 경제사범이라도 된다는 듯이 그의 UN연방신용조합United Nations Federal Credit Union 계좌를 동결했고, 미국 기업과 개인은 그와의 모든 거래를 금지당했다.[46] 물론 그렇다고 해서 벤수다의 수사를 멈출 수는 없었다. 2021년 봄 바이든 행정부가 들어서면서 그와 관련된 모든 제재가 거두어졌다. 폼페이오의 후임인 토니 블링컨Tony Blinken 국무부 장관은 미국이 국제형사재판소의 행태에 여전히 "강력히 반대"한다고 밝히면서도, 다른 수단으로 문제를 해결하겠다고 덧붙였다.[47]

달러의 무기화는 9·11 테러 이후 먼 길을 걸어왔다. 부시 행정부는 자금세탁방지법이 마약 밀매업자 외의 대상에도 효과를 발휘할 수 있다는 점을 깨닫고는 테러와의 전쟁에 OFAC을 투입했다. 이후 오바마와 트럼프 행정부에서 경제제재의 활용 범위는 점차 확대되었고, 그 대상이 된 나라들은 실제로 큰 타격을 입었다. 물론 워싱턴이 보기에 미흡한 결과도 적지 않았다. 다수의 제재 대상이 정책이나 행동을 바꾸는 것을 완강히 거부했기 때문이다. 그러나 달러가 전 세계를 지배하는 통화라는 데는 이견이 없었다.

그러나 2010년대를 뒤로하고 2020년대가 시작될 무렵, 달러의 미래에 대한 회의적인 전망이 다시 한번 고개를 들었다. 디지털 화폐의 급격한 발전이 바로 그 배경이었다.

6장

달러의 디지털 경쟁자들

모스크바의 비트코인 광산. 비트코인은 고성능 반도체가 탑재된 컴퓨터로 암호화 알고리즘을 풀어내면 얻을 수 있는데, 이를 '채굴'이라 부른다. 비트코인은 처음부터 그 수가 한정되어 있고, 알고리즘 특성상 채굴 난도가 점점 높아지기 때문에, 수백, 수천, 수만 대의 컴퓨터를 동원하지 않으면 타산을 맞추기 어렵다. 하여 공장과 같은 거대한 규모의 비트코인 광산이 세계 곳곳에서 운영되고 있다. 이런 곳을 미래의 조폐국, 중앙은행, 재무부라 부를 수 있을까?

2019년 10월 의회 청문회에 불려 나온 마크 저커버그. 페이스북은 2019년 6월 '리브라'라는 일종의 스테이블코인을 공개했다. 누구든 스마트폰에 지갑만 설치하면, 자국 통화를 리브라로 환전한 다음 자유롭게 결제 및 송금할 수 있게 한다는 게 페이스북의 계획이었다. 이보다 5년 앞서 나온 스테이블코인인 USDT와 달리, 리브라는 페이스북의 영향력 때문에 큰 논란의 대상이 되었다. 미국 정부와 의회는 일개 민간기업이 통화 권력을 쥐려 한다는 데 경악했고, 세계경제에 끼칠 부작용을 우려했다. 이러한 견제 탓에 리브라는 폐기되고 말았다.

2022년 11월의 어느 맑은 날 아침, 나는 카리브해의 작은 섬나라 바하마에서 눈을 떴다. 수도 나소에 유혹하듯 아름답게 펼쳐진 6킬로미터 길이의 해변을 산책하기로 마음먹은 나는 온도와 습도가 높아지는 와중에도 걸음을 멈추지 않았다. 사실 내가 그토록 꿋꿋이 걸은 데는 한 가지 이유가 더 있었다. 여전히 많은 미국인에게 낯선 최신 기술을 사용해보기 위해서였다. 이는 휴양지에서 즐길 만한 색다른 체험처럼 느껴졌다.[1]

나는 땡볕 아래에서 거의 1시간 30분을 걸은 끝에 목적지에 도착했다. NRG라는 이름의 레스토랑이었다. 아무것도 먹지 못한 데다가 땀까지 잔뜩 흘린 나는 샐러드와 스무디를 주문했다. 곧 최신 기술을 사용할 순간이 왔다. 나는 팁을 포함해 25바하마-달러를 결제하고자 아이폰에서 앱을 열어 점원이 건넨 QR 코드를 스캔한 다음 '확인' 버튼을 눌렀다.

"아무도 쓰지 않는다면?"

이것이 최신 기술이라고? 구글페이Google Pay, 애플페이, 알리페이, 위챗페이 등 각종 모바일 결제 서비스에 익숙한 사람들에게는 샐러드와 스무디를 사 먹기 위해 QR 코드에 스마트폰을 갖다 대는 방식이 구닥다리처럼 보일지 모른다. 그러나 이날 내가 사용한 것은 단순한 모바일 결제 서비스가 아니라, 세계 최초의 '중앙은행 디지털 화폐Central Bank Digital Currency, 이하 CBDC'였다. 바하마 정부는 자신들이 발행한 CBDC에 '샌드달러Sand Dollar'라는 매력적인 이름을 붙였는데, 자국의 모래 해변이 유명하다는 데서 착안한 아이디어였다. CBDC는 암호화폐와 혼동될 때가 많지만, 정부가 보증한다는 점에서 결정적인 차이가 있다. 2020년 10월 출시된 샌드달러는 바하마의 기존 지폐나 동전과 마찬가지로 바하마중앙은행Central Bank of The Bahamas의 부채로 간주된다. 다시 말해 샌드달러로 결제하는 것은 바하마-달러로 결제하는 것과 법적으로 동일하다. 물론 거래 자체는 사이버공간에서 이루어지므로, 발행인이 지불한 금액만큼의 디지털 자산이 곧장 수취인의 디지털 지갑으로 들어간다. 그리고 이 디지털 자산은 중앙은행이 보증하는 자산이지, 일반 은행, 신용카드사, 민간 중개업체의 채무가 아니다.

세계 최초의 CBDC로 결제했다는 사실뿐 아니라, 내가 걸은 거리에도 주목해볼 만하다. 그것만 보더라도 바하마에서 샌드달러를 사용하기가 얼마나 어려운 일인지를 알 수 있다. 실제로 샌드달러를 사용하는 바하마인은 거의 없으며, 취급하는 상점도 손에 꼽을 정도다. 내가 그 먼 거리를 걸어간 까닭은 바하마중앙은행이 정리한 샌드달러 취급 매장 목록에서 NRG가 그나마 가까웠기 때문이다. 그 외에서는 식당, 상점, 호텔을 막론하고 샌드달러 결제를 거부당했다. 심지어 출시된 지 2년이나 지났는데도 샌드달러를 잘 모르는 사람이 적지 않았다. 공항에서 나를 태운 괄괄한 택시 기사는 "그거 암호화폐 같은 거 아니오?"라며 비웃었다. 정부가 발행한 공식 화폐라고 설명하자, 택시 기사는 오히려 더 냉소적인 반응을 보였다. "순 도둑놈들에다가 사기꾼들이죠!"

내 경험은 바하마를 방문했을 때의 통계로도 입증된다. 당시 바하마의 전체 통화 유통량 중에서 샌드달러가 차지하는 비중은 0.1퍼센트도 안 되었다.[2] CBDC를 발행한 다른 나라들의 상황도 크게 다르지 않다. 예를 들어 나이지리아는 2021년 10월 e나이라eNaira를 발행했지만, 1년 동안 시장에서 철저히 외면당했다. 결국 그 사용을 촉진하고자, e나이라를 취급하는 삼륜택시 기사들에게 5퍼센트의 보너스를 지급하겠다고 약속해야 했다.[3]

샌드달러의 저조한 성과는 7장과 8장에서 디지털 화폐를 둘러싼 소란을 살펴기에 앞서 반드시 기억해야 할 내용이다. 오늘날 워싱턴을 비롯한 세계 각국의 수도에서는 정부가 직접 CBDC를 발행해야 하는지, 아니면 디지털 화폐 발행을 민간기업이나 개인적으로 활동하는 혁신가들에게 맡겨야 하는지를 놓고 격렬한 논쟁이 벌어지고 있다. 미국의 CBDC 지지자들은 중국인민은행이 자국의 공식 디지털 화폐인 e-CNY를 발행했으니, 연준도 이에 대응해 미국만의 CBDC를 발행해야 한다고 목소리를 높인다. 이들이 우려하는 바는 e-CNY가 전 세계적으로 광범위하게 사용될 경우 달러의 위상이 흔들릴 뿐 아니라, 개인, 기업, 정부와 관련된 민감한 정보가 e-CNY에 실린 채 중국으로 흘러 들어갈지 모른다는 것이다. 반면에 반대파는 CBDC를 강압적인 수단이라고 규탄한다. 즉 CBDC가 있으면 국민을 감시하고 억압해 복종시키기가 훨씬 더 쉬워진다는 것이다. 이들은 권력자들이 자기에게 밉보인 단체의 자산을 동결하거나 해당 단체에 대한 기부를 막는 식으로 CBDC를 악용할 수 있다고 주장한다. 연장선에서 정부가 CBDC 결제 소프트웨어를 조작해 과음하는 사람의 주류 구매를 제한하거나 비만인 사람의 정크푸드 주문을 거부하는 식으로 특정 행동을 장려하거나 억제할지 모른다며 몸서리친다.

그러나 실제로 CBDC를 사용해본 나로서는 그처럼 암울한 시나리오를 가정하는 것이 호들갑처럼 느껴진다. CBDC의 지지자든 반대자든 그 나름대로 타당한 이유를 제시한다. 그러나 그들 모두 세계에서 CBDC를 가장 먼저 도입한 바하마의 심드렁한 분위기를 눈여겨볼 필요가 있다. 그곳의 상황을 히피 시대의 반전 구호를 빌려 한마디로 표현하자면, 다음과 같다. "CBDC를 내놓았는데 아무도 쓰지 않는다면 ("전쟁을 일으켰는데 아무도 입대하지 않는다면?"이라는 구호를 차용한 것—옮긴이)?"

정보의 인터넷에서 가치의 인터넷으로

CBDC에 대해서는 이번 장의 후반부에서 좀 더 자세히 다룰 것이다. 어쨌든 CBDC는 달러의 미래에 큰 영향을 미칠 혁명적 변화의 일부에 불과하다. 일부 국가에서는 혁신적인 기능을 갖춘 디지털 결제 시스템이 정부 주도로 개발되어 최근 몇 년간 경이로운 발전을 이루었다. 대표적인 사례가 인도의 통합결제인터페이스Unified Payments Interface와 브라질의 픽스Pix다.⁴ 2016년 도입된 통합결제인터페이스는 QR 코드와 다양한 모바일앱을 통해 간편하게 계좌 이체를 할 수 있게 해준다. 심지어 수수료도 없다. 2020년 11월 출시된 픽스도 비슷한 기능을 제공하는데, 출시 1년 만에 브라질 성인 인구의 3분의 2가 가입했다. 현재 픽스는 신용카드를 제치고 브라질의 주요 결제 수단으로 자리매김했다.

새 시대의 선지자들은 결제 속도와 편의성의 혁신을 성큼 다가온 거대한 변화의 시작으로 여긴다. 그들은 이메일, 메시지, 사진을 교환하는 공간인 '정보의 인터넷'이 '가치의 인터넷'으로 대체되고 있다고 주장한다. 가치의 인터넷에서는 은행이나 신용카드사 같은 중개업체 없이 주식과 채권부터 부동산과 예술품까지 온갖 자산을 대량으로 사고팔 수 있다. 기술은 이미 환전 비용을 낮추고 있으며, 이는 화폐의 세 가지 기능이 분산되는 결과로 이어진다. 즉 통화마다 거래 수단, 가치 저장 수단, 가치 측정 수단 중 좀 더 특화된 기능이 있을 텐데, 모바일앱을 간단히 조작하는 것만으로 손쉽고 저렴하게 환전할 수 있다면, 지금 필요한 기능에 맞춤한 통화로 바꾸는 일이 잦아질 것이다. 이는 단일 통화의 세 가지 기능이 여러 통화로 분산되는 효과를 낳는다.

한편 디지털 화폐는 프로그래밍을 통해 다양한 편의를 제공하는 소프트웨어와 결합할 수 있어, 삶의 질을 한 차원 높일 가능성이 크다. 이를 전문용어로 '프로그래밍 가능성programmability'이라 하는데, 예를 들어 온라인으로 상품을 주문하면 배송 즉시 자동으로 결제된다든지, 자율주행자동차가 다른 차량에 비용을 치르고 차선을 양보받는다든지, 자기 집 앞의 주차 공간을 이웃에게 손쉽게 임대한다든지, 전기·가스계량기가 매달 알아서 사용료를 지불한다든지 하는 일들이 가능해지는 것이다. 블로그나 소셜미디어의 콘텐츠를 이용할 때마다 그 주인에게 1센트도 안 되는 푼돈이 자동으로 입금된다면, 구글이나 메타처럼 광고 수입과 사용자 데이터 약탈에 크게 의존하는 거대 기업들이 몰락할 수도 있다. 그 궁극적인 결과는 훨씬 더 분권화되고 민주적인 사이버공간의 탄생이다.

MIT에서 디지털화폐이니셔티브Digital Currency Initiative의 책임자를 맡고 있는 네하 나룰라Neha Narula는 기술을 이용해 돈을 재설계하자고 주장하는 디지털 화폐 전도사 중 한 명이다. 나룰라는 2016년의 TED 강연에서 "인터넷이 우리의 소통 방식을 바꿨듯이 프로그래밍 가능한 화폐는 결제 방식, 자원 배분 방식, 가치 평가 방식 등을 모두 바꿀 것입니다"라며 새로운 돈의 미래를 제시했다. 청중이 호기심 어린 눈빛을 반짝이자, 그는 구체적인 예를 들며 설명을 이어갔다. "제약회사가 대규모로 데이터를 분석하고 수집하기 위해 당신의 의료 기록을 빌린다고 상상해보세요. 회사는 암호화된 증명서를 통해 기록에 접근하고, 당신이 동의한 방식으로만 기록을 활용하며, 무엇보다 성과를 내면 그 대가를 지급하겠다고 약속할 것입니다. (…) 흥미롭게도 이러한 변화가 보안이 작동하는 방식을 바꿔놓고 있습니다. 우리가 자원을 좀 더 효율적으로 배분할 수 있다면, 각자의 에너지를 좀 더 생산적인 일에 쓰게 되지 않을까요? 예를 들어 이메일 한 통을 보내는 데 0.01센트라도 비용이 든다면, 그래도 스팸 메일이 존재할까요?"[5]

미래학자 데이비드 버치David Birch는 "수백, 수천, 아니 수백만 종류의 화폐가 존재"하게 될 시대를 한발 앞서 내다보았다. 버치는 모바일 기술의 발달로 손쉽게 화폐를 바꿔가며 상황에 따라 필요한 기능과 편익을 누리는 미래를 그렸다. 그가 2020년 출간한 《화폐 냉전The Currency Cold War》은 "스타벅스에서 커피를 사는 데 더 적합한 화폐가 있는가 하면, 연금을 적립하는 데 더 적합한 화폐가 있을 것"이라고 전망하며, 그것들이 일상생활에서 어떻게 쓰일지 예를 들어 설명했다. "스마트폰에 라테 가격이 런던의 루트(뒤이어 언급될 '캐비지', '애플', '주차권' 등과 더불어 저자가 만들어낸 가상의 화폐―옮긴이)로 뜨더라도, 캘리포니아의 캐비지, 애플Apple의 애플, 샌프란시스코의 주차권 같은 다른 지역의 화폐로 결제할 수 있게 될 것이다."[6] 더 나아가 버치는 (종교적·정치적·문화적·종교적으로) 공통된 관심사와 가치관을 공유하는 공동체들도 고유한 화폐를 만들어 사용하리라고 보았다. "내가 금으로 뒷받침되는 디지털 이슬람 디나르(테러 조직인 이슬람국가Islamic State가 발행했다고 알려진 통화―옮긴이)를 저축하기로 하고 당신은 재생에너지로 뒷받침되는 kWh$$$를 저축하기로 하더라도 스마트폰에 탑재된 인공지능의 자동 환전 기능 덕분에 우리 둘은 손쉽게 거래할 수 있을 것이다."

현실성 없는 공상처럼 들릴지 몰라도, 21세기 들어 달러의 도전자들이 빠르게 늘어나고 있다는 것만큼은 틀림없는 사실이다. 기술 발전으로 전 세계적인 규모의 새로운 결제 방식이 등장하면 달러 패권은 허물어지고 미국의 경제제재가 지니는 영향력도 쇠퇴할까? 반대로 미국이 디지털 화폐의 등장과 혁신을 적극적으로 수용하면 달러 패권은 오

히려 더 강력해지지 않을까? 이런 상황에서 국가는 디지털 화폐 발행에 더 적극적으로 개입해야 할까, 아니면 나서지 말아야 할까? 프롤로그에서 살펴보았듯이 달러에 대한 신뢰는 미국 정부 산하의 다양한 기관이 행사하는 국가권력에서 비롯된다. 바꿔 말해 화폐와 국가권력은 불가분의 관계다. 그렇다면 디지털 달러를 통해 미국 정부가 사생활을 엿보거나 개인의 행위를 통제하지 않으리라는 것을 어떻게 확신할 수 있을까? 또 제재의 영향력을 강화하려는 국익 우선주의와 개인의 자유를 옹호하는 미국적 가치관은 과연 양립할 수 있을까?

꾸준히 디지털화된 화폐의 역사를 살펴보면, 이 의문들을 풀어갈 실마리가 되어줄 기본 지식을 얻을 수 있다.

은행 계좌라는 사슬

인류 최초의 금화와 은화는 기원전 600년경 아나톨리아의 강국이었던 리디아에서 주조되었다. 그 전까지는 다양한 크기의 주괴와 무게를 비교해 물건의 가치를 가늠했다. 지폐는 10세기부터 13세기까지 중국을 다스렸던 송나라 시대에 처음으로 널리 사용되었는데, 그 덕분에 사람들은 무거운 청동 주화 꾸러미에서 해방되었다. 그 후 르네상스 시대에 이탈리아에서 번성한 여러 도시국가의 금융업자들은 부기 방식을 정교하게 발전시켰다. 그들은 돈을 지급한 사람의 장부에서 차감한 금액만큼 돈을 받는 사람의 장부에 더하는 방식으로, 거래 내역을 기록했다. 그렇게 해서 멀리 떨어져 있는 사람끼리도 믿을 만한 중개인을 통해 거래할 수 있게 되었다. 수 세기가 지난 뒤에는 정보 통신 기술의 발전으로 금융거래 속도가 무척 빨라졌다. 특히 1871년 웨스턴유니언 Western Union이 전신선을 통해 금융거래와 관련된 메시지를 송신하면서 획기적인 전환점이 마련되었다. 이 모든 사례는 기술이 화폐의 역사를 뒤흔들었다는 생생한 증거다. 이러한 흐름은 오늘날에도 여전하다. 최근 수십 년에 걸쳐 은행을 비롯한 금융회사들이 손이나 천공기를 이용해 입금과 출금을 기록하던 방식에서 벗어나, 전산 시스템을 도입함에 따라 금융거래 속도가 놀랄 만큼 빨라지고 있다.

새로운 기술이 도입될 때마다 교환 대상의 가치에 신뢰성을 더하고자 새로운 법률이 제정되어야 했다. 수표가 등장했을 때는 그것을 제시하면 발행인의 은행 계좌에 있는 돈을 받을 수 있다고 보장하는 법률이 제정되었고, 직불카드가 등장했을 때는 그것을 단말기에 삽입하고 '확인' 버튼을 누르는 행위에 법적인 효력이 있다고 보장하는 법률이 제정되었다. 새로운 유형의 도난과 사기를 막기 위한 법률이 제정되기도 했다. 직불카드를 도난당했을 때 명의자가 도둑이 사용한 금액을 책임지지 않도록 하는 법률이 대표적인 사례다. 오늘날 경제가 제대로 돌아가기 위해서는 이 같은 법률들이 반드시 필요하다. 개인과 기업은 자신이 받은 돈이나 자산의 가치를 법적으로 보장받아야 안심할 수 있다.

이와 관련해 1970년대 후반 신용카드사들이 널리 도입한 마그네틱 스트라이프를 빼놓을 수 없다. 카드 뒷면에 일련번호, 이름, 기타 식별 정보를 심어 넣는 이 기술 덕분에, 사용자는 카드를 한 번 쓱 긁기만 해도 결제 승인을 받을 수 있게 되었다. (나이가 많은 사람이라면 기억하겠지만, 그 전까지는 매장 점원이 신용카드사에 직접 전화를 걸어 결제 승인을 구해야 했으므로, 답답할 만큼 오랫동안 기다리는 일이 예사였다.) 얼마 뒤에는 인터넷 시대가 도래하며 아마존Amazon을 비롯한 전자상거래 플랫폼이 무수히 생겨났고, 곧이어 페이팔PayPal의 등장으로 개인과 기업 간의 온라인 결제뿐 아니라 개인과 개인 간의 온라인 송금도 가능하게 되었다.

새로운 결제 방식들은 다양한 편의를 제공했지만, 본질적으로 여전히 전통적인 은행 계좌에 연결되어 있었다. 비자Visa 신용카드로 식당에서 밥값을 내든 아마존에서 토스터를 주문하든, 또는 이베이eBay에서 어느 수집가에게 페이팔로 빈티지 야구 카드를 구매하든 간에, 이 모든 결제에는 개인정보를 입력해 자신의 신원을 인증하고 합의된 금액을 지급할 만큼의 충분한 자금을 소유하고 있다는 것을 확인받는 과정이 수반된다. 이처럼 얼마간의 돈이 송금인(구매자)의 계좌에서 출금되고 수취인(판매자)의 계좌에 입금되는 과정은 르네상스 시대의 부기 방식과 유사하다. 다만 오늘날에는 청산과 결제가 전산화된 시스템을 통해 자동으로 이루어진다는 점이 다를 뿐이다.

사슬을 끊은 비트코인

전산 시스템이 본격적으로 고도화된 1980년대를 기점으로 급진적이고 반정부 성향을 띤 컴퓨터 과학자들 사이에서는 모종의 우려가 확산했다. 그러한 분위기에 공감한 어느 역사가는 "사이퍼펑크

Cypherpunk"(암호를 뜻하는 'cypher'와 기존 질서에 반항하는 젊은이를 가리키는 'punk'의 합성어—옮긴이)를 표방한 그들을 가리켜 "말총머리를 한 프로그래머 집단"이라 불렀다.[7] 이들은 개인이 노력해서 벌어들인 돈과 개인의 소비 활동이 대부분 디지털 장부에 기록되고, 그 장부가 규제 당국에 쉽게 추적될 수 있다면, 사생활과 표현의 자유가 침해당할 위험이 분명히 존재한다고 보았다. 사이퍼펑크 운동의 선구자 중 하나인 데이비드 차움David Chaum은 자신의 기념비적인 논문에서 "현재 방식대로 전산화가 진행되면 우리의 기본적인 자유 중 일부가 위협받을 수 있다"라고 경고했다.[8]

차움의 경고를 이해하려면 최근 수십 년 동안 사용량이 꾸준히 줄어들고 있는 현금의 속성을 살펴보면 된다. 소지자가 소유자로 간주되는 무기명 지급수단인 현금은 개인 간에 직접 거래된다. 바꿔 말해 지폐나 동전은 소지한 사람이 곧 그 주인이며, 거래에는 현금을 주는 사람과 받는 사람만이 개입한다. 그 누구도 현금을 사용한다고 해서 따로 승인받을 필요가 없기 때문에 현금 거래는 '비허가형permissionless' 거래다. 이 같은 익명성은 범죄 활동에 악용되기도 하지만, '검열 저항성censorship resistance'(중앙 권력이나 제삼자가 거래를 삭제하거나 조작하는 것을 막는 능력—옮긴이)이 확실하다는 장점을 가진다. 따라서 현금을 사용하면 평판이 좋지 못한 정치·사회·종교단체를 후원할 때도, 법적으로는 허용되지만 사회적으로는 경멸받을 만한 물건(예를 들어 포르노 영화나 성인용품)을 구매할 때도, 숨기고 싶은 시술이나 치료를 받을 때도 안심할 수 있다. 사용 내역이 노출되지 않기 때문이다.

이와 대조적으로 수표, 신용카드, 은행 계좌, 애플페이Apple Pay 등과 같이 어떤 형태로든 금융회사에 연결된 지급수단으로 결제할 경우 제삼자가 개입해 지급인, 수취인, 지급된 금액 등의 거래 내역을 장부에 기록하는 과정이 수반된다. 그 같은 거래는 개인 간에 이루어지지 않고 중개를 통해 이루어지며, 은행의 고객확인절차가 반드시 뒤따른다는 점에서 허가가 필요하지 않은 현금 거래와 다르다. 물론 장점은 많다. 주머니에 돈뭉치 대신 카드 한 장, 또는 스마트폰만 넣어 다니면 된다는 편의성 말고도 훨씬 더 많은 장점이 있다. 아마존에서 주문한 토스터가 불량이라고 가정해보자. 환불받으려면 우리가 실제로 결제했다는 명확한 증거가 필요하지 않을까? 돈을 빌려야 하는 상황이라고 가정해보자. 우리의 신용 등급을 은행과 신용카드사가 쉽게 확인할 수 있다면 대출에 도움이 되지 않을까? (우리의 신용 등급이 높지 않더라도, 금융회사가 이를 최대한 정확히 파악해 대출 여부를 결정하는 것이 합리적이지 않을까?) 법 집행기관이 아동 성 착취물 유포자 같은 중범죄자를 검거하는 데 도움이 되는 도구를 갖춘다면 바람직하지 않을까? 문제는 금융회사의 서버에 저장된 그 모든 정보가 민간기업에 의해서든 독재 정권에 의해서든 악용될 여지 또한 무시할 수 없다는 것이다.

현금처럼 익명성이 보장되는 결제 수단을 개발하려는 시도가 없진 않았으나, 상업적으로 실패했다. 차움이 1990년대 중반 설립한 디지캐시DigiCash의 파산이 대표적인 사례다. 어쨌든 사이퍼펑크들은 디지캐시가 충분하지 못하다고 보았으며 은행, 기업, 중앙은행, 그 밖의 모든 중개업체의 개입이 전혀 필요하지 않은 화폐를 고안하기 위해 머리를 싸맸다. 마침내 실마리가 드러났을 때는 공교롭게도 리먼브라더스가 파산한 지 한 달 반쯤 지난 2008년 10월 말로, 금융회사에 대한 일반

인들의 반감이 극에 달한 시기였다.⁹

　모든 암호화폐 신봉자가 잘 알고 있듯이 바로 그때 〈비트코인: 개인 간 전자화폐 시스템Bitcoin: A Peer-to-Peer Electronic Cash System〉이라는 논문이 발표되었다. 이 논문은 저자인 사토시 나카모토Satoshi Nakamoto가 사이퍼펑크들조차 그의 정체를 알지 못할 정도로 철저히 베일에 둘러싸여 있었다는 점, 2010년 12월 어떠한 메시지도 남기지 않은 채 사라졌다는 점 때문에 한층 더 신비로운 분위기를 자아냈다. 그러나 사토시는 분명 사이퍼펑크들과 마찬가지로 기존의 금융 질서를 근본적으로 뒤엎고자 하는 열망을 품고 있었다. 2009년 그는 암호 기술 동호회의 홈페이지에 아직도 암호화폐 세계에서 경전처럼 받들어지는 아홉 쪽 분량의 짧은 논문을 게시했다. 논문은 "전통적인 화폐의 근본적인 문제는 전적인 신뢰가 뒷받침되어야만 작동한다는 점이다"라고 지적하면서, 그것이 얼마나 위험한 일인지를 다음과 같이 설명한다. "중앙은행이 화폐 가치를 떨어뜨리지 않으리라는 신뢰가 확고해야 하지만, 명목화폐의 역사를 살펴보면 그러한 신뢰가 배반당한 기록으로 가득하다. 우리는 은행이 우리의 돈을 보관하고 전자적으로 이체해준다고 믿지만, 은행은 극히 일부만 지급준비금으로 보관해두고 나머지를 빌려주어 신용 거품을 일으킨다. 우리는 은행에 개인정보를 믿고 맡겨야 하며, 은행이 신원을 도용한 누군가가 우리 계좌를 털어가지 않도록 막아줄 것이라고 믿는 수밖에 없다."

　사토시는 은행들의 신뢰할 수 없는 행태 때문에 개인 간에 직접 거래할 수 있는 신종 화폐를 만들었다. 아울러 중앙은행의 신뢰할 수 없는 행태 때문에 신종 화폐의 전체 공급량에 엄격한 상한선을 두었다.

그뿐 아니라 정부나 기업 같은 거대 조직에 통제당하지 않도록, 사용자 스스로 코드를 실행해 시스템을 운영하는 방식의 탈중앙화된 시스템을 설계했다. 사토시는 암호학과 소프트웨어 프로그래밍에 대한 전문적인 지식을 활용해 그 모든 목표를 달성했을뿐더러, 참여자들에게 거래의 유효성에 대한 신뢰를 불어넣는 데도 성공했다. 즉 누군가가 비트코인으로 결제할 때 그 비트코인이 실제로 그 사람의 소유이며, 그전에 사용된 적이 없다는 것을 확실히 보장했다. 새로운 법률은 필요하지 않았다. (암호화폐 세계에서 내세우는 표어를 인용하자면) "코드가 곧 법"이기 때문이다.

비트코인의 작동 방식

컴퓨터광들은 비트코인의 독창성에 열광했고 경제학자들은 그 어리석음을 꾸짖었다. 어느 편이든 간에 CBDC를 포함한 화폐의 디지털화 논쟁을 이해하려면, 비트코인의 기본적인 작동 방식을 파악하는 것이 필수적이다.

노트북컴퓨터나 스마트폰만 있으면 누구나 비트코인 소프트웨어를 무료로, 허가받지 않고 내려받아 사용할 수 있다. 애당초 허가를 내릴 주체 자체가 존재하지 않는다. 사용자는 비트코인을 이용하기 위해 우선 지갑을 생성하게 되는데, 그 과정에서 이름, 전화번호, 이메일 주소 같은 개인정보를 입력할 필요가 없다. 지갑은 34자리의 문자열로 구성된 공개키와 64자리의 문자열로 구성된 개인키를 할당받는다. 전자는 말 그대로 모두에게 공개된 일종의 주소(또는 계좌번호)이며, 후자는 지갑의 주인만 알 수 있는 일종의 비밀번호다. 공개키와 개인키는 복잡한 암호 기술을 통해 연결되어 있어서, 개인키를 모르면 공개키를 열 수 없다. 바꿔 말하 지갑 안의 비트코인을 사용하거나, 그 소유권을 입증할 수 없는 것이다. 이로써 은행 등의 중앙 기구를 완전히 배제한 채 사용자 본인만이 비트코인을 소유하고 관리하며 사용할 수 있도록 한다. 한편 지갑에 비트코인을 채우는 방법은 다양하지만, 가장 일반적이고 편리한 방법은 코인베이스Coinbase 같은 암호화폐 거래소에서 지갑을 개설한 후 자신의 은행 계좌를 연동해 법정통화를 비트코인으로 전환하는 것이다. 다만 익명성이 더 확실히 보장되고 해킹에 덜 취약하다는 장점 때문에 '비수탁형self-hosted' 지갑을 선호하는 사람도 있다.

비트코인을 보내거나 받는 것은 본질적으로 "주소 X가 주소 Y에 비트코인 다섯 개를 보낸다" 같은 메시지를 전송해 디지털 장부를 업데이트하는 것으로, 은행의 정산 업무와 크게 다르지 않다. 그러나 은행 계좌와 달리 비트코인 장부는 중앙에서 관리되지 않는다. 여기서 탈중앙화라는 개념이 등장한다. 즉 장부는 '분산형distributed'으로, 비트코인 사용자들의 노트북컴퓨터나 스마트폰 등을 '노드' 삼아 흩어져 있다. 이 덕분에 누구나 장부를 열어 어느 지갑에 얼마만큼의 비트코인이 들어 있는지, 특정 비트코인이 언제 전송되었는지 등을 확인할 수 있다. 다만 중요한 특징은 모든 사용자의 신원이 공개키 뒤에 가려져 있다는 사실이다('public key**'라는 약칭으로만 제시된다).

일반적인 신용카드로 결제할 때 거래의 유효성을 승인받아야 하듯이 비트코인으로 결제할 때도 유효성 검증이 필요하지만, 그 과정도

탈중앙화된 방식으로 이루어진다. '채굴자'로 불리는 비트코인 사용자들은 개인일 수도 조직일 수도 있으며, 세계 곳곳에 퍼져 있다. 이들은 고성능 컴퓨터를 사용해 비트코인 거래가 발생할 때마다 그 전송 과정이 지급인과 수취인의 두 지갑 사이에서 정상적으로 이루어졌는지 검증한다. (어떤 악당이 자신의 정당한 소유물이 아닌 비트코인을 사용하려고 시도했다가는 거의 확실히 거래를 거부당하게 된다.) 대략 10분마다 2,500건 정도의 거래가 검증되는데, 거래 하나당 관련 정보를 담은 '블록' 하나가 생성되어 '블록체인'에 추가된다. 블록체인은 말 그대로 블록이 사슬처럼 연결된 구조를 띠는데, 지금까지의 모든 거래가 변경 불가능한 형태로 기록되어 있다.

비트코인이 활성화되면서 거래 과정에서 소비하는 전력량이 기하급수적으로 늘고 있다. 2020년대 들어 연간 전력 소비량이 핀란드나 칠레 같은 중소형 국가의 수준을 뛰어넘었다. 채굴자들이 전력을 엄청나게 소비하는 초고성능 반도체가 탑재된 컴퓨터를 공장 규모로 여러 대 가동하기 때문이다. 그들은 컴퓨터의 어마어마한 연산 능력을 이용해 비트코인 거래를 검증할 뿐 아니라, 비트코인 알고리즘이 생성한 길고 긴 수열을 더 빨리 더 많이 푸는 경쟁을 벌인다. 수열을 가장 먼저 정확히 맞혀야만 새로 검증된 블록을 블록체인에 추가할 권한을 얻는 데다가, 그 보상으로 새로 생성된 비트코인을 몇 개 지급받는다. 이러한 비트코인은 금광에서 캐낸 금에 비유되어 채굴되었다고 표현된다. 터무니없어 보이는 이 과정에도 그 나름의 체계성이 있다. 컴퓨터에 큰돈을 쓰고 굉장한 전기료를 부담하는 채굴자들은 (그 비용을 벌충하고자) 비트코인의 가치를 유지하고자 하며, 더 나아가 전체 네트워크를 수호하고자 한다. 암호화폐 업계에서는 이 과정을 '작업 증명'으로 부르지만, '낭비 증명'이 좀 더 적절한 표현일지 모른다.

높은 이상과 그렇지 못한 현실

비트코인에 대한 경제학자들의 경멸은 그것이 단순한 소프트웨어 코드에 불과하다는 명확한 사실에서 출발한다. 프롤로그에서 살펴보았듯이 명목화폐가 신뢰받는 것은 국가의 뒷받침 덕분이다. 그러나 비트코인의 뒤에는 가치를 부여하는 국가가 전혀 존재하지 않는다. 암호화폐 신봉자들은 흔히 "명목화폐는 허공에서 돈을 만들어낸다"라고 비판하지만, 비트코인이 만들어지는 허공은 훨씬 더 빈약하다. 예를 들어 비트코인은 미국 국세청에 세금을 납부할 때 사용할 수 없다. 심지어 엘살바도르와 중앙아프리카공화국처럼 비트코인이 법정통화로 지정된 나라에서조차 국민 대다수는 비트코인을 외면한다.

발행량이 한정되어 있다는 것이 비트코인의 장점으로 거론되지만, 거시경제학에 관한 기본적인 지식만 있어도 그리 평가할 수 없을 것이다. 사토시는 비트코인을 설계하며 최대 발행량을 2,100만 개로 제한했다. 비트코인이 명목화폐처럼 인플레이션을 유발할 만큼 무분별하게 발행되는 것을 원천적으로 차단하기 위해서였다. 그 결과 비트코인은 1장에서 살펴본 금본위제보다 훨씬 더 경직된 금융 생태계를 조성한다. 이론적으로 한 나라의 통화공급량은 재화와 서비스의 생산능력이 상승하는 수준에 맞춰 탄력적으로 증가하는 것이 이상적이다. 그렇게 되지 않으면 19세기 후반에 금 공급량이 정체되었을 때처럼 디플레이션이 발생한다. 디플레이션은 채권자나 투자자에게는 유리하다. 이전보다 구매력이 상승한 화폐로 채무를 상환하거나 투자 수익을 거둘 수 있기 때문이다. 그러나 디플레이션은 그 외의 모든 사람에게 타격을 가하기 마련이다.

더욱이 비트코인의 참신함 덕분에 대중이 열광하자 그 아류가 등장하기 시작했고, 곧이어 수십, 수백, 수천 개에 이르는 신종 암호화폐가 양산되었다. 지금 이 순간에도 쏟아져 나오는 그 알트코인들은 대부분 사토시의 오픈소스 소프트웨어를 기반으로 하거나 다양하게 응용한 블록체인 형태를 띤다. 그 가운데는 ('시바견 밈'에서 이름을 딴) 도지코인Dogecoin처럼 발행량이 제한되지 않은 것들도 많다. 비트코인 신봉자들은 알트코인을 모조품에 불과한 '잡코인shitcoin'으로 부르며 맹렬히 비난하는데, 알트코인의 확산으로 반反인플레이션 자산이라는 비트코인의 명성에 흠집이 생겼기 때문이다. 누구나 어느 정도의 코딩 실력만 갖추면 전문용어로 꽉 찬 백서를 게시하고 디지털 토큰을 발행해 암호화폐라고 내세울 수 있는 세상이 되었다. 이러한 세상이 손수레에 지폐를 잔뜩 싣고 다녀야 했던 옛 바이마르공화국과 무슨 차이가 있을까?

무엇보다 비트코인과 알트코인들은 그 가치가 급등과 급락을 거듭함에 따라 한심할 정도로 화폐의 핵심 기능을 수행하지 못하고 있다. 암호화폐 세계에서는 비트코인이 처음으로 결제에 사용된 2010년의 사건이 전설처럼 떠돈다. 당시 플로리다주 잭슨빌에서 소프트웨어 개발자로 일하던 라슬로 하니에츠Laszlo Hanyecz는 1만 비트코인을 내고 피자 두 판을 샀다. 그때만 해도 비트코인의 가치는 한 개당 3분의 1센트 정도였지만, 불과 몇 년 만에 120달러를 넘어섰고, 2013년에는 1,238달러까지 치솟았다가, 몇 달 뒤에는 다시 100달러 아래로 추락하더니, 2017년 12월에는 2만 달러를 돌파했다. 하루마다, 또 주마다 가치가 극단적으로 변동하는 자산은 누가 보더라도 제대로 된 교환의 매개가 아니다. 심지어 피자 구매와 관련된 전설도 일부 잘못되었다. 라슬로는 피자 가게가 아니라 캘리포니아주에 사는 어느 개인에게 비트코인을 전송했다. 이후 지갑을 확인한 거래자가 라슬로의 동네에 있는 피자 가게에 직접 전화를 걸어 (라슬로의 집으로) 피자를 주문한 다음 신용카드로 결제했다.

암호화폐 신봉자들은 "시장과 기술이 성숙할 때까지 기다려보라"라고 요구하는 한편 사토시의 창조물에 영감을 받아 다양한 종류의 기술을 선보였다. 특히 비탈릭 부테린Vitalik Buterin이 개발한 블록체인인 이더리움Ethereum이 가장 중요한 진전으로 꼽힌다. 독학으로 소프트웨어 전문가가 된 부테린은 블록체인이 화폐의 교환뿐 아니라 갖가지 거래에도 사용되길 바랐다. 그 청사진이 담긴 백서를 2013년 고작 19세의 나이로 발표하며 화제를 모은 부테린은 2년 만인 2015년 이더리움과 자체 암호화폐인 이더Ether를 정식으로 출시했다. 이더리움의 가장 큰 특징은 특정 조건이 충족될 때 결제가 이루어지는 '스마트 계약'이 가능하다는 것이다. 스마트 계약은 변호사가 작성하거나 검토해 법적 구속력을 가진 문서에 서명하는 식의 계약과 달리 코드와 블록체인에 의해 자동으로, 또 중개자 없이 개인 간에 이루어지는 계약이다. 무엇보다 '원자적 거래atomic swap'를 지원한다. 즉 모든 거래 당사자가 모든 조건을 충족해야만 거래가 실행되며, 그러지 않으면 아무런 일도 발생하지 않는다.

이것이야말로 나룰라가 말한 프로그래밍 가능한 화폐다. 그가 예로 든 상황, 즉 제약회사가 개인의 의료 기록을 사용한 대가로 돈을 지급하는 것은 스마트 계약의 전형이라 할 만하다. 이를 응용해 가뭄 피해에 대비하는 농작물 보험을 설계하면 어떨까? 즉 강우량이 사전에 합의된 기준을 넘지 않을 경우, 농민에게 이를테면 50이더를 자동으로 지급하는 것이다.

그러나 암호화폐 신봉자들은 '금융의 민주화'나 '경제적 권한 부여' 같이 그럴듯한 이상만 늘어놓을 뿐 암호화폐의 현실적인 용도를 찾아내는 일에 어려움을 겪고 있다. 오히려 암호화폐는 불법 거래에 애용되는 중이다. '드레드 파이럿 로버츠Dread Pirate Roberts'라는 가명의 관리자가 운영한 온라인 거래소 실크로드Silk Road는 비트코인으로 마약을 거래해 법 집행기관의 추적을 따돌릴 수 있는 곳으로 유명했다. 그러다가 2013년 10월 로버츠가 FBI에 체포되면서 실크로드는 폐쇄되었다(수사 과정에서 로버츠의 본명이 밝혀졌는데, 로스 울브리히트Ross Ulbricht였다. 그는 종신형을 선고받았다). 물론 암호화폐의 기능 중에는 매우 실용적인 것들도 있다. 베네수엘라, 투르크메니스탄, 적도기니의 국민처럼 독재 정권으로부터 자신의 자산을 보호할 수단이 필요한 이들에게는 암호화폐의 검열 저항성이 매우 유용할 것이다. 그러나 암호화폐는 대개 투기 대상으로 여겨진다. 그 가치가 (법정통화를 기준으로) 크게 변동하리라는 기대감 때문이다. 내가 가진 암호화폐의 가치는 다른 사람이 그 암호화폐에 얼마를 지불할 의향이 있는지에 좌우된다. 바꿔 말해 기업의 이익에 대한 청구권인 주식, 이자 수익을 예측할 수 있는 채권, 거주하거나 임대할 수 있는 주택처럼 실물경제지표를 바탕으로 가치가 정해지지 않는다. 암호화폐 투자자들은 자신이 보유한 암호화폐의 가치가 급등하는 데 정신이 팔린 나머지, 암호화폐 시장이 더 많은 호구가 지속적으로 공급되지 않으면 반드시 무너지고야 마는 피라미드 사기와 다름없다는 경고에 귀를 기울이지 않는다. 과거에는 수많은 해킹과 사기가 암호화폐 투자자들에게 손해를 입히기도 했다. 물론 코인베이스처럼 자금이 풍부한 암호화폐 거래소가 설립되며 그런 일은 어느 정도 예방된 상태다. 하지만 역설적이게도 거대한 중개업체는 그 존재 자체로 사이퍼펑크들이 내세운 탈중앙화 개념을 정면으로 거스른다.

크립토윈터를 깨운 스테이블코인

암호화폐가 등장하고 나서 첫 10년 동안 각국 정부는 대체로 어리둥절해하면서도 무심한 반응을 보였다. 특히 이례적으로 급등하던 비트코인 가격이 2018년 들어 몇 주 만에 3분의 2 가까이 폭락하면서 시작된 '크립토윈터crypto winter'(장기간의 암호화폐 침체기—옮긴이)를 계기로 무심함이 한층 더 두드러졌다. 그러나 곧이어 잠자는 사자의 코털을 건드는 사건이 벌어졌다.

당시 페이스북은 특별한 프로젝트를 진행 중이었다. 캘리포니아주 멘로파크의 본사에 소수 정예로 꾸려진 팀이 화이트보드로 둘러싸인 회의실에 틀어박혀 1년 넘게 몰두 중이던 해당 프로젝트가 무엇인지는 최고위 임원들만 아는 일급 기밀이었다. 마침내 2019년 6월 베일이 걷혔으니, 실리콘밸리 기준으로도 유난히 장황하고 과장된 표현으로 가득했던 기자회견을 통해 그 정체가 전격적으로 공개되었다. 페이스북 임원으로 디지털 결제 부문에서 경력을 쌓아온 데이비드 마커스David Marcus는 '리브라Libra'[10]라는 이름의 세계 단일 통화에 대한 계획을 발표하면서, 그 목표를 다음과 같이 공언했다. "수십억 명에게 권한을 부여하고 화폐를 재창조함으로써 세계경제를 변화시켜 모두가 더 나은 삶을 살 수 있도록 할 것입니다."[11]

블록체인에 기반한 리브라는 누구에게나 개방된 비허가형 방식으로 운영될 터였다. 그러한 점에서 비트코인이나 기타 암호화폐와 유사했다. 다만 리브라는 가격이 요동치는 일반 암호화폐와 달리 스테이블코인으로 설계되었다. 스테이블코인은 주요 국제통화, 즉 달러, 유로, 엔 등의 저위험자산으로 구성된 지급준비금으로 뒷받침되는 만큼, 명목화폐에 연결되어 안정적인 가치를 유지한다. 페이스북은 사용자가 스마트폰에 지갑만 설치하고 나면 자신이 현재 사용하고 있는 통화를 리브라로 전환한 다음에 "스마트폰이 있는 거의 모든 사람에게 메시지를 보내듯이 쉽고 즉각적으로 리브라를 보낼 수 있으며 송금 수수료도 무료거나 매우 낮다"라고 설명했다.[12]

마커스와 그의 팀은 페이스북이 사용자들의 개인정보를 오남용해 곤욕을 치렀던 일을 잘 알고 있었기에, 리브라가 다자간 협회에 의해 관리되도록 설계했다. 이 협회에는 페이스북과 더불어 비자, 마스터카드, 이베이, 보다폰Vodafone, 스포티파이Spotify를 비롯한 20여 개의 기업과 비영리단체가 참여할 예정이었다. 그러나 누가 보더라도 페이스북이 주도권을 쥐고 있었으므로, 해당 소셜미디어에 가입한 25억 명의 회원이 리브라의 잠재적인 사용자라는 점은 확실했다.

사실 스테이블코인은 리브라가 등장하기 5년 전인 2014년, 테더 Tether라는 회사에 의해 처음으로 소개되었다. 실제로 테더가 발행한 스테이블코인 USDT는 오늘날 해당 시장에서 가장 큰 시가총액을 기록하고 있다. USDT는 다른 대부분의 스테이블코인처럼 달러에 가치를 고정하며, 블록체인에 기반을 둔 만큼 암호화폐의 원활한 거래에 중요한 역할을 한다.

한편 리브라는 (뒤에서 다룰) 보통의 스테이블코인들과 완전히 차별화되는 특징을 내세웠다. 우선 암호화폐 사용자들이 아닌 일반 소비자들의 결제 수단으로 사용되는 것을 목표로 했다. 단일 통화보다는 여러 통화로 구성된 바스켓에 연동되리라는 점에서 SDR 같은 초국가적 통화와 유사하기도 했다. 쉽게 말해 뉴욕에서 파리나 자카르타로 날아가 여행을 즐길 때도, 외국의 전자상거래 플랫폼에 등록된 제품을 주문할 때도, 모두 리브라로 결제할 수 있게 되리라는 것이었다. 무엇보다 페이스북의 디지털 생태계 안에서 이 모든 일이 이루어질 터였다. 한마디로 리브라는 교환의 매개인 동시에 회계 단위로도 기능하겠다고 자부하는 디지털 화폐였다.

청문회에 불려 나온 마크 저커버그

마커스의 기대와 달리 각국 정부는 국제통화 질서를 뒤엎겠다는 리브라의 구상에 적대적인 반응을 보였다. 특히 그 주체가 페이스북이라는 사실이 반감을 키웠다. 중앙은행 관료들은 리브라의 영향으로 통화 공급량에 대한 통제력이 약화될지 모른다며 신경을 곤두세웠다. 프랑스와 독일 정부는 공동성명을 통해 "통화 권력은 국가의 주권에 내재한 것으로서 그 어떠한 민간기업도 이를 요구할 수는 없다"라고 선언하며, 리브라를 저지하겠다고 다짐했다.[13] 이에 대해 페이스북은 리브라가 통화정책에 이렇다 할 영향을 미치지 않을 것이라고 강조하며 우려를 잠재우려 했지만, 그 후로도 수많은 비판이 제기되었다. 특히 리브라가 성공한다면 그 지급준비금이 수조 달러, 또는 그 이상으로 불어날 텐데, 그러다가 리브라가 어떤 이유로든 타격을 입는다면 세계경제 전체가 흔들릴 수 있다는 우려가 컸다. 게다가 페이스북이 리브라의 큰 장점으로 간편하고 원활한 국경 간 결제를 내세우자, 그것이 자금세탁이나 제재 회피에 사용되리라는 추측이 힘을 얻었다.

 리브라에 가장 큰 걸림돌로 작용한 요소는 그 개발 주체였다. 상원은행위원회Senate Banking Committee의 민주당 측 간사인 세러드 브라운Sherrod Brown 의원은 청문회에서 마커스에게 "정말로 사람들이 고생해서 번 돈을 페이스북에 맡겨도 된다고 생각하십니까?"라고 물었다.[14] 머지않아 다자간 협회에 참여를 약속했던 기업들이 페이스북에 엮여 자기들까지 비난받을까 봐 이탈하기 시작했으니, 2019년 10월《월스트리트저널》은 리브라가 출범한 지 불과 5개월 만에 "생명 유지 장치"를 단 신세가 되었다고 보도했다.[15] 페이스북의 마크 저커버그Mark Zuckerberg CEO가 의회 청문회에 불려 나와 여섯 시간 동안 집중적으로 추궁당하자, 리브라의 생존 가능성은 한층 더 낮아졌다. 저커버그와 마커스가 내세운 주장 중에서도 가장 설득력이 떨어지는 것은 리브라를 통해 은행 계좌가 없는 전 세계 수십억 명의 사람에게 금융 서비스를 제공하겠다는, 즉 "거래 은행이 없는 이들에게 은행이 되어주겠다"라는 목표였다. (암호화폐 신봉자들도 내세우는) 이러한 논리에는 가난한 사람들이 금융 서비스를 이용하지 못하는 가장 큰 이유가 사회적·경제적 장벽이 아니라 기술적 장벽 때문이라는 잘못된 전제가 깔려 있다. 페이스북은 리브라 다음으로 등장할 중국 주도의 디지털 화폐에는 프라이버시를 위협할 요소가 분명히 존재할 것이라며 애국심에 호소하기까지 했지만, 이 또한 먹히지 않았다. 중국의 디지털 위안화가 리브라를 제치고 승리한다면 "감시의 인터넷"이 도래하리라는 마커스의 경고에 대해 《파이낸셜타임스》의 제마이마 켈리 Jemima Kelly 기자는 무자비한 비판을 쏟아냈다. "말 잘했다, 페이스북. '감시 자본주의'의 상징으로서 사용자 데이터를 감시하고 다른 회사에 판매하는 것을 중요한 사업 모델로 삼는 기업이 '감시의 인터넷'에서 세상을 구하겠다고 하다니!"[16]

현실에 굴복한 페이스북은 2020년 4월 야심 찼던 프로젝트를 대거 축소하고 수정한 버전을 재차 발표했다. 이들은 마치 달러에 도전하듯이 다중 통화에 기반을 둘 예정이었던 리브라를 쪼개 '리브라-달러', '리브라-유로', '리브라-엔' 같은 통화별 디지털 화폐로 재구성했다. 또한 비허가형 방식에서 사용자를 사전에 심사하는 방식으로 전환했다. 자금세탁 등의 불법적인 거래 가능성을 최소화할 엄중한 감시 시스템도 갖출 계획이었다. 그다음 달에는 한층 더 과감한 조치를 취했다. 다자간 협회의 신임 CEO로 다름 아닌 미국 재무부 차관을 지냈던 레비를 임명한 것이었다. 이란에 경제제재를 가하고 HSBC의 준법 문제를 바로 잡는 데 이바지한 그의 활동은 앞서 충분히 살펴보았다. 일련의 이미지 쇄신 작업을 거친 리브라는 이름마저 '디엠Diem'으로 바뀌는 등 페이스북의 초기 구상과 완전히 달라지게 되었다.

레비는 나와의 인터뷰에서 당시를 회상하며 "내가 기꺼이 참여한 이유는 안전한 암호화폐, 즉 불법 자금과 무관하며, 지급준비금이 고객 자금과 철저히 분리된 암호화폐를 만들고 싶었기 때문입니다"라고 밝혔다. 그러면서 디엠의 발행을 위해 준비한 일들을 죽 나열했다. "익명 거래를 절대 할 수 없도록 할 작정이었습니다. 디엠을 사용하는 모든 사람에게 고객확인절차를 거치도록 할 계획이었어요. 불법 자금과 관련해 정부가 요구한 조치를 빠짐없이 취했다는 것을 확신했습니다. 업계 사람 모두의 상상을 초월할 정도로 철저히 준비했죠."[17]

그러나 디엠은 결국 승인되지 않았다. 2021년 6월 24일 제롬 파월 Jerome Powell 연준 의장과 재닛 옐런 Janet Yellen 재무부 장관이 모두 참석한 조찬 회의가 디엠의 운명을 갈랐다. 파월은 레비와 그의 팀이 취한 모든 조치를 고려할 때 디엠의 시범 운영을 허용할 용의가 있다고 운을 뗐지만, 재무부의 지지가 필요하다고 덧붙였다. 그러나 디엠에 대한 의구심이 컸던 옐런은 그럴 생각이 없었다.[18]

그렇게 해서 디엠은 종말을 맞았다. 남아 있던 자산은 2022년 초 캘리포니아주의 어느 은행에 매각되었다. 그렇지만 디엠이 일으킨 파문은 쉬이 사라지지 않았다. 제2, 제3의 페이스북이 어딘가에서 화폐의 디지털화를 대대적으로 준비하고 있다면? 그때부터 고위 관료들의 관심이 해당 방면으로 쏠리기 시작했다.

민간에서 공공으로

프랑스와 독일의 국경에 모두 접해 있는 바젤은 스위스답게 질서정연한 도시로, 흔히 '중앙은행들의 중앙은행'으로 불리는 BIS의 본부가 있는 곳이다.[19] BIS는 본래 제1차 세계대전 이후인 1930년 주요 승전국들의 중앙은행을 도와 독일로부터 전쟁배상금을 지급받고 관리하기 위한 목적으로 설립되었다. 다만 아돌프 히틀러Adolf Hitler가 집권해 전쟁배상금 지급을 거부한 이후에도 계속 운영되었는데, BIS가 중앙은행 관료들의 마음에 쏙 드는 장소였기 때문이다. 그때나 지금이나 중앙은행 관료들은 자신들이 정치에 얽매이지 않고 중립적으로 정책을 추진한다고 생각한다. 그런 그들에게 BIS는 각국 정부나 의회의 압력에서 벗어나 서로 교류할 수 있는 안식처 역할을 했다. 중앙은행 총재들(이나 그 대리인들)은 매달 둘째 주 일요일에 BIS를 찾아 호화로운 저녁 식사를 함께했고, 그다음 날 정례 회의를 진행했다. 이 같은 관행은 유럽이 전쟁을 준비하던 1930년대에도 지속되었다. 특히 영국 잉글랜드은행의 몬터규 노먼Montague Norman 총재와 독일 국가은행Reichsbank의 햘마르 샤흐트Hjalmar Schacht 총재가 깊은 우정을 쌓았다. 샤흐트는 자신의 손주 이름을 노르만Norman으로 지었을 정도인데, 노먼은 진심으로 기뻐하며 제2차 세계대전이 발발하기까지 1년도 채 남지 않은 1939년 1월 베를린으로 날아가 어린 노르만의 세례식에 참석했다.

오늘날 BIS는 1970년대 후반에 지어진 원통형 건물을 본부로 사용 중이다. 그 건물은 원자력발전소의 냉각탑이나 영화 〈미지와의 조우〉에서 외계인이 착륙하는 꼭대기가 평평한 산에 비유되곤 한다. 건물

로비와 복도에는 흠잡을 데 없이 깨끗한 흰색 가죽 소파와 의자들이 줄지어 놓여 있어 현대적인 건축양식과 조화를 이룬다. 600명 정도의 직원이 해당 건물과 인근의 부속 건물에서 63개 회원국의 중앙은행을 위해 경제 동향 조사와 외화보유고 관리 등의 다양한 서비스를 제공한다. 밝은 조명이 비추는 크고 작은 회의실들, 또는 바젤의 고풍스러운 첨탑 사이로 라인강이 내려다보이는 18층의 식당은 오늘날에도 각국의 중앙은행이나 여러 국제기구의 모임 장소로 선호된다.

BIS의 행적이 떳떳한 것만은 아니다. 제2차 세계대전 중에 나치Nazi가 약탈한 금괴를 이곳에 보관했을 정도로 철통 보안을 자랑하는지라, 그 내부에서 벌어지는 일들을 둘러싼 음모론이 지금도 끊이지 않는다. 그러한 관점을 대표하는 책이 《바젤탑》이다. 이 책은 BIS에서 열리는, 영향력 있는 중앙은행 총재들이 참석하고 그 내용이 철저히 기밀에 부쳐지는 회의에 의혹의 시선을 던진다.[20] 그러나 음모론에 휘둘리지 않는 이들은 BIS가 정책 결정자들의 교류와 의견 조율을 촉진함으로써, 전 세계에 유익한 서비스를 제공한다고 생각한다. 실제로 BIS에서 작성한 보고서와 고위 관료들의 인터뷰는 자주 공개되는 편인데, 중앙은행 관료들의 생각을 반영하기도 하고 반대로 그들의 판단에 영향을 미치기도 한다.

화폐의 디지털화라는 주제로 돌아가자면, BIS는 오늘날 CBDC의 도입을 가장 앞장서서 옹호하는 기관으로, 바젤뿐 아니라 홍콩, 싱가포르, 런던 등에서 다양한 분야의 전문가들을 동원해 기술적 지원을 제공하고 있다. 그러나 BIS가 처음부터 CBDC에 긍정적이었던 것은 아니다. 초기만 해도 그들은 중앙은행이 디지털 화폐를 직접 발행한다는 구상에 회의적이었다.

멕시코은행Banco de Mexico 총재를 지냈던 BIS의 아구스틴 카르스텐스Agustin Carstens 사무총장은 2019년 3월에 한 연설에서 CBDC를 필요하지도 바람직하지도 않은 것으로 폄하했다. 카르스텐스는 돈 자체가 이미 상당 부분 디지털화되어 있다는 사실을 꼬집으며 연설을 시작했다. "CBDC라는 약자에서 중요한 점은 '디지털Digital'을 뜻하는 'D'가 아닙니다. (…) 오늘날에는 거의 모든 사람이 디지털 결제에 접근할 수 있습니다. 여러분이나 제가 직불카드로 결제하거나 스마트폰의 은행 앱을 사용할 때 이미 디지털 결제가 이루어지며, 대부분의 경우 즉각 처리됩니다. CBDC에서 진짜 중요한 부분은 '중앙은행Central Bank'을 뜻하는 'CB'입니다. CBDC 덕분에 일반 국민과 기업은 중앙은행이 발행한 돈을 사용해 전자적으로 결제할 수 있게 되는 것입니다."[21]

CBDC의 가능성

카르스텐스는 상업은행만이 중앙은행의 디지털 화폐를 이용할 수 있다고 지적했다. (프롤로그에서 설명했듯이 여기서 말하는 디지털 화폐란 지급준비금을 의미한다. 이 돈은 각 은행이 중앙은행에 개설해둔 계좌에 전자적으로 기록된 숫자로서만 존재한다. 은행 간 자금 이체 시에 해당 숫자가 달라지는 것으로 입출금이 이루어진다.) 그렇다면 일반 국민이나 기업도 중앙은행에 직접 돈을 맡길 수 있도록 허용해야 할까? 카르스텐스는 그럴 경우 정부 기관인 중앙은행이, 상업은행이 훨씬 더 잘하는 대출 업무까지 떠맡게 되리라고 경고했다. "중앙은행이 대출 신청자를 직접 만나서 대출이 필요한 이유를 물어보고 얼마를 대출해줄지 결정해야 할 것입니다. (…) 우리가 궁극적으로 바라는 금융 시스템이 정말로 그러한 것인지 자기 자신에게 질문을 던져보아야 할 것입니다."

카르스텐스는 그 같은 문제에 분명한 해결책이 존재한다는 점을 인정했다. 중앙은행이 고객들의 예금을 상업은행으로 넘기면 직접 대출 업무를 처리하지 않아도 되고, 상업은행은 대출 기관의 역할을 유지할 수 있다는 것이다. 한편 그는 현금에 적용되는 것과 유사한 이원적 체계, 즉 일반 고객은 상업은행에서, 상업은행은 중앙은행에서 CBDC를 공급받는 방식도 언급했다. 다만 그러한 방식은 금융 시스템 전반의 안정성에 위험을 초래할 수 있다고 경고했다. "위기 상황에서는 자금이 위험하다고 여겨지는 은행에서 좀 더 안전하다고 여겨지는 은행으로 이동합니다. (…) 예금자들에게 중앙은행이 발행한 디지털 화폐라는 선택지가 추가되면, '안전자산으로의 이탈' 현상이 한층 더 심화할 수 있습니다."

카르스텐스는 BIS의 조사 결과 CBDC를 발행할 계획이 있다고 밝힌 중앙은행이 극소수인 데는 그럴 만한 이유가 있다면서 다음과 같이 결론 내렸다. "지금까지 이루어진 연구와 실험은 설득력 있는 근거를 제시하지 못했습니다. (…) 요약하자면 중앙은행이 미지의 영역에 발을 들여놓는 행위의 가치를 아직 찾지 못하고 있다는 뜻입니다."

그러나 석 달 뒤부터 카르스텐스의 말이 바뀌기 시작했다. 2019년 6월 30일 자 《파이낸셜타임스》에 실린 인터뷰에서 그는 "시장이 우리 생각보다 더 빨리 형성될 수도 있으며, 그렇기에 중앙은행은 디지털 화폐를 제공할 준비가 되어 있어야 합니다"라고 말했다.²² 같은 날 BIS는 "중앙은행 공동체 내에서 혁신적인 금융 기술에 대한 국제 협력을 촉진하기 위해" '이노베이션허브Innovation Hub'를 구축하는 중이며, 프랑스 출신의 저명한 경제학자인 브누아 쾨레Benoit Cœure가 초대 국장을 맡을 것이라고 발표했다.²³

그 시점에 주목할 필요가 있다. 카르스텐스가 CBDC에 우호적인 입장으로 선회했던 2019년 6월 중순 페이스북은 리브라를 발표했다. BIS는 이노베이션허브의 출범이 리브라 때문만은 아니며, 그 전부터 이미 구상해오던 것이라고 밝혔다. 그러나 몇 달 뒤 카르스텐스는 리브라가 "경종"을 울렸다는 사실을 인정하며, 다음과 같이 말했다. "중앙은행 관료들은 안일했습니다. 그러나 [리브라를 통해] 변화해야 한다는 것을 알게 되었습니다."²⁴ 현재 이노베이션허브를 이끌고 있는 세실리아 싱슬레위Cecilia Skingsley도 비슷한 시기에 열린 BIS의 연례 회의에서 중앙은행 관료들이 너도나도 리브라를 언급하며 "놀라워하는 모습"을 보였다고 회상했다. 싱슬레위는 내게 "깨달음이 있었어요. 중앙은행이 정말로 경쟁적인 사업 환경 속에 놓여 있다는 깨달음이었습니다"라고 털어놓았다.²⁵

카르스텐스의 말대로 2019년 초의 몇 달 동안에는 CBDC를 발행할 것으로 기대되는 중앙은행이 그리 많지 않았다. 스웨덴국립은행은 현금 사용이 급격히 줄어들어 급기야 자국의 상점들이 현금을 받지 않기에 이르자 e-크로나e-krona의 테스트 버전을 출시할 계획이라고 발표했다. 바하마중앙은행은 샌드달러에 대한 작업을 상당히 진척시킨 상태였으며, 존 롤John Rolle 총재도 금융 포용성 확대를 비롯한 몇 가지 이유에서 CBDC의 발행을 적극적으로 지지했다. 바하마는 수많은 외딴섬으로 이루어진 군도 국가라서 은행들이 지점 개설을 꺼린다는 점도 영향을 미쳤다.

그 두 나라보다 훨씬 더 큰 나라의 중앙은행에서 발행한 CBDC는 전 세계적으로 열띤 주목을 받게 되었다.

7장

CBDC와 스테이블코인의 명과 암

2021년 7월 중국의 한 백화점에서 사용되는 e-CNY. 중국은 언젠가 맞닥뜨릴지 모를 미국의 경제제재를 회피할 수단으로 일찍부터 CBDC에 주목했다. 그 결과 2020년 디지털 위안화인 e-CNY가 탄생했다. 하지만 알리페이와 위챗페이 등 민간의 뛰어난 결제 서비스에 밀려 거의 사용되지 않고 있다. 게다가 민간의 결제 서비스 또한 중앙은행 화폐와 연동되어 있다는 점에서, 굳이 e-CNY가 필요한지에 대한 근본적인 물음마저 제기되고 있다.

2023년 3월 실리콘밸리은행 파산에 따른 대응책을 발표하는 재닛 옐런. 실리콘밸리은행이 파산하자 스테이블코인 중 하나인 USDC에 디페깅이 발생했다. 즉 '1USDC=1달러'를 유지하지 못했다. USDC의 발행사인 서클이 지급준비금의 일부를 실리콘밸리은행에 예치해둔 상태였기 때문이다. 만약 이런 상황에서 USDC 소지자들이 대거 달러 환전을 요구했다면, 전체 금융 시스템에 악영향을 끼쳤을지 모른다. 한마디로 스테이블코인은 생각보다 '안정적(stable)'이지 않다.

2020년 4월 중순 정체불명의 인물이 올린 이미지가 소셜미디어를 뒤흔들었다. 마오쩌둥의 얼굴이 그려진 1위안짜리 지폐가 흐릿하게 보이는 이미지로, 중국 인민이 처음으로 접한 CBDC였다. 훗날 'e-CNY'라는 이름을 갖게 될 이 CBDC는 초기에 '디지털 화폐/전자 결제Digital Currency/Electronic Payment, 이하 DC/EP'로만 불렸으며, 소셜미디어에 유출된 이미지는 사용자가 스마트폰에서 지갑을 열었을 때 보게 될 인터페이스의 테스트 버전이었다. 즉 아직 미완성 상태였지만, 유출된 이미지만으로도 거래 내역을 추적하고 기존 은행 계좌와 연동할 수 있는 등의 다양한 기능을 유추할 수 있었다.[1]

곧이어 선전, 쑤저우, 청두 등의 중국 대도시들에서 시범 사업이 시작되었다. 쑤저우의 어느 지역구 공무원들은 5월부터 교통 보조금의 절반을 신종 디지털 화폐로 지급받았다. 10월에는 선전 시민 5만여 명의 스마트폰 화면에 200위안(약 30달러) 상당의 디지털 홍바오紅包(중국인들이 명절 때 돈을 담아 건네는 붉은 봉투—옮긴이)를 수령하라는 메시지가 떴다. 디지털 훙바오는 QR 코드를 스캔하는 방식으로 쉽게 사용할 수 있었으므로, 곧 6만 2000여 건의 결제가 발생했다. 2014년부터 디지털 화폐를 연구해온 중국인민은행은 일련의 시범 사업이 성공을 거두는 것을 보며, CBDC의 성공을 확신했다.[2]

거지도 QR 코드로 구걸하는 중국

한편 중국의 실험을 주시하는 우려 섞인 시선도 적지 않았다. 그 가운데 몇 가지를 추리면 다음과 같다.

> 중국의 시범 사업은 (…) 디지털 세계경제의 핵심 요소가 될 가능성이 큰 기술 개발 측면에서 중국이 미국보다 몇 년은 더 앞서 있다는 사실을 명백히 보여준다.
> 미국의 정책 결정자들은 그 같은 결과가 몰고 올 파장에 완전히 무방비한 상태다. 디지털 화폐의 등장으로 미국이 가하는 경제제재의 효력이 약화될 것이다. (…) 한편 중국은 디지털 위안화와 (알리페이와 위챗페이 등의) 강력한 전자 결제 플랫폼을 결합함으로써 아프리카, 중동, 동남아시아에서 영향력을 확대하고, 그러한 지역에 대해 경제적 강압의 역량을 강화할 것이다.
>
> • 아디티 쿠마르Aditi Kumar 및 에릭 로젠바흐Eric Rosenbach, 〈중국의 디지털 화폐가 달러를 몰아낼 수 있을까Could China's Digital Currency Unseat the Dollar?〉, 2020년 5월 20일 자 《포린어페어스》

| 7장 CBDC와 스테이블코인의 명과 암 |

디지털 달러가 존재하지 않는 현 상황에서 미국이 디지털 위안화의 변혁적인 잠재력을 인정하지 않으면 어렵게 얻은 역사적·경제적 우위를 놓칠 위험이 있다.

- 마이클 그린월드Michael Greenwald, 〈코로나19 시대의 달러의 디지털화Digitizing the Dollar in the Age of COVID-19〉, 2020년 4월 22일 자 《뉴애틀랜티시스트New Atlanticist》 (싱크탱크 애틀랜틱카운슬Atlantic Council의 블로그)

DC/EP의 목표는 위안화의 국제적 범위를 확대하고 달러를 대체해 사실상 세계의 기축통화가 되는 것이다.

삶에서 확실한 세 가지는 죽음, 세금, 중국산 제품 구매라는 말이 있다. 중국은 자국 기업과 거래하는 모든 무역 상대국에 DC/EP로 결제를 요구할 수 있다. 중국산 제품을 원하면 DC/EP로 구매해야 하는 것이다. (…) 중국은 이 결제 인프라를 손에 넣음으로써 (…) 전 세계 어디에서나 개인의 활동을 감시할 수 있는, 전대미문의 도구를 손에 넣은 셈이다.

- 모건 벨러Morgan Beller, 〈중국은 미국과의 디지털전쟁에서 승리를 거두는 중China Is Winning the Digital Currency War with the U.S.〉, 2021년 2월 11일 자 《인포메이션The Information》

금융 패권국인 미국은 치명적인 도전에 노출된 상태다.

중국의 최신 시스템은 암호화폐와 빅테크라는 이중의 위험 요소로부터 [중국공산당 체제를] 방어하는 동시에 모든 중국 인민의 거래를 철저히 감시할 수 있도록 설계되어 있다. 더 나아가 해당 시스템은 국경 간 결제에서 달러가 차지해온 우위에 도전할 수 있는 공격력까지 갖추고 있다.

- 퍼거슨, 〈중국이 미래의 디지털 화폐를 주조하게 방치하지 말라 Don't Let China Mint the Digital Currency of the Future〉, 2021년 4월 4일 자 블룸버그

위안화의 신속한 디지털화는 (…) 세계 1위 통화인 달러의 위상 약화를 가속화하는 열쇠가 될 수 있다. 동시에 그 덕분에 위안화가 달러의 주요 경쟁 통화로 인정받는 속도가 한층 더 빨라질 수 있다.

- 마이클 하젠스탑 Michael Hasenstab, 〈중국의 디지털 화폐는 달러 우위를 위협한다 China's Digital Currency Is a Threat to Dollar Dominance〉, 2021년 4월 13일 자 《파이낸셜 타임스》

이 같은 우려의 가장 큰 원인은 중국의 디지털 결제 기술이 미국, 유럽, 일본을 비롯한 여러 선진국을 이미 크게 앞질렀다는 사실이다. 2020년 당시 중국을 방문하거나 그곳에 거주하는 외국인들은 중국인들이 진일보한 디지털 결제 기술을 아무렇지 않게 사용하는 모습에 놀랐을 뿐 아니라 심지어 불안해했다. 자국에서 일상적으로 쓰이는 신용카드 등의 결제 수단이 중국인들에게 시대에 뒤떨어지는 것으로 취급받았으니, 혼란스러울 만했다. 중국인들에게는 온갖 결제를 모바일 앱으로 처리하는 일이 일상이었다. 심지어 거지들조차 동냥을 쉽게 받기 위해 자신의 은행 계좌와 연결된 QR 코드를 보여주며 구걸했다. 중국에 거주 중인 내 캐나다인 동료는 (인기 있는 아침 간식인) 짭짤한 산둥식 전병에 얽힌 흥미로운 이야기를 들려주었다. 지하철역 근처에서

전병을 팔던 노점상은 모바일앱 덕분에 장갑을 벗고 돈을 셀 필요가 없어져, 좀 더 빨리 주문을 처리할 수 있게 되었다. 당연히 출근하느라 바쁜 직장인들에게 좋은 반응을 얻었는데, 심지어 모바일앱을 통해 전병에 어떤 소스를 넣을지, 파나 상추를 추가할지 등의 요구 사항을 미리 전달하는 것도 가능했다.[3]

더욱더 놀라운 점은 이러한 발전이 짧은 기간 안에 이루어졌다는 사실이다. 2013년경까지만 해도 중국의 금융 시스템은 낡아빠졌다고 해도 무방할 정도였다. 대부분의 사람이 물건을 사고팔 때 현금을 사용했고, 정부 지침에 따라 이자율이 인플레이션율보다 낮게 책정된 은행에 돈을 맡길 수밖에 없었다. 신용카드를 가진 사람은 여섯 명 중에 한 명꼴이었으니, 웬만큼 큰 상점이 아니고서는 신용카드 결제를 거부했다.[4]

알리바바의 날개를 꺾은 중국공산당

현대적인 금융 시스템이 확고하게 자리 잡지 않았다는 점이 오히려 알리바바Alibaba의 마윈馬雲과 텐센트Tencent의 마화텅馬化騰 같은 기업가들에게 새로운 기술을 개발할 이상적인 시장 환경을 제공했다(참고로 저 둘은 성씨가 같지만, 친척 관계는 아니다). 실제로 그들은 서구의 기술 선진국들도 못 한 일을 해냈다. 14억 명에 달하는 중국 인민 대부분이 스마트폰을 보유했기에 가능한 일이었다. 두 기업의 결제 수단 혁신은 2000년대 초반까지 거슬러 올라간다. 당시 그들은 온라인에서 판매된 상품의 대금을 투명하고 효과적으로 판매자에게 지급할 방법을 찾고 있었다. 중국은 소비자와 판매자가 서로를 신뢰하지 않는 문화가 강해, 아마존처럼 신용카드 정보를 전자상거래 플랫폼에 저장해놓고 '확인' 버튼만 누르면 결제가 완료되는 방식으로는 큰 호응을 끌어낼 수 없었다. 그리하여 알리바바와 텐센트는 결제의 편의성 외에 다양한 기능을 추가함으로써, 알리페이와 위챗페이를 '슈퍼앱'(결제부터 채팅까지 다양한 기능을 제공하는 앱―옮긴이)으로 재구성했다. 특히 2013년 중반 알리바바가 선보인 혁신이 결정적이었다. 알리바바는 자사의 전자상거래 플랫폼인 '타오바오淘寶'(보물찾기라는 뜻)에 '위어바오餘額寶'(남은 보물이라는 뜻)라는 MMF를 연결함으로써, 알리페이 사용자들이 타오바오에서 쇼핑하고 남은 돈을 위어바오에 투자하도록 유도했다. 위어바오의 수익률이 연 6퍼센트 이상이었던 만큼, 예금이 모두 타오바오와 위어바오에 흘러 들어갈지 모른다고 위기감을 느낀 은행들도 이자를 제대로 쳐주기 시작했다. 핀테크 대기업으로 성장한 알리바바와 텐센트는 곧이어 (사용자 데이터에 접근할 수 있다는 점을 이용해 신용도를 평가함으로써) 대출, 보험, 차량 공유, 공과금 납부, 식당 이용(메뉴 확인, 음식 주문, 배달, 결제) 등 일상생활 전반을 아우르는 온갖 서비스를 제공하기 시작했다. 그 결과 2017년에 이르러 중국은 핀테크 도입률이 가장 높은 국가가 되었다.

그러자 중국 정부는 약삭빠르게 은행 중심의 구시대적인 금융 시스템이 붕괴하도록 관망하면서도, 알리바바와 텐센트가 국가의 부와 데이터를 상당 부분 통제하는 상황을 경계했다. 2020년 기준 중국에서 이루어지는 온라인 결제의 94퍼센트가 알리바바와 텐센트를 거쳤는

데, 실제로 알리페이와 위챗페이의 가입자는 각각 9억 명과 8억 명에 달했다. 곧 두 기업이 금융 안정성 전반에 미칠 영향을 우려한 중국 정부가 (알리바바의 계열사로 알리페이를 운영하는) 앤트그룹Ant Group의 대출 사업에 강도 높은 규제를 가하기 시작했다. 2020년 10월 마윈이 금융 당국의 지나친 시장 개입을 공개적으로 비판하며 상황은 한층 더 험악해졌다. 얼마 안 가 앤트그룹의 상장이 무산되고 마윈은 자취를 감추었는데, 소문에 의하면 시진핑 주석의 분노가 영향을 미쳤다고 한다. 해외에는 이 사건이 마윈에 대한 중국공산당의 탄압으로 알려졌지만, 사실 납작 엎드려 있던 마화텅의 텐센트 제국도 비슷한 규제로 큰 타격을 입었다.

바로 이러한 배경 속에서 DC/EP가 도입되었다. 중국 정부가 CBDC를 출범한 이유는 무엇보다도 알리페이와 위챗페이를 제어하고 이들에 대항할 결제 수단을 마련해 결제와 신용 할당(금리를 낮게 유지하면서 신용도가 높은 기업만을 선택해 대출을 내주는 것—옮긴이)에 대한 통제력을 상실하지 않기 위해서였다. 또 다른 자극제는 페이스북이 개발한 리브라였다. 중국은 리브라에 대해 서구 국가들보다도 훨씬 더 큰 불안감을 느꼈다. 리브라가 자국 내에서 유통되면 위안화에 대한 통제력을 빼앗길 수 있다고 보았던 것이다. 이와 같이 중국의 CBDC 개발은 통화 패권을 쥐겠다는 야심이 아니라 국내 상황에 대한 우려에서 비롯되었다는 것이 중국 경제에 정통한 전문가들의 공통된 분석이다. 특히 피터슨국제경제연구소Peterson Institute for International Economics의 선임연구원인 마틴 코르젬파Martin Chorzempa가 쓴 《현금 없는 혁명Cashless Revolution》은 꼭 읽어볼 만하다. 중국 핀테크의 역사를 다룬 그 책은

e-CNY의 어두운 면을 가감 없이 폭로한다.

결론부터 말해 중국 인민의 금융 정보는 사소한 이견조차 용납하지 않게 된 중국공산당의 감시에서 결코 벗어날 수 없다. 코르젬파는 저서에서 e-CNY가 "사생활을 끔찍하게 침해하며 (…) 이것은 시민의 자유에 극심한 악영향을 미칠 것이다"라고 경고했다.[5] 중국인민은행이 "통제 가능한 익명성"이라는 표현을 쓰며 e-CNY에 대한 통제를 제한하겠다고 약속한 것에 대해서도 코르젬파는 회의적인 시각을 견지했다. e-CNY 지갑은 전화번호만 제공하면 만들 수 있는데, 정부가 통신사에 예금주의 개인정보를 요구하는 것이 법적으로 금지되어 있다지만, 규제 당국이 중국공산당에 대한 충성심이 부족하다고 간주되는 인물의 지갑을 동결하기로 마음먹으면 막을 방법이 없다는 이유에서였다.

중국 정부는 감시 카메라, 안면 인식, 위치 추적 등의 수많은 기술을 활용해 쓰레기 투기나 무단 횡단 같은 사소한 경범죄마저 실시간으로 적발한다. 아울러 수많은 중국인이 메시지 전송, 사진 공유, 공과금 납부, 업무 조율 등에 사용하는 위챗페이 또한 검열관들에게 꼼꼼하게 감시되고 있다.[6] 잘못이 누적된 사람은 규제 당국이 결제 수단을 정지시켜서 기차나 비행기를 이용하지 못하기도 한다. 이처럼 중국 정부가 이미 광범위한 감시 시스템을 갖추고 있기 때문에, 새로운 감시 수단으로서 e-CNY의 역할이 오히려 제한적일 수 있다는 평가마저 나오는 상황이다.[7]

중국에서조차 무시당하는 CBDC

e-CNY에 대해 가장 염려되는 점은 세계 곳곳의 독재 정권들이 해당 기술을 도입해 독자적인 CBDC를 발행하고 자국민을 감시하는 데 활용할 수 있다는 것이다. 바꿔 말해 선진 민주주의 국가의 국민이라면, 사생활을 침해하는 중국식 디지털 화폐의 침공을 벌써 두려워할 필요는 없다.

전 세계의 상인들이 중국인 관광객을 유치하기 위해 알리페이와 위챗페이를 사용한다고 해도, 중국계 금융회사가 세계시장을 장악할 수 있는 것은 아니다. 해외 사용자를 늘리기 위한 알리바바와 텐센트의 반복된 시도는 거의 매번 실패했는데, 이는 우연이 아니다. 두 기업이 중국 내에서 경이로운 성장을 거듭할 수 있었던 이유는 중국의 금융 시스템이 워낙 낙후되어 그만큼 대대적인 혁신이 필요했기 때문이다. 코르젬파가 강조했듯이 온갖 플랫폼과 콘텐츠로 가득한 선진국 시장에서는 중국식 슈퍼앱의 매력이 크게 반감된다.

그렇다면 국제적인 관점에서 e-CNY의 전망은 어떨까? e-CNY는 위안화와 달러 간의 경쟁에 기껏해야 미미한 영향만을 미칠 것이다. 디지털화되었을 뿐, 위안화의 매력을 떨어뜨리는 근본 요인, 즉 중국의 취약한 법치주의가 여전히 발목을 잡고 있기 때문이다. (e-CNY가 미국의 경제제재를 회피하는 데 도움을 줄 수 있을지는 뒤에서 다룰 것이다.) 한편 외국인이 사용하는 수억 대의 스마트폰에 e-CNY 지갑이 설치되리라는 식의 자극적인 주장은 CBDC의 작동 방식에 대한 오해에서 비롯된 것이다. CBDC는 디지털 형태이고 정부 기관의 직접적인 통제를 받는다는 점에서 세계 곳곳의 암시장을 굴리는 돈다발과 다르다. 즉 중국인민은행이 중국에 거주하지 않는 이들에게 e-CNY의 사용을 허용한다고 해도, 외국의 CBDC를 자국 내의 결제 수단으로 허용할지 여부는 전적으로 각국 정부의 판단에 달려 있다. 이런 상황에서 중앙은행들은 자국 통화가 잠식되는 일을 막기 위해 다자간 CBDC 협정을 맺을 것이 거의 확실하다. (물론 애당초 중국인민은행 자체가 해외 사용을 허용할 생각이 없어 보인다는 것도 중요하다.)

이제 e-CNY에 대한 의외의 사실을 하나 알아보자.

2023년 3월 홍콩의 유력 일간지인 《사우스차이나모닝포스트》의 기자 두 명이 중국에서 가장 크고 인기 있는 쇼핑몰을 방문하고자 쑤저우를 찾았다. 그곳에서 e-CNY가 시범 운영된 지 거의 3년째 되던 해였다. 바하마에서 샌드달러가 거의 사용되지 않는다는 것을 몸소 경험한 나처럼, 그들도 곧 비슷한 깨달음을 얻게 되었다. e-CNY를 사용하는 것이 어렵지도 않았건만, 아무도 사용하지 않았던 것이다. 그들은 기사에서 "알리페이와 위챗페이는 (…) 소매업과 출장 연회부터 병원 진료와 치료까지 다양한 서비스를 제공하는 등 각자의 생태계 안에서 완벽한 편의를 보장한다. 그 결과 가입자들은 다른 플랫폼으로 옮겨갈 필요를 느끼지 못한다. 반면에 e-CNY는 (…) 소비자에게 그 외의 편의성도, 일상적인 사용을 유도할 정도로 매력적인 기능도 제공하지 못한다"라고 꼬집었다.[8]

쇼핑몰의 어느 음료수 가게 직원은 기자들에게 e-CNY를 취급하기 시작한 날부터 그때까지 단 한 명의 손님도 사용하지 않았다고 귀띔했다. 그는 "e-CNY를 사용하겠다고 한 손님은 [당신들이] 처음이에

요"라며 멋쩍어했다. 다른 가게들의 상황도 크게 다르지 않았다. 음료수 가게보다 사정이 좀 더 나은 곳조차 손님들이 e-CNY를 사용하는 빈도가 한 달에 한 번 정도에 불과했다. 공무원인 미셸 펑Michelle Feng은 자신이 근무하는 정부 기관의 지침에 따라 급여 및 상여금 수령용 e-CNY 지갑을 개설했지만, 일단 돈이 들어오면 일반적인 은행 계좌로 모두 이체한 다음 알리페이와 위챗페이를 통해 사용한다고 밝혔다. 그는 기자들에게 "몇 년 동안 알리페이와 위챗페이를 써서 익숙한데 굳이 e-CNY를 써야 할 이유가 있나요?"라고 반문했다.

쑤저우의 쇼핑몰은 예외적인 사례가 아니다. 2022년 3분기 기준 민간 부문의 e-CNY 거래액은 디지털 결제 시스템을 통한 전체 거래액의 0.1퍼센트 남짓에 불과했다.[9] 다시 말해 중국인조차 자국의 CBDC를 외면하고 있다. 그렇다면 미국이 굳이 자체적인 CBDC를 발행해야 할 이유가 있을까? 이는 미국의 몇몇 정책 결정자가 꾸준히 제기해온 의문이기도 하다.

디지털화된 달러와 디지털 달러

연준 관료들의 연설은 재치보다는 무게감을 추구한다. 그러나 2021년 6월 말 연준의 금융감독 부의장이었던 랜들 퀄스Randal Quarles가 한 연설은 예외였다. 퀄스는 보수적인 공화당원이자 모르몬교 신자라는 엄숙한 겉모습 뒤로 천연덕스러운 유머 감각을 감추고 있는 인물이다. 그가 자신의 재능을 한껏 살린 그날의 연설은 훗날 '낙하산 바지 연

설'로 불리게 되었다.[10]

퀄스는 유타주의 은행가들이 모인 자리에서 "미국인들은 새로운 것에 쉽게 넋을 잃는 경향이 있고, 이는 때로 충동적이고 사기성이 있는 유행이나 열풍으로 이어지기도 합니다"라며 낙하산 바지에 얽힌 일화를 소개했다. "돌이켜 보면 그러한 현상이 그저 어처구니없거나 우스운 결과에 그칠 때도 있습니다. 예를 들어 1980년대의 어느 해에는 수백만 명의 미국인이 갑자기 낙하산 바지를 입고 다녔던 때가 있었죠."

"그러나 더 심각한 결과가 나타날 수도 있습니다"라며 목소리를 내리깐 퀄스는 그처럼 잘못된 열광이 'FOMO', 즉 "소외될까 봐 두려운 심리fear of missing out"에서 비롯된다며, 연준에 CBDC의 발행을 촉구하는 행태가 "광적으로" 치달은 것도 그 때문으로 보인다고 지적했다. 퀄스는 본격적으로 자신의 주장을 전개하기에 앞서 CBDC를 논할 때 반드시 따져보아야 할 기본적인 질문 하나를 던졌다. "CBDC가 어떤 문제를 해결해줄 수 있을까요?"

잠시 뜸을 들이다가 "달러는 이미 상당 부분 디지털화를 거쳤습니다"라며 다시 입을 뗀 퀄스는, BIS의 카르스텐스 사무총장과 마찬가지로 디지털 결제는 새로운 개념이 아니라고 설명했다. 퀄스에 따르면, 여전히 종이 수표를 사용하는 미국인이 많기는 하지만, 그것의 은행 간 정산은 이미 전 과정이 전자적으로 처리되고 있었다. 물론 그가 미국의 결제 시스템이 완벽하다고 주장한 것은 아니었다. "일부 결제 유형은 더 신속하고 효율적으로 처리되어야 할 필요가 있습니다." 퀄스는 특히 해외 결제 수수료가 높다는 점을 지적하면서도, "문제를 개선하기 위한 작업이 진행 중"이라고 덧붙였다. 아울러 고액 결제는 이미

CHIPS와 페드와이어를 통해 즉각적으로 처리되고 있으며, 소액 결제는 느린 속도로 악명 높은 자동 청산소를 통해 처리되고 있지만, 이조차 대부분 당일 결제가 가능해졌다고 강조했다. 더욱이 연준의 실시간 결제 서비스인 페드나우FedNow가 개발 중이라면서, 그것이 완성되면 "소액은 상업은행 계좌로 송금받는 즉시 사용할 수 있게 됩니다"라고 힘주어 말했다. (페드나우는 2023년 중반에 이르러 몇몇 은행이 참여한 가운데 서비스를 시작했다.)

이어서 퀄스는 미국도 CBDC를 발행해야 한다는 주장을 반박하기 시작했다. 우선 달러의 위상이 위협받고 있다는 우려부터 불식했다. "세계경제에서 달러가 담당하는 역할은 다양한 기반 위에 놓여 있습니다. (…) 달러의 기반 중 그 어느 것도 외국 통화에 위협받을 가능성은 작으며, 그 외국 통화가 CBDC라고 해서 다르지는 않을 것입니다." 그 다음으로 퀄스는 은행 계좌가 없는 미국인들을 언급하며, 해당 가구의 비율이 2011년에는 전체의 8.2퍼센트였지만 2019년에는 5.4퍼센트로 줄어들었다고 밝혔다. 그는 모든 국민에게 금융 서비스를 제공하는 것이 "가치 있는 목표"라면서도, "CBDC가 금융 포용성 확대의 수단으로 최선인지는, 아니 심지어 효과적인 수단인지는 확실치 않습니다"라고 의문을 표했다.

아울러 퀄스는 CBDC의 장점이 무엇이든 간에 위험 요소가 훨씬 더 크다고 주장했다. 특히 "CBDC 네트워크는 연준의 기존 결제 시스템에 비해 진입 지점이 훨씬 더 많을 것이기" 때문에 사이버 공격이 늘어날 수 있다고 경고했다. 자연스레 퀄스의 연설은 CBDC와 관련해 가장 골치 아픈 문제, 즉 빅브라더식 감시 시스템의 가능성으로 넘어갔다. 그는 CBDC의 악용을 막기 위해 연준이 조치를 취할수록 정부의 사생활 침해가 선을 넘는 상충 관계가 고착될까 봐 크게 우려했다. "한편으로는 연준이 CBDC 소지자에게 본인의 신원과 거래 내역에 대한 상세한 정보를 요구하는 식으로 시스템을 설계할 수 있습니다. 이러한 방식은 자금세탁 위험을 최소화할 수는 있겠지만, 사생활 침해의 여지가 큽니다. (…) 다른 한편으로는 완전히 익명으로 거래할 수 있도록 CBDC를 설계하는 것입니다. 이로써 사생활 침해 문제는 해소할 수 있겠지만, 자금세탁 위험이 걷잡을 수 없을 만큼 심각해집니다."

파월 연준 의장의 신조

유쾌하면서도 빛나는 통찰로 가득한 퀄스의 연설은 CBDC가 정말 바람직한지, 그렇다면 어떤 방식으로 설계해야 하는지를 놓고 대체로 고리타분하게 이어져온 논의 속에서 빛을 발했다. 경제학자, 기술 전문가, 정책 결정자들이 회의, 학술 논문, 서적과 같은 논의의 장에서 제기한 주요 쟁점 중 하나는 다음과 같다. 즉 CBDC를 일반 국민이 사용할 수 있는 '소매형'으로 설계할 것인지, 아니면 은행을 포함한 금융회사들만 사용할 수 있는 '도매형'으로 제한할 것인지 하는 문제다. 우선 소매형으로 설계한다고 가정해보자. 금융위기 시에 사람들이 은행에 맡겨둔 예금을 정부가 100퍼센트 보증하는 CBDC로 전부 옮긴다면, 오히려 위기가 심화하지 않을까? 반대로 개인이 한 번에 보유할 수 있는 CBDC의 한도를 설정하면, 그 같은 위험이 어느 정도 완화될까?

CBDC에 소폭의 금리를 부여하되 특정 조건에서 마이너스로 전환하면, 개인이나 기업이 돈을 쌓아두기보다는 그때그때 소비하고 투자하는 결과로 이어져, 중앙은행이 CBDC를 경기 침체의 대응 수단으로 활용할 수 있지 않을까? CBDC의 운영 기반은 블록체인이어야 할까, 아니면 다른 형태의 데이터베이스여야 할까?

한편 CBDC에는 어떤 형태의 거버넌스가 적합할까? 바꿔 말해 정치적·경제적·행정적으로 어떻게 관리해야 할까? 예를 들어 CBDC를 특정 유형의 결제에만 이용하도록 제한해야 할까? CBDC가 불법행위에 쓰이지 않도록 예방해야 한다는 것은 뻔한 말 같지만, 캐나다 출신의 화폐경제학자인 존 폴 코닝John Paul Koning의 지적대로, 무엇이 합법이고 무엇이 불법인지 구분하는 일은 "보기보다 훨씬 더 복잡하다." 코닝에 따르면, 포르노 사이트 운영자가 아동 성 착취물의 게시를 막기 위해 충분한 조치를 취했는지 판단하는 일조차 쉽지 않다고 한다. 코닝은 CBDC가 도입되면 연준이 고용한 "전문가가 (…) 포르노 사이트들이 규정을 준수하고 있는지 정기적으로 점검해야 할 것이다"라며 농담 섞인 전망을 내놓았다.[11] 물론 해결책이 마련되어 중앙은행이 그러한 업무에서 해방될 수도 있겠지만, CBDC 때문에 정치적인 논란에 휘말릴 가능성은 무궁무진하다.

이런 측면에서 파월 연준 의장이 CBDC에 대해 신조처럼 내세우는 "먼저 만드는 것보다 제대로 만드는 것이 더 중요하다"[12]라는 말의 의미도 이해할 수 있다. 즉 무슨 결정을 내리더라도 신중하고 장기간에 걸친 검토가 선행되어야 하며, 그럼으로써 이런저런 위험을 모두 피해야 한다는 것이다. 2020년 8월 보스턴연준은행은 MIT의 디지털화

페이니셔티브와 함께 CBDC 기술을 연구하는 '해밀턴 프로젝트Project Hamilton'를 출범했다. 이와 관련해 연준은 해당 프로젝트가 어디까지나 "가상의" 화폐에 대한 연구일 뿐이며, 어떠한 방향을 취할지는 여전히 논의 중이라고 강조했다.[13] 물론 레이얼 브레이너드Lael Brainard 부의장을 비롯한 일부 연준 이사들은 CBDC 발행에 대해 긍정적인 입장을 내비쳤지만, 다른 이들은 퀄스의 견해에 공감을 표했다. 그 후로도 연준 내부의 견해 차이는 좁혀지지 않았다. 무엇보다 파월을 비롯한 연준의 고위 관료들은 의회의 승인이 없는 한 자신들이 독자적으로 움직일 수 없다는 점을 인정했다.[14]

바이든 행정부도 모호한 태도를 보였다. 2022년 9월 발표된 디지털 자산 관련 행정명령은 재무부에 "미국의 CBDC가 불러올 수 있는 잠재적 영향을 검토할 범정부 차원의 전문가 그룹을 이끌라"라고 지시하며, 그 과정에서 따라야 할 전반적인 지침을 제시했다. 그러나 백악관은 CBDC 도입을 공식적으로 지지하지는 않았고 "추가적인 연구와 개발이 필요하다"라고만 밝혔다.[15]

바이든 행정부의 신중한 태도는 정치적으로 현명한 선택이었다. 미국 내의 CBDC 논쟁은 기술적인 차원에서 출발했지만, 점점 비이성적인 방향으로 퇴보하고 있다.

CBDC에 드리운 그림자 정부의 그림자?

최근의 CBDC 논쟁은 퀄스와 달리 그리 신중하지 못한 저명인사들이 주도하고 있다. 극우 성향의 보수주의자와 음모론을 신봉하는 좌파 인사가 뒤섞인 채로 그림자 정부가 CBDC를 이용해 미국을 지배하려 한다고 주절거리는 수준이다.[16] 이들은 특히 2022년 초 캐나다 오타와에서 벌어진 사건에 주목한다. 당시는 팬데믹이 선언되고 1년 정도 지난 때였는데, 캐나다의 트럭 운전사들을 중심으로 조직된 '자유호송대Freedom Convoy'가 백신 의무 접종에 반대하며 미국과 캐나다의 국경 검문소를 차량으로 봉쇄했다. 그러자 캐나다 정부는 그들의 자산을 동결하는 것으로 대응했다.

한편 2023년 3월 플로리다주의 론 디샌티스Ron DeSantis 주지사는 연방정부가 추진하는 CBDC를 자신의 주에서 사용할 수 없도록 하는 법안을 주 의회에 제출해 승인받았다. 당시 디샌티스는 보도 자료를 통해 다음과 같이 선언했다. "바이든 행정부가 도입하려고 하는 CBDC는 감시와 통제를 위한 것이다. (…) 우리는 개인의 경제적 자유와 안보를 위협하는 정책을 받아들이지 않을 것이다." 이 선전포고 이후 플로리다주를 따라 여러 주가 유사한 법안을 검토하기 시작했다. 디샌티스는 2024년의 공화당 대통령 후보 경선에서 낙마한 직후 논객 터커 칼슨Tucker Carlson과의 인터뷰에서 다시 한번 CBDC를 공격하며 대중을 선동했다. "CBDC가 연료나 탄약처럼 '바람직하지 못한' 소비를 금지하는 일에 이용될 수 있습니다. 따라서 이런 권한을 연방정부에 부여하는 순간, 이 나라에 '사회신용시스템social credit system'(국민의 행동을 감시하고 점수화해 신용 등급을 나누는 제도—옮긴이)이 도입될 것입니다. CBDC는 미국의 자유에 엄청난 위협이 됩니다. [47대 대통령이 취임하는] 2025년 1월 20일, CBDC는 이 나라에서 역사의 잿더미 속으로 사라질 것입니다."

빌 해거티Bill Hagerty 공화당 상원의원도 CBDC가 "정부에 개인의 삶에 대한 전례 없는 감시 능력을 제공할 것"이라며 디샌티스의 주장에 힘을 보탰다. 그뿐 아니라 트럼프 1기 행정부에서 국가안보보좌관을 지냈던 마이클 플린Michael Flynn 예비역 장군도 전국 각지에서 집회를 열고 CBDC를 맹비난했다. 트럼프 본인도 대선 유세 중이던 2024년 초, 자신이 다시 한번 백악관에 입성할 경우 "CBDC의 탄생을 절대 허용하지 않음"으로써 "정부의 폭정에서 미국인을 보호"하겠다고 공언했다. CBDC에 반대하는 진보 진영 인사로는 민주당 대통령 후보 경선에 뛰어들었던 반反백신 운동가 로버트 F. 케네디 주니어Robert Kennedy, Jr.를 꼽을 수 있다. 케네디는 CBDC가 "통제와 억압의 도구로 악용될 것이 확실"하다고 비판했다.

이들의 주장은 공통점이 있는데, 현재 미국인들이 경제활동과 관련해 누리고 있는 프라이버시를 특이할 정도로 과대평가한다는 것이다. 신용카드나 직불카드로 긁든 페이팔이나 애플페이로 송금하든 상관없이, 미국에서 은행 계좌와 연결된 결제 행위는 모두 추적 가능하며, 법원이 영장을 발부하면 수사 대상이 된다. 물론 "불합리한 수색과 압수"에서 시민을 보호하라고 명시한 수정헌법 4조 덕분에, 법원은 범죄 활동이 일어나고 있다는 "선서나 확약으로 뒷받침된 합당한 근거"가 없는 한 영장을 발부하지 않는다. 판례와 입법을 통해 프라이버시에 대한 몇 가지 법률이 추가되기도 했지만, 수정헌법 4조는 원칙적으로 도청 같은 형태의 감시뿐 아니라 금융 정보 추적에도 적용된다.[17]

건전한 민주주의 국가라면 어디든 비슷한 원칙이 적용되어, 법 집행

기관이 적법절차를 거친 다음에야, CBDC 사용자의 스마트폰이나 관련 모바일앱 서비스 제공자의 데이터를 열람할 수 있을 것이다. 잉글랜드은행의 컨리프 부총재는 디지털 파운드인 브릿코인Britcoin의 작동 방식을 설명하기 위해 명쾌한 '구분'을 제시했다. 즉 브릿코인이 완전한 익명성을 제공하지는 않지만, 적당한 프라이버시는 보장한다는 것이었다. 완전한 익명성이 제공된다면 누구나 디지털 결제의 편리함을 악용해 온갖 불법행위를 저지를 수 있다. 동시에 일반적인 은행 계좌에 적용되는 것과 같은 수준의 보호 장치가 없더라도, 데이터와 거래 내역이 감시되지 않는 정도의 프라이버시는 보장되어야 사용자들이 안심할 것이다. 컨리프는 "우리는 CBDC에 대해 그 같은 균형을 전적으로 고려할 것"이라고 강조했다.[18]

CBDC에 덧씌워진 전체주의 혐의

그렇다면 어떻게 그 균형을 맞출 수 있을까? 이와 관련해 다양한 계획이 제시되었고, 또 실행에 옮겨지고 있다. 예를 들어 바하마에서는 한도 제도가 도입되어, 샌드달러를 한도 내에서 사용하는 사람은 익명성을 보장받고, 한도를 초과하는 사람은 고객확인절차의 대상이 된다.[19] 좀 더 자세히 설명하자면, 지갑에 500샌드달러까지 넣어두는 것과 월 1,500샌드달러까지 거래하는 것에는 아무런 제약이 없다. (현금을 이용해 키오스크에서 샌드달러를 구매하는 것도 가능하다.) 하지만 그 상한선을 초과해 샌드달러를 사용하려면, 정부에서 발급한 신분증을 제시하거나 지갑을 은행 계좌와 연동해야 한다. '영지식 증명$_{Zero-Knowledge\ Proof,\ 이하\ ZKP}$' 같은 최신 암호 기술을 활용한 해결책도 있다. (최대한 간단히 설명하자면) ZKP는 상대방에게 추가적인 정보를 얻지 않고도 그의 주장이 참인지 거짓인지를 검증할 수 있는 놀라운 기술이다. ZKP의 개발자들은 해당 기술이 사용자의 프라이버시와 법 집행기관의 범죄 수사 권한을 모두 보장한다고 주장한다. 그러나 현대의 결제 시스템에서는 단 1초 만에 대량의 거래가 처리되어야 하는데, ZKP는 너무 느린 데다가 정교하지 못하다는 한계가 있다. 개발자들이 이러한 기술적 장벽을 극복할 수 있을지는 아직 미지수다.

어쨌든 CBDC가 발행된다고 해서 모든 국민이 반드시 사용해야 하는 것은 아니다(물론 CBDC가 그림자 정부의 비밀 계획이라는 음모론을 믿는 사람이라면, 그렇지 않다고 생각하겠지만 말이다). 미국인들이 선호하는 결제 수단인 현금, 수표, 신용카드, 직불카드 등은 상황에 따라 다르기는 하겠지만 계속해서 널리 사용될 것이다. 교회에 다니는 신자들은 신용카드 수수료로 교회에 불편을 끼치지 않기 위해 앞으로도 헌금함에 주로 지폐와 동전을 넣을 것이다. 노트북컴퓨터나 냉장고처럼 고가의 물건을 사려는 소비자들은 계속해서 신용카드를 사용할 가능성이 크다. 신용카드는 거래의 증거가 명확히 남으므로, 혹시나 제품에 결함이 있으면 교환하거나 환불받기가 쉽다. 물론 결제일 전까지 사실상 돈을 빌린다는 장점도 있고 말이다.

CBDC를 도입하느냐 마느냐, 그것은 하나의 문제다. 하지만 CBDC의 발행과 전체주의의 확산은 완전히 별개의 문제다. 내 말은 통화의 형태가 무엇이든 간에 정부가 개인의 권리를 존중하는지가 훨씬 더 중요하다는 뜻이다. 어느 나라든 권력을 유지하기 위해 온갖 비민주적인 수단을 동원하는 권위주의자가 정부를 장악한다면, CBDC의 발행 여부는 그리 중요한 문제가 아니게 될 것이다. CBDC를 발행하지도 않았고 그럴 계획도 없었던 캐나다 정부가 자유호송대의 자산을 동결한 사건은, 그것이 정당한 조치였든 아니었든 간에, CBDC 없이도 그 같은 일이 얼마든지 벌어질 수 있다는 것을 보여준다. 미국 정부가 수정헌법 4조에 따라 개인정보에 대한 "불합리한 수색과 압수"를 금지하고 법치주의를 준수하는 한, CBDC가 도입된다고 해서 프라이버시가 침해당하는 일은 없을 것이다. 디샌티스 같은 부류의 주장은 역사학자 리처드 호프스태터Richard Hofstadter이 표현을 빌리자면 "미국 정치에 만연한 편집증적인 사고방식"에 가까울 정도로 격이 떨어진다.

그렇지만 퀼스가 낙하산 바지 연설로 던진 화두만큼은 직시할 필요가 있다. 즉 CBDC를 해결책으로 받아들이기에 앞서, 그것이 어떤 문제를 해결할 수 있는지부터 파악해야 한다. 아울러 CBDC의 대안이 그 문제를 더 효율적으로 해결할 수 있는지도 검토해야 한다.

1스테이블코인당 1달러

조금이라도 격식을 갖춘 카지노에서 손님들이 가장 먼저 해야 할 일 중 하나는 칩을 구매하는 것이다. 그러지 않고 대뜸 블랙잭이나 룰렛 테이블 위에 현금을 올려놓는 행위는 딜러나 보안 요원에게 불편함을 유발하므로, 절대 금기다. 지폐는 세는 시간이 오래 걸리고 구겨져 있을 때가 많다. 반면에 칩은 금방 쌓아 올릴 수 있고, 쉽게 알아볼 수 있다. 카지노에서 턱시도나 이브닝드레스 착용은 필수가 아니지만, 칩 사용만큼은 필수인 이유다.

이러한 특징 때문에 칩은 스테이블코인에 자주 비유된다. 스테이블코인이라는 이름도 명목화폐나 그 외의 기준 자산에 가치를 고정하겠다는 약속에서 유래했다. 그래서 칩이 연상되는 것이며, 거액이 오가는 암호화폐 투자에서 필수적인 수단으로 떠오른 것이다. 법정통화는 블록체인에 기반할 수 없지만, 스테이블코인은 블록체인에만 기반해 존재하도록 설계되었다. 그리하여 스테이블코인은 블록체인 기반 암호화폐와 '디파이$_{DeFi}$'(탈중앙화 금융) 시장에서의 거래(또는 투기) 수단으로 쓰이게 되었다.

스테이블코인 발행사들은 머지않아 모든 종류의 거래가 블록체인에 기반할 것이라는 믿음에 따라 훨씬 더 큰 시장에서 활약하겠다는 야심을 품고 있다.[20] 실제로 2021년에는 유통 중인 스테이블코인의 전체 시가총액이 네 배 급증하며 1,750억 달러를 넘어서기도 했다. 이로써 발행사들의 야심이 한층 더 부풀어 올랐다.[21] 스테이블코인의 존재 자체와 더불어, 그처럼 급격한 성장은 발행사들이 미국의 정책 결정자들에게 디지털 달러의 미래는 CBDC가 아니라 스테이블코인이라고 로비하는 데 큰 힘이 되어주고 있다.

오늘날 스테이블코인 시장은 2015년 발행된 USDT의 독무대로, 그 점유율이 75퍼센트에 달해 2위인 USDC의 세 배가 넘는다. (페이팔도 2023년 8월 자체 스테이블코인인 PYUSD를 출시했지만, 그 성공 여부는 아직 불투명하다.) 스테이블코인은 모두 달러에 가치가 고정되어 있다. 발행사들은 1스테이블코인당 1달러의 가치를 유지하겠다는 약속을 내세우며, 스테이블코인의 가치가 풍부한 달러 표시 자산으로 뒷받침된다고 사람들을 안심시킨다. 무엇보다 스테이블코인의 이러한 특징 때문에 미국은 결코 디지털 화폐 경쟁에서 뒤처진 것이 아니라고 주장한다. USDC 발행사인 서클Circle의 최고전략책임자이자 글로벌 정책 총괄인 단테 디스파르테Dante Disparte는 2021년 7월 발표한 글에서 "미국은 극도로 중요한 산업에서 세계를 주도하고 있다"라고 강조했다.[22]

이러한 주장은 암호화폐 업계가 설득 능력이 탁월한 로비스트 군단과 막대한 후원금을 동원해 공략 중인 미국 의회에서도 큰 반향을 일으키고 있다. 기본적으로 의원들은 달러가 잠재적인 경쟁 통화에 위협받을 수 있다는 전망에 불안해하는 경향이 있는데, 스테이블코인을 띄우는 이들은 그러한 불안감을 교묘하게 활용한다.

2023년 4월 블록체인협회Blockchain Association라는 로비 단체의 정책책임자인 제이크 처빈스키Jake Chervinsky는 하원 소위원회에 출석해 "기축통화인 달러의 우위를 강화하기 위해 우리가 가장 먼저 해야 할 일은 세계 곳곳에 달러를 널리 퍼뜨려 누구나 어디서든 쉽게 달러를 이용할 수 있도록 하는 것"이라고 말하며, 그 역할을 스테이블코인이 해낼 수 있다고 강조했다. "스테이블코인은 기존 결제 인프라에 비해 절대적인 개선을 이루어냈으며, 그 덕분에 사용자들은 전 세계 어디에 있는 누구에게든 거의 즉시 공짜에 가까운 비용으로 가치를 전달할 수 있습니다."[23]

내 동포들이 스테이블코인 시장의 선두가 미국이라는 데서 비롯된 과도한 자부심에 빠져 허우적거리는 일을 막기 위해, 스테이블코인의 유쾌하지 못한 점을 짚고 넘어가지 않을 수 없다. 스테이블코인의 결정적인 혐의 중 하나는 1스테이블코인당 1달러의 가치가 유지되지 않는다는 것이다.

2022년 5월 발생한 테라USD(TerraUSD)의 대폭락은 스테이블코인의 취약성을 여실히 드러낸 악명 높은 사례다. 테라USD를 개발한 권도형은 스탠퍼드대학교 출신의 한국인으로, 자신을 비판하는 사람들을 향해 "나는 가난한 사람들과 토론하지 않는다"[24]라고 쏘아붙일 만큼 오만한 태도를 보였다. 테라USD는 2021년부터 2022년 사이에 시가총액이 187억 달러까지 급증하며 스테이블코인 시장의 세 번째 강자가 되었는데, 무엇보다 '알고리즘형 스테이블코인'이라는 점에서 크게 주목받았다. 알고리즘형이란 실물 담보자산 없이 해당 스테이블코인의 자동화된 차익 거래에 기반해서만 가치를 유지하는 방식이다. 테라USD에 아무런 내재 가치가 없다는 사실은 2022년 5월 8일 시작된 소규모 매도세가 단 며칠 만에 대규모 매도세로 이어지며 명확해졌다. 결과적으로 테라USD는 휴지 조각이 되었고 투자자들은 수백억 달러에 달하는 손실을 보았다.[25]

다른 모든 스테이블코인과 테라USD를 도매금으로 묶어 비난하는 것은 매우 부당한 일이다. 특히 USDC 발행사인 서클은 재정 건전성을 입증하는 자료와 (대부분 미국 국채와 현금으로 구성된) 보유 자산 현황을 충분히 공개하고 있다. 그러나 USDT 발행사인 테더는 전혀 다르다.[26] 외국법인이 운영 중인 테더는 회계장부에 대한 감사를 오랫동안 회피해왔다. 그 대변인은 자사의 스테이블코인이 인기 있는 이유를 묻는 질문에 "비결"을 공개하고 싶지 않다며 답변을 거부하기도 했다. 한마디로 위험신호가 가득하다. 실제로 테더는 재정 건전성과 관련해 거짓말하거나, 상황을 제대로 알리지 않았다는 혐의로 규제 당국과 여러 법 집행기관에 이미 여러 차례 벌금을 부과받았다. 테더의 주요 주주와 경영진 중 상당수의 과거 행적도 의심받고 있다. 다양한 불법행위로 고발당한 기업들과 연관된 이력이 있기 때문이다. 한편 테더는 주요 암호화폐 거래소인 비트파이넥스Bitfinex를 동시에 운영 중인데, 이는 명백한 이해 충돌 사례로서 제대로 된 규제를 받는 금융시장에서라면 결코 허용되지 않을 일이다. 이처럼 곳곳에서 경고등이 번쩍이는데도, USDT는 스테이블코인 시장의 1위 자리를 끄떡없이 유지하고 있다. 테더가 마지못해 공개한 수백억 달러 규모의 미국 국채, 상업어음, 현금성 자산, 기타 안전자산의 목록만으로도 시장 참여자 상당수는 충분히 안심한 것으로 보인다.

달러의 전위대

스테이블코인 지지자들은 미국 정부와 의회가 스테이블코인에 대한 건전한 규제책을 마련한다면, 스테이블코인이 투기 수단에서 벗어나 주요 결제 수단으로 발전할 수 있을 것이라고 주장한다.[27] 예를 들어 유통 중인 모든 스테이블코인의 가치를 확실히 뒷받침하기 위해, 발행사가 미국의 단기국채나 예금 같은 고품질 유동자산을 그 가치 대비 100퍼센트 이상 쌓아두고 있어야 한다고 해보자. 더 나아가 투명성 규정을 적용해 발행사의 재무 상태에 대한 월간 공시나 감사를 의무화하는 조치도 도입하자. 법적으로 승인받은 금융회사만이 '은행'이라는 명칭을 사용할 수 있는 것처럼, 규제 당국의 지침을 따르는 발행사에만 '스테이블코인'이라는 명칭을 사용할 수 있게 허용하는 방안도 생각해볼 만하다.

이렇게 해서 결국 스테이블코인이 제대로 관리된다면, 미국인들이 일상적으로 사용하는 각종 금융상품과 꽤 비슷해질 것이다. 사람들은 원금의 전액 상환과 약간의 이자를 기대한 채 유휴자금을 은행에 예금한다. 좀 더 높은 수익을 원한다면, 한 주당 1달러의 자산 가치를 안정적으로 보장하는 MMF를 선택한다. 이들 금융상품과 달리 스테이블코인은 블록체인에 기반한다. 블록체인은 연중무휴 24시간 운영될 뿐 아니라, 스마트 계약을 활용한 혁신적인 결제 기능을 제공한다. 앞서 살펴보았듯이 그러한 혁신에는 자연재해가 발생할 경우 자동으로 지급되는 보험금 등이 포함된다. 소액 결제 기능이 화가나 음악가 등의 창작자를 지원하는 방식으로 설계될 수도 있다. 디스파르테의 제안처럼, 독자들이 기사를 읽고 '좋아요' 버튼을 누르는 횟수에 비례해 프리랜서 기자들에게 인센티브를 지급하는 것도 가능하다.[28]

그러나 스테이블코인은 1장에서 언급한 자유 은행 시대의 지폐에 비유하는 편이 더 적절하다. 당시 민간은행들이 마구 남발했던 지폐는 카지노에서 쓰이는 칩보다도 신뢰성이 떨어졌다.[29] 유명인의 얼굴이나 밀을 수확하는 농부들의 모습이 그려진 자유 은행 시대의 지폐처럼, 스테이블코인은 민간기업이 발행하는 채무 증서일 뿐이므로, 발행사가 약속을 이행할 것이라고 전적으로 신뢰하기 어렵다. 이 같은 비유에 스테이블코인 지지자들은 불쾌함을 느낄지 모른다. 그들은 제대로 설계된 규제책이 도입되기만 한다면, 스테이블코인이 19세기 중반 미국의 통화 제도를 혼란에 빠뜨렸던 문제를 피해 갈 것이라고 믿는다. 그러나 스테이블코인이 결제 수단으로 널리 사용되면 화폐 발행 주체의 파편화 때문에 새로운 문제가 발생할 수밖에 없다.

스테이블코인은 소지자가 곧 소유자가 되는 무기명 지급증서로, 발행사(예를 들어 테더나 서클)에 대한 청구권을 보장한다. 당신이 누군가에게 스테이블코인을 전송하면, 신원 확인 같은 발행사의 개입 없이도 새로운 소유자가 자동으로 청구권을 넘겨받는다. 그렇게 해도 고객확인절차, 자금세탁방지법, 테러자금조달방지법에 위배되지 않는다. 암호화폐 전도사들은 이처럼 정부의 감시에 덜 노출되고 허가 없이 전송할 수 있어 거래의 자유가 보장된다는 점을 스테이블코인의 중요한 특징으로 내세운다.[30] 이는 사용자들에게 뚜렷한 장점이 되지만, 국제 금융 시스템에서 불법 자금의 흐름을 감시하는 기관들에는 큰 골칫거리로 여겨진다. 앞서 살펴본 처빈스키의 호언장담처럼 스테이블코인이 "세계 곳곳에 달러를 널리" 퍼뜨리는 역할을 정말 해낼 수 있다면, 미국의 대외 정책도 실현될 것만 같다. 그러나 실제로는 정반대의 상황이 펼쳐질 가능성이 크다.

스테이블코인의 실상: 자금세탁

수상한 거래에 관여해온 러시아인 사업가가 수십만 배럴에 달하는 베네수엘라산 석유를 구매하려 한다고 가정해보자. 베네수엘라의 국영석유회사는 미국의 제재 대상이기 때문에 전통적인 방식대로 달러를 송금해 결제하는 것은 너무 위험하다. 그러나 다행히도 USDT를 사용하면 경제제재를 우회할 수 있다. 이를 위해 수백만 달러어치의 USDT를 베네수엘라의 수도 카라카스에서 활동하는 환전상에게 보내면, 그는 USDT를 현금, 그것도 100달러짜리 돈다발로 교환해준다. 극심한 인플레이션에 시달리는 베네수엘라에서 100달러짜리 지폐는 언제나 환영받으므로, 국영석유회사도 그러한 방식에 전혀 이의를 제기하지 않는다.

거래 상대가 불안해한다면, "걱정하지 마세요. 문제없습니다. USDT는 빠르게 처리돼요. 그래서 요즘 다들 이런 방법을 쓰는 거죠. 간편하고 빠르거든요"라고 한마디 해두는 것으로 충분하다.

2022년 10월 19일 브루클린 검찰청이 공개한 기소장에 따르면, 유리 오레호프Yury Orekhov라는 러시아인이 위와 같은 방법으로 미국 금융 시스템을 우회하는 데 성공했다. 오레호프와 그의 공범들은 USDT를 이용해 베네수엘라산 식유를 구매힘으로써, 미국의 경제제재를 교묘히 피해 갔다. 이들은 다양한 범죄 혐의로 기소되었는데, 그 가운데는 첨단 무기에 사용할 수 있는 최신형 반도체를 러시아로 밀수한 혐의도 있었다.[31]

또 USDT였다! 속담 속의 '불량 동전'(흠집이 있는 동전은 아무리 골라내도 자꾸만 나타난다는 데서 유래한 표현으로, 반갑지도 않은데 자주 보이는 존재를 의미함—옮긴이)처럼, USDT가 자금세탁, 사기, 핵 개발에 필요한 자금 조달 등과 관련된 수사에서 불쑥 등장하는 일이 잦아지고 있다. 그 까닭은 USDT가 안정적인 가치를 지닐 뿐 아니라, 추적이 어렵기 때문이다. 블룸버그의 탐사보도 기자인 제크 포크스Zeke Faux가 암호화폐의 실체를 폭로한 《비이성적 암호화폐》에는 USDT가 활용된 각종 범죄행위가 나열되어 있다. 그중 가장 인상적인 것으로 캄보디아에 근거지를 마련한 중국인 범죄단체가 벌이는 '돼지 도살'을 꼽을 만하다. 그들은 '돼지', 즉 소셜미디어에서 낚은 순진한 피해자들에게 구애하는 척 다가가 온갖 핑계를 대며 USDT로 거액의 돈을 빼낸다. 한편 USDT는 모스크바에 본사를 둔 암호화폐 거래소인 가란텍스Garantex의 주요 결제 수단이기도 하다. (범죄단체와 관련된 것으로 보이는) 수많은 러시아인이 가란텍스를 거쳐 수십억 달러어치의 USDT를 아랍에미리트 같은 나라로 송금한 다음, 현지의 협력업체를 통해 실제로 사용할 수 있는 법정통화로 인출하고 있다.[32]

다만 이 같은 사례를 암호화폐 전체에 적용하고 일반화해서는 안 된다. 오늘날 암호화폐 시장은 범죄자들에게 손쉽게 악용되던 초창기와 비교해 몰라보게 달라졌다. 예를 들어 주요 선진 민주주의 국가의 암호화폐 거래소는 일반 금융회사와 동일한 법률을 준수하며, 강력한 자금세탁 방지 프로그램을 운영한다. 특히 평판이 좋은 거래소에 계좌를 개설하려면, 반드시 고객확인절차를 거쳐야 한다. 실제로 코인베이스는 SAR을 작성하고 블랙리스트에 오른 지갑으로의 입출금을 차단하기 위해서만 400여 명의 직원을 두고 있다.[33]

게다가 블록체인에 기반한 거래는 지급인과 수취인의 주소를 포함한 모든 내역이 공공 원장에 남기 때문에, 법 집행기관이 '트레드파이tradFi'(전통 금융) 시스템을 수사할 때보다 훨씬 더 손쉽게 추적할 수 있다. 블록체인의 이 같은 특성 덕분에 FinCEN 같은 기관은 그 어느 때보다도 손쉽게 불법 자금의 흐름을 추적할 수 있게 되었다. 이는 수많은 범죄자가 체포되고 나서야 뼈저리게 깨달은 사실이기도 하다. 더 나아가 수사기관이 범죄 활동에 연루된 주소를 식별했을 때, 암호화폐 거래소나 스테이블코인 발행사에 요청해 해당 주소와 연결된 지갑을 동결하고 압류할 수 있도록, 처음부터 암호화폐에 관련 기능을 넣어놓을 수도 있다. 실제로 2023년 말 테더는 OFAC이 SDN으로 지정한 인물들의 지갑 41개를 동결했다. 그중 하나는 북한의 해킹 조직과 연관된 지갑이었고, 32개는 우크라이나와 이스라엘에서 테러를 모의하고 자행하는 데 사용된 지갑이었다.[34]

스테이블코인의 실상: 디페깅

그러나 회피 수법 또한 넘쳐나므로, 규제를 우회하기란 어렵지 않다.[35] 가장 중요한 문제는 '온램프on-ramp'(법정통화가 암호화폐로 전환되는 과정)와 '오프램프off-ramp'(암호화폐가 법정통화로 전환되는 과정)에 대한 수많은 규제가 제대로 집행되고 있지 않다는 점이다. 코인베이스처럼 온램프와 오프램프를 면밀히 감시하고 규제하는 정상적인 암호화폐 거래소에서는 불법 자금을 자유로이 사용할 수 있는 현금으로 바꾸기가 거의 불가능하다. 그러나 감시와 규제가 느슨하거나 전혀 이루어지지 않는 거래소라면 정반대의 상황이 펼쳐진다. 무엇보다 오프램프를 노린 랜섬웨어 공격이 빈번하다. 랜섬웨어 조직은 기업이나 기관의 컴퓨터 시스템을 해킹한 뒤 민감한 정보를 파괴하거나 유출하지 않는 대가로 거액의 암호화폐를 요구한다. 만약 피해자가 암호화폐를 건네면, 공모 관계이거나 탈법적으로 운영되는 거래소에서 이를 현금으로 바꾼다. 이들 조직 대부분은 러시아에 기반을 두고 있는데, 자국 기업을 공격하지 않는 한 수사기관도 눈감아주므로, 갈취한 암호화폐를 역시 러시아에 기반을 둔 거래소에서 마음 편히 루블로 환전한다.[36]

'텀블러tumbler', 또는 '믹서mixer'라 불리는 회피 수법도 자주 사용된다. 앞서 설명했듯이 블록체인에 기반한 거래는 그 내역이 공공 원장에 모두 기록되는데, 다양한 종류의 암호화폐를 한꺼번에 사용해 거래 과정을 복잡하게 꼼으로써, 추적을 어렵게 하는 것이다. 아예 암호화폐 거래소를 이용하고 싶지 않은 사람들은 비수탁형 지갑을 이용해 익명성을 강화한다. 누구나 마우스 클릭 몇 번이면 비수탁형 지갑을 만들고 고객확인절차 없이 송금할 수 있다. 정부의 감시를 피할 수 있는 사각지대인 셈이다.

회피 수법이 늘어나자, 미국 정부도 서둘러 대응에 나섰다. 특히 바이든 행정부의 재무부와 법무부, 그 산하의 법 집행기관들이 적극적으로 움직였다. 실제로 OFAC은 2022년부터 2023년 사이에만 토네이도 캐시Tornado Cash, 블렌더Blender.io, 신바드Sinbad를 비롯한 여러 믹서를 제재 대상으로 지정했다. 그 행보가 너무나 거침없어, 믹서가 개인과 기업의 프라이버시를 보호한다고 믿는 자유지상주의자들에게 큰 반발을 사기도 했다.[37] 관련 법을 무시해온 가란텍스 등의 암호화폐 거래소들도 제재 대상이 되었다. 하지만 이들 대부분이 여전히 성업 중이다. 2023년 11월에는 미국의 여러 정부 기관이 협력해 세계 최대 거래소인 바이낸스Binance에 철퇴를 가했다. 특히 억만장자로 유명한 자오창

펑趙長鵬 CEO가 불법 자금세탁 혐의에 대해 유죄를 선고받으며, 법무부의 강력한 규제 의지가 재확인되었다. 자오창펑의 기소장은 바이낸스의 고객확인절차가 얼마나 미흡했는지 폭로하는 내용으로 빼곡했다. 2017년부터 2021년까지 대부분의 고객이 이메일 주소만으로 계좌를 개설할 수 있었다. 게다가 그중 수천 명이 미국의 제재 대상인 이란에 거주하고 있었는데도, 바이낸스는 2022년 이전까지 SAR을 제출하지도, 제대로 된 고객확인절차를 시행하지도 않았다. 자오창펑과 바이낸스에 부과된 벌금은 각각 5,000만 달러와 43억 달러로 예상보다 적었다. 하지만 정말로 바이낸스에 타격을 가한 조치는 따로 있었다. 즉 자금세탁방지법의 준수 및 대폭 강화된 고객확인절차의 시행 여부를 최대 5년간 감시받아야 한다는 것이었다. 암호화폐를 반대하는 것으로 유명한 존 리드 스타크John Reed Stark는 정부와 바이낸스의 합의 내용을 보자마자, "바이낸스와 그 고객들이 1년 365일 내내 대장 내시경처럼 철저한 감시에 노출될 것"이라며 통쾌해했다.[38]

　미국 재무부는 테더도 정조준했다. 2023년 말 월리 아데예모Wally Adeyemo 재무부 차관은 의회에 출석해, 달러에 연동된 스테이블코인의 해외 거래 중 일부는 "미국과 전혀 접점이 없습니다"라고 밝히며, 재무부의 권한 강화를 촉구했다. "OFAC이 역외 관할권을 행사할 수 있도록 명시적으로 허용하는 법이 제정되어야 합니다." 이어서 아데예모는 테더처럼 해외에 기반을 둔 발행사들이 "테러리스트의 악용을 방지하는 절차"조차 마련하지 않은 채 달러의 특권을 누리는 것을 허용해서는 안 된다고 강조했다.[39]

　스테이블코인 발행사들도 그간의 기술 발전 덕분에 이론상으로는 충분히 불법행위를 감지하고 막을 수 있다. 정말 그렇게 한다면, 합법적인 결제 수단으로 인정받는 데 큰 걸림돌을 제거하게 될 것이다. 그러나 스테이블코인에는 또 다른 큰 결함이 존재한다.

최근의 금융 혼란기에 스테이블코인에 어떤 일이 벌어졌는지 보라.[40] 암호화폐 발행사와 거래소들이 연쇄적으로 파산했던 2022년 5월, 1USDT의 가격은 95센트까지 하락했다가 반등했다. 그해 가을에는 암호화폐 거래소인 FTX가 갑작스럽게 파산하고 대규모 현금화가 일어나면서 97.7센트까지 하락했다. 2023년 3월에는 서클이 USDC의 지급준비금을 예치해둔 실리콘밸리은행Sillicon Valley Bank에서 예금 인출 사태가 터지며, 1USDC의 가격이 한동안 87센트를 넘지 못했다. 이같은 급격한 가격 하락 때문에 1스테이블코인이 1달러를 유지한다는 약속은 시험대에 올랐다. 일반적으로 기준가격과의 편차가 몇백 분의 1퍼센트에 불과할 정도로 매우 작지만, 어쨌든 편차가 발생하는 것만큼은 분명하다.

2023년 말 발표와 동시에 시장을 뒤흔든 무디스애널리틱스Moody's Analytics의 보고서에 따르면, 스테이블코인의 '디페깅depegging'(달러에 고정된 가치가 흔들리는 현상―옮긴이)은 드물지도 않고 사소한 일도 아니다. USDT와 USDC 같이 주요 법정통화에 고정된 스테이블코인들조차 2022년에는 700회 이상, 2023년의 첫 9개월 동안에는 600회 이상 디페깅이 발생했다. 참고로 이 보고서는 단 하루 동안 법정통화에 고정된 가치 대비 3퍼센트 넘게 가격이 변동하는 것을 디페깅으로 정의했다.[41]

바로 여기에서 퀄스가 제기한 질문, 즉 "CBDC가 어떤 문제를 해결해줄 수 있을까요?"에 대한 답을 찾을 수 있을지 모른다.

CBDC는 본질적인 대안이 될 수 있을까

이제 프롤로그에서 소개한 화폐의 단일성 개념을 다시 살펴볼 차례다. 1달러는 정확히 1달러의 가치를, 100달러는 정확히 100달러의 가치를 지닌다. 이는 우리가 공공화폐(지갑 속의 현금)로 결제하든 민간화폐(이를테면 수표, 직불카드, 신용카드, 모바일앱과 같이 궁극적으로 은행 계좌와 연결된 결제 수단)로 결제하든 상관없다.

화폐의 단일성 덕분에 우리는 값싼 커피부터 비싼 가전제품까지 상품을 구매할 때든 급여 등의 소득을 얻을 때든 언제나 안심할 수 있다. 기업이나 정부 기관끼리 거액을 주고받을 때도 마찬가지다. 내가 당신에게 송금한 달러와 당신이 내게 송금한 달러의 금전적 가치는 우리가 어느 은행에 계좌를 두었든, 어떤 결제 수단을 사용하든 상관없이 정확히 같다. 우리가 안심할 수 있는 까닭은 지금 당장 ATM이나 은행 창구를 찾아가서 현금을 인출하지 않더라도, 원한다면 언제든지 계좌에 기록된 숫자를 '법정통화'라는 문구가 인쇄된 지폐로 바꿀 수 있다는 인식이 있기 때문이다.

연준에 예치되어 있는 중앙은행의 지급준비금 또한 달러가 전자적인 형태로 오가는 금융 시스템에서 화폐의 단일성이 유지되는 데 필수적인 역할을 담당한다. 뉴욕의 포터들이 이 은행에서 저 은행으로 금화 꾸러미를 옮기던 19세기 중반과 달리, 오늘날의 결제 행위는 연준의 대차대조표상에서 이루어진다. 예를 들어 은행의 고객이 대금을 결제하면, 그만큼의 금액이 고객의 계좌에서 인출되는데, 이때 연준은 해당 은행의 지급준비금 계좌에서 그 금액을 차감한다. 이 같은 과정은 달러를 뒷받침하는 법적·행정적 시스템의 일부일 뿐이지만, 없어서는 안 될 핵심이기도 하다. 그러한 시스템 안에서 유통되는 모든 달러는 액면가를 기준으로 완전한 상호 교환이 가능하다. 사람들이 시스템을 의심하지 않으며 보편적으로 신뢰한다는 사실은 미국의 물질적인 풍요에 크게 이바지하는 요소다.

이처럼 화폐의 단일성과 중앙은행의 역할은 서로 밀접하게 연결되어 있는데, BIS는 여기에 착안해 CBDC의 도입을 강력하게 주장하고 있다. 2022년 6월 BIS는 〈미래의 통화 시스템The Future Monetary System〉이라는 제목의 연례 보고서를 발표했다. 여기에는 최신 기술을 바탕으로 중앙은행이 발행하거나 최종적으로 보증할 디지털 화폐의 청사진이 담겨 있었다.[42]

BIS에 그보다 더 적절한 발표 시점은 없었다. 실제로 보고서는 데라USD가 붕괴하며, 암호화폐를 취급하던 헤지펀드, 대출업체, 중개업체, 거래소 등에서 어마어마한 손실, 대량 해고, 파산, 자금 동결 사태가 잇달아 발생한 직후에 공개되었다. 일련의 사태에 대해 보고서는 "암호화폐에 대한 이상과 현실 사이에 엄청난 간극이 존재함을 보여주었다"라고 지적하며, 어딘가 모르게 고소해하는 뉘앙스를 풍겼다. 이어서 그 가격이 급등하든 폭락하든 상관없이 암호화폐는 "본질적인 결함" 때문에 제대로 된 화폐의 역할을 할 수 없다고 단언했다. 그러고는 "중앙은행 화폐가 제공하는 신뢰에 바탕을 둔 대안적 구상"을 제시했다.

BIS의 경제고문이자 조사국장인 신현송은 해당 보고서의 주요 저자로서 기자회견, 인터뷰, 각종 발표를 자처하며 CBDC를 도입해야 한다고 촉구했다. 한국 태생의 신현송은 1988년 옥스퍼드대학교에서 경제학 박사학위를 받는 등 총 세 개의 학위를 보유했고, 2014년 BIS로 자리를 옮기기 전까지는 프린스턴대학교에서 교수로 재직했다. 이런 이력 때문인지 그의 평소 말투는 꽤 학자연했다. 그러나 CBDC의 복음을 전파할 때는 실리콘밸리의 젊은 기술자나 기업가들이 투자금을 유치하려고 할 때 사용할 법한 웅변적인 표현을 거침없이 쏟아냈다. 예를 들어 조지타운대학교 법학대학원의 크리스 브러머Chris Brummer 교수가 진행하는 팟캐스트 〈핀테크 비트Fintech Beat〉에 출연해서는 다음과 같이 목소리를 높였다. "CBDC는 잠재력이 엄청납니다. 우리는 지금 거대한 발전의 문턱에 서 있어요. (…) 이것은 공상과학소설이 아닙니다."[43]

신현송은 기회가 있을 때마다 자신의 "좌우명"이라며 "암호화폐가 할 수 있는 일은 CBDC가 더 잘할 수 있다"라고 강조했다.[44] (암호화폐가 더 잘할 수 있는 몇 가지 예외란 자금세탁과 랜섬웨어 공격이라고 꼬집기도 했다.) 그는 암호화폐가 디지털 토큰으로 할 수 있는 "다양하고 흥미로운 일들을 살짝 보여주었다"라면서, 프로그래밍 가능성과 스마트 계약 등의 기능은 높이 샀다. 다만 CBDC도 비트코인처럼 허가형 블록체인에 기반을 둔다면, (허가형 블록체인을 이용할 때 따라오는 전력 낭비 등의 문제를 피하면서도) 비슷한 기능을 구현할 수 있으며, 그에 따라 원자적 거래 등의 기능을 제공할 수 있으리라고 보았다. 신현송은 무엇보다 CBDC가 "중앙은행이 발행한 화폐라는 안심할 수 있는 기반" 위에 구축되기 때문에, 화폐의 단일성과 기존의 통화 시스템이 가진 장점들을 훼손하지 않고도 다양한 기능을 구현할 수 있다고 주장했다.

BIS의 구상은 특정 국가가 아니라 모든 국가를 대상으로 한 것이었다. 그러나 특히 미국의 CBDC 지지자들에게 그토록 필요했던 논리적 근거를 제시했다. 사실 "중국이 CBDC를 발행하니 우리도 발행하는 편이 낫다"라는 논리는, 퀄스의 지적처럼 미국이 CBDC를 도입해야 한다는 주장의 근거로 삼기에는 너무나 빈약했다. 반면에 BIS가 2022년 발표한 보고서와 그 후속 연구들은 CBDC 도입의 필요성에 힘을 실어주었다.

CBDC의 사이드킥, 토큰화된 예금

BIS가 추진 중인 계획에 따르면, 일반 국민은 '토큰화된 예금'이라는 혁신적인 금융상품을 사용하게 된다.[45] CBDC와는 또 다른 금융상품을 별도로 발행하는 전략은 CBDC가 개인의 자유를 침해할 수 있다는 반발을 완화하는 데 도움이 된다는 점에서 상당히 중요하다. BIS의 구상에서는 은행을 포함한 금융회사가 사용하는 도매형 CBDC의 발행만이 고려되며, (개인이 사용하는) 소매형 CBDC의 발행은 필수 사항이 아니다.

토큰화된 예금은 그 이름에서 알 수 있듯이 일종의 예금이다. 따라서 일반적인 예금과 마찬가지로 예금자는 상업은행에 예금 반환을 요구할 수 있다. 다만 보통의 예금이 은행 장부에 기록되고 입출금에 따라 잔액이 변동하는 것과 달리, 디지털 형태의 토큰화된 예금은 프로그래밍 가능한 장부 간에 전송된다. 따라서 토큰화된 예금을 사용하면 스마트 계약과 원자적 거래가 제공하는 조건부 거래('만약 ~라면 하고, 아니라면 하지 않는다')가 가능하다.

오늘날 '토큰화'는 수많은 분야에서 점점 더 많이 사용되고 있다. 그런 만큼 지금 설명하는 맥락에서의 의미를 좀 더 명확히 전달하고자, 우리에게 익숙한 수표와 주식 증서를 예로 들어보려 한다. 수표는 지급명령을 기록한 종이이며, 주식 증서는 기업의 소유권을 기록한 종이이다. 둘 다 은행이나 증권사의 디지털 시스템에 데이터로 입력되어 있으며, 법률에 따라 지급인과 수취인, 매도인과 매수인의 법적 권리가 명확히 규정되어 있다. 토큰화는 디지털화보다 한 단계 더 발전한 개념으로, 자산이나 부채를 데이터로 기록하는 것에 그치지 않고, 여기에 송금 관련 규칙과 조건까지 접목함으로써, 그것들이 충족되어야만 송금이 실행되는 등의 조건부 거래를 구현한다. 예를 들어 토스터를 구매할 때, 제품이 도착하면 대금을 지급한다거나, 반대로 대금이 지급되면 제품을 배송한다는 식으로 규칙을 정해 거래할 수 있게 되는 것이다.

토큰화된 예금은 극소수이기는 하지만 이미 존재한다. 최초의 토큰화된 예금은 초대형 은행인 JP모건체이스의 한 사업부가 발행한 JPM코인이다. 이 은행의 제이미 다이먼Jamie Dimon CEO는 비트코인을 "사기"라고 경멸하면서도 블록체인 기술 자체는 흥미로운 가능성을 지니고 있다고 인정했다.[46] '프라이빗 블록체인'(허가받은 기업이나 개인만 참여할 수 있는 폐쇄형 블록체인—옮긴이)에 기반을 둔 JPM코인은 JP모건체이스의 고객사만을 대상으로 발행되어, 주로 유가증권의 기업 간 거래(B2B)를 처리하는 데 쓰이고 있다.[47] 그 외에도 여러 대형 금융회사가 자체적인 토큰화된 예금을 개발하고 있다.

신현송은 적절한 시기에 토큰화된 예금이 개인 투자자에게도 허용될 것이라고, 다시 말해 일반 국민에게도 보급될 것이라고 전망한다. 혹시라도 정말 그리된다면, 은행에 가서 예금을 토큰화된 예금으로 바꾼 다음, 이것으로 일반적인 상품이나 서비스뿐 아니라, 디지털 화폐로 투자하는 것이 유리한 자산까지 모두 사고팔 수 있게 된다. 토큰화된 예금을 액면가만큼의 예금이나 현금으로 전환하는 것도 가능하므로, 화폐의 단일성은 유지될 것이다. 심지어 토큰화된 예금은 (아마도 기존 예금과 동일한 조건의) 예금보험으로 보호받게 될 전망이다. 아울러 기존 은행들에 적용되는 규제와 감독 같은 보호 장치도 마련되고 있다. 화폐의 단일성을 한층 더 공고히 하기 위해 토큰화된 예금을 이용한 거래의 최종 결제는 기존 금융 시스템에서와 마찬가지로 중앙은행이 발행한 화폐로, 또 비공개적으로 처리될 것이다. 좀 더 구체적으로 설명하자면, 최종 결제는 기존의 지급준비금과 비슷한 역할을 하게 될 도매형 CBDC로 이루어지게 된다. 송금 은행의 CBDC가 줄어들고 수취 은행의 CBDC가 늘어난다는 점에서 기존의 지급준비금과 비슷하지만, CBDC는 프로그래밍 가능성 덕분에 추가적인 기능을 제공할 수 있다.

BIS는 토큰화된 예금의 활용 가능성을 보여주기 위해 글로벌 공급망을 사례로 든다. 전 세계에 흩어져 있는 기업들이 각기 제작한 부품을 최종적으로 조립하기 위해 어느 한 곳으로 모을 때 여러 가지 어려움에 시달리기 마련인데, 특히 결제 문제 때문에 거래 자체가 무산되기도 한다. 바로 이 문제를 해결하는 데 토큰화된 예금이 도움을 줄 수 있다는 게 BIS의 설명이다. 이탈리아의 가방 제조업체가 인도의 원단 제조업체에서 천을 구입하려고 하지만, 둘 다 서로를 신뢰하지 못한다고 가정해보자. 가방 제조업체는 천을 받은 후에야 대금을 지급하고 싶어 하지만, 원단 제조업체는 직원 급여와 자재 대금을 치르기 위해 선지급을 요구한다. 이럴 때 토큰화된 예금을 활용하면, GPS 기술을 접목해 천을 실은 선박이 특정 좌표를 통과하는 순간 자동으로 대금이 지급되도록 할 수 있다. 반대로 천이 30일 이내에 도착하지 않으면, 대금이 가방 제조업체로 자동 반환되도록 하는 것도 가능하다.

모든 것이 디지털화된 세상

신현송은 캘리포니아대학교 버클리캠퍼스에서 학생들을 만나 전보다 더 기업가 같은 표현을 곁들이며, 부동산 분야를 "정말이지 흥미롭고 놀라운 활용 사례"로 내세웠다. 우리가 살면서 경험하게 될 가장 큰 규모의 거래란 단독주택이나 아파트 매매일 것이라고 운을 뗀 신현송은, 그 과정에서 구매자는 안전한 소유권 이전을, 판매자는 확실한 대금 수령을 무엇보다 원하지 않겠느냐고 물었다. 실제로 양측이 가격을 합의한 후에도 보통 몇 주에 걸쳐 중개인들이 개입해 이런저런 절차를 진행해야 한다(큰 거래일수록 수수료도 비싸진다). 대개 주 정부 청사에 문서 형태로 보관되어 있는 토지 등기부등본과 부동산 소유권을 확인해야 하고, 미납 세금이 없는지, 선취권이 설정되어 있지는 않은지, 문화재 지정 등의 다른 장애물은 없는지 등도 확인해야 한다. 그런데 이 모든 정보를 토큰화된 형태로 디지털화할 수 있다면 어떨까? 신현송은 "그렇게만 된다면 원칙적으로 우리가 토큰화된 예금과 동일한 플랫폼에 토큰화된 부동산을 올리지 못할 이유가 없습니다"라고 주장했다. 다시 말해 주택 매매가 원자적 거래로 처리될 수 있다는 뜻이다. 필요한 조건이 모두 충족되면, 토큰화된 예금이 대금으로 지급되고, 그 즉시 토큰화된 형태의 부동산 소유권이 이전되는 것이다.[48]

암호화폐 신봉자들도 미래에 암호화폐가 주택 매매에 활용될 것이라고 주장한다. 그러나 현재 암호화폐 시장에서 거래되는 자산은 대부분 주식, 채권, 건물, 토지 같은 실물 자산이 아니라 '대체 불가능 토큰Non-Fungible Token, 이하 NFT' 같은 디지털 자산이다. 대표적인 NFT인 '지루한 원숭이들의 요트 클럽Bored Ape Yacht Club'은 이런저런 모습의 원숭이들을 담아낸 디지털 그림 컬렉션으로, 2021년 초 유명인 사이에서 인기가 급등하며 가격 또한 치솟았다. 신현송에 따르면 이는 결코 우연이 아니라고 한다. 그는 BIS를 방문한 나와의 인터뷰에서 "이러한 현상은 암호화폐 자체의 특성인 탈중앙화에서 비롯됩니다"라고 짚은 다음 긴 설명을 이어갔다.

"과거에는 회사채 같은 자산을 거래할 때 종이로 된 증서를 주고받았습니다. 채권을 사는 사람에게 실물 종이 증서를 건네면, 상대방은 예를 들어 금화를 건네주는 식이었죠. 그러나 지금은 그러한 거래가 중앙예탁기관의 장부 위에서 이루어집니다. 즉 종이 증서가 필요 없고,

중개업체가 중앙예탁기관에 통보하면 모든 것이 디지털화된 장부를 거쳐 처리됩니다. 물론 그 이면에는 소유권을 증명하는 등의 전반적인 법체계가 마련되어 있고요.

이더리움으로 증권 등기부를 생성하려면 무엇이 필요할까요? 현재 이더리움은 지루한 원숭이들의 요트 클럽 같은 디지털 자산이 거래되는 곳으로, 완전히 탈중앙화된 플랫폼입니다. 이 같은 곳에서 실물 자산이 거래될 수 있도록 하려면, 어떠한 법체계가 적용되어야 할까요? 게다가 이런 플랫폼에는 국경이 없습니다. 어느 나라가 자국의 유가증권이 이더리움에 기록되는 것을 허용할까요? 누가 그 거래를 감독해야 할까요? 규제 기관은 어느 나라에 두어야 할까요?

토큰화는 무언가를 디지털로 구현하는 데 그치지 않습니다. 토큰 구매자에게 그 기초가 되는 자산의 소유권까지 보장하는 것이 진정한 토큰화입니다. 주택의 경우에는 토지 등기소의 협조가 필요합니다. 등기소가 그 주택이 더는 전통적인 방식으로 거래되지 않고 토큰화된 방식으로만 거래될 수 있도록 등기부 기록을 변경해야 합니다. 그 주택이 토큰화되었음을 명시할 필요도 있습니다. 이러한 시스템을 구축하려면 수많은 조치가 선행되어야 할 것입니다.

이러한 이유에서 암호화폐가 우리에게 어떤 일이 가능한지를 살짝 보여주었다고 말한 것입니다. 현재 지루한 원숭이들의 요트 클럽 같은 NFT가 거래되고 있지만, 현실 세계로 들어서는 순간 우리는 그 모든 거래의 배경에 법적 인프라, 규제, 제도적 뒷받침이 존재한다는 사실을 알게 됩니다. 그 같은 제도의 존재를 당연하게 여기기 쉽지만, 제도가 존재하는 데는 분명한 이유가 있습니다."[49]

모든 나라가 제대로 된 제도를 갖추고 있는 것은 아니다. 아르헨티나, 짐바브웨, 레바논 같은 나라에서는 '신뢰할 수 있는 중앙은행 화폐'라는 표현 자체가 모순이라고 조롱받기도 한다. 이런 나라의 국민에게는 비트코인이나 건전한 법정통화에 연동된 스테이블코인의 사용이 바람직할 뿐 아니라, 심지어 생존에 도움이 될 수 있다. 따라서 암호화폐의 존재를 허용하는 것이 타당하다.

그러나 이 책은 달러를 다룬다. 달러를 발행하는 연준은 충분히 신뢰받을 만한 중앙은행이라는 것을 입증해왔다. 연준 의장과 이사회는 상원의 인준을 받아 대통령이 임명한다. 그들은 의회의 여러 위원회에 정기적으로 출석해 각종 질의에 성실히 답한다. 물론 연준도 인플레이션과 경기 침체 사이에서 균형을 잡지 못하고 실수를 범할 때가 있지만, 공공의 이익을 위해 봉사해야 한다는 임무를 진지하게 수행한다.

연준 관료들은 BIS와 달리 CBDC에 신중한 태도를 보이고 있다. 신현송이 CBDC 도입을 강력하게 주장했던 세미나에서 CBDC 회의론자로 유명한 크리스토퍼 월러Christopher Waller 연준 이사는 다음과 같이 신랄하게 응수했다. "CBDC를 다룬 보고서를 보면 홈쇼핑 광고 같을 때가 많습니다. (…) '얇게 썰 수도 있고 깍둑썰기도 되고 다질 수도 있고 으깰 수도 있습니다!' 하는 식이죠. '나한테 정말 필요한 물건인가?'라는 의문을 차단하기 위해서입니다."[50]

이에 대해 신현송은 아이폰이 출시된 2007년 이후 모바일앱이 놀라운 발전을 이룬 것과 마찬가지로, 화폐, 금융, 결제 분야는 다양하고 새로운 방향으로 발전할 것이며, 지금은 그 발전 방향을 예측할 수조차 없다고 답했다. "향후 5년에서 10년 동안의 통화 시스템과 정책을 생각할 때, 과거를 돌이켜보면서 지금 당장 이것이 필요한지 묻기보다는 5년, 10년 후에 통화 시스템이 어떤 모습일지, 우리가 기술을 통해 무엇을 할 수 있게 될지 내다보려고 애써야 합니다."

그렇다면 디지털 화폐 기술은 향후 5년에서 10년 동안 미국이 달러를 국가 안보 정책의 핵심 수단으로 활용하는 데 걸림돌로 작용하거나, 심지어 해당 역량을 무력화할 가능성이 있을까?

짜잔? 으악!

나는 바젤에 있는 BIS 본부에 앉아 화상통신으로 중계되는 어느 실험적인 CBDC 프로젝트의 시연 과정을 지켜보았다. 홍콩에서 진행된 해당 프로젝트는 각국 정부에 기대감과 불안감을 동시에 안겼다.

형식적인 인사말이 오간 뒤 이노베이션허브의 홍콩 센터에 소속된 경제학자가 자신의 컴퓨터 화면을 공유했다. 화면의 왼쪽 하단에서 여러 줄의 하얀색 코드가 검은 배경 위를 깜빡거리며 빠르게 스쳐 지나갔다. 곧 경제학자가 홍콩 기업과 태국 기업 간의 무역 대금을 결제하기 위해, 디지털 바트인 e-THB를 홍콩에서 태국으로 송금하는 과정을 보여주겠다고 말했다. 송금액은 400만 바트였다.

경제학자는 몇 가지 버튼을 클릭해 옵션을 선택하고 거래 조건을 입력했다. 송금액으로 400만 바트를 입력한 뒤 지급인과 수취인이 사용할 통화를 각각 e-HKD(디지털 홍콩-달러)와 e-THB로 선택하고 환율을 입력했다. 이어서 결제 시점을 묻는 알림이 뜨자 '즉시'를 선택했다.

경제학자의 요청이 상업은행으로 전송되자마자 홍콩과 태국의 중앙은행들이 설정한 거래 한도 등의 요건을 심사하는 절차가 자동으로 진행되었다.

불과 몇 초 후에 거래가 승인되고 결제까지 완료되었다. "짜잔!"이라는 탄성이 나올 법했는데, 관점에 따라서는 "으악!"이라는 비명이 나올 법도 했다.

홍콩의 경제학자가 시연한 CBDC 프로젝트는 '엠브리지$_{mBridge}$'로 불리며, 여기서 'm'은 '다중 CBDC$_{multiple\ CBDC}$'를 의미한다. 엠브리지는 BIS와 태국, 홍콩, 아랍에미리트, 중국 등 4개국의 중앙은행이 공동으로 추진하는 프로젝트로,[51] '엠브리지 원징'이라는 맞춤형 프라이빗 블록체인을 사용해 도매형 CBDC를 전송한다. 내가 참관한 시연에서는 진짜 돈이 오가지 않았지만, 2022년 8월부터 9월까지 6주간 진행된 테스트에서는 4개국의 상업은행 20곳이 고객사를 대신해 2,200만 달러가 넘는 규모의 거래를 실제로 진행했다. 물론 테스트에 사용된 CBDC는 프로토타입에 불과했으며, 참여한 4개국 중에서 중국만이 진짜 CBDC를 발행했다.

전문가들은 외부와 차단된 환경에서 진행된 이 같은 프로젝트를 '샌드박스'라고 부른다. 엠브리지 외에도 최근 몇 년 동안 각국의 중앙은행이 다양한 프로젝트를 추진했으며, 그 가운데 대부분은 BIS의 참여 속에서 이루어졌다.[52] 주요 사례로는 캐나다은행과 싱가포르통화감독청$_{Monetary\ Authority\ of\ Singapore}$이 협력한 재스퍼우빈$_{Jasper-Ubin}$, 유럽중앙은행과 일본은행이 협력한 스텔라$_{Stella}$, 사우디아라비아통화청과 아랍에미리트중앙은행$_{Central\ Bank\ of\ United\ Arab\ Emirates}$이 협력한 아베르$_{Aber}$,

프랑스은행과 스위스국립은행이 협력한 쥐라Jura, 호주, 말레이시아, 싱가포르, 남아프리카공화국의 중앙은행들이 협력한 던바Dunbar 등이 있다. 이러한 프로젝트의 공통된 목표는 전통적으로 국경 간 결제에 사용되어온 환거래의 한계를 극복하는 것이다. 환거래의 문제로는 높은 비용과 느린 속도 외에도, 은행들이 속한 시간대가 제각각이라 거래 가능한 때가 한정된다는 점이 꼽힌다. 특히 일부 개도국에서는 은행들이 환거래 업무를 크게 축소해, 국제 송금 서비스를 제대로 이용하기 어려운 상황이다.

엠브리지는 중국의 존재 때문에 불안감을 자아내고 있다. 실제로 중국은 엠브리지 원장 개발을 주도했다. 무엇보다 엠브리지의 국경 간 결제 과정에서는 달러가 전혀 사용되지 않는다. 이러한 이유로 엠브리지는 미국과 중국의 통화 패권 경쟁에서 중요한 전환점이 될 수 있다. 일각에서는 중국이 엠브리지를 지렛대 삼아 CBDC 분야의 선도자라는 이점을 십분 활용할 것이라고 전망한다. 아직 샌드박스에 불과한 엠브리지이지만, 머지않은 미래에 중국이 어느 국가와도 e-CNY로 거래할 수 있도록 돕는 수단이 될 수 있다는 것이다. 즉 달러 기반 금융 시스템의 외부에서 작동하는 대체 인프라로서, 미국 정부의 눈에 띄지 않는 자금 이동 경로이자, 미국이 주도하는 경제제재를 무력화하는 대항마가 될지 모른다.[53]

"으악!"이라는 비명은 결코 과장된 반응이 아니다. 미국의 계속된 경제제재는 여러 나라에 달러를 회피할 방법을 찾아내야 한다는 강력한 동기를 불러일으켰다. 확장성(대규모 거래를 처리할 수 있는 능력)에 대한 의혹이 끊이지 않지만, 결국 엠브리지는 중국 정부의 적극적인 지원에 힘입어 CBDC로 비달러 결제를 처리하는 최첨단 결제 시스템으로 발전할 것이다. 실제로 2024년 10월 말 러시아 카잔에서 열린 브릭스BRICS(브라질, 러시아, 인도, 중국, 남아프리카공화국 등의 신흥국이 꾸린 경제 협의체) 정상회담에서 푸틴 대통령은 엠브리지를 변형한 '브릭스 브리지BRICS Bridge'의 개발을 제안했다. 그렇다면 중국인민은행이 엠브리지를 개발하며 쌓은 기술적 노하우를 감안할 때, 새로운 형태의 결제 시스템이 등장해 달러가 대부분의 국제무역에서 배제될 가능성도 있지 않을까?

그러나 엠브리지 같은 결제 시스템을 제재 회피의 '킬러앱'(등장과 동시에 시장을 완전히 재편할 정도로 강력한 상품이나 서비스―옮긴이)으로 표현하는 것은 과장된 감이 있다. 우선 국가 간 CBDC 교환을 처리하는 업무와 관련된 복잡한 규칙들이 아무것도 합의되지 않았다. 특히 금융 범죄 모니터링, 외환 거래, 결제와 정산, 대규모 국경 간 결제에 필요한 방대한 유동성 공급 등의 주요 사안이 논의되어야 한다. 새로운 결제 시스템에 참여하는 국가가 많아질수록 합의에 도달하기까지 최소 수년이 소요될 것이며, 애초에 그런 합의가 가능한지도 확실하지 않다. 러시아의 제안이 브릭스의 다른 회원국들에 미지근한 반응만 얻은 까닭도, 미국 재무부가 그들을 직접 겨냥할 수 있다는 우려에 더해, 지금까지 나열한 여러 장애물 때문이었다.[54]

한편 엠브리지 같은 대체 인프라에 대한 관심은 경제제재가 작동하는 방식을 오해한 데서 비롯되었을 가능성이 크다. 여전히 많은 사람이 제재를 첩보 활동으로 오해한다. 그들은 미국 재무부 건물의 지하실이나 세계 곳곳의 CIA 기지에서 비밀 요원들이 실시간으로 자금 흐름을 감시하다가, SDN으로 지정된 누군가가 거래에 사용할 통화로 '달러'를 입력하는 순간 적발하고 차단하는 식으로 제재가 이루어진다고 생각한다. 물론 그 같은 활동이 일부나마 이루어지는 것은 분명하지만, 재무부의 공식적인 활동만으로도 충분한 경우가 대부분이다. 즉 재무부가 각국의 대형 은행에 SDN으로 지정된 기업이나 그 기업과 거래하는 모든 은행을 달러 기반 금융 시스템에서 배제하라고 내리는 명령이야말로 제재에 결정적인 역할을 한다. 앞선 장들에서 살펴보았듯이 달러로 결제하고 청산하지 못하면 어떤 은행도 규모 있는 기업에 제대로 된 금융 서비스를 제공할 수 없다. 결국 달러의 국제적인 위상을 감안하면, e-CNY, 엠브리지, 브릭스 브리지 같은 것들이 등장하더라도 미국 정부는 가공할 위력과 위협 수단을 유지하게 될 것이다.

이제 화폐의 디지털화라는 미래지향적인 주제에서 그리 기술적이지 않은 주제로 초점을 전환하고자 한다. 이번 장에서 다룬 e-CNY, CBDC, 스테이블코인, BIS의 구상, 엠브리지 등은 모두 2020년대 초반에 발생한 일들이다. 같은 시기 사이버공간 밖에서도 중요한 일들이 벌어졌으니, 이로써 달러 패권은 더욱 공고해졌고, 여기에 기댄 경제제재는 다시 한번 정당성을 부여받았다.

8장

포효하는 달러

2017년 11월 연준 의장으로 임명되는 제롬 파월. 트럼프 대통령은 파월을 연준의 수장으로 임명하며 "강하고 헌신적이며 똑똑한 사람"이라고 칭찬을 아끼지 않았다. 하지만 이후 연준이 금리를 인상하며 주가가 하락하자 파월을 향해 인신공격에 가까운 비난을 쏟아냈다. 다행스럽게도 파월은 흔들리지 않았다. 오직 경제와 시장만 바라보며 연준을 운영해나갔다. 물론 파월의 결정이 모두 완벽한 것은 아니었지만, 연준 의장이 미국 대통령에게 휘둘리지 않는 모습을 보여주는 것만으로도 시장 참여자들에게 큰 신뢰를 주었다.

2021년 3월 공표된 미국구제계획법. 바이든 행정부는 팬데믹으로 무너져가는 경제를 살리기 위해 막대한 달러를 풀었다. 그중 하나가 미국구제계획법으로, 미국인 한 명당 1,400달러를 주는 내용을 담고 있었다. 워낙 특수하고 위태로운 상황이었으므로, 연준 또한 이 법에 따라 충실히 유동성을 공급했다. 당연히 물가가 오르기 시작했는데, 연준은 1년이 지나서야 브레이크를 밟기 시작했고, 유동성이 급격히 축소된 탓에 신흥국 시장이 타격을 입었다. 이로써 세계를 수호하는 것도, 파괴하는 것도 달러라는 사실이 다시 한번 확인되었다. 사진은 미국 재무부가 미국구제계획법의 취지를 설명하기 위해 만든 수표 모형이다.

"어리석다clueless", "멍청이들boneheads", "미쳤다going loco". 2018년부터 2019년 사이에 트럼프 대통령이 연준, 특히 파월 의장에게 퍼부은 욕설들이다.[1] 집권 1기의 중반을 지나고 있던 트럼프는 재선 가능성을 높여줄 것이라는 기대로 다우존스 산업평균지수에 집착하고 있었는데, 2018년 가을 연준이 금리를 인상하며 주가가 하락하자 격분했다. 곧 트럼프가 참모들에게 파월을 해임할 수 있는지 물었다는 보도가 쏟아졌다. 트럼프는 2017년의 파월 임명을 임기 중 내린 최악의 결정이라고 한탄하기도 했다. 알려진 바에 따르면, 참모들은 해임안을 밀어붙이려는 트럼프를 말리느라 진땀을 뺐다고 한다. 그들은 연준 이사의 임기가 14년이며, 중대한 직무 태만을 저지르지 않는 한 정책적 견해 차이만으로는 해임할 수 없다고 설명했다. 다만 임기가 4년인 연준 의장마저 대통령이 해임할 수 없는지는 그리 명확하지 않다고 덧붙였다.[2] 트럼프는 그 후에도 주가가 하락할 때마다 연준의 통화정책이 지나치게 긴축적이라며 반복적으로 불만을 터뜨렸다. 자신이 중국을 상대로 벌이고 있는 무역전쟁이 주가 하락에 부분적이나마 영향을 미쳤다는 사실은 인정하지 않은 채, "내 유일한 질문은 미국의 주적이 누구냐는 것이다. 제이 파월일까, 시진핑 주석일까?"라는 트윗을 올렸다.³

파월 대 트럼프

트럼프는 중앙은행의 신성한 독립성이 확립된 볼커 시대 이후 연준 의장을 예우해온 전통을 전혀 신경 쓰지 않았다. 클린턴 행정부 초기에 국가경제위원회 의장을 지냈던 로버트 루빈Robert Rubin이 비공식적으로 정한 원칙에 따르면, 백악관이나 정부 기관이 연준을 비판하는 것은 금기 중의 금기였다. 이러한 원칙은 클린턴 행정부뿐 아니라 부시와 오바마 행정부에서도 철저히 지켜졌다. 그 이유는 간단하다. 연준에 압력을 가하면, 특히 공개적으로 통화정책의 완화를 요구하면, 연준의 물가 안정 의지에 대한 신뢰가 야해질 수밖에 없다. 그럴 경우 시장은 불안에 휩싸이고, 연준은 정치권에 복종한다는 모양새를 피하기 위해 더욱더 강경하게 버티는 등의 부작용이 나타나게 된다.

달러 패권을 떠받치는 기둥 가운데 연준의 독립성만 트럼프에게 공격당한 것은 아니었다. 트럼프는 법치주의도 뒤흔들었다. 공장을 폐쇄하려는 기업들에 공장 문을 다시 열지 않으면 모종의 대가를 치르게 하겠다고 위협한 사건도 유명하지만, 가장 악명을 떨친 것은 2020년의 대선 결과를 뒤집으려 한 충격적인 시도였다. 이런 상황에서조차, 앞으로 차차 살펴보겠지만, 달러 패권은 유지되었으며, 트럼프 집권 1기가 끝날 즈음에는 한층 더 강화되었다. 이러한 추세는 바이든 행정부에서도 그대로 이어졌다. 달러 패권의 강화는 트럼프를 그토록 큰 분노에 빠뜨렸던 기관, 즉 연준의 노력 덕분이었다.

파월은 그에 앞서 연준을 이끌었던 앨런 그린스펀Alan Greenspan, 버냉키, 옐런처럼 경제학 박사학위를 가진 경제학자는 아니다.[4] 메릴랜드주 체비체이스에서 여섯 남매 중 둘째로 태어난 그는 예수회가 운영하는 조지타운예비학교와 프린스턴대학교를 졸업한 뒤 조지타운대학교 법학대학원에 진학해 1979년 학업을 마쳤다. 이후 1983년 법조계에서 금융계(투자은행)로 진로를 전환했다가, 다시 상사를 따라 재무부로 자리를 옮겨, 1990년대 초반 국내금융 담당 차관보가 되었다. 이 같은 경력 덕분에 파월은 금융시장과 정부 업무에 대한 경험을 두루 쌓을 수 있었다. 그러나 그의 가장 큰 자산은 공식적인 학력이나 경력보다도 타고난 대인 관계 능력일 것이다. 파월은 2012년 연준 이사로 임명되자마자 각종 책, 논문, 블로그를 비롯해 찾을 수 있는 모든 자료를 읽고 직원들에게 직접 브리핑을 요청하는 등 전문성을 갖추는 일에 전념했고, 이러한 면모로 겸손한 사람이라는 평판을 얻었다. 그는 연준 의장이 되고 나서도 상대방의 마음을 편안하게 하는 친화력에 힘입어 브레이너드와 리처드 클라리다Richard Clarida 부의장, 뉴욕연준은행의 존 윌리엄스John Williams 총재같이 경제학자로서 뛰어난 업적을 자랑하는 고위 관료들에게 존중받았고, 또 그들의 기량을 한껏 끌어냈다.

파월은 트럼프의 욕설 세례가 쏟아지는 내내 차분한 태도를 유지하며 경제 사안에만 집중했다. 트럼프의 발언이 연준의 결정에 영향을 미치냐는 직설적인 질문도 파월을 자극하지는 못했다. 그의 답변은 상투적인 표현으로 가득했는데, 즉 중앙은행은 정치권에 휘둘려서도 안 되고 남성성을 입증하겠다는 강박관념에 사로잡혀서도 안 되며, 통화정책은 심사숙고의 결과라는 것이었다. 파월은 자신의 결의를 둘러싼 의혹을 떨쳐버리기 위해 최선을 다했다. 《월스트리트저널》의 닉 티미라오스Nick Timiraos 기자와 진행한 비공식 인터뷰에서는, "내가 형편없는 연준 의장으로 역사에 기록될지는 몰라도, 권위에 굴복한 사람으로 기록되는 일은 없을 것입니다"라고 소회를 밝혔다.[5]

그러나 트럼프의 비난 때문에 파월의 업무는 한층 더 까다로워졌다. 연준이라는 기관의 독립성과 신뢰성을 지켜내야 한다는 중요한 과제가 더해진 탓이었다. 역설적이게도 파월은 2019년 들어 전년의 금리 인상이 지나쳤다는 견해에 점점 더 공감하게 되었다. 인플레이션 압력이 원래 예상보다 훨씬 더 약했기 때문이다. 그에 따라 연준은 통화정책의 완화를 결정했지만, 그렇게 되면 트럼프의 불만이 정당했다는 것을 간접적으로 인정하는 꼴이 되어 체면이 깎일 위험이 있었다. 소모적인 오해와 논쟁을 피하기 위해 연준은 면밀하게 조율된 방식으로 모든 조치가 경제적으로 타당했다는 것을 보여주고자 했다.[6]

연준은 2019년 한 해 동안 금리를 세 차례 인하했고, 그 결과 미국 경제는 사상 최장기의 확장세를 만끽했다. 실업률은 1969년 이후 가장 낮은 수준인 3.5퍼센트까지 떨어졌다. 그러나 이러한 완화 조치가 여전히 만족스럽지 않았던 트럼프는 파월이 "배짱 없는" 데다가 "끔찍이도 선견지명이 부족"하다고 비난하며 오히려 더욱 거세게 공격했다. 2019년 8월에는 파월의 사임을 바라는지 묻는 기자에게 "파월이 사임한다면 말리지는 않을 것이라고 말하고 싶네요"라고 답하기도 했다.

연준에 대한 트럼프의 협박은 2020년 3월 14일 진행된 팬데믹 관련 기자회견에서 정점에 달했다(관점에서 따라서는 바닥을 쳤다고도 볼 수 있다). 이날 트럼프는 코로나19에 의한 미국인 사망자가 다른 나라들에 비해 매우 적은 50명에 불과하다며, 이러한 성취는 연준을 제외한 모든 정부 기관의 대응이 얼마나 효과적이고 적극적인지를 보여주는 증거라고 말했다. 그러고는 연준이 "훨씬 더 적극적으로 나서야 합니다"라고 불평했다. 그러자 어느 용감한 기자가 당돌한 질문을 던졌다. "(그렇게 끊임없이 트집 잡으면서도) 파월을 해임하지 않는 이유가 무엇인가요? 혹시 연준 의장을 해임할 권한이 없다고 생각해서인가요?" 이에 대해 트럼프는 마음만 먹으면 언제든 파월을 좌천시킬 수 있다면서, 다음과 같이 답했다. "아니, 난 그럴 권한이 있다고 생각합니다. 의장직에서 쫓아낼 권한도 있고요. 파월은 내가 볼 때 지금까지 잘못된 결정을 수없이 내렸어요. (…) 나는 그를 해임할 권리가 있는데, 그렇게 하고 있지 않을 뿐입니다. (…) 내게는 그를 일반 이사직으로 돌리고 다른 사람을 의장직에 앉힐 수 있는 권한이 있습니다만, 아직은 어떤 결정도 내리지 않았습니다."[7]

트럼프가 연준을 굴복시키려고 보이지 않는 곳에서 얼마나 더 압박을 가했을지, 또 연준이 트럼프의 뜻에 굴복했다면 달러의 위상이 어떻게 되었을지 알 도리가 없다. 그러나 파월에게는 트럼프와의 갈등보다 훨씬 더 중요한 문제들이 산적해 있었다. 흥미롭게도 트럼프 또한 마찬가지였다.

팬데믹에 흔들리는 미국 국채시장

2020년대 들어 미국 국채시장은 (비싼 술을 마시고 리무진에 올라타던) 1970년대 중반의 국채 트레이더들로서는 상상도 할 수 없었던 방식으로 변화했다. 우선 규모 자체가 압도적으로 커졌는데, 미국 국채의 발행 잔액이 18조 달러를 넘어섰다. 그 가운데 대략 40퍼센트가 해외 투자자들의 소유였다. 하루 평균 거래액은 6,000억 달러에 이르렀다.[8] (1970년대 중반에는 300억 달러만 되어도 어마어마한 것으로 여겨졌다.[9]) 이 같은 변화들도 놀랍지만, 더 엄청난 일이 다가오고 있었다. 몇 분의 1초 만에 포지션을 취하는 알고리즘 매매의 확산이었다.

수조 달러! 고빈도! 알고리즘 매매! 이런 상황에서 무엇이 잘못될 수 있을까?

앞선 장들에서 살펴보았듯이 유동성은 달러의 국제적인 위상을 지탱하는 데 결정적인 역할을 한다. 바꿔 말해 미국 국채시장에는 수많은 매수자와 매도자가 존재하고, 따라서 위기가 찾아와도 각각의 거래가 큰 양동이에 물 한 방울 떨어뜨리는 것 이상의 영향을 미치지 않으리라는 믿음이 확고하기에, 달러는 다국적은행, 아시아의 연기금 운용사, 중동의 국부펀드를 비롯한 수많은 기업과 기관에 매력적인 자산으로 간주된다. 미국 국채는 고위험 투자상품에 비해 수익률은 높지 않지만, 채무를 당장 상환해야 할 긴급한 상황에서 (매도자만큼 넘쳐나는 매수자에게 팔아) 필요한 현금을 즉시 확보할 수 있게 해주는 안전자산이다.

그뿐 아니라 미국 국채시장의 원활한 작동은 세계경제의 안녕에 매우 중요한 요소다. 매일 오가는 수천억 달러의 자금이 세계에서 가장 안전한 자산인 미국 국채의 수익률을 결정하는데, 이것이야말로 투자자와 대출 기관이 다른 나라의 국채, 기업의 단기 상업어음, 은행의 기업 대출, 주택담보대출, 자동차 할부를 비롯한 온갖 금융상품의 금리를 정하는 기준이 된다. 예를 들어 만기가 3개월이나 6개월에 불과한 단기국채 수익률은 단기 무위험 지표금리(시중의 유동성을 가늠하는 척도가 되는 금리—옮긴이)로 쓰인다. 장기 대출의 경우 만기가 2년인 중기국채나 10년인 장기국채 수익률을 참고해 금리를 정한다.

그런데 갑자기 세상이 뒤집어져서 미국 국채시장이 180도 달라졌다고 해보자. 세계에서 가장 안전한 자산인 미국 국채가 쉽게 팔리지 않는다면? 또는 최근 시세보다 훨씬 더 낮은 할인율을 적용해야만 팔린다면? 심지어 시세 자체가 예측 불가능할 정도로 오락가락한다면? 이같은 상황에서는 미국 국채가 더는 안전자산으로 간주되지 않을 것이다. 그럴 경우 투자자들은 한층 더 커진 리스크에 대한 대가로 얼마나 높은 수익률을 요구할까? 결과적으로 그 외의 모든 금융시장은 얼마나 큰 혼란에 빠질까? 아울러 각국의 대출금리는 얼마나 치솟을까?

팬데믹을 전후해서 국제금융시장은 미국 국채시장의 붕괴가 초래할 혼란을 짧고도 충격적인 방식으로 경험했다.[10] 2020년 3월 들어 코로나19의 확산세를 걷잡을 수 없다는 게 확실해지자, 미국 국채 수익률이 급격하게 요동치기 시작했다. 동시에 사려는 사람들이 치르려고 하는 매수 호가와 팔려는 사람들이 받으려고 하는 매도 호가의 차이가 급격히, 또 큰 폭으로 벌어졌다. 과거에도 몇 차례 유사한 일이 있었지만, 이때만큼 규모가 크거나 심각하지는 않았다.

PGIM채권투자PGIM Fixed Income의 수석포트폴리오매니저인 그레고리 피터스Gregory Peters는 3월 11일 진행한《파이낸셜타임스》와의 인터뷰에서 혼란한 상황을 가감 없이 털어놓았다. "미국 국채시장에 근본적인 문제가 있습니다. 시장이 제대로 작동하지 않고 있어요. (…) 시장 상황 때문에 사람들이 겁에 질려 있습니다." 트웬티포자산운용TwentyFour Asset Management의 마크 홀먼Mark Holman CEO는 고객들에게 편지를 보내, 3월 들어 소량의 30년 만기 미국 국채를 대형 은행 세 곳에 나눠 매도하려 했지만, 그중 두 곳은 호가조차 제시하지 않았다고 밝혔다. 홀먼은 "경험상 이런 일은 이례적이고 전에 없는 일이었습니다"라고 덧붙였다.

뱅크오브아메리카의 전략가 마크 카바나Mark Cabana는 3월 12일 발표한 보고서에서 시장이 "유동성 우려에 주눅이 들어 있다"라고 진단하며 다음과 같이 경고했다. "미국 국채시장이 대규모 유동성 경색을 경험한다면, 다른 시장들이 자산 가격을 효율적으로 산정하기가 어려워지고 대규모 포지션 청산 사태가 발생할 수 있다." 블랙록BlackRock의 글로벌 채권 부문 최고투자책임자인 릭 리더Rick Rieder도《뉴욕타임스》와의 인터뷰에서 비슷한 우려를 표했다. "세계에서 가장 안전한 자산의 가격을 알 수 없다면, 그 외 모든 자산의 가치를 파악하기란 거의 불가능합니다." 시장의 혼란은 재택근무 도입이라는 어수선한 상황이 더해지면서 한층 더 심화했다.《파이낸셜타임스》는 트레이더들이 "집에서 추리닝 바지를 입은 채 고립되어" 있기 때문에 "동료들과 제대로 소통할 수 없다"라는 어느 펀드매니저의 탄식을 소개했다.[11]

비관론은 해소되기는커녕 계속 커져만 갔다. 코로나19의 강력한 전

염성과 치사율에 대한 증거가 쌓이면서, 미국 정부가 봉쇄 조치를 취했기 때문이다. 3월 둘째 주가 되자 시애틀이 미국의 주요 도시 중 처음으로 공립학교를 폐쇄했고, 정부는 유럽발 여행객들의 입국을 금지했으며, 결국 세계보건기구World Health Organization가 공식적으로 팬데믹을 선언했다. 미국 최고의 감염병 전문가로 꼽히는 앤서니 파우치Anthony Fauci가 의회에 출석해 코로나19의 치사율이 계절성 독감보다 10배 높다고 증언하자, 사람들은 그제야 사태의 심각성을 깨달았다. 그 후 며칠 만에 디즈니랜드가 문을 닫고 모든 브로드웨이 무대의 조명이 꺼졌으며 프로 농구 시즌이 중단되었다. 뉴욕 시장은 수천 개의 술집과 식당에 손님을 받지 말라고 명령했고, 디트로이트의 '빅3' 자동차 제조업체는 공장문을 닫았다. 캐나다 및 멕시코와 접한 국경도 모두 폐쇄되었다.

3월의 첫 3주 동안 주가가 무섭게 급락하면서 '서킷브레이커'라 불리는 일시적인 매매 중지 조치가 여러 차례 발동되었다. 영업 중단으로 기업들의 수익 감소가 확실시되는 상황에서 주가 하락은 당연한 일이었던 만큼, 금융 시스템 자체에 문제가 있다고 보기는 어려웠다. 훨씬 더 큰 우려를 자아낸 것은 미국 국채 가격의 폭락이었다. 이는 막대한 규모의 현금 수요가 쏠린 탓이었는데, 전 세계가 달러를 원했기에 3월 8일부터 20일까지 달러 가치가 주요 통화 대비 8퍼센트 넘게 급등했다.[12] 이런 상황에서 현금(달러)을 얻고자 유동자산을 매각하려는 움직임이 더욱 거세졌고, 미국 국채도 예외가 될 수 없었다. 문제는 팔려는 사람은 많지만 사려는 사람은 없어 매물이 쌓여만 갔다는 것이다.

끝없는 하락

결국 미국인들은 세계금융위기 때와 마찬가지로 연준이 최종 대부자 역할을 떠맡아주길 바랐다. 정말로 미국의 중앙은행인 연준이 국제적인 최종 대부자로 나서야 할 만큼의 위기 상황이었을까? 결론부터 말하자면, 그 정도의 비상사태임이 분명했다. 3월 내내 미국 안팎에서 달러 수요가 급증하자, 연준과 각국의 중앙은행이 12년 전처럼 달러와 유로, 달러와 엔, 달러와 스위스-프랑 등의 통화 스와프 협정을 체결해야 한다는 목소리가 거세졌다. 그러나 외교를 부동산 거래처럼 취급하는 트럼프의 성향을 감안할 때, 연준이 그 같은 조치를 취할 수 있을지 불확실했다.《파이낸셜타임스》의 칼럼니스트인 질리언 테트Gillian Tett는 2008년의 통화 스와프 협정에 관여했던 전직 중앙은행 관료의 말을 빌려, "백악관이 유럽이나 일본 같은 나라들에 어떤 대가를 요구하지 않을까?" 하는 의문을 던졌다.[13]

3월 초 연준은 경기 위축에 대응해 긴급 금리 인하 조치를 단행했지만, 미국 국채시장의 일대 혼란을 보면 이때의 위기는 일반적인 상황과 분명 차원이 달랐다. 미국 국채시장의 혼란은 부분적으로 비정상적인 매도 압력에서 비롯되었다. 예를 들어 일군의 뮤추얼펀드는 투자자들의 대규모 환매에 직면하자, 그 요구를 들어주기 위해 미국 국채를 대거 매도해 현금을 마련했다. 그러나 미국 국채시장에 결정적 타격을 가한 것은 알고리즘 매매에 의한 변동성 확대였다.

다른 유가증권들도 그렇지만, 미국 국채 또한 거래가 질서정연하게 이루어지려면 장 중 내내 매수와 매도를 반복하는 시장 조성자들의 존재가 필수적이다. 2장에서 설명했듯이 이들은 낮은 마진을 먹는 대신 어마어마한 물량을 거래해 수익을 낸다. 전통적으로 씨티은행, JP모건체이스, 골드만삭스Goldman Sachs, 모건스탠리Morgan Stanley 등의 잘 알려진 금융회사들이 그 역할을 맡아왔는데, 연준은 이들에게 '1차 딜러'라는 특별한 지위를 부여했다. 이들 시장 조성자는 금리 조절을 위해 미국 국채를 매수하거나 매도하려고 하는 뉴욕연준은행의 매매 데스크와 직접 거래할 수 있다. 시장 조성자들은 이러한 특권을 부여받은 대가로, 전체적인 가격 추세와 무관하게 매수와 매도 호가의 차이를 좁게 유지하며 시장을 안정적으로 끌고 간다. 물론 손실을 피하기 위한 방어 조치는 허용되며, 특히 미국 국채 가격이 크게 하락할 경우 손실을 방지하기 위해 매수와 매도 호가를 조정할 수 있다.

그러나 세계금융위기 이후 시장 조성자들은 신설된 규제에 따라 재정 건전성을 강화해야 했기에, 여러 금융회사가 그 지위를 내려놓고 미국 국채시장에서 발을 뺐다. (더 자세한 내용은 이 책과 상관없기 때문에 굳이 언급하지 않겠다.) 그리고 바로 그 공백을 헤지펀드 등이 주도하는 알고리즘 매매가 메우게 되었다. 알고리즘 매매는 컴퓨터 시스템을 통해 순식간에 호가가 일치하는 매수자와 매도자를 연결해준다. 시장이 평온할 때 알고리즘 매매는 매우 효과적으로 작동한다. 그러나 가격이 분 단위로 극심하게 요동치던 2020년 3월에는 그렇지 않아도 유동성이 증발한 시장 상황을 한층 더 악화시켰다. 리스크가 커지면 (매물이 헐값에 팔리는 것을 막기 위해) 매수 호가와 매도 호가의 차이를 벌리도록 알고리즘을 설계했기 때문이다.[14] 시장 조성자들은 손실 위험이 급격히 커졌다는 알고리즘에 복종해 미국 국채 거래를 중지했고, 일부는 가격 제시마저 중단하면서 시장의 공포 분위기를 심화했다. 한편 미국 국채 투자로 큰 손실을 본 헤지펀드들에 '마진콜'이 쇄도했다. 돈을 빌려준 금융회사들에 추가 증거금을 지급하지 못하면, 현재 쥐고 있는 포지션마저 송두리째 잃게 생긴 헤지펀드들은, 그 돈을 마련하고자 매수세가 거의 증발한 상황에서도 수백억 달러 규모의 미국 국채를 내놓아야 했다. 물론 그럴수록 미국 국채 가격은 더욱 떨어졌다.

다시 한번 연준이 나서다

연준이 미국 경제의 숨통이 끊어지지 않도록 취한 조치는 상당 부분 2008년의 대응책과 일치했다. 우선 파월은 3월 15일 일요일에 열린 기자회견에서 기준금리를 0퍼센트로 인하한다고 발표했다. 또한 민간 부문 전체에 신용이 원활하게 공급되도록 긴급 대출 프로그램을 가동했으며, 위험자산을 매입하기 위한 특별 기구들을 설립했다. 흥미로운 사실은 2020년의 연준이 여기서 멈추지 않았다는 점이다. 그들은 양적·질적으로 훨씬 더 과감한 조치를 취하며, 버냉키 시대의 연준이 조심스레 다가가는 데 그쳤던 한계선을 넘어섰다.[15] 예를 들어 연준은 미국 대기업들이 새로 발행한 회사채를 매입하는 방식으로 사실상 대출을 내주었으며, 지방채나 투기등급채권junk bond(신용 등급이 낮은 채권)에 투자하는 ETFExchange Traded Fund마저 사들였다. 또한 중소기업의 대출채권을 매입하는 '메인 스트리트 대출 프로그램Main Street Lending Program'을 새롭게 도입했다. 이런 식으로 팬데믹이 선언되고 두 달 동안에만 약 2조 달러 규모의 미국 국채 및 관련 증권이 매입되며, 양적완화가 전에 없는 규모와 속도로 이루어졌다. 이로써 연준은 최종 거래자 역할을 떠맡았다. 즉 시장을 정상화하기 위해 미국 국채의 매도자가 나타나면 매수자로 나섰고, 시장 조성자들에게 신뢰를 주어 이전처럼 거래를 중개하도록 했다. 3월 23일 연준은 "필요한 일은 무엇이든 하겠다"라는 내용의 성명서를 발표하며, "시장 기능의 원활한 작동에 필요한 만큼" 미국 국채를 매입하겠다고 약속했다.[16]

이러한 조치 중 일부는 연준이 민간시장에 과도하게 개입하고 있다는 논란을 불러일으켰다. 그러나 미국 경제와 금융 시스템의 붕괴를 막는다는 연준의 논리는 전반적으로 명확하고 반박의 여지가 없었다. 근본적으로 2020년의 위기는 2008년의 위기와 달리 월가의 무모한 탐욕이 아니라 미세한 바이러스 때문에 발생했다. 따라서 연준으로서는 도덕적 해이에 대한 우려(즉 잘못된 행위에 대한 책임을 회피하도록 구제해준다는 비판)를 이유로 주저할 필요가 없었다. 2020년에 연준이 구제한 곳은 통제 불능의 이유 때문에 재정적 타격을 입은 기업과 금융회사들이었다. 미국 국채시장을 안정화하기 위한 조치들도 정당했다. 사상 유례가 없는 대혼란을 손 놓고 지켜보기만 하는 것은 금융정책 차원에서 직무유기죄를 저지르는 격이었다.

2020년의 연준은 국제적인 차원에서도 버냉키 시대의 연준보다 한층 더 적극적인 위기 대응 조치를 펼쳤다. 트럼프는 방해가 되지 않았다. 그는 팬데믹 대응 실패로 거센 비판에 시달리느라, 국제금융정책의 세부 사항까지 신경 쓸 겨를이 없었다. 그 덕분에 파월과 그의 동료들은 (스티븐 므누신Steven Mnuchin 재무부 장관의 지원을 받아) 해외에서 벌어진 달러 확보 경쟁과 그로 인한 미국 국채의 대규모 매도 사태에도 적절히 대응할 수 있었다. 3월 15일 연준은 EU, 일본, 영국, 스위스, 캐나다의 중앙은행과 맺은 통화 스와프 협정을 재조정해, 그 한도를 확대하고 조건을 완화했다. 나흘 뒤에는 해외의 또 다른 중앙은행 아홉 곳과 추가로 통화 스와프 협정을 체결했으며, 그 결과 4월 말에는 통화 스와프의 총액이 4,400억 달러를 넘어섰다. 아울러 연준은 세계금융위기 당시 통화 스와프 협정에서 제외되었던 인도, 중국, 대만, 태국의 중앙은행까지 지원하기 위해 'FIMA 레포 제도'를 새로 도입했다. 'FIMA'란 '해외 및 국제 통화 당국Foreign and International Monetary Authorities'을 대상으로 한다는 뜻이다. 이 제도를 통해 상기된 나라들의 중앙은행은 만기 시에 도로 사들인다는 조건으로, 현재 보유 중인 미국 국채를 연준에 맡기고 대신 달러를 대출받을 수 있었다(미국 국채를 환매조건부채권처럼 사용했다는 뜻이다).[17]

"빌어먹을 위기일발의 상황"

연준은 12년 만에 다시 한번 세계경제의 보루 역할을 성공적으로 해냈다. 재무부의 경제학자였던 로버트 도너Robert Dohner는 사태가 일단락된 4월 2일 발표한 글에서, 지난 한 달간 벌어진 혼란상을 되짚으며 연준의 역할을 다음과 같이 높게 평가했다. "미국이 여전히 없어서는 안 될 국가인지는 논쟁의 여지가 있을 수 있다. 그러나 위기 상황에서 연준이 없어서는 안 될 중앙은행이라는 점은 분명하다."[18] 연준이 세계 곳곳에 신속하게 달러를 공급한 사실 그리고 애당초 전 세계적으로 달러 수요가 절실했다는 사실을 통해 2008년의 세계금융위기 때도 조명되었던 달러의 국제적인 위상이 다시 한번 부각되었다. 달러의 독보적인 위상은 틀림없이 그 어느 때보다도 확고했다.

트럼프로서도 만족할 만한 상황이었다. 파월이 일련의 대책을 발표한 3월 23일, 트럼프는 곧장 그에게 전화를 걸어 치하했고, 이를 기자들에게도 떠들었다. "파월은 지난주 내내 정말 열심히 일했어요. 오늘 파월한테 전화를 걸어 '제롬, 잘했어요'라고 했죠."[19] 이후 몇 달 동안 경제가 예상보다 빠르게 회복하고, 특히 주식시장이 모든 손실을 8월까지 만회하자, 트럼프가 환호성을 지를 일은 더 많아졌다. 그 공로는 과감한 조치를 단행한 연준뿐 아니라, 사상 최대 규모의 재정 지원 법인 '코로나바이러스 지원·구호·경제안정법Coronavirus Aid, Relief, and Economic Security Act'에 돌려야 마땅했다. 소위 '케어스법CARES Act'으로 불린 이 법을 통해 미국 정부는 가정과 기업들에 총 2조 7000억 달러를 쏟아부었는데, 성인에게는 1인당 최대 1,200달러를, 17세 미만의 자녀에게는 1인당 500달러를 현금으로 지급했다.

당시 벌어진 일들을 잊는 것은 불가능할 뿐 아니라, 바람직하지도 않다. 2020년 10월 퀼스 연준 부의장은 반년 전을 돌아보며 이렇게 말했다. "올봄에 한동안, 웰링턴Wellington 공작이 워털루전투에 대해 말했던 것과 비슷한, '빌어먹을 위기일발의 상황'이 펼쳐졌습니다."[20]

퀼스의 발언은 곱씹어볼 만하다. 국제금융시장에서 가장 안전한 피난처라고 평가받는 미국 국채시장이 "빌어먹을 위기일발의 상황"에 빠졌다니! 사실 이것 자체가 벌어져서는 절대 안 될 일이었다. 물론 연준이 다시 한번 국제적인 최종 대부자 역할을 해낸 덕분에 달러 패권은 재차 확고해졌다. 그러나 2020년 3월의 광란 속에서 드러난 미국 국채 시장의 취약성은 반드시 해결해야 할 과제로 남았다.

더욱이 연준의 개입은 단기적으로 분명 도움이 되었지만, 장기적으로 결코 무시할 수 없는 도덕적 해이를 유발하고 말았다. 연준이 말라붙은 시장에 유동성을 무한정 쏟아부은 것은 미국 국채와 관련 선물(미래의 일정 시점에 정해진 가격으로 상품을 사고팔 수 있는 계약) 간의 미세한 가격 차이에 베팅한 헤지펀드들을 구제하기 위한 조치였다. 실제로 유동성 부족 사태가 심각한 위기로 발전하는 것을 막기 위해 연준이 수단과 방법을 가리지 않으리라는 것이 확인되자, 한껏 대담해진 헤지펀드들은 더 위험한 포지션을 취했다. 몇몇 전문가는 이 때문에 시장이 다시 한번 큰 혼란에 빠질 것이라고 경고했다.[21]

2021년 바이든 행정부가 들어서면서 달러를 둘러싼 더 큰 문제들이 드러났다. 특히 40년 만의 인플레이션이 한바탕 미국을 휩쓸고 지나간 탓에 달러의 구매력은 심각한 불신에 직면했다. 그러나 이후 벌어진 일들은 좋든 나쁘든 이 세계가 달러의 세계이며, 우리 모두가 그 안에서 살고 있다는 사실을 다시 한번 보여주었다.

너무 많은 돈과 너무 적은 재화

1955년 연준 의장이었던 윌리엄 맥체스니 마틴William McChesney Martin은 오늘날에도 각국의 중앙은행 관료들이 신조처럼 되새기는 유명한

'펀치볼punch bowl'(과일즙과 술을 섞은 음료를 담아내는 그릇 — 옮긴이) 비유를 남겼다. 마틴은 연준이 "파티가 한창 무르익을 때 펀치볼을 치우라고 지시하는 주최자"가 되어야 한다고 강조했다.[22] 즉 연준은 물가와 임금이 연쇄 상승을 일으키는 악순환이 벌어지지 않도록, 그리하여 기업과 근로자가 고통받지 않도록, 과도한 경제성장을 진정시켜야 한다는 것이었다. 이후 수십 년 동안 거시경제정책을 둘러싸고 크고 작은 논쟁이 벌어졌지만, '펀치볼 치우기'는 연준의 책무로 유지되었다.

미국이 여전히 팬데믹의 늪에 빠져 있던 2020년 8월, 파월은 "필립스곡선의 평탄화flattening of the Phillips Curve", "자연 실업률natural rate of unemployment", "정책금리의 실효 하한 근접성proximity of interest rates to the effective lower bound", "균형 실질금리equilibrium real interest rate" 등의 전문용어로 가득한 연설을 통해, 연준의 정책 기조에 미묘하지만 중대한 변화가 있으리라고 알렸다.[23] 만약 파월이 이를 일반 대중에게 풀어 설명해야 했다면, "이번에는 과거보다 펀치볼을 좀 더 오래 놔두겠다"라고 말했을 것이다.

이는 즉흥적인 결정이 아니었다. 이러한 변화는 파월이 변화한 미국 경제의 작동 방식을 반영하기 위해 정책 결정 체계를 검토하기 시작한 2018년까지 거슬러 올라간다.[24] 세계금융위기 이후 수년에 걸쳐 나타난 인플레이션 우려는 매번 터무니없을 만큼 과장된 것으로 판명되었다. 연준은 대침체에 빠진 경제의 회복을 촉진하고자, 사실상 제로 금리를 유지하고 양적완화를 연달아 시행해, 위기 이전에 9,000억 달러였던 중앙은행의 자산 규모를 2014년에 4조 5000억 달러까지 끌어올렸다. 그러자 보수 진영은 달러 가치가 위험할 정도로 떨어진다고 외쳐

댔다. 그러나 전반적인 물가는 안정적으로 유지되었다. 어찌나 안정적이었는지, 연준이 2012년에 설정한 연간 인플레이션율 목표치인 2퍼센트에도 미치지 못하는 상황이 길게 이어질 정도였다. 여러모로 바람직하기는 했지만, 한편으로는 위험의 씨앗이 뿌려진 상황이었다. 인플레이션율이 이 정도로 낮으면, 금리 또한 바닥에 머물 가능성이 크다. 인플레이션율이 낮다는 것은 경제성장이 미미하다는 뜻으로, 결국 중앙은행으로서는 (이미 낮은 물가를 신경 쓰기보다는) 금리를 확 낮춰 경제활동을 촉진할 수밖에 없다. 다만 그럴 경우 경제가 끝내 침체했을 때, 중앙은행에 남은 카드가 없다는 문제가 생긴다. 금리를 이미 최대치까지 낮췄으므로, 정말 필요할 때 금리 인하라는 가장 강력한 경기 부양책을 쓸 수 없게 되는 것이다.

수많은 경제지표도 연준의 정책 결정 체계가 현실과 점점 동떨어지고 있음을 드러냈다. 특히 실업률이 이전과 전혀 다른 양상을 보였다. 팬데믹 전의 호황기인 2018년부터 2019년 사이에 미국의 실업률은 역대 최저 수준이었다. 이런 상황에서는 전체 임금이 늘어나고 구매력이 강해지므로 물가 상승 압력이 커져야 하는데도, 인플레이션율이 매우 잠잠한 수준으로 유지되었다. 이 사실이 경제지표를 관심 있게 보는 모든 사람을 놀라게 했다.

연준의 고위 관료들에게 결정적인 자극제가 된 것은 전국 각지에서 개최한 '페드 리슨스Fed Listens' 행사였다. 그 자리에 초청된 소상공인, 노조 지도자, 지역단체 대표들은 연준의 통화정책이 평범한 미국인들의 살림살이에 어떠한 영향을 미치는지 상세히 들려주었다. 2019년 6월 시카고에서 열린 행사에 참석한 파월은, 탄탄한 노동시장이 일할 기회를 창출해 취약계층에 혜택을 제공한다는 어느 저소득층 지역공동체 대표의 말을 듣고서, "정말 인상적입니다"라고 소감을 밝혔다.[25]

그 후 연준은 계속해서 물가를 안정적으로 유지하겠다는 의지를 조심스럽게 드러내면서도, 완전고용에 더 높은 우선순위를 부여하는 방향으로 정책 기조를 틀었다. 이로써 '유연한 평균 인플레이션 목표제 Flexible Average Inflation Targeting, 이하 FAIT'라는 정책이 탄생했다. 이에 따라 연준은 2퍼센트라는 인플레이션율 목표를 유지하되 절대적인 기준으로 삼지는 않기로 했다. 인플레이션율이 목표치를 초과하더라도 목표치에 미달했던 지난 기간을 보완하는 수준이면 용인할 뿐 아니라, 환영하겠다는 입장이었다. 가장 중요한 변화는 과거와 달리 노동 수요가 강력하다고 해서 선제적인 긴축에 나서지 않기로 했다는 점이다. 마틴의 비유를 빌리자면, 파티가 무르익어도 펀치볼을 곧바로 치우지 않기로 한 것이었다. 그 대신 좀 더 두고 보다가 인플레이션이 용납할 수 없을 정도로 빠르게 심화하고 있다는 명확한 증거가 포착될 때야 대응하기로 했다.

FAIT는 파월이 2020년 8월 처음 소개할 때만 해도 많은 기대를 받았다. 하지만 얼마 안 가 시험대에 올랐으니, 너무 많은 돈이 너무 적은 재화로 몰리는 상황에서 좋지 못한 결과를 낳고 말았던 것이다.[26]

브레이크를 밟다

너무 많은 돈이 풀린 까닭은 무엇보다 정부가 또 한 차례의 재난 지원금을 지급하는 등 한꺼번에 막대한 재정지출을 감행했기 때문이다. 케어스법에 따른 현금 지급, 트럼프 행정부 말기에 통과된 9,000억 달러 규모의 부양책, 바이든 행정부 초기에 추진된 '미국 구제 계획 American Rescue Plan'이 모두 더해진 결과였다. 상·하원을 전부 장악한 민주당은 재정 건전성을 지켜야 한다는 공화당의 잔소리에 개의치 않았다. 사실 공화당도 2017년부터 추진되어 트럼프 행정부 말기까지 GDP 대비 국가 채무 비율을 100퍼센트 가까이 끌어올린 감세 정책에 대해 별로 우려하지 않았던 전력이 있었다. 민주당은 자기 진영 내부에서 제기된 반대 의견에도 흔들리지 않았다. 재무부 장관을 지냈던 로런스 서머스 Lawrence Summers가 경기 부양 효과가 지나치게 클 것이라며 가장 적극적으로 반대했다. 그러나 재정지출을 찬성한 이들은 대침체 이후처럼 경기회복세가 미흡할지 모른다는 불확실성을 고려하면, "과감하게 가는" 것이 최선이라고 주장했다. 게다가 재무부가 저금리로 자금을 조달할 수 있는 상황이기도 했다.

재화의 부족은 대개 팬데믹으로 인한 글로벌 공급망 붕괴에서 비롯되었다. 대표적인 사례가 자동차였다. 허츠Hertz, 에이비스Avis, 엔터프라이즈Enterprise 같은 렌터카 업체들이 봉쇄 조치에 겁먹고 차량 대부분을 처분한 탓에, 백신 접종을 마친 미국인들이 돌아왔을 때는 차량이 턱없이 부족해 대여료가 급등했다. 자동차 제조업체들은 시장 회복에 맞춰 생산 라인을 재가동하려 했지만, 공장들이 모여 있던 동아시아 지역의 봉쇄 조치가 길어지며 발목을 잡혔다(특히 차량용 반도체 공급에 차질이 빚어졌다). 항구마다 화물을 기다리는 컨테이너선들로 가득했고, 중국산 제품의 평균 운송 대기 기간은 무려 한 달 가까이 늘어났다.

거의 전 부문의 제조업체들이 생산에 필요한 부품을 구하지 못하거나, 제품을 만들어놓고도 운송할 방법이 없어, 고객들에게 제품 인도가 늦어질 것이라고 통보해야 했다. 이 같은 병목현상이 확산하면서 시장에는 제품이 부족해졌고, 그만큼 가격이 뛰기 시작했다.

그 결과 2021년 봄부터 인플레이션율이 치솟기 시작해 4월과 5월의 CPI가 전년 대비 각각 4.2퍼센트와 5퍼센트 상승하자, 연준과 바이든 행정부의 관료들, 민간의 경제학자들은 입을 모아 일시적인 인플레이션이라고 진단했다. 이들은 글로벌 공급망이 정상화되면 인플레이션은 자연스럽게 수그러질 것이라고 전망했다. 그러나 그해 가을 들어 일시적인 인플레이션이라고 반뼘하기 어려운 현상이 나타났다. 임대료와 주택 가격뿐 아니라 일반 국민의 생활비를 가늠하는 데 사용되는 장바구니 물가까지 급등했던 것이다. 결국 민심이 이반하며 영구적인 인플레이션을 전망하는 목소리가 힘을 얻었고, 달러의 구매력 하락에 대한 불평 섞인 주절거림은 분노의 외침으로 바뀌었다. 11월 30일 파월은 인플레이션이 정말 일시적인 현상이냐는 질문에 "이제 그 표현을 그만 사용할 때가 된 것 같습니다"라고 답했다.[27] 곧 연준은 국채와 주택저당증권의 월별 매입을 점차 축소하기 시작했다. 이는 통화정책의 가속페달에서 사실상 발을 떼는 조치였다.

2022년 3월에는 브레이크를 밟는 조치가 단행되었다. 그달의 CPI가 전년 대비 8.5퍼센트까지 뛰어오르며 1981년 이후 가장 빠른 상승률을 기록했기 때문인데, 연준은 0퍼센트에 가깝던 연방기금금리(기준금리)를 인상할 수밖에 없었다. 파월과 그의 동료들은 FAIT를 끝까지 시행하겠다고 공개적으로 밝혔던 것을 떠올리며, 너무 성급하게 방향을 튼 것이 연준의 신뢰성을 깎아 먹지는 않을까 우려했다. 그러나 정작 여론은 연준이 전년도 가을에 더 빨리 긴축 조치를 취했어야 했다며, 그러지 않았기 때문에 가장 중요한 임무(물가 안정)를 망쳤다고 성토했다.[28] 어쨌든 연준은 금리를 인상했고, 더는 거리끼지 않았다. 2022년부터 2023년 사이에만 네 번 연속으로 0.75퍼센트포인트씩 금리를 인상하는 등 총 11차례의 금리 인상을 단행했다. 2022년 3월의 의회 청문회에서 파월은 볼커를 "당대의 가장 위대한 경제 관료"로 평가하며, 앞으로 그가 구축했던 정책 모델을 따르겠다고 단언했다. 경기 둔화를 감수하더라도 수단과 방법을 가리지 않고 인플레이션을 잡을 준비가 되어 있느냐는 질문에는 다음과 같이 짧게 답했다. "역사가 그 질문에 대한 답을 '그렇다'라고 기록해주기를 바랍니다."[29] 연준은 파월의 말을 그대로 실천해 2024년 상반기 들어서도 금리를 인하하지 않았다. 늦여름이 되자 일각에서 경제가 위험해질 정도로 방치하고 있다는 비난을 쏟아냈지만, 파월은 고금리 기조를 꿋꿋이 이어갔다.[30]

연준의 인플레이션 억제 정책이 강력한 효과를 발휘하자, 수많은 사람의 뇌리에 통화정책 역사상 가장 기억에 남을 만한 말이 스쳐 지나갔다. 반세기 전에 재무부 장관을 지냈던 코널리의 명언으로 다음과 같다. "달러는 우리의 통화지만, 문제는 당신들의 몫이다."

킹 달러의 군림

2022년에 가나, 이집트, 파키스탄 같은 나라의 국민이 먹고살기 어려워진 까닭은 빵, 연료, 의약품 등 생활필수품의 가격을 끌어올린 인플레이션 때문만이 아니었다. 세계시장에서 생활필수품의 가격이 달러로 매겨지는 만큼, 급등하는 달러 환율도 그들의 삶을 힘들게 했다.

달러 환율은 무섭도록 빠르게 치솟았다. 2021년 하반기부터 강세를 보이던 달러는 2022년 들어 더욱더 가파르게 상승했고, 결국 그해 가을에는 수십 년 만의 최고치를 기록했다. 연준의 강력한 물가 안정 의지가 금리 인상으로 확인되면서, 달러는 다른 통화들보다 훨씬 더 매력적인 투자처로 떠올랐다. 9월 말이 되자 우선 엔의 가치가 달러 대비 20퍼센트 하락했다. 20년 동안 달러보다 더 높은 몸값을 자랑해온 유로도 예외는 아니어서, 2022년 초와 비교해 그 가치가 16퍼센트 떨어졌다. 실제로 1유로는 2008년 한때 1.57달러에 육박했으나, 이 시기에는 1달러도 안 되는 0.96달러까지 쪼그라들었다. 1파운드의 가치도 1.03달러까지 하락하며, 1985년 이후 처음으로 달러와 등가를 이룰 위험에 처했다. 신흥국 통화들도 뚜렷한 약세를 띠었는데, 특히 이집트의 이집트-파운드, 헝가리의 포린트, 남아프리카이 랜드 등이 가장 큰 타격을 입었다.[31]

팬데믹과 러시아의 우크라이나 침공으로 흔들리기 시작한 세계경제는 달러 강세로 결정타를 맞았다. 특정 국가의 통화 대비 자국 통화의 가치가 하락하면, 해당 국가를 상대로 수출 경쟁력이 커지므로 전화위복이 될 수 있다. 그러나 달러 가치가 급등할 때는 이야기가 전혀 달라진다. 거의 모든 수출이 달러로 결제되기 때문이다. 무역 현황을 면밀히 분석해온 IMF의 경제학자들은 2020년 발표한 연구에서 달러 강세가 팬데믹 충격 이후의 회복세에 찬물을 끼얹을 수 있으며, 그럴 경우

최대 피해자는 신흥국과 개도국이 될 것이라고 경고했다.[32]

수입과 관련한 수치도 좋지 못했다. 2007년부터 2008년 사이 및 2010년부터 2012년 사이에는 식량 가격이 급등하는 중에 달러 환율이 하락하며 개도국의 식량 수입 비용이 꽤 떨어졌다. 그러나 2021년부터 2022년 사이에는 정반대의 일이 벌어졌다. 개도국은 식량 가격 급등과 달러 환율 상승이라는 이중고에 시달리며 말 그대로 굶주리게 되었다. UN무역개발회의United Nations Conference on Trade and Development의 연구에 따르면, 2022년 10월의 세계 밀 가격은 2020년 평균 대비 89퍼센트 상승했는데, 달러 강세가 더해지며 개도국 현지의 수입 밀 가격은 한 번 더 뛰어올랐다. 그 결과 페루는 106퍼센트, 이집트는 112퍼센트, 파키스탄은 132퍼센트, 에티오피아는 176퍼센트 더 비싸게 밀을 수입해야 했다.[33]

가장 암울한 상황에 부닥친 것은 달러로 차입한 국가와 기업들이었다. 이들은 처음 빌렸을 때보다 훨씬 더 가치가 올라간 달러로 빚을 갚아야 했다. 사람들은 중남미와 사하라사막 이남의 아프리카 국가들이 채무위기로 무너졌던 1980년대 초반을 그리고 태국, 인도네시아, 한국, 러시아, 브라질 등이 연쇄적으로 금융공황을 겪었던 1990년대 후반을 떠올렸다. 2022년 9월 18일 자 《월스트리트저널》은 〈달러 강세가 피어올린 세계경제의 먹구름Dollar' Rise Spells Trouble for Global Economics〉이라는 제목의 기사를 실었고, 며칠 뒤에 《뉴욕타임스》는 〈강달러가 신흥국 경제를 파괴하는 중. 다음은 채무위기일 수도A Strong Dollar Is Wreaking Havoc on Emerging Markets. A Debt Crisis Could Be Next〉라는 한층 더 비장한 헤드라인을 내걸었다. 《뉴욕타임스》는 "파괴되는 신흥국"의 대표적인 사례로 가나를 꼽았는데, 현지 통화인 세디의 가치가 달러 대비 40퍼센트 급락한 결과, (달러로 가격이 책정되는) 수입산 석유의 가격이 두 배 가까이 치솟았다고 보도했다.[34]

신흥국 시장의 위기

'레킹볼wrecking ball'(건축물을 철거할 때 굴착기에 장착해 사용하는 쇳덩어리―옮긴이) 같은 달러의 무지막지한 파괴력은 새로운 현상이 아니다. 과거에도 여러 차례 나타난 바 있으며, 그 특징으로 가장 눈에 띄는 것은 당하는 쪽이 느끼기에 지기만 하는 게임 같다는 것이다. 즉 연준의 긴축정책이 달러 강세를 초래해도 세계경제가 불안정해질 수 있고, 반대로 연준의 완화정책이 달러 약세를 불러와도 역시 다른 방식으로 혼란이 발생할 수 있다는 뜻이다. 이런 현상을 잘 설명하는 것으로 런던 비즈니스스쿨의 엘렌 레이Hélène Rey 교수가 고안한 '국제금융 순환주기global financial cycle'가 있다. 면밀한 연구로 입증된 그 주기에 따르면, 연준의 완화정책과 그에 따른 금리 인하는 투자자들의 위험자산 선호도 상승으로 이어져, 자본이 신흥국으로 몰려들게 한다. 그 결과 거품이 발생하는데, 연준이 긴축정책을 빼 드는 순간 정반대의 상황이 펼쳐지며 거품이 터지게 된다. 어느 쪽이든 간에 대소동이 일어날 것이다.[35]

가까운 예로 2010년 연준은 미국의 시원찮은 경기회복세에 활력을 불어넣고자 양적완화를 단행했는데, 엄청난 부작용을 낳고 말았다. 달러 가치가 하락하자, 미국의 자본이 신흥국들로 물밀듯이 밀려들며 경기 과열과 인플레이션에 대한 우려가 커졌던 것이다. 당연히 신흥국들의 불만은 이만저만이 아니었다. 가령 자국 통화인 헤알의 가치가 달러 대비 25퍼센트 상승한 브라질의 경우, 수출업체들이 경쟁력 약화로 고통받자, 기두 만테가Guido Mantega 재무부 장관이 직접 나서서 브라질이 "통화전쟁의 한복판에" 포위되었다며, 과격한 언사로 연준을 비난했다. 독일의 볼프강 쇼이블레Wolfgang Schäuble 재무부 장관도 이에 가세해 연준이 "인쇄기를 동원해 달러 환율을 인위적으로 낮게 조종하고 있다"라고 꼬집었다. 그해 11월 서울에서 열린 주요 20개국(G20) 정상회담에서도 각국 대표단은 연준이 무책임한 조치를 취했다며 강하게 질타했다. 그런데 불과 3년 뒤에는 정반대의 상황이 펼쳐졌다. 2013년 연준이 금리 인상 가능성을 시사하자, 신흥국들은 급격한 자본 유출로 경기 둔화를 겪었다. 브라질, 인도, 인도네시아, 남아프리카공화국, 튀르키예 등의 '취약한 5개국'을 향한 불안감이 커지는 와중에, 사람들은 미국이 세계시장에 미치는 파급효과를 무시한 채 통화정책을 추진한다고 지적했다.[36]

이 같은 문제를 해결하고자 다양한 내용의 개선책이 제안되었다. 그 가운데 상당수는 케인스와 트리핀이 꿈꾸었던 국제통화 시스템에서 영감을 받은 것이었다. 2019년 잉글랜드은행의 마크 카니Mark Carney 총재는 각국의 중앙은행이 공동으로 관리하는 디지털 화폐인 '합성패권통화synthetic hegemonic currency'를 만들자고 제안했다. 카니는 합성패권통화가 "국제무역에서 달러가 차지하고 있는 지배적 영향력을 약화"하는 데 도움을 줄 것이라고 장담했다.[37] 콜롬비아에서 재무부 장관을 지냈던 컬럼비아대학교의 호세 안토니오 오캄포Jose Antonio Ocampo 교수도 달러 중심 체제의 부산물인 경기 과열과 붕괴의 악순환에서 세계경제를 보호하려면, 국제기구가 발행하는 새로운 준비자산을 창출해야 한다고 주장했다.[38]

수십 년 후가 될지 수백 년 후가 될지 수천 년 후가 될지는 모르지만, 언젠가 인류는 작금의 국수주의적 감정을 극복하고 카니와 오캄포가 제안한 형태의 다자간 협력을 추진하게 될지 모른다. 그러나 현재로서는 실행 가능한 대안이 보이지 않는다. 그저 경제학자 데이비드 벡워스David Beckworth와 크리스토퍼 크로Christopher Crowe의 표현대로 연준이 "통화의 초강자"[39]라는 사실을 받아들이는 수밖에 없다. 그러한 현실에 맞춰 대응하는 것 외에 다른 도리가 없다. 연준의 법적 책무는 미국 국내의 경제 상황에 집중하는 것이므로, 나라 밖의 상황을 고려해 통화정책을 조정할 가능성은 거의 없다. 2022년 초 파월과 그의 동료들이 달러 강세가 유럽, 중남미, 아시아, 아프리카 경제에 타격을 줄까 봐 한참 뜸을 들인 후에 금리를 인상했다고 가정해보자. 그러한 선택은 미국인들의 성질을 잔뜩 돋우는 것은 차치하고, 정책 실패로 귀결되었을 것이다. 그 과정에서 인플레이션이 심화하며 물가 안정은 요원해지고 훨씬 더 가혹한 시련을 겪어야 했을 텐데, 미국 경제가 침체하면 세계경제에도 좋을 일이 없다.

다행히도 2022년부터 2023년 사이에 국가 채무를 둘러싸고 대규모 위기가 확산하리라는 예측은 기우로 판명되었다. 몇 건의 채무불이행만이 산발적으로 발생했을 뿐이다. 세계 각국이 20세기 후반의 금융위기에서 교훈을 얻고는 달러 환율 급등에 대비해 자국 경제를 강화해 둔 덕분이었다. 가장 중요한 변화는 브라질, 인도, 남아프리카공화국 등의 신흥국이 좀 더 높은 이자를 부담하더라도 달러 대신 자국 통화로 차입하게 되었다는 사실이다. 이는 큰 전환이었다. 2000년대 초반만 해도 미국, EU, 일본 이외의 국가가 발행한 채권 중 자국 통화로 표시된 채권의 비중은 20퍼센트도 되지 않았지만, 2019년에는 그 비중이 대략 80퍼센트로 증가했다.[40]

2022년 달러가 외환시장에 미친 영향력은 매우 컸지만, 지정학적 수단으로 이용되어 세계정세에 미친 영향력은 한층 더 강력했다.

9장

강력함과 신중함

2018년 6월 중국을 찾아 시진핑을 만난 푸틴. 오늘날 미국의 경제제재에 실제로 피해를 보고 있거나, 이를 위협으로 받아들이는 나라들의 결속이 가속화되고 있다. 그 중심에 슝국이 있는데, 실제로 브릭스 회원국 간의 무역 거래 대금, 사우디아라비아의 석유 수출 대금 등의 위안화 결제 허용이 추진 중이다. 하지만 개별 거래에서 달러를 쓰진 않아도 전체 국제통화 시스템에서 달러를 대체할 순 없으므로, 이들의 시도는 늘 한계에 부딪히고 만다.

2015년 1월 인도네시아 반둥의 힌 은행에 예치되는 달러. 달러 패권은 당장의 환율에 좌우되지 않는다. 그보다는 사상 최고의 강대국인 미국이 보장한다는 신뢰성, 국제금융의 중심지부터 문명과 동떨어진 산간벽지까지 어디서나 통용되는 보편성, 흔들리지 않는 막대한 규모의 유동성 등이 달러 패권의 핵심을 이룬다.

"여러분을 다시 뵙게 되어 반갑습니다만, 이런 소식을 전하게 되어 유감이기도 합니다." 러시아가 우크라이나를 침공한 2022년 2월 24일, NSC의 국제경제 부보좌관인 달립 싱Daleep Singh이 백악관 출입 기자단을 상대로 긴급 브리핑을 시작했다.[1]

군사령관이나 국방부 장관이 아니라, 대러 제재의 핵심 설계자 중 한 명인 싱이 브리핑을 맡은 것을 보면, 백악관이 대응 조치로 '역동적 전쟁kinetic war'(무력을 사용하는 전통적인 군사행동—옮긴이)은 고려하지 않았음을 알 수 있다.

그러나 경제제재 또한 '역동적'으로 이루어질 때가 있다. 싱은 브리핑 이후 1주일 동안 자신이 한때 부총재로 있었던 뉴욕연준은행에 여러 차례 긴급 메시지를 보냈다. 각국의 중앙은행과 정부 기관이 뉴욕연준은행에 예치해둔 수천억 달러와 관련해 이상 징후가 포착되지는 않았는지 확인하기 위해서였다. 미국과 그 우방국들이 기습적으로 취한 대러 제재, 즉 러시아중앙은행이 해외에 예치해둔 3,000억 달러 규모의 자금을 동결한 일이 어떠한 반응을 불러일으킬지 아직 확실치 않았다. 지레 겁먹은 다른 나라들이 뉴욕연준은행에 맡긴 달러를 마구 인출할 수도 있었다.

당시 상황을 회상하던 싱은 내게 "난 그들과 핫라인을 구축하려고 했습니다. 실시간으로 무슨 일이 일어나고 있는지를 면밀히 파악하고 싶었어요"라고 말했다. 그는 뉴욕연준은행의 옛 동료들에게서 "눈에 띄는 변화는 없다"라는 회신을 받고서야 안심했다고 한다.[2]

"SWIFT에서 러시아를 퇴출하라"

싱의 불안감은 과감하게 진행된 대러 제재의 예고편에 불과했다. 이를 계기로, 미국이 국제 규범을 명백히 위반한 적국에 달러라는 무기를 사용하고자 이례적인 조치도 마다하지 않는다는 사실뿐 아니라, 그 과정에서 우방국들의 확고한 지지를 끌어낼 수 있다는 사실이 드러났다. 그 결과 러시아 경제는 크게 휘청거렸다. 하지만 일반적인 예측과 달리 완전히 무너지지는 않았다. 미국의 의지가 약했던 탓은 아니다. 오히려 처음에는 한층 더 과감하고 기습적인 경제제재를 가하려고 계획했다.

사실 바이든 대통령은 취임 초기부터 줄곧 경제제재에 신중을 기하겠다는 생각을 밝혀왔는데, 기록적인 숫자의 개인, 기업, 단체를 블랙리스트에 올렸던 트럼프 행정부와 차이를 두기 위해서였다. 2021년 10월 바이든 행정부는 제재가 지나치게 남용되었음을 꼬집고, 안보 문제에 좀 더 효과적으로 대응하려면 세밀한 조정이 필요하다고 결론 내렸다. 특히 철저한 사전 검토를 거친 제재일수록 효과가 크다는 사실에 근거해, 무고한 일반인들의 피해, 우방국들의 반발, 기타 경제적·지정학적 파장 등을 여러 정부 기관이 함께 따져보는 절차를 마련했다. 아울러 단독 행동보다는 국제 공조가 제재의 성패를 가른다는 점도 함께 강조되었다.[3]

바이든 행정부가 새로운 경제제재를 설계하는 와중에, 러시아의 대규모 병력이 우크라이나 코앞까지 진출했다. 이에 대응하고자 바이든 행정부는 2021년 11월 '타이거팀Tiger Team'을 꾸렸다. 타이거팀은 러시아가 우크라이나의 일부 지역만을 점령하거나 수도 키이우를 전면적으로 타격하거나 등의 다양한 시나리오를 검토하고, 각각에 대응하는 매뉴얼을 작성해 고위 관료들을 대상으로 모의 훈련을 진행했다. 한편 옐런 재무부 장관은 경제적 대응책을 논의하기 위해 유럽 각국의 재무부 장관들을 접촉하기 시작했으며, 싱 또한 EU 집행위원회의 우르줄라 폰데어라이엔Ursula von der Leyen 위원장과 의견을 조율했다.[4]

EU는 러시아와 경제적으로 깊숙이 얽혀 있었기 때문에, 대러 제재의 수위가 지나치게 높아지는 것을 꺼렸다. 당시 러시아의 GDP는 1조 5000억 달러로, 세계 11위였다. 한마디로 무시할 수 없는 체급이었다. 실제로 EU 기업들의 연간 대러 수출액은 미국 기업들의 10배에 달하는 1,000억 달러에 달했다. 특히 EU는 에너지 수요의 상당 부분을 세계 2위의 석유 수출국인 러시아에 의존하고 있었다. 러시아와의 관계가 틀어져 석유와 천연가스를 수입해 오지 못한다면, EU의 경제가 어떻게 될지는 뻔한 일이었다. 바이든 행정부도 러시아 석유산업에 섣불리 타격을 가했다가 유가가 치솟으면 물가가 급등할 수 있어 조심스러웠다. 결국 G7은 구체적인 계획은 밝히지 못한 채, 푸틴 대통령을 저지하기 위해 이전보다 훨씬 강력한 경제제재를 가할 준비가 되어 있다는 공수표만 날렸다.

어쩌면 이 때문에 러시아가 오판했을지 모른다. 2022년 2월 24일 러시아군은 우크라이나 국경을 넘었다. 우크라이나에서 두 번째로 큰 도시인 하르키우가 화염에 휩싸였고, 동쪽에서 날아온 헬리콥터 편대가 키이우 인근의 공항에 공수부대를 투하했다. G7은 곧바로 경제제재를 발동했는데, 그 가운데는 미국 정부가 검토 중이라고만 언급했던 강경한 조치가 포함되어 있었다. 이로써 러시아의 주요 은행 네 곳이 국제금융 시스템에서 차단당하고, 첨단 제품과 기술의 대러 수출이 금지되었다. 그러나 이 첫 번째 제재는 EU의 반대로 러시아 은행들을 SWIFT에서 퇴출하는 데 실패했기에 전반적으로 미흡하다고 평가받았다.[5] 하지만 러시아의 무자비한 폭격 장면, 우크라이나의 볼로디미르 젤렌스키Volodymyr Zelensky 대통령이 자국민에게 힘을 모아 나라를 지켜내자고 호소한 데 이어 유럽 각국의 지도자들 앞에서 "제가 살아 있는 모습을 보는 마지막 순간일 수 있습니다"라고 발언하는 장면 등이 전 세계에 보도되며, 정치권을 중심으로 강력한 대응을 촉구하는 목소리가 커졌다. 서구 국가들의 주요 도시마다 러시아를 규탄하는 시위가 열렸는데, 그 참석자들은 SWIFT가 무엇인지 정확히 알지 못했을 테지만, 어쨌든 그들이 외친 구호는 (그것이 정말로 무엇이었든 간에) 정치인들의 귀에 "SWIFT에서 러시아를 퇴출하라"로 들렸다.

상황이 이렇게 흘러가자, 언론에서 차마 다루지 못했을 정도로 극단적인 대러 제재 방안이 G7의 최우선 의제로 떠올랐다. 러시아의 외화보유고 자체를 동결하자는 아이디어였는데, 캐나다의 재무부 장관이자 부총리인 크리스티아 프릴랜드Chrystia Freeland의 강력한 지지를 받았다.[6] 그의 외조부모는 우크라이나 출신이었고 어머니는 우크라이나 헌법 제정에 참여한 인물이었다. 프릴랜드 본인도 하버드대학교와 옥스퍼드대학교에서 각각 러시아 역사와 슬라브학을 전공했으며,《파이낸셜타임스》의 모스크바 지국장을 지내는 동안 소련 해체 후 러시아에 만연했던 부패를 주제로 저서를 집필했을 만큼 그 지역의 정세에 매우 정통했다.

프릴랜드가 옹호한 외화보유고 동결은 SWIFT 퇴출보다 확실히 더 강경한 조치였다. 사실 SWIFT 퇴출은 상징적인 조치였을 뿐, 러시아 경제에 타격을 가할 가능성은 그리 크지 않았다. 자금 이체와 관련된 정보가 담긴 메시지를 꼭 SWIFT로만 주고받으라는 법은 없다. 꽤 번거롭겠지만 이메일, 전화, 팩스 등을 통해 보내도 상관없다. 물론 러시아 은행들도 이를 잘 알고 있었다. 반면에 러시아의 방대한 외화보유고는 푸틴이 미국의 경제적 압박을 우회하고자 8년간 다각적으로 추진해 온 러시아 요새 전략의 필수 요소였다. 러시아중앙은행은 금과 외화 자산 등 해외에서 상품과 서비스를 지속적으로 구매하는 데 필요한 경화를 충분히 확보한 상태였는데, 그 규모만 6,400억 달러 이상이었다. 이로써 루블의 폭락 또한 막을 수 있었다. 아울러 러시아중앙은행은 러시아 정부의 탈달러화 전략에 따라 외화보유고에서 미국 국채를 비롯한 달러 표시 자산의 비중을 16퍼센트까지 줄이고, 금과 위안화의 비중을 35퍼센트까지 늘렸다. 그 외에는 대부분 유로 표시 자산이었다.

그러나 만약 미국과 그 우방국들의 압력 탓에 그 어떠한 나라도 러시아중앙은행, 또는 그 대리인과 거래하지 못하게 된다면, 특히 달러와 유로 표시 자산은 모두 휴지 조각이나 다름없어질 터였다.

사실 중앙은행의 외화보유고는 쉽게 건드릴 수 있는 대상이 아니다. 한 나라의 외화보유고는 보통 해외은행들에 예치된 형태로 존재하는데, 주권 면제(특정 국가의 주권은 다른 나라의 법 적용을 면제받는다는 원칙—옮긴이)를 적용받는다. 그렇다고 중앙은행에 대한 경제제재가 이루어지지 않는 것은 아니다. 5장에서 살펴보았듯이 2011년 OFAC은 이란의 중앙은행인 마르카지은행을 주요자금세탁우려대상으로 지정했다. 그러나 이는 이란이 국가 차원에서 테러를 지원했다는 혐의를 받았기에 가능한 일이었다. 러시아의 외화보유고를 행정명령만으로 동결해버린다면, 미국과 그 우방국들이 재산권의 불가침성을 존중하지 않는다는 인상을 주지 않을까? 실제로 위안화는 자본 이동의 자유가 없다는 점 때문에 그 위상이 낮지 않은가!

대러 금융 융단폭격

그러나 젤렌스키의 간절한 호소와 러시아의 잔혹 행위에 대한 전 세계적인 반감으로 G7의 논의가 반전을 맞이함에 따라 그 같은 우려들은 묵살되고 말았다.[7] 오랫동안 러시아와 우호적인 관계를 유지해온 독일마저 강경 대응으로 입장을 선회했다. 러시아가 이러한 분위기를 알아채고 자산을 서구 국가들의 손이 닿지 않는 곳으로 옮길지 모른다는 우려가 팽배한 가운데, G7의 논의는 정신없이 이어지다가 침공 이후 맞는 첫 번째 주말에 이르러 결착되었다.

2022년 2월 26일 토요일, 토론토에서 EU 관료들과의 화상회의를 준비하고 있던 프릴랜드에게 우크라이나의 데니스 시미할Denys Shmyhal 총리가 키이우의 벙커에서 직접 전화를 걸어왔다. 프릴랜드는 자신의 스마트폰을 조작해 시미할을 화상회의에 참석시켰고, 곧 두 사람은 그토록 간절히 바라던 소식을 듣게 되었다. EU도 러시아의 외화보유고 동결에 동의한다는 내용이었다.[8] 옐런은 그때까지도 설득되지 않았지만, 유럽중앙은행 총재를 지냈던 드라기 이탈리아 총리가 직접 나선 끝에 동의를 끌어냈다. 미국, EU, 캐나다의 공동성명이 워싱턴 현지 시각을 기준으로 오후 다섯 시에 발표되었고, (시차 때문에 모든 논의에 참여하지 못했던) 일본도 다음 날 성명에 동의한다는 뜻을 표했다. 성명의 골자는 크게 두 가지였다. 즉 "제한 조치"를 통해 "러시아중앙은행이 경제 제재의 효과를 무력화하고자 외화보유고를 사용하는 것을 막고", "특정 러시아 은행들을 SWIFT에서 제외"한다는 것이었다. 2월 28일 미국 재무부는 "미국인이 러시아중앙은행과의 거래에 관여하는 것을 금지한다"라고 선포하며, 다음과 같이 덧붙였다. "이번 조치는 사실상 러시아중앙은행이 미국 내에 보유하고 있거나 미국인을 통해 보유한 자산을 전부 동결하는 것이다."[9]

주말 동안 모든 일이 마무리되고, 월요일에 미국 재무부가 결정타를 날리자, 루블 환율은 급락을 피할 수 없었다. 러시아 정부는 루블의 가치가 다른 통화 대비 25퍼센트 넘게 떨어지자, 주식시장을 폐쇄했다. 모스크바와 상트페테르부르크 등의 주요 도시에서는 ATM마다 긴 줄이 늘어섰고, 물가 상승과 식량난에 대한 두려움 탓에 사재기가 벌어지며 슈퍼마켓 진열대가 텅 비었다. 교통카드 기능을 가진 애플페이와 구글페이의 갑작스러운 서비스 종료로 지하철 개찰구 앞에서 당황해하는 모스크바 시민들의 모습이 보도되기도 했다. 한편 러시아의 국적기인 아에로플로트Aeroflot의 유럽 영공 통과가 금지되면서 외국 항공사들의 좌석이 순식간에 매진되었다.[10]

동유럽 전문가로 잘 알려진 스웨덴의 경제학자 안데르스 오슬룬드 Anders Aslund는 "2월 28일 단 하루 만에 푸틴의 러시아 요새가 무너졌다"라면서, 이후에 벌어질 일들을 다음과 같이 전망했다. "러시아의 연간 인플레이션율이 최소한 50퍼센트에 이르고, 올해 GDP가 10퍼센트 이상 감소하리라 추정하는 것이 합리적이다." IMF, 세계은행, 유럽부흥개발은행European Bank for Reconstruction and Development, 국제금융협회Institute of International Finance 등의 전문가들도 러시아의 GDP가 최소 8.5퍼센트에서 최대 15퍼센트까지 축소될 것이라며 극심한 경기 침체를 예상했다. 모스크바에 있는 신경제대학의 루벤 예니콜로포프Ruben Enikolopov 총장은 《뉴욕타임스》와의 인터뷰에서 "이 일이 거대하고 구조적인 전환점이 될 것"이라고 밝혔다. 러시아의 억만장자 기업가인 데리파스카는 1998년 러시아가 채무불이행을 선언한 후 겪어야 했던 경제 위기와 비교하며, 경제제재로 인한 타격이 "그때보다 세 배는 더 심각할 것이며 3년은 지속될 것"이라고 경고했다. 프랑스의 르메르 경제재정부 장관은 의기양양하게 "우리는 러시아 경제를 붕괴시킬 것"이라고 선언했다.[11]

외화보유고 동결은 분명 모스크바의 허를 찌르는 조치였다. 3월 23일

러시아 외무부 장관을 지냈던 세르게이 라브로프Sergei Lavrov는 "서구 국가들이 어떤 경제제재를 가할지 예측하던 사람 가운데 그 누구도 이런 사태는 예상하지 못했을 것입니다"라면서, "이건 그냥 도둑질에 불과해요"라고 맹비난했다.[12] 외화보유고 동결이 효과적이라는 평가를 받은 데는 그 충격 효과도 한몫했다. 미국외교협회Council on Foreign Relations의 국제경제 담당 선임연구원인 서배스천 맬러비Sebastian Mallaby는《워싱턴포스트》에 실린 기고문에서 다음과 같이 설명했다. "외화보유고 동결은 이론적으로 항상 가능한 묘책이었지만 그것을 실행에 옮기리라고 상상한 사람은 거의 없었다. (…) 이번에 그 위력이 명확히 드러났다. 해당 조치는 재정적으로 건전하던 국가를 하룻밤 만에 마비시킬 수 있다."[13]

한편 전장에서는 천하무적이라던 러시아군이 분연히 맞선 우크라이나 전사들에게 밀려 연이은 좌절을 경험하고 있었다. 그러나 푸틴과 그 부하들이 마땅히 엄중한 경제적 응징을 받게 될 것이라고 믿었던 (나 자신을 포함한) 사람들에게는 곧 크나큰 허탈감이 밀어닥칠 터였다.

큰 곰은 죽지 않는다

경제제재의 수위가 높아지자, 러시아 이곳저곳에서 생존을 위한 투박하고도 끈기 있는 몸부림이 펼쳐졌다. 우선 러시아와 조지아를 나누는 캅카스산맥의 구불구불한 고갯길로 화물을 가득 실은 트럭들이 몇 킬로미터씩 줄을 지어 양국의 국경을 넘나들었다. '우랄 석유'를 가득 실은 유조선들은 지금껏 한 번도 러시아에서 석유를 수입해본 적 없는 나라들을 향해 부지런히 항해를 떠났다. 아르메니아의 약삭빠른 상인들은 해외에서 들여온 스마트폰을 러시아에 재수출했다. 모스크바의 시민들은 중국의 장성자동차長城汽車가 생산한 대형 승합차인 하발Haval에 마음을 빼앗겼다.[14]

이 같은 우여곡절 끝에 러시아는 경제제재를 이겨냈다. 러시아의 GDP는 두 자릿수 감소가 예상되었지만, 실제로는 고작 2퍼센트 줄어드는 데 그쳤다. 모스크바의 식당과 상트페테르부르크의 술집은 언제나처럼 북적거렸으며, 붉은광장 근처의 굼GUM 백화점은 서구 브랜드로 채워진 명품관이 사라졌는데도 수많은 쇼핑객으로 붐볐다.[15]

경제제재가 유발한 비용은 분명 러시아 경제에 부담을 안겼다. 미국과 그 우방국들은 강력한 제재 때문에 푸틴이 군사적 모험을 계속해서 추구하기가 어려워지리라 예상하면서도, 그 효과가 나타나기까지는 생각보다 오랜 시간이 걸릴지 모른다는 점을 인정해야 했다. 러시아가 우크라이나를 침공하고 1년 정도 지난 시점에서 서구 국가들은 제재를 "단거리 경주가 아니라 마라톤"으로 간주해야 한다고 입을 모았다. 아울러 러시아 경제가 "마비된 상태가 아니라 정체된 상태"이므로 "경제적 소모전"은 지속되어야 하지만, 그것이 우크라이나에 대한 경제 원조나 무기 지원처럼 더 중요한 정책을 대신할 수 없다고 강조했다.[16]

러시아 경제가 마비되지 않은 이유로, 러시아중앙은행의 엘비라 나비울리나Elvira Nabiullina 총재의 지휘 아래 이루어졌던 철저한 대비 작업을 꼽을 만하다. 5장에서 살펴보았듯이 나비울리나는 비상시에도 러시아 국내의 결제 시스템이 차질 없이 작동하고 은행끼리 계속해서 거래할 수 있도록 만반의 준비를 다 했다. 비자와 마스터카드가 러시아에서 철수했지만, 러시아인들의 해외 결제만 막혔을 뿐 국내 결제에는 아무런 문제가 없었다. 2015년 러시아 정부의 주도로 도입된 미르 신용카드가 이미 1억 장 넘게 발급된 상태였던 데다가, 그에 맞춰 결제망 또한 완성되었기 때문이다. 모두 러시아 정부의 뛰어난 선견지명이라 할 만했다.[17]

그러나 경제제재의 효력이 미약했던 가장 큰 이유는 처음부터 중대한 허점이 존재했기 때문이다. 여기에 더해 러시아가 제재를 우회하는 꼼수를 찾아내, 해외 시장과 음성적으로 거래한 것도 그 효력을 크게 떨어뜨렸다.

미국은 2차 제재라는 강력한 한 방을 날릴 수 있었지만 자제했다. 우방국들, 특히 유럽 각국의 정책 결정자들은 트럼프의 위협 때문에 이란과 거래를 중단해야 했던 일을 쓰라린 기억으로 간직하고 있었다. 따라서 자신들에게 대러 제재를 강요하는 미국의 역외 적용(자국의 영역 밖에서 일어난 문제에 대해 자국의 법을 적용하는 것—옮긴이) 정책을 강력히 반대했다. 전임 행정부보다 일방주의 성향이 훨씬 덜했던 바이든 행정부는 자제해야 할 필요가 있다는 것을 받아들였다. 나와의 인터뷰에서 싱은 덩치가 큰 비우방국들, 가령 인도, 인도네시아, 남아프리카공화국, 튀르키예, 브라질, 사우디아라비아 등에 2차 제재를 가했다가는 "상처뿐인 승리"만 남았을 것이라며, 새로운 전략에 대해 다음과 같이 설명했다. "우리는 시간이 흐름에 따라 그러한 나라들에 경제 무기를 겨누고 강요하기보다는 긍정적인 유인책을 제시해 동맹으로 끌어들이는 것이 훨씬 더 효과적일 것이라고 판단했습니다."[18]

다른 유형의 경제제재도 검토되었으나, 러시아가 석유, 천연가스, 석탄 같은 원자재뿐 아니라 비료, 밀, 기타 곡물 같은 농산물의 주요 수출국이라는 점을 감안해 모두 배제되었다.[19] 세계경제가 이미 물가 충격으로 휘청거리고 있는 와중에 그러한 필수품의 공급마저 차단되었다가는 심각한 품귀 현상이 빚어질 게 뻔했기 때문이다. 따라서 미국과 그 우방국들은 러시아의 석유와 천연가스 수출을 계속해서 허용했을 뿐 아니라, 수출 대금의 결제를 처리하는 러시아 은행들을 SWIFT에서 내쫓지도 않았다. EU는 2022년부터 2023년 사이에 러시아에 대한 에너지 의존도를 대폭 낮췄지만, 러시아는 인도와 중국 등 제재에 동참하지 않은 국가들에 석유를 팔아 손실을 벌충했다. 실제로 인도의 정유소들은 날마다 200만 배럴에 달하는 우랄 석유를 덥석 받아들였다.

러시아는 이 같은 방식으로 매달 상당한 규모의 경화를 추가로 확보했다. 자국의 외화보유고에 접근하지 못하는 상황에서 이는 든든한 버팀목이 되어주었다. 결과적으로 2022년 한 해에만 러시아의 여러 은행과 기업은 1,470억 달러 규모의 신규 자산을 확보했다. (공식적으로는 민간 부문의 소유였지만) 그 덕분에 러시아 정부는 재정적으로나 통화 측면에서나 한숨 돌릴 수 있었다. 그러한 자산을 "그림자 외화보유고"라고 표현한 어느 논문은 홍콩과 아랍에미리트가 보관처일 가능성이 크다고 추정하면서도, 다음과 같이 덧붙였다. "실제 보관 장소나 거래 통화에 대해서는 알려진 바가 거의 없다."[20]

수많은 우회로

물론 러시아가 수출로 벌어들인 외화를 사용해 필요한 물자를 전부 수입할 수 있었던 것은 아니다. 유럽 국가들에서 러시아행 화물선에 대한 선적이 중단되고, 전 세계적으로 첨단 반도체 같은 주요 전략물자의 대러 수출이 금지되면서 침공 직후 3개월 동안 러시아의 수입은 절반 넘게 감소했다. 이 수치는 경제제재가 러시아를 세계경제와 효과적으로 차단하는 데 성공했다는 증거로 쓰였다.[21] 그러나 얼마 지나지 않아 러시아에 비교적 우호적인 국가들, 특히 중국의 공급업체들이 그 빈자리를 메우기 시작했다. 결국 2023년 중반에 이르러 러시아의 수입은 예전 수준을 회복했다. 그러면서 러시아 전체 수입의 25퍼센트에도 미치지 못했던 중국산 제품의 비중이 거의 절반까지 확대되었다. 이를테면 중국산 자동차 브랜드는 3년 전만 해도 러시아에서 별 인기가 없었으나, 그 시기에는 상위 열 개 자동차 브랜드 중 여섯 개가 중국산이었다.[22] 물론 중국의 유명 기업들은 미국 재무부의 OFAC에 적발될 만한 품목은 수출하지 않으며 그 나름대로 조심하는 모습을 보였다. 하지만 《니혼게이자이신문日本経済新聞》은 미국산 반도체가 우회로를 통해 러시아로 흘러 들어가고 있으며, 대부분 홍콩이나 중국 본토에 있는 중소 무역업체들의 주선으로 이루어지는 만큼 단속하기 어렵다고 폭로했다.[23]

한편 아르메니아, 조지아, 키르기스스탄, 우즈베키스탄, 카자흐스탄 등 옛 소련에 속했던 나라들이 환적 거점이 되어 서구 국가들에서 전략물자를 수입한 다음 러시아로 재수출했다. 물론 그 규모가 크지는 않았는데, 유럽부흥개발은행이 펴낸 〈유라시아 우회로The Eurasian Roundabout〉라는 제목의 보고서에 따르면, 과거 러시아가 직접 수입하던 시절에 비해 새 발의 피 수준이었다. 그러나 반도체 등 일부 품목의 경우에는 규모가 비교적 컸으며, 글로벌 공급망을 새로이 구축하는 데 2~4개월 정도밖에 걸리지 않았다고 한다.[24]

2022년 말 미국과 그 우방국들은 러시아를 더욱 옥죄기 위해 러시아산 석유에 1배럴당 60달러의 가격 상한선을 설정했으며, EU는 아예 금수조치를 단행했다. 해당 조치는 러시아산 석유의 유통 자체는 허용해 세계 석유 시장을 안정적으로 유지하되, 러시아 재무부가 거두어들이는 세수 등의 이익만 콕 집어 최소화하는 것이 목표였다. 한편 가격 상한제는 유조선의 보험 가입 의무에 착안해 설계되었다. 유조선은 항해에 나설 때마다 석유 유출 등의 사고에 대비해 보험을 들어야 하는데, 상한선보다 높은 가격에 판매되는 러시아산 석유가 실려 있다면 보험 접수를 거부하도록 OFAC이 직접 보험사들에 압박을 가했던 것이다.

2023년 초에는 모든 일이 계획대로 흘러가는 것처럼 보였다. 러시아산 석유의 거래 가격과 세계시장에서 통용되는 기준 가격의 차이는 한층 더 벌어졌고, 1월부터 5월까지 러시아의 석유 수출 수익은 전년 동기 대비 반 토막이 났다.[25] 푸틴은 러시아의 최대 수입원이 쪼그라들며 정부 예산이 증발하자 불안해진 나머지 부하들에게 "할인액"을 줄일 방법을 찾으라고 지시했다. 그리고 그들은 방법을 찾아냈다.[26]

가격 상한제에 맞서기 위해 러시아 정부는 최소 180척에서 최대 수백 척에 이르는 낡은 유조선들을 끌어모아 '그림자 선단'을 구축했다.

평범한 기업가로 위장한 러시아의 정보기관 요원들이 원래대로라면 퇴역해 고철로 팔려나갔을 중고 선박을 매입한 다음 꼬리가 밟힐 만한 선박 소유권이나 보험 관련 정보를 제거했다. 그 덕분에 그림자 선단은 가격 상한제를 피해 석유를 수송할 수 있었다. 꽤 그럴듯한 전략이었지만, 구멍은 있었다. 중고 유조선 가격이 급등하면서 러시아 석유산업의 수익성을 깎아 먹었던 것이다. 그런데도 그림자 선단은 그 나름의 효과를 인정받았다. 게다가 평범한 유조선이 러시아의 태평양 연안 항구에서 석유를 실어 나른 경우에도 비양심적인 무역업체들이 가격 상한제를 지킨 것처럼 서류를 조작하는 일이 많았다.[27]

2023년 말이 되자 대러 제재는 효력을 잃은 듯 보였다. 우랄 석유가 1배럴당 74달러에 거래되는 등 가격 상한제는 사실상 무력화되었다. 2023년 러시아의 경제성장률은 미국을 앞질렀는데, IMF가 발표한 2024년 전망치도 러시아(2.6퍼센트)가 미국(2.1퍼센트)보다 높았다.[28]

그러나 미국의 금융 전사들은 여전히 포기하지 않았다.

침몰하는 그림자 선단

2023년 11월 스리랑카 인근의 래카다이브제도에 유조선 한 척이 거대한 섬처럼 가만히 떠 있었다. 러시아의 국영해운사가 소유한 이 유조선은 사할린에서 인도까지 5,000만 달러어치의 석유를 싣고 가던 중이었다. 다음 달에도 사할린에서 출발한 여러 척의 유조선이 인도로 향하다가 별다른 이유 없이 멈춰 섰다. 한편 사할린의 항구에는 유조

선 여섯 척이 비정상적으로 오랫동안 정박해 있었다. 모두 그림자 선단에 소속된 유조선들이었다.[29]

비슷한 시기에 튀르키예, 아랍에미리트, 중국의 은행들이 러시아 기업들과의 거래를 제한하기 시작했다. 대표적인 곳으로 두바이에 본사를 둔 대형 은행 에미리트NBD_{Emirates NBD}를 꼽을 만한데, 원자재 및 무기 거래에 관여해온 러시아 기업들의 계좌를 돌연 차단해버렸다. 그 결과 2024년 1분기 들어 줄곧 러시아와 교역해오던 튀르키예, 중국, 카자흐스탄 등의 대러 수출이 눈에 띄게 감소했다. 품목에 따라 감소 폭이 유난히 큰 것도 있었다.[30]

이러한 일들이 벌어진 이유가 정확히 무엇인지는 밝혀지지 않았다. 그러나 미국 재무부의 광범위한 영향력을 보여주는 사건임은 분명했다. 2023년 4분기 내내 OFAC은 법적 근거를 찾아내 그림자 선단 소속의 유조선 여덟 척을 SDN으로 지정했다. 해당 조치로 그림자 선단의 활동이 크게 위축된 것은 물론이고, 러시아산 석유의 구매자들을 자극해 높아진 리스크만큼 더 저렴한 가격을 요구하게 한 것이 분명했다.[31] 게다가 바이든은 크리스마스를 며칠 앞두고 서명한 행정명령으로 러시아에 대한 2차 제재를 본격적으로 시행했다. 이로써 재무부는 러시아의 군사기술 획득이나 장비 구매를 돕는 은행이라면 어느 나라에 있든 블랙리스트에 올릴 막강한 권한을 부여받았다. 실제로 재무부와 국무부의 관료들은 아랍에미리트와 튀르키예를 직접 방문해 행정명령의 이행을 단호히 촉구했다.[32]

2024년 6월 바이든 행정부는 2차 제재의 범위를 한층 더 확대했다(유럽 각국의 반대는 무마된 것으로 보였다). 새로운 행정명령 덕분에

OFAC은 러시아의 주요 은행 대부분을 비롯해 4,500개 이상의 러시아 기업과 거래하는 외국 금융회사들을 모두 제재할 수 있게 되었다. 예를 들어 중국이나 인도에 있는 은행일지라도 러시아 은행과 거래하다가는 달러 기반 금융 시스템에서 퇴출당할 수 있었다.[33]

행정명령으로 경제제재의 강도가 한층 더 세진 것은 분명했다. 다만 이때도 인플레이션에 대한 우려 탓에 러시아산 석유와 농산물 거래는 제재 대상에서 제외되었다. 따라서 러시아의 석유 수출 수익을 전면 차단하자는 강경파의 요구에 미치지 못한, 약간은 미흡한 제재가 되었다. 전해지는 이야기에 따르면, 재무부 관료들은 그림자 선단을 박살내기 위해 훨씬 더 공격적인 제재를 추진하려고 했지만, 백악관 보좌관들이 세계 석유 시장에서 수급 불균형이 일어나 유가가 다시 한번 급등할 수 있다고 경고하면서 무산되었다고 한다. 그것이 옳은 결정이었는지를 놓고 논란이 일었지만, 중요한 점은 미국 정부가 위험을 감수하려 했다면 분명 러시아에 훨씬 더 치명적인 타격을 가할 수 있었으리라는 것이다. 이때의 결정은 달러라는 무기의 무력함을 보여주기보다는 신중한 사용을 보여주는 사례였다.

러시아의 외화보유고를 동결한 2022년 2월의 조치도 재정적으로 중대한 영향을 미친 것으로 판명되었다. 처음 예상한 대로 러시아를 쓰러뜨릴 정도의 결정타는 아니었지만, 우크라이나를 지원하고 러시아에 추가적인 응징을 가하기에는 충분했다.

한편 경제제재를 주도한 G7 간에 동결된 러시아의 외화보유고를 어떻게 활용할지가 새로운 문제로 떠올랐다. 한쪽에서는 G7과 EU가 3,000억 달러 규모의 자금을 몰수해야 한다고 주장했다. 그중 과반인

1,900억 유로가 벨기에의 중앙예탁기관인 유로클리어Euroclear에 잠들어 있었는데, 몰수에 찬성한 이들은 그 돈을 러시아가 지불해야 마땅한 일종의 전쟁배상금으로서 우크라이나에 넘겨야 한다고 보았다. 다른 한쪽에서는 몰수 조치가 '좋게 말해' 국제법상으로 문제 될 소지가 있으며, 국제 질서를 수호한다고 자부해온 서구 국가들의 신뢰성을 떨어뜨릴 것이라고 경고했다.

곧 절묘한 타협안이 마련되었다. G7이 러시아의 동결 자산에서 발생하는 이자 수익을 담보로 우크라이나에 500억 달러를 대출해주는 것이었다. '대출'이라는 표현 때문에 우크라이나가 자국의 재원으로 상환해야 할 것처럼 생각하기 쉽지만, 이 또한 동결 자산의 이자 수익으로 해결하게 되어 있어서, 사실상 무상으로 지원하는 셈이었다. 물론 G7의 납세자들이 부담을 질 필요도 없었다. 동시에 세계 각국의 고유한 법체계를 존중하는 차원에서 동결 자산 자체, 즉 원금은 건들지 않기로 했다. 물론 이 타협안에 모두가 만족한 것은 아니었다. 세부 사항이 여전히 확정되지 않았고, 무엇보다 러시아에 추가적인 타격을 가하지 못했기 때문이다. 동결 자산은 어차피 러시아 정부의 손이 닿지 않는 곳에 있었고, (그럴 일도 없겠지만) 푸틴이 항복하지 않는 이상 반환될 리 없었다. 이보다 더 아프게 러시아를 때릴 방법은 애초부터 존재하지 않았다. 그런데도 이 타협안이 환영받은 이유는, 동결 자산으로 우크라이나에 돈을 대는 일이 특히 미국 의회가 우크라이나 지원을 꺼리는 상황에서 묘안으로 여겨졌기 때문이다.[34]

대러 제재의 영향을 종합적으로 평가하려면, 이 책이 출간되고 몇 년은 지나야 할 것이다. 러시아의 군사 부문과 산업 부문이 그동안 쏟데없이 비싸고 비효율적이며 미심쩍은 공급업체들에 어느 정도 의존해야 했던 것은 분명하다. 그뿐 아니라 러시아의 장기적인 발전 경로가 외국인 투자의 유출, 수백 개에 달하는 외국 기업의 철수, 수십만 명에 달하는 고학력 인재의 국외 탈출 때문에 엉망이 된 것도 의심할 여지가 없다. 미국은 러시아의 외화보유고를 전면 동결하고, 러시아에 고통을 유발하는 각종 조치를 단행하며, 선진국들과 강력하게 연합함으로써, 평화로운 이웃 나라를 침략하는 행위에 대해 용납하지 않을 것임을, 또 언제든 단호하게 대응할 것임을 우렁차게 선포했다. 그러한 외침이 제2, 제3의 푸틴을 두렵게 하고 단념시키며 적어도 진지한 고민에 빠지게 하기를 바랄 뿐이다.

그러나 러시아가 2022년부터 2023년 사이에 보여준 회복력은 달러를 무기로 사용하는 이들에게 대형 국가를 상대로 한 경제제재의 한계가 무엇인지를 뼈저리게 일깨워주었다. 특히 전 세계가 필요로 하는 제품을 대량 생산하는 국가라면, 그 한계가 더욱 두드러질 것이다. 표적이 크면 클수록 쓰러뜨리기가 더 어려운 법이다.

반달러의 축

몇몇 전문가는 미국이 대러 제재의 효력을 과대평가하고 자충수를 둠으로써, 급기야 달러가 응분의 대가를 치르고야 말 환경을 조성했다고 꼬집었다. 가령 러시아는 전에 없이 중국의 환심을 사려고 노력했다. 언론 매체에는 푸틴과 시진핑이 정상회담에서 손을 맞잡은 채 양국 간의 무한한 우정을 과시하고 미국의 패권에 공동으로 저항할 것임을 결의하는 사진이 잔뜩 실렸다. 여기에서 도출되는 결론 중 하나는 미국이 러시아를 경제적으로 고립시키고자 무리수를 둔 탓에 통화 패권의 붕괴를 자초했다는 것이다.

러시아의 우크라이나 침공 직후 《포린어페어스》에 〈반反달러의 축The Anti-Dollar Axis〉이라는 대담한 제목의 기고문이 실렸다. 미국외교협회의 종위안 조이 리우Zongyuan Zoe Liu와 터프츠대학교 플레처글로벌대학원의 미하엘라 파파Mihaela Papa는 기고문에서 "바이든이 미국의 경제적인 영향력을 과시하면 할수록 러시아와 중국을 비롯한 경쟁국들은 오히려 대담해질 것"이라고 경고했다. "그들은 경제제재의 파괴력을 빼앗으려고 할 것이다. (…) 러시아와 중국은 자국 경제의 탈달러화 계획을 앞당겨 실행하고, 제재에서 자국을 보호하는 동시에 세계 1위 통화인 달러의 지위를 위협하기 위해 그 대안이 될 금융 시스템을 구축할 것이다."[35]

비슷한 유의 논리와 주장이 크게 지지받으면서, 2022년부터 2023년 사이에 국제통화 시스템에서 달러가 차지하는 위상에 대한 종말론적인 예측이 유독 많이 쏟아졌다. 달러의 대안이 몇 가지 언급되기도 했는데, 브릭스가 공동으로 발행하고 금으로 뒷받침되는 '브릭스 통화' 같은 것들이었다. 개중 가장 많이 언급된 대안을 꼽자면, GWP의 18퍼센트를 차지하는 중국의 위안화였다.

각종 언론 매체는 〈중국, 러시아와 포스트달러 시대를 향한 경주China, Russia and the Race to a Post-Dollar World〉 〈러시아와 중국, 달러의 힘을 위협하다Russia and China Are Threatening the Power of the Dollar〉 〈중국, 무기화

된 달러를 격퇴하기 위해 위안화를 세계화하다China Takes the PUNCHES LANDED, PUNCHES PULLED Yuan Global in Bid to Repel a Weaponized Dollar〉〈브릭스 통화가 달러 지배를 끝낼 수 있다BRICS Currency Could End Dollar Dominance〉〈중국, 달러 축출을 위한 싸움에서 미국의 경제제재를 기회로 삼다China Capitalises on US Sanctions in Fight to Dethrone Dollar〉〈달러는 비켜라. 중국이 위안화를 세계의 통화로 만들고 싶어 한다Move Over, U.S. Dollar. China Wants to Make the Yuan the Global Currency〉〈러시아가 위안화에 올라탄 이제는 위안화가 새로운 달러The Yuan's the New Dollar as Russia Rides to the Redback〉 같은 제목의 기사들을 하루가 멀다고 쏟아냈다.[36]

〈반달러의 축〉을 시작으로 이 같은 기사들이 주류를 이룬 데는 그 나름의 이유가 있었다. 중국과 러시아 간 무역이 급증하고, 위안화로 결제되는 비중도 증가했기 때문이다. 대러 제재가 본격화되기 전까지만 해도 러시아가 중국에 석유와 천연가스 등의 원자재를 수출하며 위안화로 대금을 결제받는 일은 거의 없었다. 그러나 2023년 초가 되자 러시아 기업들이 중국에 제품을 수출하고 결제받은 대금의 14퍼센트 정도가 위안화였다. 반대의 경우도 마찬가지여서, 2022년 중국의 자동차, 전자제품, 산업 장비 제조업체들이 러시아에 제품을 수출하고 결제받은 대금의 23퍼센트 정도가 위안화였다.[37]

위안화가 오랫동안 달러만의 독무대였던 세계 석유 시장에 진입하고 있다는 보도가 나오자, 거대한 파장이 일었다. 2022년 3월 15일 자 《월스트리트저널》은 사우디아라비아가 석유 수출 대금의 일부를 위안화로 결제받는 방안을 놓고 중국과 "활발히 협상" 중이라는 소식을 단독 보도했다. 비슷한 시기 프랑스의 석유기업인 토탈은 천연가스에 한해 동일한 방안을 수용했다.[38] 곧이어 브라질, 아르헨티나, 파키스탄, 이라크, 볼리비아 등이 하나둘씩 중국과의 무역에서 달러 대신 자국 통화와 위안화의 사용을 확대하겠다는 뜻을 밝혔다. 그 결과 2024년에는 중국의 수입업체와 수출업체들이 위안화로 결제하고 결제받은 국제 거래 규모가 사상 최고치에 달해 그 비중이 전체의 36퍼센트 정도를 차지하기에 이르렀다.[39]

얼마나 더 많은 증거가 있어야 위안화가 달러의 자리를 차지할 것이라는 주장을 입증할 수 있을까? 사실은 굉장히 많은 증거가 더 필요하다. 이 책의 집필에 열을 올리던 2024년 여름 보고된 각종 수치를 자세히 검토한 결과, 달러와 위안화의 국제적인 역할이 수렴하기 시작했다는 증거는 단 하나도 찾을 수 없었다.[40]

쓰지 않을 순 있어도 대체할 순 없다

국제 거래에서 위안화의 사용이 증가하고 있는 것은 사실이지만, 그 대부분은 중국과 개별 국가 간의 양자 무역(예를 들어 중국과 러시아 간의 무역이나 중국과 볼리비아 간의 무역)에 국한되어 있다. 위안화가 제삼국 무역(예를 들어 달러 발행국이 아닌 콜롬비아와 한국이 달러로 대금을 치르는 무역)에서 달러처럼 널리 사용된다면, 진정으로 국제화되었다고 할 수 있을 것이다. 그러나 그 같은 사례는 아예 없지는 않다고 하더라도 매우 드물다.[41]

2024년 중반 발표된 자료에 따르면, 위안화가 국경 간 결제에서 차지하는 비중은 4.5퍼센트 정도로 여전히 한 자릿수 초반에 불과하며, 세계 외화보유고에서 차지하는 비중은 2퍼센트를 약간 웃도는 미미한 수준이다(이는 세계 7위에 해당하는데, 캐나다-달러와 호주-달러보다도 낮은 순위다). 한편 달러의 경우 프롤로그에서 살펴본 모든 지표에서 다른 통화들을 크게 앞서는데, 그러한 압도적 우위가 현저히 변화했다는 징후 또한 전혀 없다.[42]

다만 중국의 탈달러화 시도는 한 가지 측면에서 성과를 보였다. 다른 나라와의 양자 무역에서 위안화 사용을 꾸준히 늘려온 결과, 미국의 경제제재 위협을 약간이나마 회피할 수 있게 되었던 것이다. 대러 제재를 눈앞에서 목격한 중국은 다른 나라(가능성이 가장 큰 나라는 풍전등화의 처지에 놓인 대만)와의 분쟁에 대비해 미국의 압박에서 자국 경제를 보호할 '디리스킹'에 열중했다. (이와 관련된 내용은 에필로그에서 좀 더 자세히 다룰 것이다.) 실제로 CIPS나 엠브리지 같은 금융 시스템을 통하면 유사시에도 해외의 원자재 및 필수 재화를 수입할 수 있으므로, 중국으로서는 추가적인 안전장치와 다름없다. 그러나 이 같은 시도는 달러 패권을 찬탈하는 것과는 거리가 멀다. 사실 중국 정부가 가까운 미래에 달러를 왕좌에서 몰아낼 꿈에 젖어 있다고 생각하는 것 자체가 그들의 판단력을 무시하는 행위다.

국제통화 질서에 큰 변화를 일으키는 일이 얼마나 어려운지 극명하게 드러내는 이야기가 있다. 사우디아라비아와 중국이 세계 석유 시장에서 위안화를 사용하는 문제를 논의했을 때 벌어진 야단법석을 생각해보라. 2022년 12월 아랍 세계의 지도자들에게 환대받으며 리야드를 방문한 시진핑은 석유와 천연가스의 수입 대금을 위안화로 결제하고 싶다는 뜻을 밝혔다. 그러자 달러의 지위가 흔들리는 것 아니냐는 추측이 쏟아졌다.[43] 그러나 그러한 일은 실현되기 어렵다.

물론 사우디아라비아가 위안화를 받고 석유를 판매할 수는 있다. 석유는 수십 년 동안 달러로 가격이 책정되었지만, 그것과 별개로 산유국이 특정 국가와 합의해 상호 수용 가능한 통화로 거래를 정산하는 일은 얼마든지 가능하다. 경제학자이자 투자 전략가인 패트릭 호바네츠Patrick Chovanec는 "그들이 원한다면 닥터페퍼Dr Pepper 병뚜껑으로 결제해도 된다"라면서, 통찰력 있는 한마디를 덧붙였다. "문제는 그것이 양국 모두에 편리하고 유용하냐는 것이다."[44]

사우디아라비아가 석유 수출 대금으로 달러 대신 위안화를 받는다면, 그 돈으로 무엇을 할 수 있을까? 중국산 제품을 구매하는 데 쓸 수는 있겠지만, 그렇더라도 사우디아라비아가 중국에 수출하는 석유가 중국에서 수입하는 제품보다 훨씬 더 많기 때문에 상당량의 위안화가 남게 된다. 남은 위안화는 중국의 유가증권에 투자하면 되지 않을까? 이에 대해 호바네츠는 부정적인 의견을 남겼다. "중국 자본시장은 미국만큼 크지도 않고 유동성이 높지도 않다. (…) 많은 돈을 들고 나가거나 들여오기 위해서는 승인이 필요하다. 투자 가능한 범위도 상대적으로 제한되어 있으며 리스크도 더 클 것이다."

중국도 사우디아라비아와 비슷한 딜레마에 빠질 수밖에 없다. 세계 최대 수출국인 중국은 이미 외화보유고로 어마어마한 달러를 비축해둔 상황이며, 지금 이 순간에도 수출을 통해 계속해서 달러를 벌어들이고 있다. 중국 정부는 그렇게 벌어들인 달러를 미국 국채에 투자할 수 있고 실제로도 그렇게 하고 있는데, 호바네츠의 지적대로 그보다 "더 생산적인 용도로 달러를 사용하는 데 오랫동안 어려움을 겪어왔다." 그렇다면 중국은 왜 주체할 수 없을 정도로 불어나는 달러 대신 위안화로 사우디아라비아산 석유의 수입 대금을 결제하려고 하는 걸까? 이에 대해 호바네츠는 발상의 전환을 요구했다. "문제는 [위안화로] 석유를 구매하기가 불가능하다는 것이 아니다. 그보다는 얼마든지 가능한데도 어째서 아직 그렇게 하지 않는지, 그 이유가 바뀔 가능성이 있는지 물어야 한다."

마찬가지로 대러 제재 당시에 나타난 '루피의 덫' 현상을 통해서도 유익한 교훈을 얻을 수 있다.

앞서 설명했듯이 러시아는 제재당하는 와중에도 계속해서 석유를 수출했는데, 우랄 석유의 주요 시장 중 하나가 인도였다. 인도의 몇몇 수입업체는 자국 통화인 루피로 석유의 수입 대금을 결제하고자 했고, 러시아 수출업체들은 그러한 요구를 수용했다. 얼마 지나지 않아 러시아 정부는 외화보유고에 수십억 루피가 쌓여 있음을 깨닫게 되었다. 당시 러시아는 인도에 415억 달러 규모의 석유를 수출했지만, 인도에서 수입한 물품은 28억 달러 규모에 불과했다. 바꿔 말해 러시아는 자신들이 가진 막대한 루피의 아주 일부만을 인도산 물품을 수입하는 데 쓸 수 있었을 뿐, 나머지는 모두 꼼짝없이 떠안게 되었다.

2023년 5월 국제회의 참석차 인도를 방문한 라브로프는 기자들을 만난 자리에서 넘쳐나는 루피에 대해 "곤란한 일입니다"라고 인정했다. "우리는 이 돈을 사용할 필요가 있습니다. 하지만 그러려면 지금 있는 루피를 다른 통화로 환전해야 하죠. 현재 그 방안을 논의하고 있습니다."[45]

한마디로 반달러의 축이 제대로 굴러가기란 쉽지 않다. 예를 들어 사우디아라비아산 석유의 수출 대금이 정말 위안화로 결제되더라도 근본적인 판도가 뒤바뀌는 것은 아니다. 달러는 세계시장에서 상품을 사고팔 때뿐 아니라 안전하고 유동성 있는 자산에 투자할 때도 즉시 사용할 수 있는 통화다. 그러한 면에서 달러는 다른 통화들과 확연히 차별화된다. 브릭스가 독자적인 통화를 발행하겠다고 선언했을 때 경제학자들이 아무 의미도 없는 '소음과 분노'(《맥베스》에 나오는 유명한 대사—옮긴이)의 통화 버전이라고 조롱한 것은 당연한 일이었다. 경제정책, 발전 수준, 문화는 물론이고 지리적 조건까지 제각각인 나라들로 구성된 연합체가 어떻게 공동 통화를 발행할 수 있겠는가?

반달러의 축은 여러 나라가 미국의 패권과 과욕에 반감을 느낀 데서 비롯되었다. 미국이 달러의 요지부동한 지위에 지나치게 취해 2022년의 대러 제재 때와 달리 도덕적으로 정당화하기 어려운 명분으로, 또는 경제적 역풍을 거의 고려하지 않은 채 달러를 무기로 사용한다면 어떻게 될지 상상해보라. 이러한 검토를 통해 달러의 강력한 위력을 무책임하게 사용하지 않는 일이 얼마나 중요한지를 되새길 수 있다.

에필로그

큰 힘에는
큰 책임이 따른다

달러의 전 세계적인 지배력이 좋은 일인지, 나쁜 일인지는 독자 개인의 판단에 맡긴다. 러시아나 이란 같은 권위주의 국가에 동조하거나 다른 이유로 미국을 사악한 세력이라고 생각하는 사람이라면, 달러가 베트남의 동처럼 평범하고 국제무역에서 큰 비중을 차지하지 않는 통화로 추락하기를 바랄 것이다. 마찬가지로 급진적인 자유지상주의자, (금으로 뒷받침되는) 경화나 암호화폐의 신봉자, 연준이 착취적인 은행가와 세계주의자globalist들에게 조종당한다고 믿는 음모론자도 그렇게 생각할 수 있다.

그러나 국적과 상관없이 그 같은 관점을 지니지 않은 대부분의 사람이라면 여러 가지 이유에서 달러의 지배력을 바람직하게 여길 것이다. 첫째, 달러는 국경, 대륙, 바다를 넘어 거래를 중개할 수 있는 편리하고 보편적인 수단이다. 달러가 없다면 무역과 투자도 감소하고 경제성장도 둔화하게 마련이다.[1] 세계화의 원칙에 대해서는 사람마다 의견이 첨예하게 갈릴지라도, 경제활동을 촉진하는 효율적인 통화 시스템이 필요하다는 점에 대해서는 누구나 동의할 것이다.

둘째, 미국이 달러를 무기화할 능력을 갖추고 있다는 것은 그 많은 결점을 감안하더라도 다른 나라들에 다행한 일이다. 특히 군사력 투입으로 상황이 악화될 수 있을 때는 더욱더 그러하다. 트럼프 행정부가 달러를 무기로 사용하는 과정에서 지나치게 무리수를 둔 것은 사실이지만, 미국은 인류 역사를 통틀어 자애로운 패권국에 가장 가까운 존재이며, 달러 우위를 통해 추가로 얻은 영향력도 대체로 유익하게 사용하고 있다. 이러한 사실은 러시아의 우크라이나 침공을 계기로 다시 한번 확인되었다. 2022년 2월의 대러 제재가 미약했다면, 국제사회는 그 소극적인 대응에 크게 낙심했을 것이다. 2015년에 이란과의 핵 협정이 체결된 것도 미국 주도의 경제제재 덕분이었다. 물론 트럼프 대통령의 두 번째 임기 동안이나 그 후에 어떠한 일이 벌어질지는 확실치 않다.

달러가 끝났다는 헛소리

달러의 지배에 찬성하는 사람이든 반대하는 사람이든 달러의 지속 가능성에 대한 의문은 그만 접어두는 것이 옳다. 이렇게 단언하는 것은 지난 수십 년 동안 달러의 미래에 대한 예측들이 어리둥절할 정도로 번번이 빗나갔기 때문만이 아니다. 앞서 살펴보았듯이 달러의 견고한 기반과 대체 통화들의 낮은 신뢰성 때문에라도 달러의 지배력은 유지될 것이다. 브라질의 룰라 대통령 같은 저명인사들이 달러의 몰락을 촉구하고 언론 매체가 그들을 부추기는 광경은 달을 향해 짖거나 바람을 향해 침을 뱉는 등의 헛수고에 가깝다. (물론 프롤로그에서 언급했듯이 '미국 정부가 치명적인 실책을 저지르지 않는 한'이라는 단서는 여전히 따라 붙는다. 이에 대해서는 뒤에서 좀 더 자세히 다룰 것이다.)

러시아의 외화보유고를 동결하고 그 자금을 몰수해 우크라이나 재건에 투입하자는 제안은 몇몇 국가의 재무부와 중앙은행 관료들을 떨게 했을 것이 분명하다. 그들은 달러 의존에서 벗어날 방안을 생각해내느라 골머리를 앓을 텐데, 달러의 잠재적인 경쟁 통화에 관한 이야기가 나올 때마다 딜레마에 빠지지 않을 수 없을 것이다. 그 순간 그들의 머릿속에는 중국의 거친 행보가 떠오를 것이다. 예를 들어 2010년에는 노르웨이 오슬로에서 중국인 반체제 인사가 노벨평화상을 받자, 중국의 노르웨이산 연어 수입이 뚜렷한 이유 없이 급감했다. 2017년에는 중국의 여러 도시에서 성업 중이던 롯데백화점 수십 곳이 화재 위험을 이유로 영업 정지를 당하는 등 중국 의존도가 높은 한국 기업들이 부당한 처분을 통보받았다. 미국의 사드 미사일이 한국에 배치되면서 마찰을 빚은 탓이었다. 2020년에는 호주 정부가 코로나19의 기원을 조사하자고 촉구하자, 중국은 와인, 보리, 쇠고기, 해산물 등 평소 대거 수입해오던 호주산 상품들에 관세장벽을 세웠다. 해당 조치는 호주와 미국이 다양한 사안에서 보조를 맞추는 것에 대한 보복으로 해석되었다. 쉽게 말해 중국의 과거 행적을 감안할 때 위안화에 의한 경제제재가 달러에 의한 경제제재보다 더 자비로울 것이라는 생각은 납득하기 어렵다.[2]

위안화로의 전환을 염두에 둔 국가나 개인에게 더욱 골치 아프고 걱정스러운 문제는 중국의 법체계로, 공명정대하고 예측 가능한 판결을 기대하기 어렵다. 이러한 이유들 때문에 달러의 지배에 제대로 맞설 만한 경쟁 통화는 존재하지 않는다고 생각하는 편이 낫다. 결국 미국의 경제제재가 앞으로도 오랫동안 큰 효력을 발휘할 것이다.

물론 제재 대상이 된 나라들이 이를 모면하거나 따돌리거나 무력화하거나 교묘히 빠져나가는 등의 다양한 우회로를 찾아낼 수는 있다. 예를 들어 선박의 송수신기를 꺼놓거나, 석유 판매 기록을 조작하거나, 우호국, 또는 관리가 느슨한 나라에 제품 수입을 주선할 비밀 요원을 파견하거나, 감시망에 잡히지 않는 소규모 무역상에게 첨단 제품을 구매하는 것이다. 훗날 암호화폐나 디지털 화폐 기술이 충분히 발전하면, 미국의 감시망을 벗어난 대규모 금융거래가 가능해질지 모른다. 아무리 매서운 경제제재에 시달린다고 하더라도 독자적인 금융망을 확보하면 그 충격을 완화할 수 있다. 러시아가 미르 신용카드를 도입하며 함께 구축한 결제망이 대표적인 사례다. 마찬가지로 중국 또한 제재 대상이 되더라도 CIPS와 엠브리지로 국제무역을 이어갈 수 있다.

그러나 달러가 국제무역과 금융 시스템에서 가장 많이 사용되는 통화로 남는 한 전 세계 은행들은 지금처럼 뉴욕을 통해 대규모 청산과 결제를 처리할 수밖에 없다(거의 확실하게 그리될 것으로 보인다). 아울러 OFAC은 SDN을 지정할 권한이 있기에 앞으로도 상당한 영향력을 발휘할 것이다.

그렇다면 오늘날 미국 정부는 자기 마음대로 경제제재를 가할 자격이 있다고 생각하는 것일까? 바로 이 물음이 내게 〈스파이더맨〉의 격언을 되새기게 한다.

〈스파이더맨〉의 교훈

"자주 사용할수록, 잃어버릴 가능성도 커진다." 도를 넘은 달러 무기화의 위험성을 경고할 때 자주 인용되는 이 격언은 주의 깊게 새겨들을 만하다. 그렇다고 달러의 지배력이 위태롭다는 뜻은 아니다. 미국의 경제제재를 잘 알지도 못하면서 비판하고 다니는 사람들만이 그렇게까지 무리한 주장을 펼친다. 그러나 달러 기반 금융 시스템에서 퇴출당한 국가들로서는 달러 없이도 국제무역을 할 수 있고, 미국 정부가 감시하거나 차단하지 못하는 또 다른 금융 시스템을 개발할 수밖에 없다는 것 또한 명백한 사실이다.

4장과 5장에서 살펴보았듯이 시러큐스대학교의 맥다월 교수가 쓴 《달러에 대한 반발》은 이러한 딜레마를 설득력 있게 풀어낸다. 방대한 자료를 바탕으로 쓰인 이 책은 미국의 경제제재에 위협을 느낀 국가들이 달러에서 벗어나고자 필사적으로 노력하고 있음을 잘 보여준다. 그들의 노력은 아직 큰 성과를 거두지 못했지만, 시간이 흐르면 제재의 위력이 떨어질 수 있는 만큼, 미국은 그러한 사실을 인식하고 분별력을 발휘할 필요가 있다. 이와 관련해 맥다월은 "달러의 지배력은 미국의 가장 중요하고도 독보적인 권력 자원으로 반드시 지켜야 할 가치가 있다"라면서, 너무 잦은 달러의 무기화에 대해 다음과 같이 경고했다. "[제재를] 지나치게 자주 사용하면 미래에는 미국에 의한 제재의 실효성이 위태로워질 수 있다. (…) 앞으로 언젠가는 미국 대통령이 재무부의 모든 법적 권한을 동원해 미국과 그 우방국에 실존적 위협을 가하는 적국을 상대로 막대한 금융 비용을 부과해야 할 날이 올지 모른다.

그동안 미국 정부는 그러한 순간에 활용할 수단을 아껴두고 지금은 제재의 사용을 줄이는 편이 현명할 것이다."³

맥다월의 면밀한 연구가 역설적으로 그와는 정반대의 주장을 뒷받침하는 데 이용될 수도 있다. 그의 말처럼 미국의 경제제재가 앞으로 몇 년 안에 효력을 다할 위험이 있다면, 오히려 그 효력이 막강한 지금 적극적으로 활용해야 하지 않느냐는 것이다. 제재의 힘에도 감가상각이 적용된다면 지나치게 신중할 필요가 없지 않은가?

분명히 말하자면 맥다월의 분석은 매우 유익하며, 미국이 2010년대 후반부터 남용해온 경제제재를 자제해야 한다는 결론 또한 절로 고개를 끄덕이게 한다. 달러를 무기 삼아 휘두르는 제재는 미국(또는 우방국)의 핵심 이해관계가 진정으로 위협받을 때만 그리고 미국의 대외 정책과 부합하면서도 현실적으로 성과를 거둘 가능성이 있다고 판단될 때만 사용하는 것이 옳다. 맥다월의 지적대로 "미국은 가능한 한 유럽과 아시아의 주요 우방국들과 제재를 조율해야 한다."

그러나 미래의 실효성을 보존하기 위해서만 달러 기반의 경제제재를 분별력 있게 시행해야 하는 것은 아니다. 그보다 훨씬 더 설득력 있는 이유가 있으니, 이번에도 〈스파이더맨〉에 실마리가 있다. 그 주인공은 초인적인 힘, 민첩성, 거미줄을 치는 능력을 신중하게 사용함으로써 온갖 문제를 해결한다. 달러의 강력한 힘도 그만큼 책임감 있게 사용되어야 한다. 이 원칙은 달러의 영향력이 약해질 위험에 처해 있더라도 일관성 있게 지켜져야 한다.

경제제재의 본래 목적은 말 그대로 경제적 고통을 가하는 것이다. 그러나 덴버대학교의 프란시스코 로드리게스Francisco Rodriguez 교수가

2023년 발표한 연구에 따르면, 제재는 대상 국가의 취약계층에 가혹한 결과를 초래한다. 물론 제재가 직접적인 원인인지, 아니면 다른 요인이 영향을 미치는지를 정확히 판단하기란 매우 어렵다. 그러나 로드리게스는 방대한 자료를 검토한 끝에 제재가 빈곤율, 불평등, 아동 사망률, 영양 부족, 기대수명 등의 지표에 "일관되고 통계적으로 유의미한 악영향"을 끼친다는 사실을 확인했다.[4]

 미국은 경제제재가 대상 국가의 지배층에게만 타격을 가하도록 최대한 노력한다. 러시아의 올리가르히들에게서 요트를 압수했던 일이 좋은 예다. 반면에 인도주의적인 예외 조항을 두어 의약품이나 생필품의 수입을 허용하는 식으로 무고한 일반인들에게는 피해를 주지 않으려 한다. 그러나 이 같은 목표는 달성하기가 매우 어렵다. 이는 이란에서도 마찬가지였다. 로드리게스가 인용한 자료에 따르면, 가장 가혹한 제재가 가해졌던 오바마 행정부 시기에 이란의 저소득계층과 중위 소득계층, 가장이 노인이나 실업자인 가구는 소득이 높은 계층보다 더 쉽게 빈곤해졌다. 더욱이 OFAC이 표면적으로는 이란에 대한 의약품 수출을 허용했는데도 심각한 의약품 부족 사태가 발생해 이란의 의료와 보건 수준이 크게 떨어졌다. 민간 부문이 지나치게 미국의 눈치를 보았기 때문인데, 로드리게스는 "OFAC이 요구한 승인 서류를 빠짐없이 제출했지만, 어느 은행도 거래를 처리하려 하지 않아" 간 이식에 필요한 의약품이 이란에 도착하지 못한 일을 예로 들었다.

 인도주의적 배려와 더불어 외교적 배려도 중요하다. 미국 정부의 강압적인 태도에 대한 반감은 미국의 동맹 유지 능력을 떨어뜨려, 심지어 제재 대상이 아닌 나라조차 동맹 관계를 의심하게 할 수 있다. 트럼프의 대이란 제재에 대한 유럽 국가들의 반응이나 달러 패권에 대한 룰라의 분노만 보더라도 짐작할 수 있는 일이다. 룰라의 분노에 공감한 해외 지도자들도 적지 않다. 예를 들어 케냐의 윌리엄 루토William Ruto 대통령은 비교적 친미 성향을 띠는 인물이지만, 2023년 6월 이웃 국가인 지부티를 방문해 다음과 같이 물었다. "어떻게 해서 케냐와 지부티 간의 무역에 달러가 끼어들게 되었을까요? 왜 그래야 할까요?" 루토에게 지부티와의 무역에서 주로 사용되는 통화를 바꿀 힘은 없겠지만, 미국 정부가 기후변화 대응, 국제 평화 유지, 대양 항해의 자유 촉구 등 다양한 분야에서 루토와 같은 지도자들의 협력을 구하려면, 무신경한 태도로 경제제재에 나서서는 안 될 것이다.⁵

마지막으로 부수적 피해의 위험을 짚지 않을 수 없다. 제재 대상이 어떤 방식으로든 보복할 능력을 갖춘 경우 그 위험은 훨씬 더 커진다. 이 때문에 제재 대상이 아주 큰 나라일수록 달러의 강력한 힘을 행사할 때 훨씬 더 무거운 책임이 뒤따른다.

대중 제재의 미래

대만과 중국 간의 긴장이 날로 고조되는 가운데 미국 대통령이 직접 나서서 "대만의 친구들을 지지할 것"이라고 선언한다. 그는 말로만 그치지 않는데, 곧 중국의 목표물들을 타격할 미군을 대만 근처에 배치하고, "중국의 주요 은행들을 강력히 제재하고 SWIFT에서 퇴출하는 등 경제적 압박을 최대치로 가할" 준비에 착수한다. 중국은 이에 굴하지 않고 대만을 침공하는 동시에, 미국의 경제제재에 대한 보복으로 전자제품 수출을 전면 금지한다. 중국 정부는 "우리는 HP, 애플, 델Dell 같은 기업들을 혼내줄 것이다. 새 아이폰을 갖고 싶다고? 놀라지 마라. 앞으로는 어림도 없다"라며 호전성을 드러낸다.

다행히도 이 모든 것은 실제 상황이 아니다. 2023년 4월 19일 미국 의회가 대만을 둘러싼 미국과 중국의 충돌을 가정해 진행한 워게임wargame(시뮬레이션으로 진행하는 군사훈련―옮긴이)의 시나리오였을 뿐이다.[6] 해당 워게임은 작은 지도에 파란색 패와 빨간색 패를 놓아가며 진행되었는데, 블루팀은 하원중국공산당특별위원회House Select Committee on the Chinese Communist Party가, 레드팀은 신미국안보센터Center for New American Security가 맡았다. 중국에 대해 "경제적 압박을 최대치로 가할" 것이라고 다짐한 사람은 하원중국공산당특별위원회의 위원장이자 공화당 의원인 마이클 갤러거Michaell Gallagher였고, 아이폰을 못 사게 하겠다고 호언장담한 사람은 신미국안보센터의 국방 프로그램 책임자인 스테이시 페티존Stacie Pettyjohn이었다.

문제는 이 시나리오가 정말로 실현될 법하다는 점이다. 1949년 중국공산당이 본토를 장악하고 중국국민당이 섬으로 도피한 이후, 중국 정부는 대만 정부가 공식적으로 독립을 선언할 경우 필요하다면 무력을 동원해서라도 재통합할 것임을 단언해왔다. 한편 미국에서는 민주당과 공화당 모두 시진핑 주석의 억압적인 통치에 점점 더 큰 적대감을 보이고 있으며, 민주주의 국가인 대만과 연대하겠다는 태도를 굳히고 있다. 특히 미국 정부는 대러 제재의 경험을 통해 대만을 둘러싼 충돌에서도 우위를 점하게 될 것이라는 자신감을 얻었다.

미국이 중국에 갤러거의 다짐과 비슷한 조치를 취한다면, 중국 경제가 마비될 정도로 결정적인 타격을 입을 것임은 의심할 여지가 없다. 게다가 러시아에 맞섰던 미국의 우방국들이 이번에도 함께 대중 제재에 나선다면, 중국 정부로서는 외화보유고의 동결을 막을 방법이 사실상 없다. 문제는 대중 제재의 여파다. 거의 모든 국가의 경제가 크게 휘청거릴 것이며, 미국도 예외가 될 수 없다. 중국 정부의 보복 조치는 푸틴 대통령조차 상상에 그칠 수밖에 없었던 규모로 피해를 확산시킬 것이다.

중국의 GDP는 러시아의 10배이며, 그 4대 은행은 "시스템적으로 중요한" 전 세계 30대 금융회사에 포함되어 있다. 이 네 곳의 업무가 마비될 경우 각국의 대형 은행들까지 쓰러질 가능성이 있다. 게다가 중국의 제조업 부문은 모든 선진국 경제와 불가분의 관계를 맺고 있다. 《이코노미스트》의 추산에 따르면, 중국의 수출업체들은 120여 개 제조 업종 가운데 40개를 장악하고 있다. 여기서 '장악'이란 해당 업종의 시장 점유율을 50퍼센트 넘게 차지한다는 뜻이다. 예를 들어 전기자동차에 사용되는 리튬이온배터리의 경우 전 세계 생산량의 70퍼센트 정도를 중국이 소화한다. 이 외에도 태양광 패널의 80퍼센트, 첨단 제품에 사용되는 희토류 광물의 86퍼센트가 중국산이다. 우리가 숨 쉬듯이 사용하는 컴퓨터와 스마트폰의 경우도 크게 다르지 않아, 전 세계 수출량 가운데 각각 80퍼센트와 67퍼센트가 중국의 차지다. 의약품 제조용 원료, 반도체 생산용 고순도 네온, 의료 영상용 특수 염료 같은 수많은 필수품의 주요 공급업체 또한 중국 기업들이다.[7]

바꿔 말해 중국은 글로벌 공급망의 초크포인트를 쥐락펴락할 수 있다. 이 사실을 간과하다가는 미국이라도 큰코다칠 수밖에 없다. 혹자는 다국적기업들이 중국에 보유한 막대한 자산을 날릴 수 있다는 점을 대수롭지 않게 여길지 모른다. 다국적기업들의 중국 내 자산에는 크고 작은 공장 외에도 3조 6,000억 달러 규모의 직접투자자산이 포함되어 있다. 중국이 정말로 이들 자산을 압수해 주식시장이 폭락한다고 해도, 심지가 곧은 이들은 우방국(대만)을 방어하기 위해 치러야 할 대가 정도로 생각할 것이다. 그러나 글로벌 공급망은 중국산 부품이나 구성 요소가 있어야만 원활하게 돌아가며, 이는 미국 내 수많은 일자리와 직결되어 있다. 실제로 2022년 3월 팬데믹이 선언되며 중국의 공장들이 문을 닫자, 기술적으로 단순한 부품이지만, 항공기 생산에 없어서는 안 될 와이어 커넥터wire connector가 부족해지면서 보잉의 제트기 생산이 한참 지연되었다. 이와 비슷하게 일자리만 사라지는 것이 아니라 월마트Walmart, 타깃Target, 베스트바이Best Buy 같은 대형 마트의 진열대가 텅 빌 가능성도 있지 않겠는가?

대중 제재의 파괴력을 적절하게 짚은 것으로, 워싱턴의 싱크탱크인 애틀랜틱카운슬과 중국 전문 컨설팅업체인 로디엄그룹Rhodium Group이 2023년 6월 발표한 논문을 꼽을 수 있다. 해당 논문은 중국에 대한 "극대주의적" 경제제재가 가져올 영향을 "막대한 글로벌 비용"으로 표현하며, 그 위험성을 다음과 같이 경고했다. "영국의 GDP와 맞먹는 3조 달러 정도의 무역과 금융 흐름이 위험에 처할 수 있다. 가장 큰 이유는 무역 대금의 결제에 차질이 빚어지기 때문이다. 물론 이 금액은 대략적인 추정치일 뿐이고 실제로는 과소평가된 수치일 가능성이 크지만, 중국의 대형 은행들에 대한 전면적인 제재 시에 위태로워질 경제활동의 규모를 가늠하게 해준다. (…) 그 같은 조치는 중국뿐 아니라 세계 경제에 극심한 충격을 안길 것이다."[8]

언론에 자주 보도되는 미국과 중국의 '디커플링'이 실현되면, 중국에 대한 의존도가 크게 줄어 저울이 미국 쪽으로 기울게 될까? 내 손주 세대쯤엔 그럴 수도 있겠지만, 내가 살아 있는 동안에는 일어나지 않을 일이다(나는 이 책을 쓰는 지금 72세이고 아주 건강하다). 중국에서 사업하는 사람들은 대량생산의 측면에서 중국과 견줄 나라가 없다는 데 한목소리를 낸다. 이제 인건비는 결정적인 요인이 아니다. 실제로 중국 근로자들의 임금은 아시아에서도 높은 축에 속한다. 대신 중국은 도로, 철도, 고숙련 엔지니어, 물류 시스템, 각종 부품과 서비스를 현지에서 빠르게 제공하는 협력업체 네트워크가 다른 나라들보다 훨씬 더 우수하다. 물론 지정학적 분쟁에 휘말릴 리스크를 줄이기 위해 일부 생산 시설을 인도나 동남아시아로 이전한 기업도 많다. 그러나 그렇게 옮겨간 사업 부문조차 여전히 중국의 공급업체와 하청업체들에 크게 의존하고 있다. 예를 들어 삼성전자는 중국에 있던 모든 스마트폰 공장을 베트남으로 이전했지만, 그곳에서 만들어지는 스마트폰들에는 다수의 중국산 부품이 들어간다.[9] 무역 통계를 면밀히 분석한 여러 보고서만 보더라도, 그러한 현상이 광범위한 분야에서 일어나고 있으며, 원산지와 상관없이 거의 모든 수입품에 중국 제조업체들의 손길이 닿아 있음을 알 수 있다.[10]

대중 제재와 관련해 두 가지 바람이 있다면, 첫째, 갤러거 같은 미국 정치인들의 단호한 의지 표명으로 시진핑을 비롯한 중국공산당 관료들의 생각이 바뀌는 것이다. 전 세계적인 싱크탱크인 전략국제문제연구소Center for Strategic and International Studies는 그 가능성에 대해 다음과 같이 밝혔다. "미국과 그 우방국 및 동반자들이 대만에 대한 무력 사용이 반드시 막대한 대가뿐 아니라 대규모 경제제재를 불러오리라는 점을 중국 정부에 분명히 밝히는 것은 억지력이 있다."[11]

둘째, 미국 정부가 독단적인 태도의 어리석음을 깨닫는 것이다. 워게임과 같은 모의 훈련이 인식 개선에 도움이 될지 모른다. 정말 운이 좋다면, 미국과 중국이 긴장을 고조하기보다는 완화하는 방향으로 나아갈 테고, 결국 대만의 민주주의와 동아시아의 평화를 모두 지키는 타협점에 도달할 것이다. 앞서 언급한 "막대한 글로벌 비용"에는 두 강대국이 대만해협에서 정말 전쟁을 벌일 때 발생할 비용이 빠져 있다. 현실에서 그런 일이 발생한다면, 엄청난 경제적 피해에 더불어 참혹한 인명 피해가 발생할 것임은 두말할 나위가 없다.

미국은 〈스파이더맨〉의 명언을 따라 달러의 무기화에 신중을 기해야 할 것이다. 물론 그 외에도 되새겨야 할 교훈이 몇 가지 더 있다.

암호화폐의 모순

화폐의 디지털화를 논의하고 관련 정책을 설계하는 모든 사람에게 간곡히 요청한다. 앞으로 달러의 지배력에 대한 언급을 삼가거나 적어도 침소봉대하지 말기를 바란다. 달러의 구원은 미국의 CBDC나 스테이블코인에 달려 있지 않다. 각종 디지털 화폐의 신봉자들은 자신들의 전략을 내세울 때 달러의 위상을 근거로 삼는 일이 지나치게 많다. 물론 미래에는 디지털 결제 기술의 발전으로 제재 회피가 한층 더 쉬워질 수 있다. 그러나 해당 기술은 국제통화의 지위를 결정짓는 여러 요소 중에서도 순위가 매우 낮은 편에 속한다.

특히 중국의 CBDC에 대한 과잉 반응을 조장하는 사람들은 중단하기를 바란다. e-CNY가 캔자스주나 아이다호주 같은 지역의 결제 수단이 될 일은 없으며 그 지역 주민들의 스마트폰이 중국의 염탐 수단으로 전락할 일도 없다. 다만 세계 곳곳의 독재자들이 중국의 것과 비슷한, 즉 국민을 더 쉽게 감시하고 통제할 수 있도록 설계된 CBDC를 도입할 가능성이 있다는 점은 충분히 우려할 만하다.

이에 대한 대안은 필요하지만, 그 대안은 표현의 자유와 사생활 보호가 든든하게 갖춰진 것이어야 한다. 이를 제공하기에 가장 적합한 국가는 단연 미국이며, 미국은 그러한 책임을 〈스파이더맨〉의 교훈을 따라 성실하게 받아들여야 한다. 유럽중앙은행과 잉글랜드은행은 각각 자체적인 CBDC 발행을 추진 중이다. 연준이 반드시 그들을 따라가야 하는 것은 아니지만, 미국 정부는 디지털 자산의 원칙과 기준을 정하는 논의에 영향을 미칠 수 있어야 한다. 미국은 그러한 논의에 참여할 자격을 보장받고 있지만, 최대한도로 영향력을 발휘하려면 금융 및 결제 시스템을 기술적으로 진일보시킬 필요가 있다. 그럴 경우 달러의 잘 알려진 국제적인 위상 덕분에 미국의 디지털 화폐와 그 정책은 다른 나라들에 본보기가 될 것이다.

가장 현실적인 방안은 7장에서 살펴본 BIS의 토큰화된 예금을 받아들이는 것이다. 내 믿음대로 신현송이 옳다면, 토큰화된 예금은 핀테크 혁신가들에게 금융 시스템을 획기적으로 변화시킬 거대한 기회를 제공하는 동시에, 중앙은행 화폐가 계속해서 해당 시스템의 근간을 이루도록 해줄 것이다. 미국이 미래의 혁신적인 디지털 화폐들과 보조를 맞추기 위해서는 토큰화된 예금을 수용하는 것이 가장 이상적이다.

어떤 형태이든 간에 미래의 미국인들이 사용하게 될 디지털 화폐는 정부의 간섭이나 침해에서 최소한 현재 수준만큼 강력하게 보호받아야 한다. 무엇보다 중요한 원칙은 미국 헌법에도 명시되어 있는 "불합리한 수색과 압수"의 금지다. 자유지상주의자들은 현재의 보호 장치가 충분하지 않다고, 즉 은행비밀법 같은 법률이 정부 기관에 부여한 권한 때문에 금융 프라이버시는 취약하며, 자금세탁방지법과 고객확인절차는 금융 범죄를 적발하는 데 효과적이지 않다고 주장한다.[12] 프라이버시 보호를 강화하는 방안에 대한 논의는 바람직하다. 그러나 근본적으로 미국은 9·11 테러 이후 금융 시스템이 불법적으로 악용되는 것을 막기 위해 정부에 일정한 권한을 부여하는 방향을 선택했다. 미국 정부는 그 같은 권한을 부여받은 덕분에 달러 기반의 경제제재를 가하고 집행할 수 있게 되었다.

토큰화된 예금은 중요한 요건들을 모두 충족한다. 기존 예금과 동일한 수준의 프라이버시 보호 장치를 마련할 것이며, 자금세탁방지법과 고객확인절차를 성실히 따를 것이다. 더욱이 토큰화된 예금이 성공한다면, 은행의 역할이 강화되어 결과적으로 경제제재의 효력이 덩달아 강화될 것이다. 제재가 효과를 발휘하는 이유는 은행을 포함한 금융회사들이 관리 소홀로 적발되어 과중한 벌금을 부과받지 않고자, 수천 명의 인력을 투입해 다 합치면 수조 달러에 이를 크고 작은 거래들을 면밀히 들여다보기 때문이다. 이러한 구조를 최대한도로 유지하는 것이 미국의 국가이익에도 부합한다.

적절한 규제로 뒷받침된다면 달러에 기반한 스테이블코인은 결제 시스템에서 중요한 역할을 할 수 있으며, 또 그렇게 해야만 한다. 경쟁은 건전한 것이다. 스테이블코인이 제공하는 혁신은 신선한 자극제가 되어 여타 결제 서비스 제공자들의 역량 강화를 촉진할 것이다. 물론 토큰화된 예금을 제공하는 은행도 예외가 될 수 없다. 7장에서 살펴보았듯이 스테이블코인이나 비트코인 같은 암호화폐는 통치 체제가 억압적이고 통화 시스템이 제 기능을 하지 못하는 나라의 국민에게 구명줄이 되어줄 수 있다.

그러나 잊지 말아야 할 점은 암호화폐의 원래 취지가 기존의 금융 시스템을 흐트러뜨리고 우회하며 훼손하는 것이었다는 사실이다. 악착같이 수수료를 챙기는 은행과 중개업체들이 꼴 보기 싫은 것과 별개로, 그러한 금융회사들이 파산하거나 재정적으로 취약해지면 경제제재의 효과가 크게 떨어지게 된다. 미국 정부가 자국의 제재 역량을 중요하게 생각한다면(그래야 마땅하지만), 법률과 규제의 큰 틀을 설계할 때 스테이블코인이나 암호화폐보다는 토큰화된 예금에 우선순위를 두어야 할 것이다.

안타깝게도 미국의 디지털 화폐 정책이 바람직한 방향으로 나아갈 가능성은 작다. 암호화폐 산업이 넘쳐나는 자금을 정치적 우위를 확보하기 위한 로비 수단으로 부적절하게 사용하고 있기 때문이다.

"환심을 사려는 것이 뻔해요"

대선을 100일가량 앞둔 2024년 7월 27일, 트럼프는 시끌벅적한 환호를 받으며 '비트코인 2024 콘퍼런스'의 연사로 나섰다. 참석자들은 트럼프가 자신들이 지지하는 디지털 자산을 폄하한 전력이 있다는 사실을 잘 알고 있었다. 실제로 그는 집권 1기 시절이던 2019년에 "나는 비트코인과 다른 암호화폐들의 팬이 아니다. 이들은 화폐가 아니며 (…) 실체 없는 공기 위에 기반하고 있다"라는 트윗을 남겼다. 2021년에는 폭스뉴스의 부속 채널인 폭스비즈니스와의 인터뷰에서 비트코인이 "사기처럼 보이며 (…) 세계의 통화는 달러여야 합니다. (…) [암호화폐에는] 잠재적 재앙이 도사리고 있어요"라고 말했다.[13] 그러나 비트코인 2024 콘퍼런스에 모인 청중은 트럼프가 백악관에 재입성하기 위해 과거와는 사뭇 다른 관점으로 암호화폐를 바라보고 있다는 사실 또한 잘 알고 있었다. 그가 "미국을 지구상의 암호화폐 수도이자 비트코인 초강대국으로 만들겠습니다"[14]라고 선언하자, 청중의 환호는 더욱더 커졌다.

트럼프는 자신이 당선되면 정부 차원에서 "국가 전략적 비트코인 비축분"을 조성하겠다면서, 우선은 범죄자들에게 압수한 비트코인 21만 개(당시 시가로 140억 달러 상당)를 팔지 않고 비축해 가격 하락을 막겠다고 약속했다. 그러고는 규제 완화를 통해 가능한 한 많은 비트코인이 미국 내에서 채굴되도록 하겠다고 덧붙였다. 가장 큰 환호는 트럼프가 증권거래위원회Securities and Exchange Commission의 게리 겐슬러Gary Gensler 위원장을 해임하겠다고 약속했을 때 터져 나왔다. 겐슬러는 암호화폐 업계의 거물들을 상대로 엄중한 단속과 소송을 주도해 암호화폐 신봉자들에게 적으로 여겨졌다. 트럼프는 암호화폐 발행사들이 더는 사기꾼으로 "박해"받지 않을 것이라면서, "앞으로는 여러분의 산업을 증오하는 사람이 아니라 사랑하는 사람이 규칙을 만들게 될 것"이라고 말했다. 그리하여 "비트코인과 암호화폐는 그 어느 때보다 폭발적으로 성장할 것"이라고 장담했다.

트럼프가 암호화폐 기술을 깨우쳤거나 그의 인식이 진정으로 바뀌었다고 믿는 사람은 아무도 없었다. 어느 참석자는 트럼프가 "환심을 사려는 것이 뻔해요"라고 꼬집었다.[15] 트럼프의 속내는 "비트코인이든, 암호화폐든, 뭐든 지금 갖고 노는 것들과 좋은 시간을 보내길 바랍니다"라는 연설의 나지막 부분에서도 잘 드러났다. 트럼프의 태도 변화는 암호화폐 재벌들이 그의 선거운동에 쏟아부은 수백만 달러의 후원금과 암호화폐 업계의 영향력이 점점 커지고 있다는 인식에서 비롯되었다.

실제로 당시 다수의 암호화폐 자산은 일련의 스캔들과 내부 문제로 이미지가 심각하게 훼손된 지 2년여 만에 반등하고 있었다. 트럼프가 연설한 날의 비트코인 가격은 2022년 11월의 저점 대비 네 배 넘게 상승한 6만 8000달러였다. 한편 '빅크립토big crypto'(시가총액과 거래 규모가 큰 암호화폐—옮긴이)의 발행사들은 워싱턴이 자신들에게 좀 더 우호적인 정책을 내놓도록 애쓰고 있었다. 핵심은 결국 돈이었다. 암호화폐 산업의 이해관계자들이 만든 정치단체는 2024년 가을까지 그 어느 분야보다도 많은 1억 9400만 달러를 모금했다. 그중 정치 후원금을 가장 많이 낸 단체는 페어셰이크Fairshake로, 암호화폐로 막대한 부를 축적한 억만장자들의 자금으로 운영되는 곳이었다. 페어셰이크는 정당이나 정치 이념에 연연하지 않았다. 그들은 암호화폐 산업에 대한 규제를 주장해온 정치인들을 공격하고, 그 반대의 정치인들에게 후원금을 쏟아부을 뿐이었다. 실제로 페어셰이크는 1,000만 달러를 투입해 캘리포니아주의 민주당 상원의원 후보 경선에서 케이티 포터Katie Porter가 낙선하는 데 일조했다. 브라운 민주당 의원은 상원은행위원회 위원장을 지내며 친암호화폐 법률의 제정을 막았다는 이유로 페어셰이크에 공격당한 탓에 한층 더 치열한 재선 경쟁을 치러야 했다. 암호화폐 진영의 거대한 정치 후원금이 공화당에만 쏠리는 상황을 우려한 일부 민주당 의원은 더 큰 반감을 사지 않기 위해 자당의 태도 변화를 요구하고 겐슬러의 교체를 촉구하며 업계 달래기에 나섰다. 그들은 더 늦게 전에 민주당도 디지털 자산에 대해 "미래지향적인 접근법"을 취해야 한다고 주장했다.[16]

오렌지색 알약을 뱉어라

그러는 와중에 트럼프가 다시 한번 큰 파장을 일으켰다. 부통령 후보로 J.D. 밴스J.D. Vance 상원의원을 지목했던 것이다. 밴스는 암호화폐에 관한 한 신참이 아니었다. 그가 2022년 상원의원으로 당선되며 공개한 재산 내역에는 10~25만 달러 상당의 비트코인이 포함되어 있었다. 이후 상원에서 활동할 때는 암호화폐 산업을 둘러싼 각종 규제를 완화하기 위해 노력했다. 밴스에게 가장 큰 영향을 미친 인물은 억만장자 기업가이자 비트코인의 열렬한 지지자인 피터 틸Peter Thiel이었다. 밴스가 실리콘밸리에서 부를 축적할 수 있도록 도운 틸은 그가 상원의원 선거에 나서자 무려 1,500만 달러를 후원했다. 아울러 첨단산업의 거물들을 동원해 밴스가 트럼프의 러닝메이트로 지명될 수 있도록 힘썼다. 틸의 통화이론은 평생 신봉해온 자유지상주의적인 세계관에 뿌리를 두고 있다. 그는 연준이 억압적인 정부의 명령에 따라 통화를 남발하고 평가절하하는 도구에 불과하다고 본다. '비트코인 2022 콘퍼런스'의 기조연설자로 나선 틸은 "중앙은행들은 파산 상태이며 (…) 우리는 명목화폐 체제의 말기에 와 있습니다"라고 말했다. 밴스나 틸과 가까운 억만장자들도 비슷한 생각을 품고 있다.[17]

2024년 7월의 연설 직후 트럼프는 자기 아들들과 월드리버티파이낸셜World Liberty Financial, 이하 WLF이라는 벤처 사업을 시작했다. 이는 그가 암호화폐를 수용하게 된 또 다른 동기였다. WLF의 궁극적인 목표는 디지털 자산을 대출과 차입에 활용하는 것인데, 투자자들에게 디지털 토큰을 판매해 재원을 마련하고자 했다. 트럼프의 세 아들은 곧 '오렌지색 알약을 먹은orange-pilled'(업계 은어로 암호화폐에 세뇌되었다는 뜻) 상태가 되었고, WLF의 공동 설립자인 체이스 헤로Chase Herro 및 재커리 폴크먼Zachary Folkman과 똘똘 뭉쳐 다녔다. 업계의 핵심 인사들이 암호화폐의 이미지에 또 다른 오점이 생길까 봐 우려할 정도로, 헤로와 폴크먼의 과거는 수많은 실패와 악행으로 점철되어 있다. 블록체인 스타트업 투자자인 닉 카터Nic Carter는 《파이낸셜타임스》와의 인터뷰에서 "저 사람들은 실패만 한 사람들이고 사업 이력도 매우 의심스럽습니다"라고 증언했다. 이를 아는지 모르는지 트럼프는 자신의 아들들은 물론이고 헤로 및 폴크먼과 함께 인터넷 방송에 출연해 WLF에 대한 홍보를 이어갔다. 그는 "암호화폐는 우리가 해야만 하는 일 중 하나입니다. 좋든 싫든 저는 이걸 해야겠습니다"라고 선언했다.[18]

그렇다고 트럼프가 달러의 위상에 흠집을 내면서까지 암호화폐 산업을 성장시키려 한 것은 아니었다. 실제로 트럼프는 두 번째 대선을 준비하며 바이든 행정부의 실정 탓에 달러의 영향력이 약해졌다고 자주 비난했는데, 한번은 "우리가 국제통화로서의 달러를 잃는다면 (…) 그것은 전쟁에서 지는 것과 마찬가지"라고 경고하기도 했다.[19] 트럼프는 그러한 사태를 막기 위해 자신이 가장 선호하는 수단인 관세를 이용하겠다고 다짐했다. 실제로 위스콘신주의 유세장을 찾아 이렇게 못박았다. "달러를 이탈하는 나라가 많습니다. (…) 나는 그 나라들한테 '당신들이 달러를 이탈하면 우리가 당신네 상품에 100퍼센트의 관세를 매길 것이므로 다시는 미국과 거래하지 못하게 될 것'이라고 경고할 작정입니다."[20] 트럼프는 달러 패권이 다국적기업, 투자자, 금융회사를 비롯한 민간의 경제주체들이 내리는 선택에 좌우되기보다는 외국 정부의 결정에 좌우된다는 식으로 말했다. 이에 빗대어 설명하자면, WLF는 (민간의 경제주체인) 트럼프 일가가 암호화폐 산업에 이해관계를 가진다는 것을 의미한다. 트럼프의 평소 행태를 감안하면, 이해 충돌 따위는 신경 쓰지 않고 대통령의 권한을 행사해 암호화폐 업계에 유리한 방향으로 규제 정책을 손볼 가능성이 매우 크다.

이 책에서 암호화폐 업계와 관련된 규제 정책의 종류와 내용을 따로 논하지는 않겠다. 그러려면 책 한 권을 새로 써야 한다. 다만 내 예상대로라면 순진한 미국인들이 감언이설, 또는 사기에 넘어가 잘 알지도 못하는 암호화폐에 평생 모은 돈을 전부 투자했다가 빈털터리가 되는 상황이 반복될 것이다. 그 여파가 경제 전반으로 퍼져나가면 미국의 금융 안정성마저 위태로워질지 모른다. 트럼프의 국가 전략적 비트코인 비축분 계획도 생각해볼 지점이 있다. 세금을 자유지상주의에서 영감받았다고 하는 어떤 자산의 가치를 떠받치는 데 쓰는 것이 과연 바람직한 일일까? (사토시 당신이 누구든, 어디에 있든 대답해보라. 당신도 분명 이 상황을 역겹게 느낄 것이다.)

이 모든 소란에도 달러의 지배력이 흔들릴 가능성은 작다. 트럼프가 비트코인 2024 콘퍼런스에서 내놓은 공약들이 실제로 미국 정부의 정책으로 실현된다고 하더라도, 그것만으로는 달러의 위상이 바뀌지 않는다. 미국이 좀 더 부실한 나라가 될지는 몰라도, 달러 패권은 공고하게 뒷받침될 것이다.

건강한 경쟁이 필요하다

미국은 다른 나라들에 달러 사용을 강요하지 않는다. (트럼프의 관세 위협은 예외이지만, 그것이 아주 독특한 예외라는 사실이야말로 이 원칙을 입증한다.) 그뿐 아니라 다른 나라들의 통화를 국제통화 사다리의 바닥에 머물도록 영향력을 행사하지도 않는다. 3장에서 설명했듯이 미국은 오히려 엔을 세계화하라고 일본에 압력을 가했으며, 유럽에 좋다면 미국에도 좋다면서 유로의 탄생을 환영했다.

이것이 바로 바람직한 방향이다. 다른 주요 선진국들이 자국 통화와 달러의 경쟁을 가로막는 장애물을 극복한다면, 미국의 국익에 위협이 되기보다는 도움이 될 것이다. 예를 들어 유로존 회원국끼리 협력을 강화하고 재정 및 금융정책을 한층 더 긴밀히 조율해 2010년의 위기가 재발할 가능성을 최소화한다고 해보자. 일본이 인구문제를 성공적으로 해결하고 경제 활력을 되찾는다고 해보자. 중국이 자본 이동의 자유를 완전히 허용하고 외국인 투자자를 포함한 모든 사람이 신뢰할 수 있는 법체계를 도입한다고 해보자. 그렇게 되면 유로나 엔이나 위안화 중 한두 가지가, 또는 셋 모두가 국제통화 사다리에서 몇 단계씩 상승할 것이고, 그만큼 달러의 위상은 하락할 것이다. 그리하여 세계는 몇 가지 중요한 측면에서 한층 더 살기 좋은 곳이 된다.

무엇보다 세계는 더욱 안정적인 금융 시스템을 누리게 될 것이다. 다극적인 통화 시스템에서는 위기 시에 도피처가 될 수 있는 안전자산이 더 많이 창출되기 때문이다. 다수의 경제학자가 지배적인 통화 하나에만 과도하게 의존하는 것은 장기적으로 바람직하지 않다고 경고해왔다. 신흥국들이 성장함에 따라 미국이 세계경제에서 차지하는 비중은 앞으로 수십 년에 걸쳐 점점 더 줄어들 것이 분명하다. 그에 따라 미국 재무부가 창출하는 안전자산이 전 세계적인 수요에 비해 부족해지는 상황이 발생할 수 있다. 특히 금융위기가 닥칠 때 그럴 위험이 더 커진다. 이러한 문제를 경고한 학자로는 IMF의 수석경제학자인 피에르올리비에 구린샤Pierre-Olivier Gourinchas와 런던비즈니스스쿨의 레이 교수가 유명하다. 이들은 "새로운 트리핀 딜레마"의 출현을 점쳤는데, 브레턴우즈 체제에서 미국이 달러를 충분히 뒷받침하지 못할 것이라던 트리핀의 예언과 일맥상통하는 일이 발생하리라는 경고였다.[21] 버클리대학교의 아이켄그린 교수는 역사적으로 하나 이상의 주요 국제통화가 존재하는 것이 일반적이었던 데다가, 바람직하기까지 했다는 연구 결과를 제시하며 앞선 주장에 설득력을 더했다. 그는 "생물 다양성이 지구 생태계를 더 튼튼하게 하는 것처럼, 다극적인 통화 시스템이 금융 시스템을 더 건강하게 한다"라고 강조했다.[22]

그러나 통화 시스템의 다극화로 이어질 만한 사건들이 동시다발적으로 일어나기를 기대하는 것은 현실적이지 못하다. 이는 행운이 따라야 하는 일이다. 그런 점에서 미국은 앞으로도 국제금융 시스템의 재난을 예방한다는 과도한 책임을 계속해서 떠맡게 될 것이다. (지금쯤이면 독자들도 눈치챘겠지만, 이 또한 〈스파이더맨〉의 교훈을 적용해야 하는 사안이다.) 이런 상황에서 가장 분명한 점은 연준이 2008년 및 2020년과 마찬가지로 해외의 달러 부족 사태를 완화하기 위해 통화 스와프 협정이나 그와 비슷한 수단을 사용할 준비가 되어 있어야 한다는 사실이다. 물론 엄청난 정치적 대가가 따를 수 있다. 의원들은 물론 대통령조차 다른 나라들에 대한 금융 지원을 반대할지 모른다. 그러나 2008년 10월 말 진행된 FOMC 회의에서 뉴욕연준은행의 가이트너 총재가 했던 말을 떠올려볼 필요가 있다. "기축통화가 되는 특권에는 어느 정도의 부담도 따릅니다." 연준의 달러 유동성 제공도 미국이 감당해야 할 부담 중 하나다. 만약 연준이 위기 상황에서 어떤 이유로든 이 일을 수행하기 어려울 경우에는 IMF의 신속한 지원에 찬성하는 것이 미국 정부가 이행해야 할 의무다.

또 하나의 시급한 과제는 미국 국채시장을 정비하는 일이다. 2023년 중반이 되자 헤지펀드들이 3년 전에 시장을 붕괴 직전까지 몰고 갔던 고위험 베팅을 또다시 감행하고 있다는 증거들이 쏟아졌다. 팬데믹 초기인 2020년 3월 일부 전문가가 내놓았던 예측이 불길할 정도로 들어맞는 상황이었다. 그들은 연준이 국채시장을 구제하면, 중앙은행이 개입해 파국을 막아줄 것이라는 기대에 따라 투기가 조장되고, 그 결과 도덕적 해이가 일어날 것이라고 경고했다. 국채시장이 예상치 못한 충격에 얼마나 취약한지는 누구도 확실히 알 수 없지만, 규제 당국이 내놓은 보고서들만 보더라도 불안해할 만한 근거는 충분했다.[23]

미국 증권거래위원회가 승인한 새로운 안전장치에는 대형 금융회사에 대한 감독 강화와 미국 국채시장에 중앙 집중형 청산 시스템을 도입하는 방안이 포함되어 있었다. 그러나 이러한 규제들이 유지될 수 있을지는 불투명하다. 2024년 초 헤지펀드들은 증권거래위원회의 조치를 두고 "자의적인 데다가 예측할 수 없으며" 경제적으로도 잘못된 판단이라면서 소송을 통해 반격했다. 한편 증권거래위원회는 대형 은행의 미국 국채 보유를 촉진하기 위해 은행 규제를 조정하는 방안도 제시했다. 그 세부 사항은 매우 기술적인 데다가, 그중 무엇이 최선인지 판단하는 것은 내 지식의 범위를 넘어서는 일이다. 그러나 8장에서 다룬 사건들을 보면 분명히 알 수 있듯이 국채시장의 구조 개선 문제는 워싱턴이 간과할 수 없을 만큼 중대한 사안이다.

특권을 보장하지 않는 패권

게다가 미국 국채시장의 거래 규모는 향후 몇 년 동안 폭발적으로 늘어날 것으로 예상된다. 정부의 재정 적자와 국가 채무가 급증하고 있기 때문이다. 이 또한 달러의 지배력에서 비롯된 권한을 남용하지 않는 것이 미국의 의무임을 다시 한번 일깨워주는 사안이다.

달러와 미국의 재정 정책이 맺는 관계에 대해 상반되고도 잘못된 주장 두 가지가 자주 제기된다. 첫 번째 주장은 '잭 D. 리퍼 장군 이론'이라 부를까 한다. 리퍼는 영화 〈닥터 스트레인지러브〉의 등장인물인데, 미국이 "고귀한 체액"을 서서히 빼앗기고 있다는 강박관념에 사로잡혀 있다. 이 이론의 골자는 다음과 같다. 중국의 CBDC 때문이든 브릭스가 발행할 공동 통화 때문이든, 어떤 이유로든 달러가 패권을 상실한다면, 미국은 초강대국이라는 지위를 감당할 수 없을 것이다. 그와 동시에 미국 정부는 더는 자금을 차입할 수 없게 되거나 적어도 차입 비용이 치솟아(쉽게 말해 외국인들이 더는 돈을 빌려주지 않아), 적당한 금리로 재정 적자를 꾸릴 수 없게 될 것이다. 미국인들이 값싼 수입품을 풍족하게 즐기는 일도 사라질 것이다. 결국 달러가 기축통화의 지위에서 밀려나는 순간 미국은 경제제재 능력에 더해 과도한 특권 덕분에 누릴 수 있었던 안락한 생활수준까지 잃을 수밖에 없다.

물론 간단한 인터넷 검색만으로도 이 같은 사고방식이 잘못된 가정에 근거하고 있다는 사실을 금세 확인할 수 있다. 달러의 위상이 최고라고 해서 미국이 다른 나라보다 더 낮은 금리로 돈을 빌릴 수 있는 것은 아니다. 실제로 2023년 9월 기준 미국의 10년 만기 국채 수익률은 일본, 프랑스, 독일, 캐나다, 호주뿐 아니라 (믿기 어렵겠지만) 그리스보다도 높았다. (버냉키가 연준 의장에서 내려온 후 남긴 "과도한 특권은 더는 과도하지 않다"라는 말을 떠올려보라.) 또한 미국만이 수출보다 수입을 더 많이 함으로써, 분수에 넘치는 삶을 사는 나라도 아니다. 전 세계적인 경제학자 크루그먼이 지적했듯이 2010년부터 2019년까지 10년 동안 호주, 캐나다, 영국은 GDP에서 경상수지 적자가 차지하는 비중이 미국보다 더 컸다.[24]

미국이 달러 패권 덕분에 모종의 경제적·재정적 이익을 얻는 것은 아닐까? 물론 얻는다. 분명 전 세계적인 미국 국채 수요가 없었다면 미국의 금리는 지금처럼 낮게 유지되지 못했을 것이다. 그러나 단점도 있다. 무엇보다 기축통화로서의 위상 때문에 달러가 다른 통화들보다 비싼 것이 큰 단점이다. 이는 미국 제조업의 경쟁력에 악영향을 끼친다. 다시 대통령직을 거머쥔 트럼프는 최근 몇 년에 걸쳐 외환시장을 뒤흔든 달러 강세를 끊임없이 비난하고 있다. 그는 달러 강세가 외국산 제품에 불공정한 우위를 제공한다고 강변 중이다. 이에 대해 밴스는 달러의 기축통화 지위가 "미국 생산자에게 막대한 세금"으로 돌아온다고 맞장구를 쳤다.[25] 일각의 예상대로 과연 달러 강세가 분쟁거리로 부상할까? 이 문제를 제대로 파악하려면, 국제무역에서 달러가 차지하는 위상과 달러의 (고)환율을 혼동하지 않는 것이 중요하다. 둘 사이에 어느 정도의 연관성은 있지만, 달러가 세계 최고 통화로 등극한 후에도 수십 년 동안 매우 다양한 이유로 외환시장에서 급등과 급락을 반복해왔다는 사실을 감안하면, 달러의 위상이 환율에 미치는 영향은 그리 크지 않다는 것을 알 수 있다.[26]

잭 D. 리퍼 이론의 결함을 한마디로 요약하면 다음과 같다. 달러의 국제적인 역할에서 비롯되는 이점이 단점을 능가할 수도 있지만, 반대로 단점이 더 클 수도 있다. 긍정적인 순수 효과(다른 요인들의 영향이 배제된, 특정 조치에 따른 순수한 결과—옮긴이)가 창출되더라도 미국 경제의 활력에 결정적인 영향을 미칠 정도로 크지는 않다. 미국의 "고귀한 체액"이 아무런 영향을 받지 않는다는 것은 말할 필요도 없다.

재정 적자라는 숙제

두 번째 주장의 골자는 다음과 같다. 미국 재무부는 세계에서 가장 안전한 채권을 명백히 세계 최고 통화인 달러로 발행하므로, 외국 투자자들이 미국 정부에 저렴한 금리로 돈을 빌려주지 않는다는 것은 상상조차 할 수 없는 일이다. 따라서 미국 정부는 마음껏 재정지출을 늘려갈 수 있는 동시에, 지출과 수입의 균형을 맞추느라 꽤 높은 세금을 뜯어내는 식의 불쾌한 의무는 신경 쓰지 않아도 된다.

나는 '재정 적자는 신경 쓰지 않아도 된다'라는 내용의 이론들이 논쟁을 불러일으키기 시작한 1970년대 후반부터 1980년대 초반 사이에 경제 전문 기자로서 첫발을 내디뎠다. 내게 그 이론은 신통찮게 느껴졌다. 경제학 강의 시간에 배운 내용, 즉 경기 침체 때는 재정 적자가 커도 괜찮지만, 경제가 빠르게 성장할 때는 그렇지 않다는 일종의 상식에 완전히 어긋났기 때문이다. 따라서 나는 당시 GDP 대비 5퍼센트에 달했던 재정 적자를 보며, 레이건 행정부와 의회가 심히 무책임하다고 비난받아 마땅하다는 정통 학계의 반응에 공감했다. 만약 그때 내가 해당 비율이 2009년부터 2011년 사이에는 8~10퍼센트까지 확대될 것이고, 2020년부터 2021년 사이에는 12~15퍼센트까지 치솟을 것이라는 예측을 들었다면, 미국이 과연 살아남을 수나 있을지 고민했을 것이다.

이제는 미국 정부가 (그리고 다른 나라 정부들도) 과거에 상상했던 것보다 훨씬 더 큰 폭의 재정 적자를 감당할 수 있다는 사실이 분명해졌다. 게다가 특수한 상황에서는 재정 적자를 지는 것이 바람직하며, 심지어 필수적이기까지 하다. 경제가 대공황을 맞아 최악의 침체에 빠졌거나 팬데믹이 전쟁에 맞먹는 경제적 위협을 가할 때, 정부는 정상적인 성장세를 회복하고 붕괴를 막기 위해 얼마가 필요하든 지출해야 하며, 그 재원을 어떻게 마련할지는 나중에 고민해도 된다. 금리가 낮고 정부의 차입 비용이 거의 없는 상황에서 긴축재정을 펼치는 것은 어리석기 짝이 없고 자해에 가까운 짓이다. 틈만 나면 재정 적자라며 잔소리하는 사람들이 GDP의 100퍼센트에 달하는 국가 채무에 대해 한탄했다가 비웃음을 사는 까닭은, 한때 그 정도 수준이면 경제 붕괴가 불가피하다고 여겨졌지만 실제로는 그렇지 않기 때문이다. 미국은 그리스가 아니다. 그리스는 돈을 찍어내 채무를 상환하지 못한다. 미국에서는 그리스가 겪은 식의 채무위기가 사실상 일어날 수 없다.

이러한 사실을 감안해 나는 최근 몇 년 동안 잔소리꾼으로서의 본능을 억눌러왔다. 그러나 앞으로 다가올 10년이나 그 후를 생각하면 다시 불안감이 꿈틀거린다. 그 이유는 미국의 재정 전망이 암울하기 때문이다. 중립적인 연구 기관인 의회예산처Congressional Budget Office의 전망에 따르면, 2025년부터 2034년까지 GDP 대비 재정 적자 비율은 평균 6.3퍼센트에 달할 것으로 예상된다.[27] 그러나 여러 가지 이유에서 이는 지나치게 낙관적인 추정이다. (의회예산처는 현재의 법과 정책이 그대로 시행된다는 비현실적인 전제에 따라 전망치를 산출해야 한다.) 좀 더 현실적으로 따져보면, 6.5퍼센트에서 10퍼센트 사이가 될 가능성이 크다.[28]

더욱이 연준이 인플레이션 억제 기조로 돌아섰으니 초저금리 시대가 지나간 것은 거의 확실하다. 연준이 인플레이션에 신경 쓰지 않고 경제성장만 바라보던 시기에는 방대한 규모의 미국 국채를 매입함으로써 금리를 0퍼센트에 가깝게 유지할 수 있었다. 그러나 이제는 연준이 양적완화에서 양적긴축으로 전환함에 따라 미국 국채의 보유량을 축소해야 하는 상황이다. 그 결과 2024년 초 미국 국채 수익률은 5퍼센트를 넘어섰다. 앞으로 금리가 어느 정도 하락하기야 하겠지만, 가까운 미래에 초저금리 시대가 돌아오리라고 예상하는 사람은 없다.

지금 같은 상황에서는 재정 적자가 파괴적인 결과를 초래할 수 있다. 일단 미국 재무부가 막대한 자금을 차입하면 시장 금리가 전반적으로 상승할 가능성이 커진다. 그 때문에 기업들은 공장, 설비, 장기 프로젝트 등에 대한 투자를 꺼리게 되고, 이는 노동생산성 저하로 이어져, 결과적으로 국가의 장기적인 성장 전망에 그림자가 드리워질 수밖에 없다. 따라서 미국 정부가 국제금융시장에서 언제까지나 관대한 조건으로 돈을 빌릴 수 있으리라는 확신에 빠져, 지금같이 방만한 재정 기조를 고집하는 것은 오만한 태도라고 해도 과언이 아니다. 달러 패권이 유지되더라도 미국의 번영이 위태로워질 가능성은 있으며, 이는 잭 D. 리퍼 이론을 신봉하지 않는 사람이라도 마땅히 경각심을 느낄 만한 일이다.

미국 정치권은 재정 적자 문제를 해결할 수 있을까? 안타깝게도 그럴 능력이 전혀 없어 보인다. 우선 공화당은 자기들이 백악관을 차지하면 세금을 인하하고, 민주당 대통령이 들어서면 의회 권력을 이용해 세수를 대폭 끌어올리지 못하도록 막는다. 공화당의 위선에 진력이 난 민주당은 신중한 태도를 내던지고 재정지출 정책을 밀어붙이기만 한다. 양당은 지출과 수입 간의 격차를 실질적으로 줄일 수 있는 조치는 미뤄둔 채, 필리버스터, 부채 한도를 둘러싼 치킨 게임, 극도로 복잡한 예산 및 세출 승인 절차 등 이런저런 술수를 부리며 자신들의 우선 과제를 수호하느라 정신이 없다. 양측에 동일한 책임이 있다고 말하려는 것은 아니다. 공화당에 훨씬 더 큰 책임이 있다. 그러나 2023년 8월 전 세계적인 신용평가사 피치Fitch가 미국 국채의 신용 등급을 하향 조정하면서 그 주요 이유 중 하나로 "거버넌스 기준의 꾸준한 악화"를 지목한 것을 반박하기란 어렵다.[29] 정치 시스템이 제대로 작동하지 못해 정책적 참사가 발생할 가능성이 커지고 있다는 뜻인데, 그런 것치고는 지나치게 완곡한 표현이다.

포스트 달러 시대의 달러 패권

독자들이 이 책을 읽을 즈음이면 트럼프 2기 행정부가 출범해 있을 테고, 의회의 다수당은 공화당일 것이다. 그들 중 상당수는 암호화폐에 우호적이며, 실제로 빅크립토 발행사들의 후한 지원을 받아 당선된 인물들이다. 달러는 트럼프 1기 행정부에 살아남았듯이 이번에도 살아남을 것이라 믿는다. 그만큼 나는 달러의 위상에 대해 확고한 신념을 품고 있다. 암호화폐 신봉자들은 순전히 자기 이익을 위해 국가 전략적 비트코인 비축분 계획이 달러에도 좋다고 주장하지만,[30] 나는 그런 거창한 수단으로는 달러 패권을 지켜낼 수 없다고 확신한다. 아울러 달러 패권은 탈달러화를 시도하는 나라들에 주먹을 휘두르는 방식으로도 유지할 수 없다. 트럼프는 백악관을 재탈환한 직후부터 브릭스가 공동 통화 계획을 추진하면 관세를 부과하겠다고 위협했는데, 달러 대신 다른 나라의 통화(가령 위안화)를 쓰는 것까지 막기란 어려울 것이다.[31] 앞으로 트럼프 행정부가 어떤 접근법을 취하든, 앞선 장들에서 제시한 역사적 사실들과 그 사실들이 들려주는 교훈이 공론 형성 과정에 유익하게 쓰이기를 바란다.

한편 2025년에 미국은 진정으로 기축통화 발행국의 자격을 갖추고 있는지를 시험받게 될 것이다. 정부의 부채 한도를 상향 조정하기로 합의했던 2023년 5월의 조치가 곧 만료되어 차입을 지속하려면 새로운 합의가 필요하다. 이는 입법을 통해 이루어지는데, 이 과정 자체를 없애야 한다는 설득력 있는 주장이 여러 차례 제기되었다. 양당의 대결 구도 탓에 진통을 겪은 후에야 합의가 이루어져, 미국 정부가 간신히 채무불이행을 모면하는 일이 자주 벌어졌기 때문이다.[32]

선거 결과를 감안할 때 2025년에는 국가 채무 한도를 비교적 쉽게 합의할 것으로 예상된다. (국가 채무 한도는 1월 1일 만료되었고, 이후 미국 재무부의 보유 현금 treasury general account으로 버티는 중이었다. 이마저 8월이나 9월쯤 바닥날 것으로 보였는데, 트럼프가 내놓은 '하나의 크고 아름다운 법 One Big Beautiful Bill Act'이 7월 4일 의회를 통과하며, 한시름 놓게 되었다. 대규모 감세 조치를 담은 이 법에 국가 채무 한도를 5조 달러 더 늘리는 방안이 포함되었기 때문이다. 이로써 미국 정부는 채무불이행 위기를 넘기게 되었으나, 국가 채무 한도는 근본적으로 양당의 합의에 따른 법 제정을 통해 조정할 수 있으므로, 미봉책이라는 의견도 있다―옮긴이) 그러나 미래에는 극우 성향의 의원들이 찬성표를 던지지 않아 교착 상태에 빠짐으로써, 재무부가 차입에 실패해 국채의 일부를 상환하지 못하는 상황이 발생할 수 있다. 투자자들은 재무부가 끝내 채무를 이행할 것이라고 믿고 기다리겠지만, 채무불이행이 장기화되면 미국 국채시장이 재앙을 맞이하게 되리라는 점은 분명하다.

미국이 자초한 다른 문제들도 달러의 위상에 악영향을 끼칠 수 있다. 연준의 독립성에 대한 트럼프의 공격이 집권 1기 때의 수준을 넘어설 수도 있으며, 투자자들이 공명정대함의 측면에서 미국과 중국의 사법부가 크게 다르지 않다고 느낄 정도로 법치주의가 훼손될 수도 있다. 그뿐 아니라 미국과 중국 간의 긴장이 극도로 고조되어 세계가 달러 중심 블록과 위안화 중심 블록이라는 두 개의 완전히 단절된 경제권으로 나뉘게 될지도 모른다. 심지어 밴스처럼 틸 같은 인물에게 영향받은 정치인이 백악관의 새 주인이 되어 명목화폐 시스템 자체를 뒤엎으려고 할 가능성도 배제할 수 없다. 또는 트럼프 본인이, 비록 달러의 국제적인 역할을 지지한다고 공공연히 밝히기는 했지만, 비트코인에 심취한 아들들의 입김으로 명목화폐 시스템에 손대려고 할 수도 있다.

미국이 그러한 방향으로 나아간다면 달러 패권은 사라지거나 약화될 것이다. 그러나 달러 패권의 상실이나 약화 자체는 가장 사소한 문제에 불과하다. 그 여파로 훨씬 더 부정적인 결과가 뒤따를 것이 분명하기 때문이다. 중요한 점은 미국 스스로 달러 패권에 뒤따르는 온갖 혜택을 남용하고 놓쳐버릴 수 있다는 사실이다.

이 모든 일이 기우에 불과하며, 달러의 지배력은 흔들리지 않으리라고 상상하는 것은 기분 좋은 일이다. 더 나아가 모든 나라가 화목하게 잘 지내며 진정한 국제통화가 탄생하고 경제제재라는 수단이 더는 쓸모없어지는 세상을 상상해보는 것은 한층 더 즐거운 일이다. 그때까지 미국은 달러가 부여하는 막강한 권력의 책임감 있는 수호자 역할을 다 할 수 있을까? 그러지 못한다면 킹 달러를 향한 악담이 정당화될 것이다. 다만 나는 미래에도 킹 달러의 통치에 축배를 들 수 있기를 바랄 뿐이다. 달러 왕국이 오래도록 지속되길!

감사의 말

이 책이 출간되기까지 거의 5년의 세월이 걸렸다. 2020년 3월 3일에 날아온 한 통의 이메일이 그 시작이었다. 거기에는 스미스리처드슨재단Smith Richardson Foundation이 내 집필 작업을 지원하기 위해 후한 보조금을 지급하기로 결정했다는 내용이 쓰여 있었다. 내 보조금 신청서를 처리해준 재단의 선임연구책임자인 앨런 송Allan Song은 준비 작업을 시작한 내게 이살스러운 당부의 말을 덧붙였다. "손을 열심히 씻으세요!" 중국 우한에서 시작해 전 세계로 퍼져나간 바이러스를 염두에 두고 한 말이었다.

처음에 나는 세계 각국의 최고위 관료들이 막후에서 벌이는 활동을 깊이 파고든 탐사보도 형식의 책을 구상했다. 중국, 러시아, 이란, 유럽 각국을 포함한 여러 국가를 직접 방문해 미국 정부의 경제제재가 어떻게 우회되는지를 취재할 작정이었다. 내가 답을 찾아내고자 했던 질문은 다음과 같았다. 기축통화인 달러의 영향력이 남용되면 그 유용성은 약화되지 않을까? 미국과 대립하는 국가들이 달러에 기반하지 않은 금융 시스템을 구축하는 데 성공했는가? 아니면 가까운 미래에 그같은 시도가 성공할 가능성이 있는가? 나는 베이징, 모스크바, 테헤란 등 세계 각국의 수도에서 정책 결정자들을 인터뷰하고, 해당 국가의 민간기업들이 어떠한 방식으로 제재를 회피하고 있는지를 조사하려 했다. 워싱턴에서 미국의 규제 당국이 달러의 파괴력을 유지하기 위해 세우고 있는 계획 또한 조사 대상이었다.

그러나 예상치 못한 사건들로 차질이 빚어졌다. 그중 가장 큰 사건은 코로나19의 예방책으로 손 씻기 이상의 철저한 조치가 필요해진 것이었다. 내 경우에는 오랫동안 거주 중인 일본 정부의 신중한 정책 때문에 2021년 6월에야 '완전 접종'(이 용어를 기억하는가?)을 마쳤다. 그 결과 원래 계획했던 해외 취재 일정을 미루어야 했다. 2021년 여름이 되어 마침내 출국하려던 참에 슬프게도 어머니와 의붓아버지가 생의 마지막 시기에 접어들며 내 시간과 에너지는 가족을 돌보는 일에 집중되었다. 당시에는 일정상의 차질을 충분히 극복할 수 있을 것으로 생각했기에 2021년 말부터 조사를 재개하고 해외 취재를 시작하겠다고 굳게 다짐했다. 그러나 코로나19의 오미크론 변이와 돌파 감염이 발생하면서 나는 추가 접종을 기다려야 했고, 결국 2022년 2월에야 모든 접종을 마쳤다. 드디어 워싱턴으로 떠나려던 찰나에 러시아가 우크라이나를 침공했다. 그 사건 때문에 내 책의 범위는 단번에 확대되었다. 대러 제재에 대한 상세한 자료와 분석을 포함하지 않을 수 없었기 때문이다. 그 후 몇 달에 걸쳐 코로나19 때문이 아니더라도 러시아나 중국을 방문하는 일이 무모하다는 결론에 이르게 되었다. 시국이 시국인지라 두 나라에 입국해 민감한 질문을 던졌다가는 구금당할 것이 뻔했기 때문이다. 결국 탐사보도 형식의 책을 쓰겠다는 애초 계획은 포기해야 했다.

예상치 못한 상황이 달갑지 않았지만, 오히려 집필 방향을 튼 덕분에 한층 더 괜찮은 결과물을 얻었다고 생각한다. 이 책은 다양한 인터뷰, 몇 차례의 해외 취재, 과거에 내가 작성했던 기사 등에서 얻은 통찰을 담고 있기도 하지만, 무엇보다 다른 이들의 연구 성과에 크게 의존하고 있다. 나는 셀 수 없이 많은 책, 기사, 전문적인 분석, 온라인 토론(학술회의와 팟캐스트 등), 의회 청문회, 언론 보도를 정독하면서 단지 경제제재에만 국한한 책보다는 달러 자체를 폭넓은 관점에서 다룬 책을 써야겠다고 마음먹게 되었다. 물론 화폐경제학과 역사학 분야의 거장들이 달러를 주제 삼아 집필한 저서는 이미 많다. 대표적으로 버클리대학교의 아이켄그린 교수가 쓴 《달러 제국의 몰락》《글로벌라이징 캐피털》, IMF의 중국 담당 국장을 지냈던 프라사드가 쓴 《달러 트랩》, 캘리포니아대학교의 벤저민 코헨Benjamin Cohen 교수가 쓴 《화폐와 권력Currency Power》《국가의 통화 전략Currency Statecraft》 등이 있다. 모두 훌륭한 책이며 나도 여기에서 귀중한 통찰을 얻었다. 그러나 그러한 명저들도 최근에 전개된 일들은 담고 있지 못하므로, 나는 달러의 역할을 좀 더 시의적절한 맥락에서 재분석할 필요가 있다고 판단했다.

재정 지원을 아끼지 않아 이 책을 탄생하게 해준 스미스리처드슨재단에 깊은 감사를 전한다. 이 책의 방향을 잡아가는 과정에서 귀중한 조언을 해준 송에게도 감사한다. 예상보다 책의 완성이 늦어졌는데도 재단이 인내심을 갖고 너그러이 양해해준 것도 고마울 따름이다. 또한 전략국제문제연구소가 나를 경제문제 관련 비상근 선임연구원으로 임명해준 것도 큰 도움이 되었다. 당시 그곳의 경제문제 담당 선임부소장이었던 매슈 굿맨Matthew Goodman과 관련 행정 업무를 처리해준 연구소 동료들에게 감사를 전한다.

집필 경험이 있는 친구 여러 명이 예일대학교출판부와 그곳의 책임편집자인 세스 디치크Seth Ditchik를 적극적으로 추천했다. 그래서 디치크가 책의 출판 가능성을 타진하는 내 이메일에 긍정적으로 회신했을 때 정말 기뻤다. 게다가 그와의 작업 경험이 친구들의 말처럼 매우 보람찼다는 사실에 한층 더 큰 기쁨을 느꼈다. 디치크의 조수인 첼시 코널리Chelsea Connelly는 효율적이고 친절하기 이를 데 없었으며, 교정편집자인 에리카 핸슨Erica Hanson은 놀랄 만큼 세심하고 정성스럽게 원고를 다듬어주었다. 제작편집자인 제프 시어Jeff Schier는 출간 직전의 마지막 과정을 능숙하게 처리해주었다. 그 외에도 예일대학교출판부의 편집 과정에 참여한 모든 사람과 원고를 읽고 긍정적으로 평가해준 익명의 심사자들에게도 감사를 전한다.

나는 인터뷰이 가운데 몇 명의 이야기만을 이 책에 인용했다. 글레이저, 레비, 신현송, 싱, 싱슬레위, 스미스, 운터오버되스터 정도다. 그러나 그들 외에도 수많은 사람이 시간을 할애해 경제학, 지정학, 법률, 금융, 기술 분야의 복잡한 사건과 현안들을 설명해주었다. 그들에게도 마음 깊은 감사를 전한다. 하나하나 이름을 거론하기엔 너무 많은 사람이 도움을 주었지만, 특히 토머스 코원Thomas Cowan, JP 코닝JP Koning, 제라드 디피포Gerard DiPippo, 마크 소벨Mark Sobel, 스티븐 카민Steven Kamin, 고트프리트 라이브란트Gottfried Leibbrandt, 나타샤 드 테란

Natasha De Teran, 힐러리 앨런Hilary Allen, 데이비드 루이스David Lewis, 다니엘 닐슨Daniel Neilson, 키팅 그리고 스티븐 체케티Stephen Cecchetti는 꼭 언급하고 싶다. (체케티는 디지털 화폐 정책에 관한 내 결론에 강력한 이의를 제기하겠지만, 그렇더라도 흥미로운 논의를 이끌어준 것에 대해 고마움을 전한다.) 그뿐 아니라 내게 시간을 내준 연준, CHIPS, IMF, BIS의 관료들에게도 감사한다. 그들은 심층적인 배경지식을 바탕으로 내 질문에 유익한 답변을 해주었다. 나와 인터뷰한 이들 중에는 원고의 일부를 읽고 도움이 되는 제안을 해준 사람들이 있다. 그들에게도 감사를 전한다. 누락이나 오류를 전부 시정하지 못한 것은 전적으로 내 책임이다.

반드시 밝혀둘 사실이 있다. 이 책을 표절 탐지 프로그램으로 검토하면 몇몇 문장이 '표절 의심'으로 뜰지 모른다. 그것들은 내가 과거에 작성한 기사들뿐 아니라, 2010년부터 2023년까지 국제거버넌스혁신센터Centre for International Governance Innovation의 선임연구원으로 일하며 쓴 책과 논문에서 인용한 문장들이다. 나는 남의 글은 절대 베끼지 않는다. 그러나 내가 공들여 쓴 나만의 고유한 글에 한해서는 시간을 절약하기 위해 재활용할 권리가 있다고 생각한다. 저작권자인 국제거버넌스혁신센터가 그 글들을 재사용할 수 있도록 허락해주었다는 점을 밝힌다. 그리고 그 글들을 인용할 때마다 국제거버넌스혁신센터를 출처로 기재했다. 그 밖에도 기자로 활동하던 시절에 쓴 몇몇 기사 중에서 일부 대목을 인용했으며, 그때마다 출처를 밝혀두었다.

이 책을 쓰면서도 지난 여섯 권의 책을 썼을 때와 마찬가지로 아내 요시에게 큰 신세를 졌다. 요시에는 언제나 내가 자료 조사를 위해 장기간 집을 비우는 것을 참고 견뎌주었는데, 이번에는 팬데믹 기간 내내 집에 틀어박힌 채 앞서 언급한 자료들을 탐독하는 나를 이해해주었다. 감염 위험을 최소화하기 위해 집에만 있는 것은 생각보다 그리 괴롭지 않았다. 요시에와 함께한 즐거운 시간 덕분이었다. 그때의 경험을 통해 요시에와 결혼한 것이 큰 행운임을 재차 확인할 수 있었다(확인할 필요도 없는 일이지만 말이다).

이 책의 헌사에 암호화폐를 꼬집는 내용을 담은 것에 대해서도 덧붙일 말이 있다. 그 내용을 보고 누군가는 나더러 금융 기득권의 앞잡이라고 비난할지 모른다. 그러나 섣불리 그렇게 판단한 사람에게는 내가 20년 전에 쓴, 2000년대 초반의 아르헨티나 금융위기를 조망한 책을 읽어보라고 하고 싶다. 투자은행과 기관투자가들에게 상당한 책임이 있다고 비난하는 그 책의 헌사는 다음과 같다. "내 아들딸 니나, 네이선, 댄, 잭에게. 너희가 월가에서 일하게 되더라도 너희를 무조건적으로 사랑하는 내 마음은 변치 않을 거야."

이번 책은 각각 여섯 살, 세 살인 내 손주들에게 헌정하고자 한다. 내가 취재차 미국을 방문하면서 메릴랜드주 베데스다에 사는 딸네 집에 갔을 때 그 아이들의 밝고 천진난만한 행동은 큰 기쁨을 주었다. 그중 세 살배기 손녀는 자기 오빠처럼 삶에서 진정으로 중요한 것이 무엇인지를 다시 한번 일깨워주었으며, 내 부모님이 세상을 떠나기 직전에 태어났던 아이인 만큼 그러한 깨달음이 한층 더 시의적절하게 다가왔다.

2024년 8월

주

프롤로그 달러는 왜 강한가

1. 'Historical Note' in "New York Clearing House Association records, 1853-2006", Columbia University Libraries Archival Collections, https://findingaids.library.columbia.edu/ead/nnc-rb/ldpd_7094252/dsc. 다음 문헌들도 참고할 것. James Sloan Gibbons, *The Banks of New-York: Their Dealers, the Clearing House, and the Panic of 1857* (New York: D. Appleton & Co., 1858); William Jay Gilpin and Henry E. Wallace, *The New York Clearing House* (New York: Moses King, 1904); Martin Campbell-Kelley, "Victorian Data Processing: Reflections on the First Payment Systems," *Communications of the ACM* 53, no. 10 (October 10, 2010), https://www.umsl.edu/~sauterv/analysis/p19-campbell-kelly.pdf.

2. Gibbons, *The Banks of New-York*, chapter 18.

3. "CHIPS, Annual Statistics from 1970 to 2024," https://media.theclearinghouse.org/-/media/New/TCH/Documents/Payment-Systems/CHIPS-Volume-and-Value_May.pdf?rev=2393796a8ff642a3848758b204914cd3.

4. The Clearing House, "CHIPS Public Disclosure of Legal, Governance, Risk Management, and Operating Framework," June 2022, https://mc-e3a82812-8e7a-44d9-956f-8910-cdnendpoint.azureedge.net/-/media/New/TCH/Documents/Payment-Systems/CHIPS_Public_Disclosure_June_2022_v2.pdf?rev=b254e7fb55614372934b4eef76dca8fd.

5. oe Leahy and Hudson Lockett, "Brazil's Lula Calls for End to Dollar Trade Dominance," *Financial Times*, April 13, 2023.

6. Carol Bertaut, Bastian von Beschwitz, and Stephanie Curcuru, "'The International Role of the U.S. Dollar' Post-COVID Edition," FEDS Notes, Federal Reserve Board, June 23, 2023, https://www.federalreserve.gov/econres/notes/feds-notes/the-international-role-of-the-us-dollar-post-covid-edition-20230623.html.

7. 대금 청구, 차입, 외환 거래와 관련된 달러 사용 수치는 다음 문헌에서 인용했다. "'The International Role of the U.S. Dollar' Post-COVID Edition." 한국과 호주 수출업체들의 대금 청구와 관련된 달러 사용 수치는 다음 문헌들에서 인용했다. Shang-Jin Wei, "A Reality Check for the Renminbi," Project Syndicate, April 6, 2023, https://www.projectsyndicate.org/commentary/renminbi-still-no-match-for-us-dollar-by-shang-jinwei-2023-04; Australian Bureau of Statistics, "Export and Import Invoice Currencies, 2020-21," https://www.abs.gov.au/articles/export-and-import-invoice-currencies2020-21#:~:text=Back%20

to%20top-,Key%20Statistics,and%2032.2%25%20in%20the%20AUD.

8   그래프와 외환 스와프의 중요성에 대한 전반적인 요지는 다음 문헌에서 인용했다. Hyun Song Shin, "The Dollar-Based Financial System through the Window of the FX Swaps Market," speech at the Peterson Institute for International Economics conference on "Floating Exchange Rates at Fifty," Washington, DC, March 24, 2023, https://www.bis.org/speeches/sp230324a.pdf.

9   Jon Cunliffe, "Do We Need 'Public Money'?" speech at the Official Monetary and Financial Institutions Forum (OMFIF) Digital Money Institute, London, May 13, 2021, https://www.bankofengland.co.uk/speech/2021/may/jon-cunliffe-omfif-digital-monetaryinstitute-meeting.

10 이 문단의 발췌문들은 다음 문헌들에서 인용했다. Ruchir Sharma, "A Post-Dollar World Is Coming," *Financial Times*, August 28, 2022; Zoltan Pozsar, "Great Power Conflict Puts the Dollar's Exorbitant Privilege under Threat," *Financial Times*, January 19, 2023; Niall Ferguson, "America's Power Is on a Financial Knife Edge," *Sunday Times*, September 15, 2019.

11 이 문단의 발췌문들은 다음 문헌들에서 살펴볼 수 있다. Jeff Cox, "Stanley Druckenmiller Says the Fed Is Endangering the Dollar's Global Reserve Status," CNBC, May 11, 2021, https://www.cnbc.com/2021/05/11/stanley-druckenmiller-says-the-fedis-endangering-the-dollars-global-reserve-status.html; Gal Luft and Anne Korin, *De-Dollarization: The Revolt against the Dollar and the Rise of a New Financial World Order* (independently published, 2019); *Fox and Friends*, March 25, 2023, https://twitter.com/BitcoinNewsCom/status/1640302421762007044?s=20.

12 다음 자료를 참고할 것. https://ifunny.co/picture/when-cbdcs-become-reality-card-declined-please-delete-alltweets-IPVq4h3YA.

1장 제왕의 길

1   Nellie Bly (born Elizabeth Jane Cochran), *Around the World in Seventy-Two Days*, chapter 1, in *The Complete Works of Nellie Bly* (Shrine of Knowledge, 2020).

2   Bly, *Around the World in Seventy-Two Days*, chapter 9.

3   1장과 2장의 바탕이 되는 역사의 큰 틀은 다음 문헌을 참고할 것. Barry Eichengreen, *Exorbitant Privilege: The Rise and Fall of the Dollar and the Future of the International Monetary System* (New York: Oxford University Press, 2011; 《달러 제국의 몰락: 70년간 세계경제를 지배한 달러의 탄생과 추락》, 2011). 아울러 다음 문헌들도 주요하게 참고할 것. Neil Irwin, *The Alchemists: Three Central Bankers and a World on Fire* (New York: Penguin Books, 2013; 《연금술사들》, 2014), chapters 2, 3, and 4; Barry Eichengreen, Arnaud Mehl, and Livia Chitu, *How Global Currencies Work: Past, Present, and Future* (Princeton, NJ: Princeton University Press, 2018), chapter 3; Barry Eichengreen, "International Currencies in the Lens of History," in *Handbook of the History of Money and Currency*, ed. Stefano Battilossi, Youssef Cassis, and

Kazuhiko Yago (Singapore: Springer, 2020).

4   다음 문헌들을 참고할 것. Helen Fessenden, "When Banking Was 'Free,'" *Econ Focus*, Federal Reserve Bank of Richmond, First Quarter 2018, https://www.richmondfed.org/publications/research/econ_focus/2018/q1/economic_history; Joshua R. Greenberg, *Bank Notes and Shinplasters: The Rage for Paper Money in the Early Republic* (Philadelphia: University of Pennsylvania Press, 2020). 경제학자 조지 셀긴(George Selgin)은 이 시대에 대한 왜곡된 해석, 특히 조슈아 R. 그린버그(Joshua R. Greenberg)의 해석에 이의를 제기하며 귀중한 통찰을 제시했다. 다음 문헌들을 참고할 것. Selgin, "The Fable of the Cats," *Cato at Liberty* (blog), July 6, 2021, https://www.cato.org/blog/fable-cats; "Joshua Greenberg on Antebellum Paper Money," *Cato at Liberty* (blog), March 31, 2021, https://www.cato.org/blog/joshua-greenberg-antebellum-paper-money.

5   더욱 권위 있는 설명은 다음 문헌을 참고할 것. Roger Lowenstein, *Ways and Means: Lincoln and His Cabinet and the Financing of the Civil War* (New York: Penguin Press, 2022).

6   금본위제에 관해서는 다음 문헌들을 참고할 것. Liaquat Ahamed, introduction to *Lords of Finance: The Bankers Who Broke the World* (New York: Penguin Press, 2009;《금융의 제왕》, 2010); Barry Eichengreen, *Globalizing Capital: A History of the International Monetary System, Third Edition* (Princeton, NJ: Princeton University Press, 2019;《글로벌라이징 캐피털: 국제 통화 체제는 어떻게 진화하는가》, 미지북스, 2010), chapter 2; Jacob Goldstein, *Money: The True Story of a Made-Up Thing* (New York: Hachette, 2020;《돈의 탄생 돈의 현재 돈의 미래: 돈은 어떻게 세상을 지배하게 되었는가》, 2021), chapter 10.

7   다음 문단에서 설명하는 오버엔드거니(Overend Gurney & Co.) 사건에 대해서는 다음 문헌들을 참고할 것. Rhiannon Sowerbutts, Marco Schneebalg, and Florence Hubert, "The Demise of Overend Gurney," *Bank of England Quarterly Bulletin* 2016 Q2, https://www.bankofengland.co.uk/-/media/boe/files/quarterly-bulletin/2016/the-demise-of-overend-gurney.pdf; Felix Martin, *Money: The Unauthorized Biography—From Coinage to Cryptocurrencies* (New York: Alfred A. Knopf, 2014;《돈: 사회와 경제를 움직이는 화폐의 역사》, 2019), chapter 12; Irwin, *The Alchemists* (《연금술사들》, 2014), chapter 2.

8   Walter Bagehot, *Lombard Street: A Description of the Money Market* (New York: Charles Scribner's Sons;《롬바드 스트리트》, 2001), 51.

9   다음 문헌을 참고할 것. Abigail Tucker, "J. P. Morgan as Cutthroat Capitalist," *Smithsonian Magazine*, January 2011.

10 다음 문헌들을 참고할 것. Roger Lowenstein, *America's Bank: The Epic Struggle to Create the Federal Reserve* (New York: Penguin Books, 2015), chapter 4; Irwin, *The Alchemists* (《연금술사들》, 2014), chapter 3.

11 더욱 자세한 설명은 다음 문헌을 참고할 것. Lowenstein, *America's Bank*.

12 제1차 세계대전 이후 달러와 미국 금융 산업의 부상에 대해서는 다음 문헌들을 참고할 것. Eichengreen, *Exorbitant Privilege* (《달러 제국의 몰락》, 2011), chapter 2; Eichengreen, Mehl, and Chitu, *How Global Currencies Work*, chapter 3.

13 대공황의 원인이 된 연준의 실수와 금본위제에 대해서는 다음 문헌들을 참고할 것. Ahamed, *Lords of Finance* (《금융의 제왕》, 2010), chapter 20; Barry Eichengreen, *Golden Fetters: The Gold Standard and the Great Depression, 1919-1939* (New York: Oxford University Press, 1992;《황

금 족쇄: 금본위제와 대공황, 1919~1939년》, 2016).

14 Ben S. Bernanke, introduction to *21st Century Monetary Policy: The Federal Reserve from the Great Inflation to COVID-19* (New York: W. W. Norton;《벤 버냉키의 21세기 통화 정책: 연방준비제도-대 인플레이션에서 코로나 팬데믹까지》, 2023).

15 Ahamed, *Lords of Finance* (《금융의 제왕》, 2010), chapter 21; Eichengreen, *Golden Fetters* (《황금 족쇄》, 2016).

16 이 부분의 내용은 대개 내 책에서 가져왔다. *Off Balance: The Travails of Institutions That Govern the Global Financial System* (Waterloo, ON: Centre for International Governance Innovation, 2013), 16-18. 여기에서도 주요 내용 일부를 소개했지만, 브레턴우즈 회담과 그 역사적 배경에 관한 더욱 자세한 설명은 다음 문헌들을 참고할 것. Benn Steil, *The Battle of Bretton Woods: John Maynard Keynes, Harry Dexter White, and the Making of a New World Order*, A Council on Foreign Relations Book (Princeton, NJ: Princeton University Press, 2013;《브레턴우즈 전투》, 2015); James M. Boughton, *Harry White and the American Creed: How a Federal Bureaucrat Created the Modern Global Economy* (and Failed to Get the Credit) (New Haven, CT: Yale University Press, 2021). 다음 문헌들도 참고할 것. Ahamed, *Lords of Finance* (《금융의 제왕》, 2010), chapter 22; Eichengreen, *Exorbitant Privilege* (《달러 제국의 몰락》, 2011), chapter 3; Gianni Toniolo, *Central Bank Cooperation at the Bank for International Settlements, 1930-1973* (New York: Cambridge University Press, 2005), chapter 8.

17 다음 문헌들을 참고할 것. Ivo Maes with Ilaria Pasotti, *Robert Triffin: A Life* (New York: Oxford University Press, 2021); Triffin, *Gold and the Dollar Crisis* (New Haven, CT: Yale University Press, 1960); "Statement of Robert Triffin to the Joint Economic Committee of Congress," Washington, DC, December 8, 1960.

18 다음 문헌을 참고할 것. Jeffry A. Frieden, *Global Capitalism: Its Fall and Rise in the Twentieth Century* (New York: W. W. Norton, 2006), chapters 11 and 12. 미국의 금 보유량에 관한 수치는 다음 문헌에서 인용했다. Sandra Kollen Ghizoni, "Nixon Ends Convertibility of U.S. Dollars to Gold and Announces Wage/Price Controls," Federal Reserve History, written November 22, 2013, https://www.federalreservehistory.org/essays/gold-convertibility-ends.

19 다음 문헌들을 참고할 것. Eichengreen, *Exorbitant Privilege* (《달러 제국의 몰락》, 2011), chapter 3. 더욱 자세한 분석은 다음 문헌을 참고할 것. Benjamin Cohen, *Currency Power: Understanding Monetary Rivalry* (Princeton, NJ: Princeton University Press, 2015), chapter 3.

20 다음 문헌에서 인용했다. Eichengreen, *Exorbitant Privilege* (《달러 제국의 몰락》, 2011), chapter 3.

21 Charles de Gaulle, press conference, February 4, 1965, English translation available at https://collections.library.yale.edu/catalog/11787140.

22 Cohen, *Currency Power*, chapter 7.

23 다음 문헌들을 참고할 것. Ghizoni, "Nixon Ends Convertibility"; William L. Silber, *Volcker: The Triumph of Persistence* (New York: Bloomsbury Press, 2012), chapter 2; Eichengreen, *Exorbitant Privilege* (《달러 제국의 몰락》, 2011), chapter 3.

24 Silber, *Volcker*, chapter 3.

25　Paul A. Volcker with Christine Harper, *Keeping At It: The Quest for Sound Money and Good Government* (New York: PublicAffairs, 2018;《미스터 체어맨: 폴 볼커 회고록》, 2023), chapter 5. 볼커가 말한 달러로 표시된 대외 부채는 연준이 보유한 미국 국채 및 달러로 표시된 기타 채권과 해외은행이 보유한 달러를 의미한다.

26　이 회의에서 오간 내용을 가능한 한 있는 그대로 기록한 보고서로는 다음 문헌을 참고할 것. William Safire, *Before the Fall: An Inside View of the Pre-Watergate White House* (New York: Doubleday, 1975). 이 부분의 모든 발췌문은 새파이어의 책에서 인용했다. 더욱 자세한 역사적 맥락은 문헌을 참고할 것. Jeffrey E. Garten, *Three Days at Camp David: How a Secret Meeting in 1971 Transformed the Global Economy* (New York: Harper, 2021). 아울러 다음 문헌도 주요하게 참고할 것. Roger Lowenstein, "The Nixon Shock," *Bloomberg Business Week*, August 5, 2011, https://www.bloomberg.com/news/articles/2011-08-04/the-nixon-shock?embedded-checkout=true.

27　닉슨이 백악관에 비밀리에 설치한 녹음 장치에서 나온 테이프의 녹취록은 그가 국제경제정책를 고려할 때 정치를 가장 우선시했다는 증거로 가득하다. 다음 문헌을 참고할 것. James L. Butkiewicz and Scott Ohlmacher, "Ending Bretton Woods: Evidence from the Nixon Tapes," *Economic History Review* 74, no. 4 (November 2021): 922–945.

28　다음 문헌에서 인용했다. Irwin, *The Alchemists* (《연금술사들》, 2014), chapter 5. 아울러 다음 문헌도 참고할 것. Robert H. Ferrell, ed., *Inside the Nixon Administration: The Secret Diary of Arthur Burns, 1969-1974* (Lawrence: University Press of Kansas, 2010), 49.

29　Richard Nixon, "Address to the Nation Outlining a New Economic Policy: 'The Challenge of Peace,'" August 15, 1971, https://www.presidency.ucsb.edu/documents/address-the-nation-outlining-new-economic-policy-the-challenge-peace.

30　다음 문헌에서 인용했다. Volcker, *Keeping At It* (《미스터 체어맨》, 2023), chapter 6.

31　Leonard Silk, "The Dollar's Tribulations," *New York Times*, July 4, 1973.

32　다음 문헌에서 인용했다. Perry Mehrling, *Money and Empire: Charles P. Kindleberger and the Dollar System* (New York: Cambridge University Press, 2022), chapter 6.

2장 위기에서 왕좌를 지키다

1　David Mulford, *Packing for India: A Life of Action in Global Finance and Diplomacy* (Lincoln, NE: Potomac Books, 2014), chapter 6.

2　David E. Spiro, *The Hidden Hand of American Hegemony: Petrodollar Recycling and International Markets* (Ithaca, NY: Cornell University Press, 1999). 잭 F. 베넷(Jack F. Bennett) 재무부 차관이 서명한 메모는 111~112쪽에 수록되어 있다.

3　학계와 언론계 모두 이 기간의 미국과 사우디아라비아 간 상호작용을 조명했다. 그중 데이비드 E. 스피로(David E. Spiro)의 《미국 패권의 보이지 않는 손(Hidden Hand of American Hegemony)》은 그 막전 막후를 가장 낱낱이 밝힌 책이다. 사우디아라비아는 자국의 안보를 위해 미국의 지원을 구하고, 또 얻어냈다. 그 대가로 석유 가격을 달러로 책정하고, 그 판매 수

익의 대부분을 미국 국채에 투자했다. 이처럼 사우디아라비아가 미국의 경제적 이익에 도움이 되는 조치를 취했던 것은 분명한 사실이다. 동시에 이는 사우디아라비아가 자국의 경제적 이익과 미국의 경제적 이익이 밀접하게 연계되어 있으며, 따라서 달러를 사용하는 것이 재정적으로 가장 합리적인 선택임을 잘 알고 있었음을 강력하게 시사한다. 스피로의 책 외에도 다음 문헌들을 참고할 것. Rachel Bronson, *Thicker Than Oil: America's Uneasy Partnership with Saudi Arabia* (New York: Oxford University Press, 2006), chapter 6; Bessma Momani, "GCC Oil Exporters and the Future of the Dollar," *New Political Economy* 13, no. 3 (2008): 293-314, https://uwaterloo.ca/scholar/sites/ca.scholar/files/bmomani/files/gcc_oil_exporters_and_the_future_of_the_dollar_forthcoming_in_new_political_economy.pdf; Robert G. Kaiser and David Ottaway, "Oil for Security Fueled Close Ties," *Washington Post*, February 11, 2002. 아울러 다음 문헌도 주요하게 참고하되, 저자들의 편향성(사우디아라비아통화청의 전현직 직원들)을 고려할 것. Ahmed Banafe and Rory Macleod, *The Saudi Arabian Monetary Agency, 1951-2016: Central Bank of Oil* (London: Palgrave Macmillan, 2017), chapter 4.

4 Mulford, *Packing for India*, chapter 6.

5 Mulford, *Packing for India*, chapter 6.

6 Banafe and Macleod, *The Saudi Arabian Monetary Agency*, chapter 4.

7 Paul Blustein, "Look Who Made It in Wall Street!" *Forbes*, February 1, 1977. 이 부분에서 앞쪽의 내용은 대개 내 논문에서 가져왔는데, 1970년대 중반 미국 국채시장이 어떻게 운영되있는시 설명한다.

8 John F. Lyons, "Can the Bond Market Survive?" *Institutional Investor*, May 1969.

9 스피로의 도발적인 표현에 따르면, 미국은 세계 각국에서 '이중 대출'을 받고 있었다. Spiro, *The Hidden Hand of American Hegemony*, chapter 5.

10 다음 문헌에서 인용했다. Jonathan Kirshner, "Dollar Diminution and the Consequences for American Power," in *The Future of the Dollar*, ed. Eric Helleiner and Jonathan Kirshner, chapter 9. 아울러 다음 문헌도 참고할 것. Susan Strange, "The Persistent Myth of Lost Hegemony," *International Organization* 41, no. 4 (1987): 551-574.

11 Arthur F. Burns, "The Anguish of Central Banking," The 1979 Per Jacobsson Lecture, Belgrade, September 30, 1979, http://www.perjacobsson.org/lectures/1979.pdf.

12 이 기간에 연준이 겪은 어려움을 잘 요약한 자료로는 다음 문헌을 참고할 것. *The Alchemists*(《연금술사들》, 2014), chapter 5.

13 다음 문헌들을 참고할 것. Spiro, *The Hidden Hand of American Hegemony*, chapter 5; Joel Harris, "The Last Great Dollar Crisis," *Wall Street Journal*, December 1, 2009.

14 Mulford, *Packing for India*, chapter 6.

15 다음 문헌을 참고할 것. Steven Solomon, *The Confidence Game: How Unelected Central Bankers Are Governing the Changed World Economy* (New York: Simon & Schuster, 1995), chapter 10.

16 Paul Blustein, "Monetary Zeal: How Federal Reserve under Volcker Finally Slowed Down Inflation," *Wall Street Journal*, December 7, 1984. 이 부분의 내용은, 특별히 표시한 곳을 제외하고는, 대개 내 논문에서 가져왔다.

17　Volcker, *Keeping At It* (《미스터 체어맨》, 2023), chapter 8.

18　다음 문헌을 참고할 것. See Silber, *Volcker: The Triumph of Persistence*, chapter 11. 볼커는 자신의 전기를 쓴 윌리엄 L. 실버(William L. Silber)에게 다음과 같이 말했다. "그 일은 직장 생활 중에 경험한 가장 힘든 일 중 하나였습니다. 나는 카터 대통령에게 지명받았고 1976년 대선에서 그를 뽑았으며 그다음 대선에서도 그리할 생각이었습니다. 그러나 내 생각과 감정이 어떠했든 간에 할인율을 인상하는 것 외에는 선택지가 없었습니다. 내게는 완수해야 할 임무가 있었어요." 한편 카터는 자신의 회고록에서 자신의 보좌관들이 볼커의 지명을 크게 우려했다고 밝히며, 결국 연준이 "금리를 매우 높은 수준으로 인상한 것이 1980년의 재선 캠페인에서 부정적으로 작용"했으니, "볼커 지명에 대한 우리의 불안감은 근거가 있는 것이었다"라고 덧붙였다. 아울러 다음 문헌도 참고할 것. Jimmy Carter, *White House Diary* (New York: Farrar, Straus and Giroux, 2010), 348.

19　다음 문헌에서 인용했다. Silber, *Volcker: The Triumph of Persistence*, chapter 13, citing the transcript of the Federal Open Market Committee Meeting, October 5, 1982, p. 19.

20　Clyde H. Farnsworth, "A View That's as Rosy as Red Ink," *New York Times*, November 3, 1987.

21　Stephen Marris, *Deficits and the Dollar: The World Economy at Risk* (Washington, DC: Institute for International Economics, 1985), "Summary," xxi.

22　이 부분의 내용은 대개 내 책에서 가져왔다. *Off Balance*, pp. 26-31. 플라자 합의에 관한 더욱 자세한 내용과 이 기간의 역사는 다음 문헌들을 참고할 것. Yoichi Funabashi, *Managing the Dollar: From the Plaza to the Louvre* (Washington, DC: Institute for International Economics, 1988); David M. Andrews, ed., *International Monetary Power* (Ithaca, NY: Cornell University Press, 2006).

23　Mulford, *Packing for India*, chapter 7.

24　"Announcement of the Ministers of Finance and Central Bank Governors of France, Germany, Japan, the United Kingdom, and the United States," September 22, 1985, http://www.g8.utoronto.ca/finance/fm850922.htm.

25　Diane B. Kunz, "The Fall of the Dollar Order: The World the United States Is Losing," *Foreign Affairs*, July/August 1995.

26　"After Half a Century at the Top, the Dollar's Dominance is Waning," *The Economist*, February 25, 1995.

27　이 일화에 관한 더욱 자세한 설명은 다음 문헌을 참고할 것. John B. Taylor, *Global Financial Warriors: The Untold Story of International Finance in the Post-9/11 World* (New York: W. W. Norton, 2007), chapter 10.

28　이 부분에서 언급한 소재들은 대개 내 책에서 가져왔다. *Off Balance*, pp. 45-49. 2000년대 초반의 국제적인 불균형에 관한 역사적 배경과 좀 더 자세한 설명은 다음 문헌들을 참고할 것. Martin Wolf, *Fixing Global Finance* (Baltimore: Johns Hopkins University Press, 2010; 《금융공황의 시대: 금융세계화 그 불안한 미래》, 2009); Stephen S. Cohen and J. Bradford DeLong, *The End of Influence: What Happens When Other Countries Have the Money* (New York: Basic Books, 2010); Steven Dunaway, "Global Imbalances and the Financial Crisis," Council on Foreign Relations Special Report No. 44, March 2009.

29 2007년 6월 기준, MIT의 크리스틴 포브스(Kristin Forbes)의 계산에 따르면, 외국인은 미국 주식(기업 주식)의 11퍼센트, 미국 기업 채권의 24퍼센트 그리고 거래 가능한 미국 국채의 57퍼센트를 가지고 있었다. 다음 문헌을 참고할 것. Kristin J. Forbes, "Underlying Determinants of Global Currency Status," in *The Euro at Ten: The Next Global Currency?*, ed. Jean Pisani-Ferry and Adam S. Posen (Washington, DC: Peterson Institute for International Economics and Bruegel, June 2009), 42–43.

30 다음 문헌에서 인용했다. "Shrink-Proof," *The Economist*, September 20, 2003.

31 Paul Blustein, "U.S. Trade Deficit Hangs in a Delicate Imbalance," *Washington Post*, November 19, 2005. 달러를 위협하는 요인으로서 미국의 무역 적자 확대에 대한 내 또 다른 우려는 다음 문헌을 참고할 것. Blustein, *And the Money Kept Rolling In (And Out): Wall Street, the IMF, and the Bankrupting of Argentina* (New York: PublicAffairs, 2005), 234.

32 Nouriel Roubini and Brad Setser, "Will the Bretton Woods 2 Regime Unravel Soon? The Risk of a Hard Landing in 2005-2006," paper written for the symposium "Revived Bretton Woods System," organized by the Federal Reserve Bank of San Francisco and the University of California, Berkeley, February 4, 2005, https://pages.stern.nyu.edu/~nroubini/papers/BW2-Unraveling-Roubini-Setser.pdf.

33 다음 문헌을 참고할 것. Adam Tooze, *Crashed: How a Decade of Financial Crises Changed the World* (New York: Penguin Books, 2018; 《붕괴: 금융위기 10년, 세계는 어떻게 바뀌었는가》, 2019), chapter 3.

34 Bo Nielsen and Adriana Brasileiro, "Wise Heads Desert Falling US Dollar," Bloomberg News, November 5, 2007 (published in *Sydney Morning Herald*, November 10, 2007); Nelson D. Schwartz, "Dollar Gets a Snub from the Catwalk," *New York Times*, November 11, 2007.

35 최종 대부자로서 이 기간에 연준이 맡은 역할에 관한 권위 있는 설명은 다음 문헌을 참고할 것. Tooze, *Crashed* (《붕괴》, 2019), chapter 8, Irwin, *The Alchemists* (《연금술사들》, 2014), chapter 11, and Daniel McDowell, *Brother, Can You Spare a Billion? The United States, the IMF, and the International Lender of Last Resort* (New York: Oxford University Press, 2017), chapter 7.

36 Tooze, *Crashed* (《붕괴》, 2019), chapter 8, citing Patrick McGuire and Goetz von Peter, "The US Dollar Shortage in Global Banking and the International Policy Response," Bank for International Settlements Working Paper 291, October 2009.

37 Neil Irwin, *The Alchemists* (《연금술사들》, 2014), chapter 11, 이 책은 당시 상황을 이렇게 설명한다. "혼란한 시기에 이 정보는 비밀에 부쳐졌다. 공개될 경우 그 영향력이 폭발적일 수 있어 12개 준비은행에서 각각 두 명만이 정보에 접근하도록 허가되었다."

38 Federal Reserve Board, transcript of "Meeting of the Federal Open Market Committee on October 28-29, 2008," p. 35, https://www.federalreserve.gov/monetarypolicy/files/FOMC20081029meeting.pdf. 이 발췌문 및 회의에서 언급된 다른 내용들은 그 함의를 엄격히 분석한 다음 문헌에서 인용했다. McDowell, *Brother, Can You Spare a Billion?*, chapter 7.

39 거절당한 국가들의 이름은 회의록에서 삭제되었지만, 이후 칠레, 페루, 도미니카, 인도네시아가 통화 스와프 협정을 요청했으며, 그중 일부는 2009년 초에 요청했다는 사실이 드러났다. 다음 문헌을 참고할 것. Eswar S. Prasad, *The Dollar Trap: How the U.S. Dollar Tightened Its Grip on Global Finance* (Princeton, NJ: Princeton University Press, 2014; 《달러 트랩》, 2015), chapter 11.

40　Transcript of October 28-29, 2008, meeting, p. 36.

41　Transcript of October 28-29, 2008, meeting, pp. 36-37.

42　Transcript of October 28-29, 2008, meeting, p. 21.

43　Zhou Xiaochuan, "Reform the International Monetary System," March 23, 2009, https://www.bis.org/review/r090402c.pdf.

44　United Nations, "Report of the Commission of Experts of the President of the United Nations General Assembly on Reforms of the International Monetary and Financial System," New York, 2009.

45　슈타인브뤼크의 말은 다음 문헌에서 인용했다. Noah Barkin, "U.S. Will 'Lose Financial Superpower Status,'" Reuters, September 25, 2008, https://www.reuters.com/article/financial-germanysteinbrueck-idUKLNE48O02G20080925. 사르코지의 말은 다음 문헌에서 인용했다. Tooze, *Crashed* (《붕괴》, 2019), chapter 8; also at http://www.g20.utoronto.ca/g20plans/g20leaders081114.pdf.

46　Jonathan Kirshner, "After the (Relative) Fall: Dollar Diminution and the Consequences for American Power," in *The Future of the Dollar*, ed. Helleiner and Kirshner, chapter 9.

47　Antonio Mosconi, "The World Supremacy of the Dollar at the Rendering," *New Federalist*, October 2, 2009, https://www.thenewfederalist.eu/The-World-Supremacy-of-theDollar-at-the-Rendering-1917-2008?lang=fr.

48　Matthew C. Klein and Michael Pettis, *Trade Wars Are Class Wars* (New Haven, CT: Yale University Press, 2020), chapter 6.

49　Eichengreen, *Exorbitant Privilege* (《달러 제국의 몰락》, 2011), chapter 5. 이 문헌은 다음의 세 가지 연구를 인용, 다양한 지표를 활용해 미국인들이 누린 금리 인하 규모를 계산했다. Roger Craine and Vance Martin, "Interest Rate Conundrum," *B.E. Journal of Macroeconomics* 9, no. 1 (2009): 1-27; Harm Bandholz, Jorg Clostermann, and Franz Seitz, "Explaining the US Bond Yield Conundrum," *Applied Financial Economics* 19 (2009): 539-550; Frank Warnock and Virginia Warnock, "International Capital Flows and U.S. Interest Rates," *Journal of International Money and Finance* 28 (2009): 903-919.

3장 통화전쟁이 벌어지다

1　Paul Blustein, "Capitalizing on the Euro," *Washington Post*, July 4, 2002. 유로와 관련된 이 부분의 내용은 대개 내 책에서 가져왔다. *Laid Low: Inside the Crisis That Overwhelmed Europe and the IMF* (Waterloo, ON: Centre for International Governance Innovation, 2016).

2　C. Fred Bergsten, "The Dollar and the Euro," *Foreign Affairs*, July/August 1997.

3　다음 문헌에서 인용했다. Cohen, *Currency Power*, chapter 8. See Robert A. Mundell, "The Euro and the Stability of the International Monetary System," in *The Euro as a Stabilizer in the International Economic System*, ed. Robert A. Mundell and Armand Cleese (Boston: Kluwer Academic), 57-84. 먼델의 주장은 다음 자료에서 그가 쓴 장의 초록을 참고할 것.

https://link.springer.com/chapter/10.1007/978-1-4615-4457-9_5.

4   슬로바키아는 2009년 1월 1일 유로존의 16번째 회원국이 될 예정이었다. 그 뒤를 이어 에스토니아, 라트비아, 리투아니아, 크로아티아가 유로존에 가입했다.

5   이 문단의 발췌문들은 다음 문헌들에서 인용했다. Lucas Papademos, "Opening Address," in *The Euro at Ten: Lessons and Challenges*, European Central Bank, Fifth ECB Central Banking Conference, November 13-14, 2008, p. 16, https://www.ecb.europa.eu/pub/pdf/other/euroattenen2009en.pdf; "The Euro Decade and Its Lessons," *Wall Street Journal*, January 2, 2009; Jacob Comenetz, "At Ten, the Euro Is Looking Strong," *Die Welt*, January 2, 2009, https://www.welt.de/english-news/article2961100/At-ten-the-euro-is-looking-strong.html.

6   이 문단의 발췌문들은 다음 문헌들에서 인용했다. Elias Papaioannou and Richard Portes, "The Intentional Role of the Euro: A Status Report," European Commission, Economic Papers 317, April 2008, https://ec.europa.eu/economy_finance/publications/pages/publication_summary12411_en.htm; Menzie Chinn and Jeffrey Frankel, "Why the Euro Will Rival the Dollar," *International Finance* 11, no. 1 (2008): 49-73.

7   Parag Khanna, "Waving Goodbye to Hegemony," *New York Times*, March 6, 2008.

8   이 부분에서 활용한 자료들은 내 책에서 가져왔다. Blustein, *Laid Low*, chapters 4-16.

9   공식적인 협상에 뒤이어 진행된 저녁 만찬의 유쾌한 분위기에 대해서는 다음 문헌을 참고할 것. See Mulford, *Packing for India*, chapter 7, for a description of the convivial atmosphere at these evening gatherings as well as the formal negotiating sessions.

10 멀포드는 자신의 회고록에서 이 일화를 언급했다. *Packing for India*, chapter 7. 내가 기자 시절 취재했을 때도 스프링클은 미주리주에서 경험한 각종 전통을 예로 들며 경제 논리를 펼치곤 했다. 다만 멀포드는 문제의 동물을 새끼 돼지가 아니라 강아지로 지칭했는데, 이는 그가 잘못 기억한 것으로 보인다. '꼬리 자르기'는 돼지들이 서로의 꼬리를 깨물지 못하도록 양돈농가에서 흔히 하는 것인데, 강아지에게는 이와 유사한 학대를 가할 이유가 없다. 스프링클은 2009년 세상을 떠났다.

11 이 기간의 엔에 대한 일본의 정책과 그 결과를 자세히 분석한 것으로는 다음 문헌들을 참고할 것. Cohen, *Currency Power*, chapter 5, and *Currency Statecraft: Monetary Rivalry and Geopolitical Ambition* (Chicago: University of Chicago Press, 2019), chapter 6; Eichengreen, Mehl, and Chitu, *How Global Currencies Work*, chapter 9; Saori N. Katada, "Can China Internationalize the RMB? Lessons from Japan," *Foreign Affairs*, January 1, 2018.

12 Eichengreen, Mehl, and Chitu, *How Global Currencies Work*, chapter 9.

13 Bill Powell and Peter McKillop, "Sayonara, America," *Newsweek*, August 19, 1991.

14 Cohen, *Currency Power*, chapter 5.

15 Kunz, "The Fall of the Dollar Order."

16 Mark Z. Taylor, "Dominance through Technology: Is Japan Creating a Yen Bloc in Southeast Asia?" *Foreign Affairs*, November/December 1995.

17 Katada, "Can China Internationalize the RMB? Lessons from Japan."

18 나와 진행한 인터뷰에서 한 말이다.

19 좀 더 자세한 설명은 다음 문헌들을 참고할 것. Eichengreen, *Exorbitant Privilege* (《달러 제국의 몰락》, 2011), chapter 3; John Williamson, "Understanding Special Drawing Rights," Policy Brief 09-11, Peterson Institute for International Economics, June 2009, https://www.piie.com/publications/policy-briefs/understanding-special-drawing-rights-sdrs.

20 정확히 말해 SDR은 각국의 IMF 지분에 비례해 할당된다. IMF 지분은 GDP, 세계경제에 대한 개방성, 경제의 변동성, 외화보유고 등 다양한 요소를 반영한 공식에 따라 산정된다. 또한 각국이 SDR을 달러 같은 경화로 교환할 때는 명목금리에 따른 이자를 부담해야 한다.

21 Zhou, "Reform the International Monetary System."

22 예로는 다음 문헌을 참고할 것. Eric Helleiner, "The IMF and the SDR: What to Make of China's Proposals?" in "The Future of the International Monetary Fund: A Canadian Perspective," ed. Bessma Momani and Eric Santor, CIGI/CIC Special Report, pp. 18-22, https://www.cigionline.org/static/documents/the_future_of_the_imf_0.pdf.

23 Barry Eichengreen, "Out of the Box Thoughts about the International Financial Architecture," IMF Working Paper, WP/09/116 (May 2009), pp. 9-11, https://www.imf.org/external/pubs/ft/wp/2009/wp09116.pdf.

24 세계금융위기가 발생하기 전인 1990년대와 2000년대 초반에 중국이 펼친 경제정책에 대한 설명은 내 책에서 가져왔다. *Schism: China, America and the Fracturing of the Global Trading System* (Waterloo, ON: Centre for International Governance Innovation, 2019), chapters 2 and 6.

25 중앙회금투자공사에 대한 좀 더 자세한 설명은 다음 문헌을 참고할 것. Mark Wu, "The China Inc. Challenge to Global Trade Governance," *Harvard International Law Journal* 57 (2016): 261-324.

26 "Law of the People's Republic of China on Commercial Banks," http://www.npc.gov.cn/zgrdw/englishnpc/Law/2007-12/12/content_1383716.htm.

27 위안화의 국제화를 위한 중국의 노력은 다음 문헌에서 좀 더 포괄적이고 자세히 설명된다. Eswar S. Prasad, *Gaining Currency: The Rise of the Renminbi* (New York: Oxford University Press, 2017). 이울러 다음 문헌들도 주요하게 참고할 것. Paola Subacchi, *The People's Money: How China Is Building a Global Currency* (New York: Columbia University Press, 2017); Eichengreen, *Globalizing Capital* (《글로벌라이징 캐피털》, 2010), chapter 7; Cohen, *Currency Power*, chapter 9, and *Currency Statecraft*, chapter 7.

28 Qu Hongbin, "Renminbi Will Be World's Reserve Currency," *Financial Times*, November 11, 2010, https://www.ft.com/content/392e077e-ecdb-11df-88eb-00144feab49a.

29 Arvind Subramanian, introduction to *Eclipse: Living in the Shadow of China's Economic Dominance* (Washington, DC: Peterson Institute for International Economics, September 2011).

30 이 일련의 사건에 대한 권위 있는 설명은 IMF의 중국 담당 국장을 지냈던 에스와르 프라사드(Eswar Prasad)가 작성한 다음 문헌을 참고할 것. Prasad, *Gaining Currency*, chapter 6.

31 "IMF Executive Board Completes the 2015 Review of SDR Valuation," December 1, 2015, https://www.imf.org/en/News/Articles/2015/09/14/01/49/pr15543.

32 Edward Wong, Neil Gough, and Alexandra Stevenson, "China's Response to Stock Plunge Rattles Traders," *New York Times*, September 9, 2015, https://www.nytimes.com/2015/09/10/world/asia/in-china-a-forceful-crackdown-in-response-to-stock-

marketcrisis.html; Amie Tsang, "Caijing Journalist's Shaming Signals China's Growing Control over News Media," *New York Times*, September 6, 2015, https://www.nytimes.com/2015/09/07/business/media/caijing-journalists-shaming-signals-chinas-growingcontrol-over-news-media.html.

33 Don Weinland, "China's Capital Controls Dent Inbound Investment," *Financial Times*, April 19, 2017, https://www.ft.com/content/07392a72-241b-11e7-a34a538b4cb30025; Charles Clover, "Foreign Companies in China Hit by New Exchange Controls," *Financial Times*, December 7, 2016, https://www.ft.com/content/a6d0552a-bbc411e6-8b45-b8b81dd5d080.

34 Prasad, *Gaining Currency*, chapter 5.

35 Hiro Ito and Masahiro Kawai, "The Global Monetary System and Use of Regional Currencies in ASEAN+3," in *Redefining Strategic Routes to Financial Resilience in ASEAN+3*, ed. Diwa Guinigundo, Masahiro Kawai, Cyn-Young Park, and Ramkishen S. Rajan (Mandaluyong City, Philippines: Asian Development Bank, December 2021), 124-125, https://www.adb.org/sites/default/files/publication/757221/strategic-routes-financial-resilienceasean3.pdf.

36 이 부분의 법치주의 약화에 관한 내용은 내 책에서 가져왔다. *Schism*, chapters 4 and 8.

37 다음 문헌들을 참고할 것. Carl Minzner, "China's Turn against Law," *American Journal of Comparative Law* 59 (2011), http://ir.lawnet.fordham.edu/faculty_scholarship/4; Rebecca Liao, "Judicial Reform in China," *Foreign Affairs*, February 2, 2017; Zhou Qiang, "Fostering Courts That Are Loyal to the Party, Loyal to the State, Loyal to the People and Loyal to the Law," 2015, www.court.gov.cn/zixun-xiangqing-13285.html (in Chinese), cited in European Commission, "On Significant Distortions in the Economy of the People's Republic of China for the Purpose of Trade Defence Investigations," Commission Staff Working Document, December 20, 2017, chapter 3; Reuters, "China's Top Judge Warns Courts on Judicial Independence," January 15, 2017, https://www.reuters.com/article/us-china-policy-law-idUSKBN14Z07B; Charlotte Gao, "Xi: China Must Never Adopt Constitutionalism, Separation of Powers, or Judicial Independence," *The Diplomat*, February 19, 2019.

38 Prasad, conclusion to *Gaining Currency*.

39 Ben S. Bernanke, "The Dollar's International Role: An 'Exorbitant Privilege'?" Brookings Commentary, January 7, 2016, https://www.brookings.edu/articles/the-dollarsinternational-role-an-exorbitant-privilege-2/.

40 워털루대학교의 에릭 헬라이너(Eric Helleiner)는 학술 문헌들을 종합적으로 조사하고 분석한 결과를 바탕으로 비슷한 주장을 펼쳤다. "흔히 생각하는 것만큼 혜택이 크지 않을뿐더러, (기축통화) 지위와 관련된 경제적·정치적 비용도 상당하다." 다음 문헌을 참고할 것. Helleiner, "Downsizing the Dollar in the Age of Trump? The Ambiguities of Key Currency Status," *Brown Journal of World Affairs* 23, no. 2 (Spring/Summer 2017), https://bjwa.brown.edu/23-2/downsizing-thedollar-in-the-age-of-trump-the-ambiguities-of-key-currency-status/.

4장 달러의 무기화

1. Mark Landler, "Trump Abandons Iran Nuclear Deal He Long Scorned," *New York Times*, May 8, 2018; The White House, "President Donald J. Trump Is Ending United States Participation in an Unacceptable Iran Deal," Fact Sheet, May 8, 2018, https://trumpwhitehouse.archives.gov/briefings-statements/president-donald-j-trump-ending-united-statesparticipation-unacceptable-iran-deal/.

2. Laurence Norman, "Europe Pulls Together in Bid to Preserve Iran Deal," *Wall Street Journal*, May 9, 2018.

3. Ellen Wald, "10 Companies Leaving Iran as Trump's Sanctions Close In," *Forbes*, June 6, 2018.

4. Michael Peel, "US Warns European Companies Not to Defy Iran Sanctions," *Financial Times*, September 6, 2018.

5. Daniel McDowell, "OFAC Sanctions and the New Dollar Diplomacy," *World Politics Review*, December 17, 2019; McDowell, "New Era of Financial Sanctions," chapter 4 in "The US, EU, and UK Need a Shared Approach to Economic Statecraft. Here's Where to Start," The Atlantic Council, September 28, 2023, https://www.atlanticcouncil.org/indepth-research-reports/report/us-eu-uk-need-shared-approach-to-economicstatecraft/#adapting-to-de-dollarization.

6. Peter E. Harrell and Elizabeth Rosenberg, "Economic Dominance, Financial Technology, and the Future of U.S. Economic Coercion," Center for New American Security, April 29, 2019, p. 7, https://s3.us-east-1.amazonaws.com/files.cnas.org/hero/documents/CNAS-Report-Economic_Dominance-final.pdf?mtime=20190423154936&focal=none.

7. Jack Ewing and Stanley Reed, "European Companies Rushed to Invest in Iran. What Now?" *New York Times*, May 9, 2018.

8. European Commission, "Updated Blocking Statute in Support of Iran Nuclear Deal Enters into Force," press release, August 6, 2018, https://ec.europa.eu/commission/presscorner/detail/en/IP_18_4805.

9. Matthew Dalton, "Peugeot to Halt Iran Investments as U.S. Reinstates Sanctions," *Wall Street Journal*, June 4, 2018.

10. David Keohane and Najmeh Bozorgmehr, "Threat of US Sanctions Pushes France's Total out of Iran," *Financial Times*, August 20, 2018.

11. Wald, "10 Companies Leaving Iran"; Benoit Faucon and Sarah McFarlane, "King Dollar Tightens Noose on Iranian Economy," *Wall Street Journal*, June 25, 2018; Clifford Krauss, "Trump Hit Iran With Oil Sanctions. So Far, They're Working," *New York Times*, September 19, 2018.

12. Guy Chazan, "Germany Calls for Global Payments System Free of US," *Financial Times*, August 22, 2018.

13. William Horobin and Birgit Jennen, "EU Looking to Sidestep U.S. Sanctions with

Payments System Plan," *Bloomberg News*, August 27, 2018, https://www.bloomberg.com/news/articles/2018-08-27/eu-looking-to-sidestep-u-s-sanctions-with-payments-systemplan?embedded-checkout=true.

14 Mehreen Khan and Jim Brunsden, "Juncker Vows to Turn Euro into Reserve Currency to Rival US Dollar," *Financial Times*, September 12, 2018.

15 다음 문헌들을 참고할 것. Daniel McDowell, *Bucking the Buck: US Financial Sanctions and the International Backlash against the Dollar* (New York: Oxford University Press, 2023), chapter 7; Adnan Mazarei, "Can Europe Circumvent the Iran Sanctions and Save the Nuclear Deal?" *Realtime Economics* (blog), Peterson Institute for International Economics, July 8, 2019, https://www.piie.com/blogs/realtime-economic-issues-watch/can-europe-circumvent-iran-sanctionsand-save-nuclear-deal; Michael Peel, Andrew England, and Najmeh Bozorgmehr, "European Trade Channel with Iran Facilitates First Deal," *Financial Times*, April 1, 2020.

16 US Department of the Treasury, "Excerpts of Secretary Lew's Remarks on Sanctions at the Carnegie Endowment for International Peace," press release, March 30, 2016, https://home.treasury.gov/news/press-releases/jl0397.

17 Jacob J. Lew and Richard Nephew, "The Use and Misuse of Economic Statecraft," *Foreign Affairs*, November/December 2018.

18 Warren Strobel, "Dollar Could Suffer If U.S. Walks Away from Iran Deal: John Kerry," Reuters, August 12, 2015, https://www.reuters.com/article/us-iran-nuclear-kerryidUSKCN0QG1V020150812.

19 Agathe Demarais, *Backfire: How Sanctions Reshape the World against U.S. Interests* (New York: Columbia University Press, 2022), chapter 5.

20 McDowell, introduction to *Bucking the Buck*.

21 미국의 경제제재에서 CHIPS가 가지는 중요성은 여러 학자가 인정하는 바다. 다음 문헌을 참고할 것. McDowell in *Bucking the Buck*, chapter 2, and Pierre-Hugues Verdier in *Global Banks on Trial: U.S. Prosecutions and the Remaking of International Finance* (New York: Oxford University Press, 2020), chapter 1.
'초크포인트'는 헨리 패럴(Henry Farrell)과 에이브러험 L. 뉴먼(Abraham L. Newman)의 다음 논문 및 후속 연구에 의해 발전된 개념이다. 국제 관계를 바라보는 관점의 주요한 측면을 담고 있다. "Weaponized Interdependence: How Global Economic Networks Shape State Coercion," *International Security* 44, no. 1 (2019): 42-79. 이 개념은 세계경제의 주요 금융 및 기술 허브를 통제하는 국가가 적국의 접근을 막음으로써 행사하는 강압적인 권력을 가리킨다. 패럴과 뉴먼의 말을 빌리자면, 초크포인트는 "제삼자(다른 국가나 민간 부문 행위자)의 허브 사용을 제한하거나 불이익을 주는 특권 국가의 역량과 관련된다. 허브는 효율성 면에서 엄청난 이점을 제공하므로, 이를 우회하기 어렵다. 따라서 허브를 통제할 수 있는 국가는 상당한 강제력을 가진다. 반대로 허브에 대한 접근이 거부된 국가나 민간 부문 행위자는 상당한 비용을 치러야 한다."

22 CHIPS 참여국 명단은 다음 자료를 참고할 것. https://media.theclearinghouse.org/-/media/New/TCH/Documents/Payment-Systems/CHIPS_Participants_Revised_05-26-2023_v2.pdf?rev=b10a8db587344f7fad70612dccaa55f9.

23 Gottfried Leibbrandt and Natasha De Teran, introduction to *The Pay Off: How Changing the Way We Pay Changes Everything* (London: Elliott & Thompson, 2021);《결제는 어떻게 세상을 바꾸는가: 결제 권력을 소유하는 자가 부의 흐름을 지배한다》, 2023).

24 Leibbrandt and De Teran, *The Pay Off* (《결제는 어떻게 세상을 바꾸는가》, 2023), chapter 17.

25 나와 진행한 인터뷰에서 한 말이다.

26 이 부분의 바탕이 되는 여러 역사적 연구는 다음 문헌들을 참고할 것. Nicholas Mulder, *The Economic Weapon: The Rise of Sanctions as a Tool of Modern War* (New Haven, CT: Yale University press, 2022); Bruce W. Jentleson, *Sanctions: What Everyone Needs to Know* (New York: Oxford University Press, 2022); Daniel Drezner, "The United States of Sanctions," *Foreign Affairs*, September/October 2021; Benjamin Coates, "A Century of Sanctions," *Origins*, December 2019, https://origins.osu.edu/article/economicsanctions-history-trump-global?language_content_entity=en; Cohen, *Currency Statecraft*, chapter 5.

27 Richard N. Haass, "Sanctioning Madness," *Foreign Affairs*, November/December 1997.

28 이들 학자의 최신 공동 작업은 다음 문헌을 참고할 것. Gary Clyde Hufbauer, Jeffrey J. Schott, Kimberly Ann Elliott, and Barbara Oegg, *Economic Sanctions Reconsidered*, 3rd ed. (Washington, DC: Peterson Institute for International Economics, 2009).

29 Richard Nephew, *The Art of Sanctions: A View from the Field* (New York: Columbia University Press, 2018), chapter 2.

30 자금세탁 방지, 고객확인절차, 테러 자금 조달 차단과 관련된 법률과 규제의 발전 및 작동 방식에 대한 좀 더 자세한 설명은 다음 문헌들을 참고할 것. Julia C. Morse, *The Bankers' Blacklist: Unofficial Market Enforcement and the Global Fight against Illicit Financing* (Ithaca, NY: Cornell University Press, 2022); Benn Steil and Robert E. Litan, *Financial Statecraft: The Role of Financial Markets in American Foreign Policy* (New Haven, CT: Yale University Press, 2006), chapter 3.

31 여기에서 인용한 나우루와 HSBC의 사례를 포함해, 좀 더 자세한 설명은 다음 문헌을 참고할 것. Morse, *The Bankers' Blacklist*, chapter 3.

32 '클린턴 리스트'에 관해서는 다음 문헌을 참고할 것. Juan Zarate, introduction to *Treasury's War: The Unleashing of a New Era of Financial Warfare* (New York: PublicAffairs, 2013).

33 David S. Cloud and Jacob M. Schlesinger, "U.S. Treasury Hopes to Ease Burden of Anti-Laundering Efforts on Banks," *Wall Street Journal*, July 7, 2001.

34 John B. Taylor, *Global Financial Warriors: The Untold Story of International Finance in the Post-9/11 World* (New York: W. W. Norton, 2007), chapter 1.

35 Taylor, *Global Financial Warriors*, chapter 1.

36 Taylor, *Global Financial Warriors*, chapter 1.

37 US Department of State, "President Freezes Terrorists' Assets," Remarks on Executive Order, September 24, 2001, https://2001-2009.state.gov/s/ct/rls/rm/2001/5041.htm.

38 다음 문헌을 참고할 것. Steil and Litan, *Financial Statecraft*, chapter 3.

39 Zarate, *Treasury's War*, chapter 6.

40 Zarate, *Treasury's War*, chapter 6.
41 Zarate, *Treasury's War*, chapter 6.
42 역사, 설립 목적, 운영 방식, 시설 등 SWIFT에 관한 좀 더 자세한 설명은 다음 문헌들을 참고할 것. Michael Peel and Jim Brunsden, "Swift Shows Impact of Iran Dispute on International Business," *Financial Times*, June 6, 2018; Susan V. Scott and Markos Zachariadis, *The Society for Worldwide Interbank Financial Communication (SWIFT): Cooperative Governance for Network Innovation, Standards and Community* (Routledge, 2014); SWIFT website, swift.com.
43 Eric Lichtblau, *Bush's Law: The Remaking of American Justice* (New York: Pantheon Books, 2008), chapter 8; Scott and Zachariadis, *The Society for Worldwide Interbank Financial Communication*, chapter 5.
44 Lichtblau, *Bush's Law*, chapter 8; Zarate, *Treasury's War*, chapter 2.
45 Zarate, *Treasury's War*, chapter 2.
46 Zarate, *Treasury's War*, chapter 2; Lichtblau, *Bush's Law*, chapter 8; Scott and Zachariadis, *The Society for Worldwide Interbank Financial Communication*, chapter 5.
47 Lichtblau, *Bush's Law*, chapter 8; Zarate, *Treasury's War*, chapter 2.
48 Zarate, *Treasury's War*, chapter 2.
49 Lichtblau, *Bush's Law*, chapter 8; Zarate, *Treasury's War*, chapter 2.
50 Eric Lichtblau and James Risen, "Bank Data Is Sifted by U.S. in Secret to Block Terror," *New York Times*, June 23, 2006.
51 Zarate, *Treasury's War*, chapter 8.

5장 달에도 세금을 매길 것

1 David L. Asher, "Pressuring Kim Jong Il: The North Korean Illicit Activities Initiative, 2001-2006," in David L. Asher, Patrick M. Cronin, and Victor D. Comras, "Pressure: Coercive Economic Statecraft and U.S. National Security," Center for a New American Security, January 2011, chapter 3, p. 31, https://www.cnas.org/publications/reports/pressure-coerciveeconomic-statecraft-and-u-s-national-security.
2 Asher, "Pressuring Kim Jong Il."
3 Sheena E. Chestnut, "The 'Sopranos State'? North Korean Involvement in Criminal Activity and Implications for International Security" (honors thesis, Stanford University, 2005), https://nautilus.org/wp-content/uploads/2012/09/0605Chestnut1.pdf, and "Illicit Activity and Proliferation: North Korean Smuggling Networks," *International Security* 32, no. 1 (2007): 80-111. 다음 문헌도 참고할 것. Raphael Perl, "Drug Trafficking and North Korea: Issues for U.S. Policy," Congressional Research Service, December 5, 2003, https://digital.library.unt.edu/ark:/67531/metacrs4345/; report updated January 25, 2007, available at

https://sgp.fas.org/crs/row/RL32167.pdf.
물론 북한은 각종 범죄에 자신들이 연루되었다는 것을 부인하고 있다. 확실한 증거가 나온다고 해도, 북한이 얻은 수익 규모를 정확히 가늠하기란 어려울 것이다. 다만 불투명한 북한 경제를 오랫동안 추적해온 마커스 놀런드(Marcus Noland)와 스테펀 해거드(Stephan Haggard)는 그 규모가 막대하다는 주장에 회의적이다. 2017년 출간한 책에서 이들은 "김정일 시대 말기인 2011년 기준 북한은 전체 수출액의 5~20퍼센트를 불법으로 얻었던 것으로 추정된다. 가장 적절한 추정치는 대략 10퍼센트 정도다"라고 밝혔다. 물론 두 사람도 2000년대 들어 처음 10년간 "북한에 소프라노 국가였던 순간이 있었다"는 데 동의한다. Stephan Haggard and Marcus Noland, *Hard Target: Sanctions, Inducements, and the Case of North Korea* (Stanford, CA: Stanford University Press, 2017).

4   Zarate, *Treasury's War*, chapter 9.
5   나와 진행한 인터뷰에서 한 말이다.
6   Tom Mitchell and Robin Kwong, "BDA Revives Memories of Macao's Past," *Financial Times*, March 19, 2007.
7   US Treasury, "Treasury Designates Banco Delta Asia as Primary Money Laundering Concern under USA PATRIOT Act," press release, September 15, 2005, https://home.treasury.gov/news/press-releases/js2720#:~:text=Banco%20Delta%20Asia%20has%20been,and%20Financial%20Intelligence%20(TFI).
8   David Lague and Donald Greenlees, "Squeeze on Banco Delta Asia Hit North Korea Where It Hurt," *New York Times*, January 18, 2007; Jay Solomon and Neil King Jr., "How U.S. Used a Bank to Punish North Korea," *Wall Street Journal*, April 12, 2007.
9   Zarate, *Treasury's War*, chapter 10.
10 나와 진행한 인터뷰에서 한 말이다.
11 US Treasury, "Treasury Designates Banco Delta Asia as Primary Money Laundering Concern."
12 Zarate, *Treasury's War*, chapter 1.
13 Solomon and King, "How U.S. Used a Bank to Punish North Korea."
14 Quoted in Zarate, *Treasury's War*, chapter 10.
15 Zarate, *Treasury's War*, chapter 11; Asher, "Pressuring Kim Jong Il"; Steven R. Weisman, "The Ripples of Punishing One Bank," *New York Times*, July 3, 2007; Haggard and Noland, *Hard Target*, chapter 6.
16 이 부분은 대이란 제재에 깊이 관여했던 두 명의 전직 미국 관료가 쓴 다음 문헌을 크게 참고했다. Juan Zarate and Richard Nephew. See Zarate, *Treasury's War*, chapters 13-14, and Nephew, *The Art of Sanctions*, chapters 5 and 7. 아울러 다음 문헌들도 주요하게 참고할 것. Robin Wright, "Stuart Levey's War," *New York Times Magazine*, October 31, 2008; Pierre-Hugues Verdier, *Global Banks on Trial: U.S. Prosecutions and the Remaking of International Finance* (New York: Oxford University Press, 2020), chapter 4; Giri Rajendran, "Financial Blockades: Reserve Currencies as Instruments of Coercion," in *The Power of Currencies and Currencies of Power*, ed. Alan Wheatley (New York: Routledge, 2013); Suzanne Katzenstein, "Dollar Unilateralism: The New Frontline of National Security," *Indiana Law Journal* 90,

no. 1 (2015), https://www.repository.law.indiana.edu/ilj/vol90/iss1/8.

17 나와 진행한 인터뷰에서 한 말이다.

18 *The Charlie Rose Show*, October 6, 2010, https://charlierose.com/videos/15683.

19 다음 문헌에서 인용했다. Nephew, *The Art of Sanctions*, chapter 5.

20 Wright, "Stuart Levey's War."

21 Wright, "Stuart Levey's War."

22 이 문단과 다음 문단에서 주요하게 다루는, 미국의 법 집행에 대한 좀 더 자세한 설명은 다음 문헌을 참고할 것. Verdier, *Global Banks on Trial*, chapter 4.

23 다음 문헌을 참고할 것. Peter Lee, "How Gulliver Fixed HSBC for the Future," *Euromoney*, July 6, 2017. HSBC 사건과 관련 일화를 자세히 알려주고자 케임브리지대학교 국제관계학 석사학위 논문을 공유해준 스티븐 J. 팰런(Stephen J. Fallon)에게 감사의 마음을 전한다. "US Leveraging of Foreign Banks for National Security Objectives from 2005 to 2020" (September 2023).

24 2011년 말의 경제제재 강화와 관련된 각종 수치 및 기타 영향들에 대한 자세한 내용은 다음 문헌을 참고할 것. Rajendran, "Financial Blockades."

25 이 문단에서 인용한 글라지예프의 말은 다음 문헌들에서 찾아볼 수 있다. Daniel Gross, "Did Russia Just Dump a Huge Amount of U.S. Government Bonds?" *Daily Beast*, July 12, 2017, https://www.thedailybeast.com/did-russia-just-dump-a-huge-amount-of-us-governmentbonds; "Kremlin Advisor Reveals 'Cure for US Aggression,'" Tass, April 22, 2017, https://tass.com/politics/942643.

26 '러시아 요새' 전략과 경제적 성과에 대한 좀 더 자세한 내용은 다음 문헌들에서 찾아볼 수 있다. "The Kremlin Has Isolated Russia's Economy," *The Economist*, April 23, 2021; Henry Foy, "Russia: Adapting to Sanctions Leaves Economy in Robust Health," *Financial Times*, January 30, 2020; Henry Foy and Max Seddon, "Rising Poverty and Falling Incomes Fuel Russia's Navalny Protests," *Financial Times*, February 7, 2021; McDowell, *Bucking the Buck*, chapter 5; "Russia's Mir Payment Cards to Give Visa and MasterCard a Run for Their Money," Tass, May 2, 2017, https://tass.com/economy/944174.

27 이 부분에서 러시아의 탈달러화 노력에 관한 내용은 다음 문헌에서 가져왔다. McDowell, *Bucking the Buck*, chapters 3 and 5.

28 McDowell, *Bucking the Buck*, chapter 5.

29 CIPS에 관한 정보는 다음 문헌들을 참고할 것. Barry Eichengreen, "Sanctions, SWIFT, and China's Cross-Border Interbank Payments System," The Marshall Papers (essay series), Center for Strategic and International Studies, May 20, 2022, https://www.csis.org/analysis/sanctions-swiftand-chinas-cross-border-interbank-payments-system; Emily Jin, "Why CIPS Matters (and Not for the Reasons You Think)," *Lawfare*, April 5, 2022, https://www.lawfaremedia.org/article/why-chinas-cips-matters-and-not-reasons-you-think; Cissy Zhou, "China Scrambles for Cover from West's Financial Weapons," *Nikkei Asia*, April 13, 2022; McDowell, *Bucking the Buck*, chapter 8. CHIPS의 일일 거래량에 관한 데이터는 다음 자료에서 찾아볼 수 있다. Annual Statistics from 1970 to 2024," https://media.theclearinghouse.org/-/media/New/TCH/Documents/Payment-Systems/CHIPS-

Volume-and-Value_May.pdf?rev=2393796a8ff642a3848758b204914cd3, and for CIPS at https://www.cips.com.cn/en/index/index.html.

30 Rush Doshi, *The Long Game: China's Grand Strategy to Displace American Order* (New York: Oxford University Press, 2021;《롱 게임: 끝까지 해내는 승리자들의 전략적 사고법》, 2022), chapter 10.

31 Luft and Korin, *De-Dollarization*, chapter 1.

32 다음 문헌을 참고할 것. McDowell, "New Era of Financial Sanctions," and "Cross-Border Interbank Payment System," Wikipedia, https://en.wikipedia.org/wiki/Cross-Border_Interbank_Payment_System.

33 다음 문헌을 참고할 것. Benn Steil, Elisabeth Harding, and Samuel Zucker, "Central Bank Currency Swaps Tracker," Council on Foreign Relations, October 2, 2024, https://www.cfr.org/tracker/central-bank-currency-swaps-tracker.

34 다음 문헌을 참고할 것. Jing Yang, "Why China's Banks Won't Come to Russia's Rescue," *Wall Street Journal*, March 4, 2022; Alexandra Stevenson and Keith Bradsher, "China Has Tools to Help Russia's Economy. None Are Big Enough to Save It," *New York Times*, March 11, 2022; "America's Aggressive Use of Sanctions Endangers the Dollar's Reign," *The Economist*, January 18, 2020.

35 Chen Aizhu and Shu Zhang, "As U.S. Sanctions Loom, China's Bank of Kunlun to Stop Receiving Iran Payments—Sources," Reuters, October 23, 2018, https://jp.reuters.com/article/us-china-iran-banking-kunlun-exclusive-idUSKCN1MX1KA; Maziar Motamedi, "Policy Change at China's Bank of Kunlun Cuts Iran Sanctions Lifeline," *Bourse & Bazaar*, January 2, 2019, https://www.bourseandbazaar.com/articles/2019/1/2/policy-change-at-chinas-bank-of-kunlun-cuts-sanctions-lifeline-foriranian-industry.

36 Christoph Koettl, Muyi Xiao, Stella Cooper, Aaron Byrd, Natalie Reneau, and Amy Chang Chien, "A Tanker and a Maze of Companies: One Way Illicit Oil Reaches North Korea," *New York Times* (visual investigations), March 22, 2021, https://www.nytimes.com/video/world/asia/100000007422226/north-korea-winson-oil-tanker.html.

37 John Park and Jim Walsh, "Stopping North Korea, Inc.: Sanctions Effectiveness and Unintended Consequences," MIT Security Studies Program, August 2016, https://www.belfercenter.org/sites/default/files/legacy/files/Stopping%20North%20Korea%20Inc%20Park%20and%20Walsh%20.pdf.

38 Haggard and Noland, conclusion to *Hard Target*.

39 @realDonaldTrump on X, October 19, 2017, https://x.com/realDonaldTrump/status/1181232249821388801.

40 Alan Rappeport and Katie Rogers, "Trump's Embrace of Sanctions Irks Allies and Prompts Efforts to Evade Measures," *New York Times*, November 15, 2019.

41 Hadi Kahalzadeh, "'Maximum Pressure' Hardened Iran against Compromise," *Foreign Affairs*, March 11, 2021.

42 트럼프의 대이란 제재를 향한 가혹하지만 공정한 평가에 대해서는 다음 문헌을 참고할 것. Jentleson, *Sanctions*, chapter 5. 최근 몇 년간 이란이 어떻게 경제제재를 극복하고 회피했는지에 대한 흥미로운 연구는 다음 문헌을 참고할 것. Ian Talley, "Clandestine Finance System

Helped Iran Withstand Sanctions Crush," *Wall Street Journal*, March 18, 2022.

43 Narges Bajoghli, Vali Nasr, Djavad Salehi-Isfahani, and Ali Vaez, *How Sanctions Work: Iran and the Impact of Economic Warfare* (Stanford, CA: Stanford University Press, 2024), chapter 2.

44 Jeff Stein, Ellen Nakashima, and Samantha Schmidt, "Trump White House Was Warned Sanctions on Venezuela Could Fuel Migration," *Washington Post*, July 26, 2024.

45 이 사건에 대한 훌륭한 설명은 다음 문헌들을 참고할 것. Demarais, *Backfire*, chapter 6. Also invaluable is McDowell, *Bucking the Buck*, chapter 5; Joshua Kirschenbaum, "Deripaska, EN+, and Rusal: A Split Decision with Implications for U.S. Sanctions," German Marshall Fund, https://www.gmfus.org/news/deripaska-en-and-rusal-split-decision-implicationsus-sanctions.

46 Pranshu Verma, "Trump's Sanctions on International Court May Do Little Beyond Alienating Allies," *New York Times*, October 18, 2020.

47 Anthony J. Blinken, "Ending Sanctions and Visa Restrictions against Personnel of the International Criminal Court," press statement, US Department of State, April 2, 2021, https://www.state.gov/ending-sanctions-and-visa-restrictions-against-personnel-of-theinternational-criminal-court/.

6장 달러의 디지털 경쟁자들

1 이 부분에서 언급한 샌드달러 사용기는 대개 내 글에서 가져왔다. "Can a Central Bank Digital Currency Work? The Bahamas Offers Lessons," Centre for International Governance Innovation, December 14, 2022, https://www.cigionline.org/articles/can-a-centralbank-digital-currency-work-the-bahamas-offers-lessons/.

2 IMF, "The Bahamas: 2022 Article IV Consultation—Press Release; Staff Report; Statement by the Executive Director for the Bahamas," May 9, 2022. https://www.imf.org/en/Publications/CR/Issues/2022/05/06/The-Bahamas-2022-Article-IV-ConsultationPress-Release-Staff-Report-and-Statement-by-the-517631.

3 Anthony Osae-Brown, Mureji Fatunde, and Ruth Olurounbi, "Digital-Currency Plan Falters as Nigerians Defiant on Crypto," Bloomberg News, October 25, 2022, https://www.bloomberg.com/news/articles/2022-10-25/shunned-digital-currency-looks-for-streetcredibility-in-nigeria?leadSource=uverify%20wall#xj4y7vzkg.

4 다음 문헌을 참고할 것. "A Digital Payments Revolution in India: How Emerging Economies from India to Brazil Built Alternative Payments Models," *The Economist*, May 15, 2023.

5 Neha Narula, "The Future of Money," https://www.ted.com/talks/neha_narula_the_future_of_money.

6 David G. W. Birch, *The Currency Cold War: Cash and Cryptography, Hash Rates and Hegemony* (London: London Publishing Partnership, 2020), chapter 9.

7   Paul Vigna and Michael J. Casey, *The Age of Cryptocurrency: How Bitcoin and Digital Money Are Challenging the Global Economic Order* (New York: St. Martin's Press, 2015; 《비트코인 현상, 블록체인 2.0》, 2017), chapter 2.

8   David Chaum, "Security without Identification: Transaction Systems to Make Big Brother Obsolete," *Communications of the ACM* 28, no. 10 (1985): 1044.

9   암호화폐와 관련 디지털 자산을 다룬 문헌들은 너무 방대해 여기에서 모두 소개하기 어렵다. 다만 그중 가장 가치 있다고 생각되는 문헌들의 목록은 다음과 같다. Vigna and Casey, *The Age of Cryptocurrency* 《비트코인 현상, 블록체인 2.0》, 2017); Eswar S. Prasad, *The Future of Money: How the Digital Revolution Is Transforming Currencies and Finance* (Cambridge, MA: Harvard University Press, 2021; 《화폐의 미래: 디지털 혁신이 어떻게 돈과 금융을 바꾸고 있는가》, 김영사, 2023); Nathaniel Popper, *Digital Gold: Bitcoin and the Inside Story of the Misfits and Millionaires Trying to Reinvent Money* (New York: Harper, 2016); Nik Bhatia, *Layered Money: From Gold and Dollars to Bitcoin and Central Bank Digital Currencies* (self-pub., 2021); Erik Townsend, *Beyond Blockchain: The Death of the Dollar and the Rise of Digital Currency* (independently published, 2018); J. Christopher Giancarlo, *CryptoDad: The Fight for the Future of Money* (Hoboken, NJ: John Wiley & Sons, 2022); Matt Levine, "The Only Crypto Story You Need," *Bloomberg Businessweek*, October 31, 2022, https://www.bloomberg.com/features/2022the-crypto-story/#xj4y7vzkg; Siddharth Venkataramakrishnan and Robin Wigglesworth, "Inside the Cult of Crypto," *Financial Times*, September 10, 2021.

10 훗날 '디엠(Diem)'으로 이름을 바꾼 리브라에 관한 문헌 중 가장 중요하다고 생각되는 것들은 다음과 같다. Hannah Murphy and Kiran Stacey, "Facebook Libra: The Inside Story of How the Company's Cryptocurrency Dream Died," *FT Magazine*, March 10, 2022; David Gerard, *Libra Shrugged: How Facebook Tried to Take Over the Money* (self-pub., 2020); AnnaMaria Andriotis, Peter Rudegeair, and Liz Hoffman, "Inside Facebook's Botched Attempt to Start a New Cryptocurrency," *Wall Street Journal*, October 16, 2019.

11 마커스의 말은 다음 문헌에서 인용했다. Leibbrandt and De Teran, *The Pay Off* (《결제는 어떻게 세상을 바꾸는가》, 2023), chapter 23.

12 CBS News MoneyWatch, "Meet Facebook's Libra, a Digital Currency for the Social Network," June 18, 2019, https://www.cbsnews.com/news/facebook-cryptocurrency-libra-a-digital-currency-for-the-social-network/.

13 Reuters, "France and Germany Agree to Block Facebook's Libra," September 14, 2019.

14 다음 문헌에서 인용했다. Andriotis, Rudegeair, and Hoffman, "Inside Facebook's Botched Attempt to Start a New Cryptocurrency."

15 Andriotis, Rudegeair, and Hoffman, "Inside Facebook's Botched Attempt to Start a New Cryptocurrency."

16 Jemima Kelly, "Suddenly Facebook's Libra Is All about Defending 'the Free World' from China," FT Alphaville, September 20, 2019, https://www.ft.com/content/1bf86023eb1b-3634-94ac-7adbacee3fde.

17 나와 진행한 인터뷰에서 한 말이다.

18 Murphy and Stacey, "Facebook Libra."

19 BIS의 역사와 운영에 관한 설명은 대부분 내 책에서 가져왔다. *Off Balance*, chapter 2. 내 책의 해당 부분 또한 다음 문헌에 바탕을 두고 있다. Gianni Toniolo, *Central Bank Cooperation at the Bank for International Settlements, 1930-1973*. 독일 중앙은행 총재의 손주 세례식에 관한 일화는 다음 문헌에서 인용했다. Ahamed, *Lords of Finance*(《금융의 제왕》, 2010), chapter 22.

20 Adam Lebor, *The Tower of Basel: The Shadowy History of the Secret Bank That Runs the World* (New York: PublicAffairs, 2013: 《바젤탑: 국제결제은행(BIS)의 역사, 금융으로 쌓은 바벨탑》, 2022).

21 Agustin Carstens, "The Future of Money and Payments," 2019 Whitaker Lecture, Central Bank of Ireland, Dublin, March 22, 2019, https://www.bis.org/speeches/sp190322.pdf.

22 Claire Jones, "Central Bank Plans to Create Digital Currencies Receive Backing," *Financial Times*, June 30, 2019.

23 BIS, "BIS to Set Up Innovation Hub for Central Banks," press release, June 30, 2019, https://www.bis.org/press/p190630a.htm.

24 Gillian Tett, "Suits v Hoodies: The Cryptocurrency Battle," FT Magazine, January 16, 2020.

25 나와 진행한 인터뷰에서 한 말이다.

7장 CBDC와 스테이블코인의 명과 암

1 Zhou Xin and Cissy Zhou, "China Gets First Glimpse at Sovereign Digital Currency after Screenshot Leaks Online," *South China Morning Post*, April 15, 2020.

2 Jonathan Cheng, "China Rolls Out Pilot Test of Digital Currency," *Wall Street Journal*, April 20, 2020; Nathaniel Popper and Cao Li, "China Charges Ahead with a National Digital Currency," *New York Times*, March 1, 2021.

3 Mark Kruger, "In China, the Digital Renminbi Is Becoming a Reality," Centre for International Governance Innovation, August 21, 2020, https://www.cigionline.org/articles/china-digital-renminbi-becoming-reality/.

4 특히 다음 단락에서 많이 인용한 풍부한 정보와 통찰력 있는 설명은 다음 문헌을 참고할 것. Martin Chorzempa, *The Cashless Revolution: China's Reinvention of Money and the End of America's Domination of Finance and Technology* (New York: PublicAffairs, 2022).

5 Chorzempa, *The Cashless Revolution*, chapter 7.

6 Paul Mozur, "Forget TikTok. China's Powerhouse App Is WeChat," *New York Times*, September 4, 2020.

7 중국 정부의 감시 시스템에 대한 균형 잡힌 평가는 다음 문헌을 참고할 것. Chorzempa, *The Cashless Revolution*, chapter 5. 코르젬파는 서구 언론의 보도가 때때로 중국 정부가 모든 인민에게 '단일알고리즘점수(single algorithmic score)'를 부여하고 있거나, 그럴 계획이 있다는 과장된 인상을 심어준다고 지적한다. 동시에 그는 '사회신용시스템(social credit system)'을 '데이

터를 거버넌스에서 활용하려는 세계에서 가장 야심 찬 계획"이라고 부르며, 관련 감시망이 광범위하게 퍼져 있음을 설명한다.

8   Ann Cao and Tracy Qu, "China's Ambitious e-CNY Plan Faces a Giant Hurdle: Winning Over 1 Billion Consumers at Home," *South China Morning Post*, March 4, 2023.

9   Martha Muir, "Central Banks' Digital Currency Plans Face Public Backlash," *Financial Times*, March 13, 2023.

10 Randal K. Quarles, "Parachute Pants and Central Bank Money," speech at the 113th Annual Utah Bankers Association Convention, Sun Valley, Idaho, June 28, 2021, https://www.federalreserve.gov/newsevents/speech/quarles20210628a.htm.

11 JP Koning, "Are Central Bankers Ready for Payments Theater?" *CoinDesk*, September 10, 2021, https://www.coindesk.com/policy/2021/09/09/are-central-bankers-readyfor-payments-theater/.

12 Reuters, "Fed's Powell: More Important for U.S. to Get Digital Currency Right Than Be First," October 19, 2020, https://www.reuters.com/article/us-usa-fed-powell-digitalcurrency-idUSKBN2741OI.

13 Federal Reserve Bank of Boston, "The Federal Reserve Bank of Boston Announces Collaboration with MIT to Research Digital Currency," August 13, 2020, https://www.bostonfed.org/news-and-events/press-releases/2020/the-federal-reserve-bank-of-bostonannounces-collaboration-with-mit-to-research-digital-currency.aspx.

14 Federal Reserve Board, "Central Bank Digital Currency (CBDC) Frequently Asked Questions," April 11, 2023, https://www.federalreserve.gov/cbdc-faqs.htm.

15 The White House, "Fact Sheet: White House Releases First-Ever Comprehensive Framework for Responsible Development of Digital Assets," September 16, 2022, https://www.whitehouse.gov/briefing-room/statements-releases/2022/09/16/fact-sheet-whitehouse-releases-first-ever-comprehensive-framework-for-responsible-development-ofdigital-assets/.

16 CBDC를 반대하는 이들의 주장은 다음 문헌들을 참고할 것. Ben Schreckinger, "The Digital Dollar's Bipartisan Problem," *Politico*, June 13, 2023; Dave Troy, "The New Populist Bogeyman: Central Bank Digital Currencies," *Washington Spectator*, April 11, 2023, https://washingtonspectator.org/new-populist-bogeyman-central-bank-digital-currencies/; Lubomir Tassev, "'Done, Dead'—DeSantis to Nix Central Bank Digital Currency on Day 1," Bitcoin.com, July 16, 2023, https://news.bitcoin.com/done-dead-desantis-to-nix-centralbank-digital-currency-on-day-1/; Victoria Guida, "'Tyranny': Trump Vows to Block Any Fed Effort to Launch Digital Currency," *Politico*, January 18, 2024; see also Mike Orcutt, "Is the Digital Dollar Dead?" *MIT Technology Review*, July 21, 2023, https://www.technologyreview.com/2023/07/21/1076645/is-the-digital-dollar-dead/.

17 물론 영장 없이도 상당수 거래가 미국 정부에 보고된다. 임금, 급여소득, 은행의 예금이자, 투자 배당금, 자본이득 등을 수령한 미국인이라면 누구나 잘 알겠지만, 미국 국세청은 세금을 징수할 만한 소득 내역을 통보받는다. 5장에서 언급했듯이 정부 기관들은 부동산 소유권이나 자동차 소유권 이전에 대한 기록을 보관하고 공유한다. 그뿐 아니라 은행은 자금세탁, 탈

세, 테러와 연관되었을 가능성이 있는 거래나 1만 달러를 초과하는 현금 입출금 내역에 대해서도 FinCEN에 SAR를 제출해야 한다. 나를 비롯해 해외에 거주하는 미국인들이라면 누구나 잘 알겠지만, 미국 시민은 해외에 보유한 금융 계좌에 대해서도 연중 최대 잔고 등의 자료를 매년 FinCEN에 보고해야 한다. 그러나 이 같은 예들은 정부가 개인이 금융 계좌를 통해 수행하는 모든 거래를 전부 들여다보는 것과는 다르다. CBDC에 반대하는 이들은 CBDC가 발행되면 그러한 일이 일어날 수밖에 없다고 주장한다.

한편 수정헌법 4조가 미국인의 금융 프라이버시를 충분히 보호하고 있는지는 별개의 문제다. 지난 50년에 걸쳐 수정헌법 4조의 보호 효과가 크게 떨어졌다는 자유지상주의자들의 주장에 대해서는 다음 문헌을 참고할 것. Nicholas Anthony, "The Right to Financial Privacy: Crafting a Better Framework for Financial Privacy in a Digital Age," Cato Institute, Policy Analysis No. 945, May 2, 2023, https://www.cato.org/policy-analysis/right-financial-privacy.

18   Bjarke Smith-Meyer, "Bank of England Deputy Governor: Digital Pound Will Be Private but Not Anonymous," *Politico*, June 15, 2023, https://www.politico.eu/article/boedeputy-governor-digital-pound-will-be-private-but-not-anonymous/.

19   Blustein, "Can a Central Bank Digital Currency Work?"

20   스테이블코인에 대한 훌륭하고 균형 잡힌 설명은 다음 문헌들을 참고할 것. Thomas C. Cowan, "The First Wave of Federally Regulated Stablecoins: An Evolutionary, Intermediary-Driven Improvement to Dollar Movement," April 4, 2023, available on Cowan's LinkedIn page, https://www.linkedin.com/in/thomas-c-cowan/.

21   Parma Bains, Arif Ismail, Fabiana Melo, and Nobuyasa Sugimoto, "Regulating the Crypto Ecosystem: The Case of Stablecoins and Arrangements," International Monetary Fund, Fintech Notes, September 26, 2022.

22   Dante Alighieri Disparte, "Is America Losing the Digital-Currency Race?" *Project Syndicate*, July 2, 2021, https://www.project-syndicate.org/onpoint/us-digital-currencyrace-private-crypto-sector-secret-weapon-by-dante-alighieri-disparte-2021-07. USDT의 시장 지배력 확대에 관한 최신 정보는 다음 문헌을 참고할 것. Krisztian Sandor, "Tether-Issued Stablecoin USDT's Market Share Grows to 75% as Market Cap Tops $118B," *CoinDesk*, September 17, 2024, https://www.coindesk.com/markets/2024/09/17/tetherissued-stablecoin-usdts-market-share-grows-to-75-as-market-cap-tops-118b/.

23   Jake Chervinsky, testimony at hearing titled "Understanding Stablecoins' Role in Payments and the Need for Legislation," House Financial Services Committee, Subcommittee on Digital Assets, Financial Technology and Inclusion, April 19, 2023. https://financialservices.house.gov/calendar/eventsingle.aspx?EventID=408691.

24   @stablekwon, July 1, 2021, https://twitter.com/stablekwon/status/1410491186196795398?lang=en.

25   Caitlin Ostroff, Elaine Yu, and Paul Kiernan, "Cryptocurrency TerraUSD Plunges as Investors Bail," Wall Street Journal, May 11, 2022. 테라USD 사태에 관한 흥미로운 이야기는 다음 문헌을 참고할 것. Ben McKenzie with Jacob Silverman, *Easy Money: Cryptocurrency, Casino Capitalism, and the Golden Age of Fraud* (New York: Abrams Press, 2023), chapter 8.

26 테더를 다룬 가장 주목할 만한 탐사보도들의 목록은 다음과 같다. Kadhim Shubber and Siddharth Venkataramakrishnan, "Tether: The Former Plastic Surgeon behind the Crypto Reserve Currency," *Financial Times*, July 15, 2021; Zeke Faux, "Anyone Seen Tether's Billions?" *Bloomberg Businessweek*, October 7, 2021, https://www.bloomberg.com/news/features/2021-10-07/crypto-mystery-where-s-the-69-billionbacking-the-stablecoin-tether; David Yaffe-Bellany, "The Coin That Could Wreck Crypto," *New York Times*, June 17, 2022; Ben Foldy, Ada Hui, and Peter Rudegeair, "The Unusual Crew behind Tether, Crypto's Pre-Eminent Stablecoin," *Wall Street Journal*, February 2, 2023; Ben McKenzie, *Easy Money*, chapter 3.

27 예로는 다음 문헌을 참고할 것. J. Austin Campbell, testimony at hearing titled "Understanding Stablecoins' Role in Payments and the Need for Legislation," House Financial Services Committee, Subcommittee on Digital Assets, Financial Technology and Inclusion, April 19, 2023, https://democrats-financialservices.house.gov/uploadedfiles/hhrg-118-ba21-wstatecampbella-20230419.pdf.

28 Dante Alighieri Disparte, "Stablecoins: How Do They Work, How Are They Used, and What Are Their Risks?" testimony before the US Senate Committee on Banking, Housing and Urban Affairs, December 14, 2021, https://www.banking.senate.gov/imo/media/doc/Disparte%20Testimony%2012-14-21.pdf.

29 Gary B. Gorton and Jeffery Y. Zhang, "Taming Wildcat Stablecoins," *University of Chicago Law Review* 90 (2021), https://lawreview.uchicago.edu/sites/default/files/2023-04/03_Zhang%20%26%20Gorton_ART_Final.pdf.

30 Nic Carter, "The Crypto-Dollar Surge and the American Opportunity," *CoinDesk*, September 4, 2020, https://www.coindesk.com/business/2020/09/03/the-crypto-dollarsurge-and-the-american-opportunity/.

31 이 일화를 예로 들며 USDT로 경제제재를 우회하는 문제를 설명한 JP 코닝(JP Koning)에게 큰 신세를 졌다. JP Koning, "Why Do Sanctioned Entities Use Tether?" *Moneyness* (blog), December 5, 2023, https://jpkoning.blogspot.com/2023/12/why-do-sanctioned-entities-use-tether.html. 오레호프와 그의 동료들을 노린 검찰청의 기소에 관해서는 다음 문헌을 참고할 것. US Attorney's Office, Eastern District of New York, "Five Russian Nationals and Two Oil Traders Charged in Sanctions Evasion and Money Laundering," October 19, 2022, https://www.justice.gov/usao-edny/pr/five-russian-nationals-and-two-oil-traders-charged-global-sanctions-evasion-and-money.

32 다음 문헌들을 참고할 것. Zeke Faux, *Number Go Up: Inside Crypto's Wild Rise and Staggering Fall* (New York: Crown Currency, 2023; 《비이성적 암호화폐: 암호화폐의 급격한 상승과 충격적인 하락》, 2024), chapters 18 and 19; Angus Berwick, "The Crypto Exchange Moving Money for Criminal Gangs, Rich Russians and a Hamas-Linked Terror Group," *Wall Street Journal*, October 13, 2023; Ben Foldy, "From Hamas to North Korean Nukes, Cryptocurrency Tether Keeps Showing Up," *Wall Street Journal*, October 27, 2023; Andy Greenberg, "'Stablecoins' Enabled $40 Billion in Crypto Crime Since 2022," *Wired*, January 18, 2024, https://www.wired.com/story/stablecoin-sanctions-violations-crypto-crime/.

33 다음 자료를 참고할 것. Testimony of Grant Rabenn, director of Financial Crimes Legal

at Coinbase, before the US House Committee on Financial Services Subcommittee on Digital Assets, Financial Technology and Inclusion, February 15, 2024, and other testimony at this hearing, https://financialservices.house.gov/calendar/eventsingle.aspx?EventID=409142.

34 Oliver Knight, "Tether Freezes 41 Crypto Wallets Tied to Sanctions," *CoinDesk*, December 10, 2023, https://www.coindesk.com/business/2023/12/09/tether-freezes41-crypto-wallets-tied-to-sanctions/.

35 다음 자료를 참고할 것. Testimony of Carole House before the US House Committee on Financial Services Subcommittee on Digital Assets, Financial Technology and Inclusion, February 15, 2024, https://financialservices.house.gov/calendar/eventsingle.aspx?EventID=409142.

36 좀 더 자세한 설명은 다음 문헌을 참고할 것. JP Koning, "The Ramps Killing Bitcoin's Dissident Thesis," *CoinDesk*, March 23, 2022, https://www.coindesk.com/layer2/2022/03/22/the-ramps-killing-bitcoins-dissident-thesis/?utm_medium=referral&utm_source=rss&utm_campaign=headlines.

37 Tim Starks, "U.S. Authorities Go After Another Crypto Mixer," *Washington Post*, November 30, 2023.

38 다음 문헌들을 참고할 것. "Another Crypto Boss Falls," *The Economist*, November 22, 2023; Emily Flitter, "U.S. Case Details Binance's Knowledge about Criminal Users," *New York Times*, November 22, 2023; US Department of Justice, "Binance and CEO Plead Guilty to Federal Charges in $4B Resolution," November 21, 2023, https://www.justice.gov/opa/pr/binance-and-ceoplead-guilty-federal-charges-4b-resolution; John Reed Stark, "Breaking News: A Binance Double Whammy," https://twitter.com/JohnReedStark/status/1733497674110767550.

39 Jesse Hamilton, "U.S. Treasury Campaigning for Amplified Powers to Chase Crypto Overseas," *CoinDesk*, November 30, 2023, https://www.coindesk.com/policy/2023/11/29/us-treasury-campaigning-for-amplified-powers-to-chase-crypto-overseas/.

40 이 문단에서 인용한 각종 수치는 다음 문헌들에서 찾아볼 수 있다. Adam Samson, Scott Chipolina, Eva Szalay, and James Politi, "Crypto Industry Shaken as Tether's Dollar Peg Snaps," *Financial Times*, May 13, 2022; Shaurya Malwa, "Tether's USDT Stablecoin Drops 3% Below $1 Peg," *CoinDesk*, November 10, 2022, https://www.coindesk.com/markets/2022/11/10/tethersusdt-stablecoin-slips-from-1-peg/; Vicky Ge Huang, Hannah Miao, and Caitlin Ostroff, "Circle's USDC Stablecoin Breaks Peg with $3.3 Billion Stuck at Silicon Valley Bank," *Wall Street Journal*, March 11, 2023.

41 Moody's Analytics, "Large Fiat-Backed Stablecoins Depegged 600+ Times in 2023," November 6, 2023, https://www.moodysanalytics.com/articles/2023/moody_launches_new_digital_asset_monitor_to_track_risk. 스테이블코인과 관련된 또 다른 중요한 문제에 대해서는 다음 문헌들을 참고할 것. Daniel Neilson's *Soon Parted* blog on Substack, in particular "Tether: On Par," May 18, 2021, https://www.soonparted.co/p/tether-on-par?utm_source=%2Fsearch%2FTether&utm_medium=reader2; "Stablecoins Are Banks: as Tether Is Demonstrating," May 13, 2022, https://www.soonparted.co/p/tether-breaks-the-buck?utm_source=%2Fsearch%2FTether&utm_medium=reader2.

42 Bank for International Settlements, "The Future Monetary System," in *BIS Annual Economic Report 2022*, chapter 3, June 26, 2022, https://www.bis.org/publ/arpdf/ar2022e3.htm.

43 "Hyun Song Shin on Unified Ledgers, Tokenized Deposits, and Governance," *Fintech Beat* podcast, July 6, 2023, https://podcasts.apple.com/es/podcast/hyun-song-shin-onunified-ledgers-tokenized-deposits/id1466867273?i=1000619157161&l=ca.

44 다양한 포럼에서 발표된 신현송의 자료는 그의 다양한 활동을 정리해놓은 BIS의 웹사이트에서 찾아볼 수 있다. https://www.bis.org/author/hyun_song_shin.htm?videolist=cGFnZT0yJnBhZ2luZ19sZW5ndGg9MTAmc2hvd19ibHVycD1mYWxzZSZzb3J0X2xpc3Q9cHVibGljYXRpb25EYXRlX2Rlc2MmcGVyc29ucz04MiZ0YWdzPSZ0aGVtZT12aWRlb3MmbGlzdF90eXBlPXZpdWx2X2xpc3Q3Q%253D. 특히 다음 자료들을 주요하게 참고할 것. "BIS Media Briefing—The Future Monetary System," June 20, 2022 (BIS video); "The Future Monetary System, Presentation to the BIS Annual General Meeting, June 26, 2022 (BIS video); "After the Crypto Crash: The Future Role of CBDC," webinar, Princeton University Bendheim Center for Finance, June 30, 2022; "Hyun Song Shin-Digital Currencies," roundtable hosted by the University of California, December 7, 2022; "BIS Media Briefing-Blueprint for the Future Monetary System," June 19, 2023 (BIS video); "A Blueprint for the Future Monetary System," presentation to the BIS Annual General Meeting, June 25, 2023 (BIS video); "Crypto, CBDCs and Designing Money," *Fintech Beat* podcast, June 29, 2023; "The Future Monetary System," June 21, 2022 (BIS podcast); "Improving the Old, Enabling the New," June 20, 2023 (BIS podcast).

45 다음 문헌들을 참고할 것. BIS, "The Future Monetary System," 93-98; BIS, "Blueprint for the Future Monetary System: Improving the Old, Enabling the New," in *BIS Annual Economic Report 2023*, chapter 3: 89-93, 98-104, https://www.bis.org/publ/arpdf/ar2023e3.htm; Rodney Garratt and Hyun Song Shin, "Stablecoins versus Tokenized Deposits: Implications for the Singleness of Money," BIS Bulletin No. 73, April 11, 2023, https://www.bis.org/publ/bisbull73.pdf.

46 Anushree Dave, "Jamie Dimon Calls Bitcoin a 'Hyped-Up Fraud,'" MarketWatch, January 19, 2023, https://www.marketwatch.com/livecoverage/stock-market-today-dowfutures-falls-over-200-points/card/jamie-dimon-calls-bitcoin-a-hyped-up-fraud-5leDKuBxDxAtZw0PfEnL.

47 이 분야에 대한 JP모건체이스의 투자와 그 미래 가능성에 대한 의견은 다음 문헌을 참고할 것. Oliver Wyman and Onyx by J.P. Morgan: "Deposit Tokens: A Foundation for Stable Digital Money," https://www.jpmorgan.com/onyx/documents/deposit-tokens.pdf.

48 Hyun Song Shin, presentation at roundtable hosted by the University of California, December 7, 2022, https://www.bis.org/author/hyun_song_shin.htm?videolist=cGFnZT0yJnBhZ2luZ19sZW5ndGg9MTAmc2hvd19ibHVycD1mYWxzZSZzb3J0X2xpc3Q9cHVibGljYXRpb25EYXRlX2Rlc2MmcGVyc29ucz04MiZ0YWdzPSZ0aGVtZT12aWRlb3MmbGlzdF90eXBlPXZpdWx2X2xpc3Q3Q%253D.

49 나와 진행한 인터뷰에서 한 말이다.

50 신현송과 월러의 공방은 다음 영상에서 볼 수 있다. Federal Reserve Bank of Richmond, Central Bank and Digital Currency Virtual Panel Discussion on "Should Central Banks

Issue Digital Currencies?" March 25, 2022, https://www.youtube.com/playlist?list=PLPl7a BTxZbgbrVvi5WXiNghTs0GmR06ch (first video).

51 BIS, "Project mBridge: Connecting Economies through CBDC," https://www.bis.org/about/bisih/topics/cbdc/mcbdc_bridge.htm.

52 BIS, "Using CBDCs across Borders: Lessons from Practical Experiments," June 2022, https://www.bis.org/publ/othp51.htm.

53 예로는 다음 문헌을 참고할 것. Robert Murray, "The U.S. Is Facing a Sputnik Moment in the International Economy," Foreign Policy Research Institute, February 11, 2022, https://www.fpri.org/article/2022/02/the-u-s-is-facing-a-sputnik-moment-in-the-international-economy/; Michael J. Casey, "The Real Use Case for CBDCs: Dethroning the Dollar," *CoinDesk*, July 8, 2023, https://www.coindesk.com/consensus-magazine/2023/07/07/the-real-use-case-forcbdcs-dethroning-the-dollar/.

54 '브릭스 브리지'에 관한 정보는 다음 문헌들을 참고할 것. "Putin's Plan to Dethrone the Dollar," *The Economist*, October 20, 2024; Charles Clover and Daria Mosolova, "Vladimir Putin's Alternative to 'Weaponised' Dollar Fails to Excite BRICS Partners," *Financial Times*, October 24, 2024.

8장 포효하는 달러

1 다음 문헌들에서 인용했다. Nick Timiraos, *Trillion Dollar Triage: How Jay Powell and the Fed Battled a President and a Pandemic—and Prevented Economic Disaster* (New York: Little, Brown & Co., 2022), chapter 6; Jeanna Smialek, *Limitless: The Federal Reserve Takes on a New Age of Crisis* (New York: Alfred A. Knopf, 2023), chapter 6. 이 부분에서 언급한 여러 자료는 2010년대 후반부터 2020년대 초반 사이의 연준을 다룬 이 두 권의 훌륭한 책에서 대개 가져왔다.

2 Timiraos, *Trillion Dollar Triage*, chapter 6.

3 Jacob Pramuk, "Trump Tweets: 'Who is our bigger enemy,' Fed Chairman Powell or Chinese President Xi?" CNBC, August 23, 2019, https://www.cnbc.com/2019/08/23/trump-tweets-who-is-our-bigger-enemy-fed-chairman-powell-or-chinese-president-xi.html.

4 파월에 관한 정보는 다음 문헌들을 참고할 것. Timiraos, *Trillion Dollar Triage*, chapter 1; Smialek, *Limitless*, chapter 1.

5 Timiraos, *Trillion Dollar Triage*, chapter 5. 인터뷰가 진행된 2018년 당시 파월은 자신의 말을 오프더레코드로 처리해달라고 요청했지만, 추후 출간된 기자의 책에는 인용을 허락했다.

6 Timiraos, chapter 6; Smialek, chapter 6.

7 "Donald Trump Coronavirus Press Conference Transcript March 14," March 14, 2020, https://www.rev.com/blog/transcripts/donald-trump-coronavirus-press-conference-transcript-march-14.

8   Jeffrey Cheng, David Wessel, and Joshua Younger, "How Did COVID-19 Disrupt the Market for U.S. Treasury Debt?" Commentary, The Brookings Institution, May 1, 2020, https://www.brookings.edu/articles/how-did-covid-19-disrupt-the-market-for-u-s-treasury-debt/.

9   Blustein, "Look Who Made It in Wall Street!"

10 이 부분의 내용은 대개 2020년 3월의 금융시장 혼란과 연준의 대응을 명확히 설명한 다음 문헌에서 가져왔다. Adam Tooze, *Shutdown: How Covid Shook the World's Economy* (New York: Viking, 2021; 《셧다운: 코로나19는 어떻게 세계 경제를 뒤흔들었나》, 2022), chapter 6. 아울러 다음 문헌들도 주요하게 참고할 것. Timiraos, chapters 7-13; Smialek, *Limitless*, chapters 2 and 7-9; Colby Smith and Robin Wigglesworth, "US Treasuries: The Lessons from March's Market Meltdown," *Financial Times*, July 29, 2020; Lev Menand and Joshua Younger, "Money and the Public Debt: Treasury Market Liquidity as a Legal Phenomenon," *Columbia Business Law Review* 224 (2023), https://scholarship.law.columbia.edu/cgi/viewcontent.cgi?article=5111&context=faculty_scholarship; Younger, "Revisiting the Ides of March, Part I: A Thousand Year Flood," Council on Foreign Relations, July 20, 2020, https://www.cfr.org/blog/revisiting-idesmarch-part-i-thousand-year-flood.

11 이상의 두 문단에서 언급한 발췌문들은 다음 문헌들에서 찾아볼 수 있다. Adam Samson, Robin Wigglesworth, Colby Smith, and Joe Rennison, "Strains in US Government Bond Market Rattle Investors," *Financial Times*, March 12, 2020; Joe Rennison, Phillip Stafford, Colby Smith, and Robin Wigglesworth, "'Great Liquidity Crisis' Grips System as Banks Step Back," *Financial Times*, March 24, 2020; Karen Brettell and Karen Pierog, "Treasury Liquidity Worsens, Worries Build about Broad Selling Pressures," Reuters, March 12, 2020, https://www.reuters.com/article/usa-bonds-liquidity-idUSL1N2B52JQ; Jeanna Smialek and Matt Phillips, "Troubles Percolate in the Plumbing of Wall Street," *New York Times*, March 12, 2020.

12 "The Successes of the Fed's Dollar-Swap Lines," *The Economist*, June 18, 2020.

13 Gillian Tett, "Coronavirus Trade Disruption Could Start a 'Dash for Cash,'" *Financial Times*, March 13, 2020.

14 다음 문헌들을 참고할 것. Tooze, *Shutdown* (《셧다운》, 2022), chapter 6; Smith and Wigglesworth, "US Treasuries: The Lessons from March's Market Meltdown"; Menand and Younger, "Money and the Public Debt"; Younger, "Revisiting the Ides of March, Part I."

15 See Tooze, *Shutdown* (《셧다운》, 2022), chapter 6; Timiraos, chapters 7-13; Smialek, *Limitless*, chapters 2 and 7-9.

16 Federal Reserve Board, "Federal Reserve Issues FOMC Statement," press release, March 23, 2020, https://www.federalreserve.gov/newsevents/pressreleases/monetary20200323a.htm.

17 Stephanie Segal, "Dollars on Demand: The Fed's New FIMA Repo Facility," Center for Strategic and International Studies, April 1, 2020, https://www.csis.org/analysis/dollars-demand-feds-new-fima-repo-facility.

18 Robert Dohner, "The United States' Stealth Diplomat: The Federal Reserve," *New Atlanticist*, The Atlantic Council, April 2, 2020, https://www.atlanticcouncil.org/blogs/

new-atlanticist/the-united-states-stealth-diplomat-the-federal-reserve/.

19 Courtenay Brown, "Trump Says Fed Chairman Is Doing a 'Good Job' amid Coronavirus Crisis," *Axios*, March 23, 2020, https://www.axios.com/2020/03/24/trump-jeromepowell-coronavirus-federal-reserve.

20 Randal K. Quarles, "What Happened? What Have We Learned from It? Lessons from COVID-19 Stress on the Financial System," speech at the Institute of International Finance, Washington, DC, October 15, 2020, https://www.federalreserve.gov/newsevents/speech/quarles20201015a.htm#:~:text=While%20the%20economy%20is%20recovering,the%20strongest%20in%20recorded%20history%2C.

21 Smith and Wigglesworth, "US Treasuries: The Lessons from March's Market Meltdown."

22 William McChesney Martin Jr., "Address before the New York Group of the Investment Bankers Association of America," October 19, 1955, https://fraser.stlouisfed.org/title/statements-speeches-william-mcchesney-martin-jr-448/address-new-york-group-investment-bankers-association-america-7800.

23 Jerome H. Powell, "Monetary Policy and Price Stability," speech at economic policy symposium sponsored by the Federal Reserve Bank of Kansas City, Jackson Hole, Wyoming, August 26, 2022, https://www.federalreserve.gov/newsevents/speech/powell20220826a.htm.

24 연준의 정책 결정 체계와 그 배경이 된 일련의 사건에 관한 좀 더 자세한 설명은 다음 문헌을 참고할 것. Timiraos, *Trillion Dollar Triage*, chapter 15, and Smialek, *Limitless*, chapters 1 and 12.

25 다음 문헌에서 인용했다. Timiraos, *Trillion Dollar Triage*, chapter 15.

26 이 부분에서 언급한 2021년부터 2022년 사이의 인플레이션 재점화에 관한 내용은 다음 문헌들에서 가져왔다. Timiraos, *Trillion Dollar Triage*, chapter 17; Smialek, *Limitless*, chapter 15; Peter S. Goodman, "How the Supply Chain Broke, and Why It Won't Be Fixed Anytime Soon," *New York Times*, October 22, 2021; Anshu Siripurapu, "What Happened to Supply Chains in 2021?" Council on Foreign Relations, December 13, 2021, https://www.cfr.org/article/what-happened-supply-chains-2021.

27 Rich Miller, "Jerome Powell Ditches 'Transitory' Tag, Paves Way for Rate Hike," Bloomberg News, December 1, 2021.

28 예로는 다음 문헌들을 참고할 것. Thomas J. Sargent and William L. Silber, "Volcker, Powell and the Price of Amnesia about Monetary Policy," *Wall Street Journal*, June 22, 2022; "Why the Federal Reserve Has Made a Historic Mistake on Inflation," *The Economist*, April 23, 2022.

29 Jeanna Smialek, "Powell Admires Paul Volcker. He May Have to Act Like Him," *New York Times*, March 14, 2022. 특히 다음 문헌을 참고할 것. Nick Timiraos, "Jerome Powell's Inflation Whisperer: Paul Volcker," *Wall Street Journal*, September 19, 2022.

30 Colby Smith, "Federal Reserve Under Fire as Slowing Jobs Market Fans Fears of Recession," *Financial Times*, August 3, 2024.

31 다음 문헌들을 참고할 것. Chelsey Dulaney, Megumi Fujikawa, and Rebecca Feng, "Dollar's

Rise Spells Trouble for Global Economy," *Wall Street Journal*, September 18, 2022; Martin Wolf, "Why the Strength of the Dollar Matters," *Financial Times*, September 28, 2022.

32 Gustavo Adler, Gita Gopinath, and Carolina Osorio-Buitron, "Dominance Currencies and the Limits of Exchange Rate Flexibility," *IMF Blog*, July 20, 2020, https://www.imf.org/en/Blogs/Articles/2020/07/20/currencies-and-crisis-how-dominant-currencies-limitthe-impact-of-exchange-rate-flexibility.

33 "A Double Burden: The Effects of Food Price Increases and Currency Depreciations on Food Import Bills," UNCTAD, Division of International Trade and Commodities, December 16, 2022, https://unctad.org/publication/double-burden-effects-food-price-increasesand-currency-depreciations-food-import-bills.

34 Dulaney, Fujikawa, and Feng, "Dollar's Rise Spells Trouble for Global Economy"; Joe Rennison and Isabella Simonetti, "A Strong Dollar Is Wreaking Havoc on Emerging Markets. A Debt Crisis Could Be Next," *New York Times*, October 5, 2022.

35 Helene Rey, *Dilemma not Trilemma: The Global Financial Cycle and Monetary Policy Independence*, Federal Reserve Bank of Kansas City, Proceedings, Jackson Hole Conference, 2013, https://www.kansascityfed.org/Jackson%20Hole/documents/4575/2013Rey.pdf.

36 해당 사태의 전개에 대한 좀 더 자세한 설명은 다음 문헌들을 참고할 것. David Beckworth and Christopher Crowe, "The International Impact of the Fed When the United States Is a Banker to the World," chapter 2 in *Rules for International Monetary Stability*, ed. Michael D. Bordo and John B. Taylor (Stanford, CA: Hoover Institution Press, 2017), https://www.hoover.org/sites/default/files/research/docs/rulesforinternationalmonetarystability-ch2.pdf; Prasad, *The Dollar Trap* (《달러 트랩》, 2015), chapter 7.

37 Mark Carney, "The Growing Challenges for Monetary Policy in the Current International Monetary and Financial System," speech at the Jackson Hole Symposium, August 23, 2019, https://www.bankofengland.co.uk/-/media/boe/files/speech/2019/the-growingchallenges-for-monetary-policy-speech-by-mark-carney.pdf.

38 Jose Antonio Ocampo, *Resetting the International Monetary (Non)System* (Oxford: Oxford University Press, 2017).

39 다음 문헌을 참고할 것. Beckworth and Crowe, "The International Impact of the Fed When the United States Is a Banker to the World."

40 다음 문헌들을 참고할 것. "The 53 Fragile Emerging Economies," *The Economist*, July 20, 2022; Adam Tooze, "The World Is Seeing How the Dollar Really Works," *Foreign Policy*, August 12, 2022; "Emerging Markets Look Unusually Resilient," *The Economist*, October 13, 2022.

9장 강력함과 신중함

1 The White House, "Press Briefing by Press Secretary Jen Psaki and Deputy National Security Advisor for International Economics and Deputy NEC Director Daleep

Singh, February 24, 2022," https://www.whitehouse.gov/briefing-room/press-briefings/2022/02/24/press-briefing-by-press-secretary-jen-psaki-and-deputy-nationalsecurity-advisor-for-international-economics-and-deputy-nec-director-daleep-singh-february-24-2022/.

2   나와 진행한 인터뷰에서 한 말이다.

3   US Treasury, "U.S. Department of the Treasury Releases Sanctions Review," October 18, 2021, https://home.treasury.gov/news/press-releases/jy0413; Ian Talley, "Biden Administration to Constrain Use of Sanctions in Foreign-Policy Shift," *Wall Street Journal*, October 18, 2021; Daniel W. Drezner, "Treasury's Promising Start on Reforming Economic Statecraft," *Washington Post*, October 20, 2021.

4   다음 문헌을 참고할 것. Ellen Nakashima and Ashley Parker, "Inside the White House Preparations for a Russian Invasion," *Washington Post*, February 14, 2022; Ian Talley, Daniel Michaels, and Jon Hilsenrath, "How the U.S. and EU Cut Russia Off from the Global Economy," *Wall Street Journal*, March 18, 2022.

5   Demetri Sevastopulo, George Parker, Stephen Morris, and Sam Fleming, "World Leaders Divided on Whether to Eject Russia from Swift Payments System," *Financial Times*, February 25, 2022; Edward Wong, Michael Crowley, and Ana Swanson, "Biden Hits Russia with Broad Sanctions for Putin's War in Ukraine," *New York Times*, February 24, 2022; Rich Noak, Tory Newmyer, and Quentin Aires, "Europe Says It Has a 'Financial Nuclear Weapon' against Russia. But It's Uncertain If It Wants to Use It," *Washington Post*, February 26, 2022.

6   Valentina Pop, Sam Fleming, and James Politi, "Weaponisation of Finance: How the West Unleashed 'Shock and Awe' on Russia," *Financial Times*, April 6, 2022; Justin Ling, "Behind the Push to Freeze Moscow's Foreign Cash," *Politico*, March 1, 2022; Steve Scherer and Rod Nickel, "With Her Ukrainian Roots, Russian Sanctions Are Personal for Canada's Freeland," Reuters, March 3, 2022, https://www.reuters.com/world/with-herukrainian-roots-russian-sanctions-are-personal-canadas-freeland-2022-03-02/.

7   Laurence Norman, Andrew Restuccia, and Tom Fairless, "Behind the Sweeping Russia Sanctions: Zelensky's Plea and a Mounting Crisis," *Wall Street Journal*, February 27, 2022; Benjamin Wallace-Wells, "The Biden Official Who Pierced Putin's 'Sanction-Proof' Economy," *New Yorker*, March 25, 2022.

8   다음 문헌을 참고할 것. Robert Fife and Steven Chase, "How Canada Helped Facilitate Support for Banking Sanctions against Russia," *Globe and Mail*, March 4, 2022.

9   Pop, Fleming, and Politi, "Weaponisation of Finance"; "Joint Statement on Further Restrictive Economic Measures," February 26, 2022, https://ec.europa.eu/commission/presscorner/detail/en/STATEMENT_22_1423; US Treasury, "Treasury Prohibits Transactions with Central Bank of Russia and Imposes Sanctions on Key Sources of Russia's Wealth," February 28, 2022, https://home.treasury.gov/news/press-releases/jy0612.

10 Georgi Kantchev, Caitlin Ostroff, and Matthew Luxmoore, "The West's Sanctions Barrage Severs Russia's Economy from Much of the World," *Wall Street Journal*, February 28,

2022; Katie Martin, Tommy Stubbington, Philip Stafford, and Hudson Lockett, "Russia Doubles Interest Rates after Sanctions Send Rouble Plunging," *Financial Times*, March 1, 2022; Anastasia Stognei and Simon Fraser, "Ukraine Invasion: Russians Feel the Pain of International Sanctions," BBC News, March 1, 2022, https://www.bbc.com/news/worldeurope-60558731.

11 Anders Aslund, "Fortress Russia Crumbles," *Project Syndicate*, March 9, 2022, https://www.project-syndicate.org/commentary/russia-economic-collapse-shows-thatsanctions-work-by-anders-aslund-2022-03?barrier=accesspaylog; Anton Troianovski, "Facing Economic Calamity, Putin Talks of Nationalizing Western Businesses," *New York Times*, March 10, 2022; "Russian Economy Staggers into 1998 'Times Three' with Foreign Exodus," Bloomberg, March 5, 2022, https://www.bloomberg.com/news/articles/2022-03-04/russia-inc-staggers-into-1998-times-three-with-foreign-exodus?embedded-checkout=true; Richard Lough, "French Minister Declares Economic 'War' on Russia, and Then Beats a Retreat," Reuters, March 1, 2022, https://www.reuters.com/world/france-declares-economic-war-against-russia-2022-03-01/.

12 다음 문헌에서 인용했다. Wallace-Wells, "The Biden Official Who Pierced Putin's 'Sanction-Proof' Economy."

13 Sebastian Mallaby, "War in Ukraine Has Created a New Financial Weapon in the West," *Washington Post*, March 1, 2022.

14 다음 문헌들을 참고할 것. Ivan Nechepurenko, "How Western Goods Reach Moscow," *New York Times*, January 13, 2023; Ana Swanson, "Russia Sidesteps Western Punishments, with Help from Friends," *New York Times*, January 31, 2023; Georgi Kantchev, Paul Hannon, and Laurence Norman, "How Sanctioned Western Goods Are Still Flowing into Russia," *Wall Street Journal*, May 14, 2023; Lazaro Gamio, Leanne Abraham, Ana Swanson, and Alex Travelli, "How India Profits from Its Neutrality in the Ukraine War," *New York Times*, June 22, 2023.

15 다음 문헌들을 참고한 것. "Russia's Economy Is Back on Its Feet," *The Economist*, May 7, 2022; Valerie Hopkins, "In Moscow, the Fighting Is a World Away," *New York Times*, September 6, 2022; Jeanne Whalen, Robyn Dixon, Ellen Nakashima, and Mary Ilyushina, "Western Sanctions Are Wounding but Not Yet Crushing Russia's Economy," *Washington Post*, August 23, 2022.

16 다음 문헌들을 참고할 것. Edward Fishman, "A Tool of Attrition: What the War in Ukraine Has Revealed About Economic Sanctions," *Foreign Affairs*, February 23, 2023; Nicholas Mulder, "Sanctions against Russia Not Slowing War Effort," *New York Times*, February 9, 2023; Peter Harrell, "The Limits of Economic Warfare: What Sanctions on Russia Can and Cannot Achieve," *Foreign Affairs*, March 27, 2023.

17 Alexander Osipovich and AnnaMaria Andriotis, "Russia Built Parallel Payments System That Escaped Western Sanctions," *Wall Street Journal*, March 29, 2022.

18 나와 진행한 인터뷰에서 한 말이다.

19 Jeffrey J. Schott, "Economic Sanctions against Russia: How Effective? How Durable?" Peterson Institute for International Economics, Policy Brief 23-3, April 2023, https://

www.piie.com/publications/policy-briefs/economic-sanctions-against-russia-how-effective-how-durable.

20 Elina Ribakova, Benjamin Hilgenstock, and Guntram B. Wolff, "The Oil Price Cap and Embargo on Russia Are Working Imperfectly, and Defects Must Be Fixed," Peterson Institute for International Economics, *Realtime Economics* (blog), July 13, 2023, https://www.piie.com/blogs/realtime-economics/oil-price-cap-and-embargo-russia-are-workingimperfectly-and-defects-must?utm_source=substack&utm_medium=email; Adam Tooze, "Russia's Long-War Economy," Chartbook No. 236, August 30, 2023, https://adamtooze.com/2023/08/30/chartbook-236/.

21 다음 문헌을 참고할 것. Paul Krugman, "Who's Embargoing Whom?" *New York Times*, August 2, 2022.

22 다음 문헌을 참고할 것. Austin Ramzy and Jason Douglas, "Booming Trade with China Helps Boost Russia's War Effort," *Wall Street Journal*, August 21, 2023.

23 Nikkei staff, "Special Report: How U.S.-Made Chips Are Flowing into Russia," Nikkei Asia, April 12, 2023, https://asia.nikkei.com/Business/Tech/Semiconductors/Special-report-How-U.S.-made-chips-are-flowing-into-Russia.

24 Maxim Chupilkin, Beata Javorcik, and Alexander Plekhanov, "The Eurasian Roundabout: Trade Flows into Russia through the Caucasus and Central Asia," European Bank for Reconstruction and Development, Working Paper No. 276, February 2023, https://www.ebrd.com/publications/working-papers/the-eurasian-roundabout.

25 다음 문헌들을 참고할 것. Georgi Kantchev, Andrew Duehren, and Joe Wallace, "Russian Oil Is Still Flowing, and That Is What the West Wants," *Wall Street Journal*, February 23, 2023; Anastasia Stognei, "Western Price Caps Cut into Russian Oil Revenue," *Financial Times*, April 26, 2023; "Russia's Economy Can Withstand a Long War, but Not a More Intense One," *The Economist*, April 23, 2023.

26 푸틴의 말은 다음 문헌에서 인용했다. Craig Kennedy, "Measuring the Shadows," August 23, 2023, in Kennedy's Substack newsletter *Navigating Russia*, https://substack.com/@navigatingrussia. 뉴스레터로 발행되는 크레이그 케네디(Craig Kennedy)의 연구는 푸틴이 러시아의 에너지 자원을 팔아 얻는 수입을 박탈하려는 미국과 그 우방국들의 노력에 관한 보물 같은 정보를 제공한다.

27 다음 문헌을 참고할 것. Kennedy, *Navigating Russia*, for detailed information on the "shadow fleet." 아울러 다음 문헌들도 참고할 것. Christian Triebert, Blacki Migliozi, Alexander Cardia, Muyi Xiao, and David Botti, "Fake Signals and American Insurance: How a Dark Fleet Moves Russian Oil," *New York Times*, May 30, 2023; Jared Maslin, "The Ghost Fleet Helping Russia Evade Sanctions and Pursue Its War in Ukraine," *Wall Street Journal*, August 18, 2023.

28 David Sheppard, Chris Cook, James Politi, and Anastasia Stognei, "Almost No Russian Oil Is Sold Below $60 Cap, Say Western Officials," *Financial Times*, November 13, 2023; David Lynch, "With Russian Economy Far from Collapse, U.S. Opts for Tougher Punishment," *Washington Post*, February 23, 2024.

29 케네디의 뉴스레터에서 두 번에 나눠 연재된 다음 문헌들을 참고할 것. "Dangerous Waters,"

December 13, 2023, https://navigatingrussia.substack.com/p/dangerous-waters?utm_source=profile&utm_medium=reader2; "The De-Kastri Mystery," January 15, 2024, https://navigatingrussia.substack.com/p/the-de-kastri-mystery?utm_source=profile&utm_medium=reader2.

30 다음 문헌들을 참고할 것. Benoit Faucon, Costas Paris, and Joe Wallace, "Russia's Backdoor to the Global Banking System Is Slamming Shut," *Wall Street Journal*, March 19, 2024; "China Banks Tighten Curbs on Russia after US Sanctions Order," Bloomberg News, January 16, 2024, https://www.bloomberg.com/news/articles/2024-01-16/china-banks-tighten-curbs-onrussia-after-us-sanctions-order; JP Koning, "The First Round of U.S. Secondary Sanctions on Russia Is Working," *Moneyness* (blog), February 22, 2024, https://jpkoning.blogspot.com/2024/02/the-first-round-of-us-secondary.html; "Secondary Sanctions & Russia's Falling Imports," The Bell, May 24, 2024, https://en.thebell.io/secondary-sanctionsrussias-falling-imports/.

31 다음 문헌들을 참고할 것. Kennedy, "Dangerous Waters" and "The De-Kastri Mystery."

32 다음 문헌들을 참고할 것. Alan Rappeport, "U.S. to Clamp Down on Financial Firms That Help Russia Buy Military Supplies," *New York Times*, December 22, 2023; Faucon, Paris, and Wallace, "Russia's Backdoor to the Global Banking System Is Slamming Shut."

33 2024년 6월의 조치에 대한 정보와 바이든 행정부가 더욱 강력한 조치를 가했어야 한다는 주장에 대해서는 다음 문헌들을 참고할 것. Chris Cook and Max Seddon, "US Unveils Tougher Russia Sanctions for Foreign Banks," *Financial Times*, June 13, 2024; David E. Sanger, Alan Rappeport, Edward Wong and Ana Swanson, "U.S. Expands Sanctions on Russia as G7 Leaders Gather," *New York Times*, June 12, 2024; David Ignatius, "A Wary White House Views Russia Oil Sanctions Through Lens of Inflation," *Washington Post*, June 18, 2024; Anna Hirtenstein, Joe Wallace, Ian Talley, and Costas Paris, "Biden Wants to Be Tough with Russia and Iran—But Wants Low Gas Prices Too," *Wall Street Journal*, June 26, 2024; JP Koning, "The Intensifying Effort to Isolate Russia's Banks," *Moneyness* (blog), https://jpkoning.blogspot.com/2024/06/the-intensifying-effort-to-isolate.html.

34 Andrea Shalal and Thomas Escritt, "G7 Agrees on Loan Deal to Support Ukraine with Russian Assets," Reuters, June 14, 2024, https://www.reuters.com/world/troubledg7-leaders-focus-ukraine-war-china-italian-summit-2024-06-13/. 동결 자산 사용에 대한 논의에서 가장 영향력을 발휘했던 글로는 다음 문헌들을 참고할 것. Lawrence Summers, Philip Zelikow, and Robert Zoellick, "The Moral and Legal Case for Sending Russia's $300 Billion to Ukraine," *Washington Post*, March 20, 2023; Nicholas Mulder, "The West Would Harm Itself with Rash Seizures of Frozen Russian Assets," *Financial Times*, January 4, 2024; Hugo Dixon, Lee Buchheit, and Daleep Singh, "Ukrainian Reparation Loan: How It Would Work," SSRN, March 19, 2024, https://papers.ssrn.com/sol3/papers.cfm?abstract_id=4733340. 합의된 타협안이 우크라이나인이나 G7의 납세자에게 부담을 주지 않으면서도 어떻게 우크라이나에 '대출'을 제공할 수 있는지에 대한 설명은 다음 자료에서 찾아볼 수 있다. "Russian Roulette: A Sanctions Update with Eddie Fishman and Sergey Aleksashenko," podcast episode by Maria Snegovaya, Center for Strategic and International Studies, June 27, 2024, https://www.csis.org/podcasts/russian-roulette/sanctions-update-eddie-fishman-and-sergeyaleksashenko.

35 Zongyuan Zoe Liu and Mihaela Papa, "The Anti-Dollar Axis," *Foreign Affairs*, March 7, 2022. 중국 금융 전문가인 리우는 이후 자신의 주장을 좀 더 분명히 밝혔다. 즉 중국이 달러 기반 금융 시스템을 전복하려 한다는 게 아니라, 그에 대한 노출을 줄이려 한다고 생각한다는 것이었다. 예로는 다음 자료 속 그의 발언을 참고할 것. "China's Moves to Create a Dollar Alternative," *Odd Lots* podcast, https://www.youtube.com/watch?v=94Z3XNcjnJo.

36 Rana Foroohar, "China, Russia and the Race to a Post-Dollar World," *Financial Times*, February 27, 2022; Fareed Zakaria, "Russia and China Are Threatening the Power of the Dollar," *Washington Post*, March 24, 2023; George Lei, Tania Chen, and Jacob Gu, "China Takes the Yuan Global in Bid to Repel a Weaponized Dollar," Bloomberg, May 4, 2023, https://www.japantimes.co.jp/news/2023/05/04/business/financial-markets/china-yuanglobal-weaponized-dollar/; Michael Stott and James Kynge, "China Capitalises on US Sanctions in Fight to Dethrone Dollar," *Financial Times*, August 24, 2023; Joseph W. Sullivan, "BRICS Currency Could End Dollar Dominance," *Foreign Policy*, April 24, 2023; Meaghan Tobin, Lyric Li, and David Feliba, "Move Over, U.S. Dollar. China Wants to Make the Yuan the Global Currency," *Washington Post*, May 16, 2023; Reuters, "The Yuan's the New Dollar as Russia Rides to the Redback," November 29, 2022, https://www.japantimes.co.jp/news/2022/11/29/business/economy-business/russia-china-currencies-trade/.

37 다음 문헌들을 참고할 것. Chelsey Delaney, Evan Gershkovich, and Victoria Simanovskaya, "Russia Turns to China's Yuan in Effort to Ditch the Dollar," *Wall Street Journal*, February 28, 2023; Anastasia Stognei, "Russia Embraces China's Renminbi in Face of Western Sanctions," *Financial Times*, March 26, 2023; Alexander Gabuev, "The Yuan Is an Unlikely Winner from Moscow's Isolation," Bloomberg News, March 14, 2023; Amy Hawkins, "China's War Chest: How Beijing Is Using Its Currency to Insulate against Future Sanctions," *The Guardian*, May 8, 2023.

38 Summer Said and Stephen Kalin, "Saudi Arabia Considers Accepting Yuan Instead of Dollars for Chinese Oil Sales," *Wall Street Journal*, March 15, 2022; *Global Times*, "China Completes First LNG Cross-Border Yuan Settlement Transaction," March 29, 2023, https://www.globaltimes.cn/page/202303/1288160.shtml.

39 다음 문헌들을 참고할 것. Carlos Valdez and Daniel Politi, "Bolivia Is the Latest South American Nation to Use China's Yuan for Trade in Challenge to the Dollar," Associated Press, July 28, 2023; Logan Wright, Agatha Kratz, Charlie Vest, and Matt Mingey, "Retaliation and Resilience: China's Economic Statecraft in a Taiwan Crisis," Atlantic Council and the Rhodium Group, April 1, 2024, figure 6, https://www.atlanticcouncil.org/in-depth-research-reports/report/retaliation-and-resilience-chinas-economic-statecraft-in-a-taiwan-crisis/.

40 다음 문헌을 참고할 것. Barry Eichengreen, "Will Geopolitics or Technology Reshape the Global Monetary Order?" *Project Syndicate*, March 10, 2023, https://www.project-syndicate.org/commentary/shift-to-renminbi-reserves-and-payments-not-visible-in-data-by-barry-eichengreen-2023-03?barrier=accesspaylog.

41 다음 문헌을 참고할 것. Gerard DiPippo and Andrea Leonard Palazzi, "It's All about Networking: The Limits of Renminbi Internationalization," Center for Strategic and

International Studies, April 18, 2023, https://www.csis.org/analysis/its-all-about-networking-limits-renminbiinternationalization.
예외적인 사례 중 하나는 2023년 4월 방글라데시와 러시아가 원자력발전소 대출금을 지급하는 데 위안화를 사용하기로 합의했던 것이다. 하지만 이 계획에는 문제가 많았다. 다음 문헌들을 참고할 것. Anant Gupta and Azad Majumder, "Bangladesh to Pay Off Russian Nuclear Plant Loan in Chinese Currency, *Washington Post*, April 17, 2023; Grady McGregor, "The Renminbi's New Role: Sanctions Busting," *The Wire*, April 30, 2023, www.thewirechina.com/2023/04/30/renminbi-new-role-sanctions-busting/; Huamayn Kabir, "RNPP Loan Repayment to Russia in Yuan Falters," *Financial Express*, August 10, 2023, https://thefinancialexpress.com.bd/trade/rnpp-loan-repayment-to-russia-in-yuan-falters.

42 Atlantic Council, "Dollar Dominance Monitor," https://www.atlanticcouncil.org/programs/geoeconomics-center/dollar-dominance-monitor/; SWIFT, "RMB Tracker," https://www.swift.com/our-solutions/compliance-and-shared-services/business-intelligence/renminbi/rmb-tracker/rmb-tracker-document-centre; IMF, "Currency Composition of Foreign Exchange Reserves (COFER)," https://data.imf.org/?sk=e6a5f467-c14b-4aa89f6d-5a09ec4e62a4. See also Maggie Wei, "Progress Check on RMB Internationalization," Goldman Sachs Asia, July 2, 2023, https://www.gspublishing.com/content/research/en/reports/2023/07/02/450c00ac-c2ae-4a96-a5e5-26534e7e493c.html.

43 Maha El Dahan and Aziz El Yaakoubi, "China's Xi Calls for Oil Trade in Yuan at Gulf Summit in Riyadh," Reuters, December 10, 2022, https://www.reuters.com/world/saudiarabia-gathers-chinas-xi-with-arab-leaders-new-era-ties-2022-12-09/#:~:text=RIYADH%2C%20Dec%209%20(Reuters),dollar's%20grip%20on%20world%20trade.

44 @prchovanec on X, December 10, 2022, https://x.com/prchovanec/status/1601554753770893312?s=20.

45 다음 문헌을 참고할 것. "Russia's Rupee Trap Is Adding to $147 Billion Hoard Abroad," Bloomberg News, June 1, 2023, https://www.bloomberg.com/news/articles/2023-06-01/russia-srupee-trap-is-adding-to-147-billion-hoard-stuck-abroad?embedded-checkout=true.

에필로그 큰 힘에는 큰 책임이 따른다

1 이것은 다음의 뛰어난 전기에서 인용한 위대한 킨들버거의 관점이기도 하다. Perry Mehrling, *Money and Empire: Charles P. Kindleberger and the Dollar System* (New York: Cambridge University Press, 2022), chapter 6.

2 다음 문헌을 참고할 것. Associated Press, "Norway Feels the Sting of China's Nobel Anger," May 6, 2011, https://www.ctvnews.ca/norway-feels-sting-of-china-s-nobel-anger-1.640486; Tom Hancock and Wang Xueqiao, "South Korean Consumer Groups Bear Brunt of China's Thaad Ire," *Financial Times*, August 20, 2017; Richard McGregor,

"Chinese Coercion, Australian Resilience," The Lowy Institute, October 20, 2022, https://www.lowyinstitute.org/publications/chinese-coercion-australian-resilience.

3   McDowell, conclusion to *Bucking the Buck*.

4   Francisco Rodriguez, "The Human Consequences of Economic Sanctions," Center for Economic and Policy Research, May 2023, https://cepr.net/wp-content/uploads/2023/04/FINAL-The-Human-Consequences-of-Economic-Sanctions-Rodriguez-7.pdf.

5   Chinedu Asadu, Gerald Imray, Farai Mutsaka, and Paul Wiseman, "Emerging Economies Are Pushing to End the Dollar's Dominance. But What's the Alternative?" Associated Press, August 19, 2023, https://economictimes.indiatimes.com/news/economy/policy/emerging-economies-are-pushing-to-end-the-dollars-dominance-but-whats-the-alternative/articleshow/102851794.cms?from=mdr.

6   다음 자료를 참고할 것. Stacie Pettyjohn, Becca Wasser, and Andrew Metrick, "War Games: House Committee Simulates Chinese Invasion of Taiwan," Center for a New American Security, April 23, 2023 (with ABC News video), https://www.cnas.org/publications/video/war-gameshouse-committee-simulates-chinese-invasion-of-taiwan; 이 영상의 대본은 다음 자료를 참고할 것. ABC News, *This Week*, April 23, 2023, https://abcnews.go.com/Politics/week-transcript-4-23-23sen-mark-warner/story?id=98778375.

7   이 단락과 다음 단락에 인용된 자료와 사례는 다음 문헌에서 인용했다. Greg Ip, "Biden's Trade Challenge: Kicking the China Dependency Habit," *Wall Street Journal*, June 22, 2023; "China Is Trying to Protect Its Economy from Western Pressure," *The Economist*, May 26, 2022; "Could the West Punish China the Way It Has Punished Russia?" *The Economist*, April 23, 2022; Gerard DiPippo, "Deterrence First: Applying Lessons from Sanctions on Russia to China," Center for Strategic and International Studies, May 3, 2022, https://www.csis.org/analysis/deterrence-first-applying-lessons-sanctions-russia-china; Wright, Kratz, Vest, and Mingey, "Retaliation and Resilience: China's Economic Statecraft in a Taiwan Crisis."

8   Charlie Vest and Agatha Kratz, "Sanctioning China in a Taiwan Crisis: Scenarios and Risks," The Atlantic Council and the Rhodium Group, June 21, 2023, https://www.atlanticcouncil.org/in-depth-research-reports/report/sanctioning-china-in-a-taiwan-crisis-scenarios-and-risks/.

9   James Crabtree, "The West Is in the Grip of a Decoupling Delusion," *Financial Times*, April 14, 2023.

10 다음 문헌들을 참고할 것. Richard Baldwin, Rebecca Freeman, and Angelos Theodorakopoulos, "Hidden Exposure: Measuring U.S. Supply Chain Reliance," *Brookings Papers on Economic Activity*, Fall 2023; Caroline Freund, Aaditya Mattoo, Alen Mulabdic, and Michele Ruta, "Is Trade Policy Reshaping Global Supply Chains?" The World Bank Group, Policy Research Working Paper 10593, October 2023; Han Qiu, Hyun Song Shin, and Leanne Si Ying Zhang, "Mapping the Realignment of Global Value Chains," BIS Bulletin No. 78, October 3, 2023, https://www.bis.org/publ/bisbull78.htm.

11 Gerard DiPippo and Jude Blanchette, "Sunk Costs: The Difficulty of Using Sanctions to Deter China in a Taiwan Crisis," Center for Strategic and International Studies, June

12, 2023, https://www.csis.org/analysis/sunk-costs-difficulty-using-sanctions-deter-chinataiwan-crisis.

12 다음 문헌을 참고할 것. Anthony, "The Right to Financial Privacy."

13 트럼프의 2019년 트윗은 다음 링크에서 찾아볼 수 있다. https://x.com/realDonaldTrump/status/1149472282584072192. 트럼프가 2021년 인터뷰에서 한 말은 다음 문헌들을 참고할 것. Suzanne O'Halloran, "Trump: Bitcoin's a Scam, U.S. Dollar Should Dominate," FoxBusiness, June 7, 2021, https://www.foxbusiness.com/markets/trump-bitcoin-a-scam-us-dollar-should-reign; Talia Kaplan, "Trump Warns Crypto 'Potentially a Disaster Waiting to Happen,'" FoxBusiness, August 31, 2021, https://www.foxbusiness.com/politics/crypto-potentially-a-disasterwaiting-to-happen-trump.

14 트럼프가 비트코인 2024 컨퍼런스에서 한 말은 다음 문헌을 참고할 것. *CoinDesk*, "In Donald Trump's Own Words—A Partial Transcript of His Bitcoin 2024 Speech," July 27, 2024, https://www.coindesk.com/policy/2024/07/27/in-donald-trumps-own-words-a-partial-transcript-of-his-bitcoin-2024-speech/.

15 Joel Khalili, "Donald Trump's Plan to Hoard Billions in Bitcoin Has Economists Stumped," *Wired*, July 31, 2024, https://www.wired.com/story/donald-trumps-plan-tohoard-billions-in-bitcoin-has-economists-stumped/.

16 암호화폐를 둘러싼 정치 후원금과 그 영향에 관한 정보는 다음 문헌들을 참고할 것. Molly White, "Follow the Crypto," blog post, https://www.followthecrypto.org; David Gerard, "Trump's Crypto Turnaround Heralds an Economic Nightmare," *Foreign Policy*, July 30, 2024, https://foreignpolicy.com/2024/07/30/trump-crypto-2024-election-economic-nightmare/; Jesse Hamilton, "Democratic Crypto Supporters Call for Crypto-Friendly Party Platform," *CoinDesk*, July 28, 2024, https://www.coindesk.com/policy/2024/07/27/democratic-crypto-supporters-call-for-crypto-friendly-party-platform/; Jasper Goodman, "A Wave of Crypto-Friendly Lawmakers Is About to Crash Congress," *Politico*, October 22, 2024, https://www.politico.com/news/2024/10/21/crypto-super-pac-spending-industry-friendly-lawmakers-00183754.

17 밴스와 틸에 관한 정보는 다음 문헌들을 참고할 것. "United States Senate Financial Disclosures, Annual Report for Calendar 2022, Mr. JD Vance," filed 8/14/2023, https://efdsearch.senate.gov/search/view/annual/b19c901b-c566-4c98-9306-a90ea84a77d7/; Ryan Mac and Theodore Schleifer, "How a Network of Tech Billionaires Helped J.D. Vance Leap into Power," *New York Times*, July 17, 2024; Elizabeth Dwoskin, Cat Zakrzewski, Nitasha Tiku, and Josh Dawsey, "Inside the Powerful Peter Thiel Tech Network That Launched JD Vance," *Washington Post*, July 28, 2024; Edward Luce, "Trump and the Politics of Bitcoin," *Financial Times*, July 31, 2024; Cryptonews, "Peter Thiel's Bitcoin Keynote at Bitcoin 2022," April 8, 2022, https://cryptonews.com/videos/paypal-co-founder-peter-thiel-bitcoin-keynote-bitcoin-2022-conference.htm.

18 WLF에 관한 정보는 다음 문헌들을 참고할 것. Joe Durbin, "Eric Trump Previews Major Trump Organization Move into Crypto as He Charts the Family Company's Future," *New York Post*, August 14, 2024; David Yaffe-Bellany, Sharon LaFraniere, and Matthew Goldstein, "Trump Rolls Out His New Crypto Currency Business," *New York Times*, September 16, 2024; Sharon LaFraniere and David Yaffe-Bellany, "The 'Crypto Punks'

Behind Trump's Murky New Business Venture," *New York Times*, October 7, 2024; Nikou Asgari, "Donald Trump Has a New Crypto Venture. The Industry Is Not Impressed," *Financial Times*, October 17, 2024.

19   Economic Club of New York, "Donald J. Trump at the Economic Club of New York," September 5, 2024, https://www.econclubny.org/web/pages/recent-speakers/-/blogs/donald-j-trump.

20   Paul Krugman, "Donald Trump on the Dollar, in His Own Words," *New York Times*, September 9, 2024.

21   Pierre-Olivier Gourinchas, Helene Rey, and Maxime Sauzet, "The International Monetary and Financial System," Working Paper 25782, National Bureau of Economic Research, April 2019, https://www.nber.org/system/files/working_papers/w25782/w25782.pdf.

22   다음 문헌에서 인용했다. Tim Sablik, "Is Dollar Dominance in Doubt?" Federal Reserve Bank of Richmond, *Econ Focus*, Second Quarter 2022, https://www.richmondfed.org/publications/research/econ_focus/2022/q2_feature_2.

23   이 문단과 다음 문단에서 언급한 여러 정보는 다음 문헌들에서 가져왔다. Gillian Tett, "Vulnerabilities in the Treasuries Market Aren't Going Away," *Financial Times*, September 7, 2023; Kate Duguid, Costas Mourselas, and Ortenca Aliaj, "The Debt-Fuelled Bet on US Treasuries That's Scaring Regulators," *Financial Times*, September 26, 2023; Daniel Barth, R. Jay Kahn, and Robert Mann, "Recent Developments in Hedge Funds' Treasury Futures and Repo Positions: Is the Basis Trade 'Back'?" Federal Reserve Board, August 30, 2023, https://www.federalreserve.gov/econres/notes/feds-notes/recent-developments-in-hedge-fundstreasury-futures-and-repo-positions-20230830.html; Darrell Duffie, "Resilience Redux in the US Treasury Market," presentation at Jackson Hole Conference of the Federal Reserve Bank of Kansas City, August 25, 2023, https://www.kansascityfed.org/JacksonHole/documents/9726/JH_Paper_Duffie.pdf; Adam Tooze, "Making & Remaking the Most Important Market in the World. Or Why Everyone Should Read Menand and Younger on Treasuries," Chartbook No. 238, September 8, 2023, https://adamtooze.substack.com/p/chartbook-238-making-and-remaking; Eric Wallerstein, "The $27 Trillion Treasury Market Is Only Getting Bigger," *Wall Street Journal*, March 24, 2024.

24   Paul Krugman, "Does the U.S. Dollar's Dominance Really Matter?" *New York Times*, May 28, 2021.

25   다음 문헌들을 참고할 것. "Donald Trump Wants a Weaker Dollar. What Are His Options?" *The Economist*, July 25 2024; "ICYMI: Senator Vance Questions Chairman Powell on the U.S. Dollar's Reserve Currency Status," March 8, 2023, https://www.vance.senate.gov/press-releases/icymisenator-vance-questions-chairman-powell-on-the-u-s-dollars-reserve-currency-status/?utm_source=npr_newsletter&utm_medium=email&utm_content=20240721&utm_term=9603517&utm_campaign=money&utm_id=11267066&orgid=55&utm_att1=.

26   달러의 전 세계적인 지배력과 환율의 관계에 관한 통찰력 있는 분석은 다음 문헌들을 참고할 것. Karthik Sankaran, "The Burden of Proof Lies with Proof of the Burden," blog post, Nov. 2, 2023, https://sankaran.substack.com/p/the-burden-of-proof-lies-withproof?r=r6t&utm_campaign=post&utm_medium=web&triedRedirect=true; Felix

Martin, "Donald Trump May Dent but Not Dethrone King Dollar," Reuters, July 26, 2024, https://www.reuters.com/breakingviews/donald-trump-may-dent-not-dethrone-kingdollar-2024-07-26/.

27 Congressional Budget Office, "An Update to the Budget and Economic Outlook: 2024 to 2034," June 2024, https://www.cbo.gov/publication/60039.

28 다음 문헌을 참고할 것. Lawrence H. Summers, opening speech at the Peterson Institute for International Economics, conference on "Rethinking Fiscal Policy—Global Perspectives," May 30, 2023 (video), https://www.piie.com/events/rethinking-fiscal-policy-global-perspectives.

29 Fitch Ratings, "Fitch Downgrades the United States' Long-Term Ratings to 'AA+' from 'AAA'; Outlook Stable," August 1, 2023, https://www.fitchratings.com/research/sovereigns/fitch-downgrades-united-states-long-term-ratings-to-aa-from-aaa-outlookstable-01-08-2023.

30 다음 문헌을 참고할 것. George Selgin, "The Digital Gold Fallacy, or Why Bitcoin Can't Save the US Dollar," Cato Institute, November 29, 2024, https://www.cato.org/blog/digital-goldfallacy-or-why-bitcoin-cant-save-us-dollar-1.

31 Aime Williams, "Trump Threatens BRICS Nations with 100% Tariffs If They Undermine Dollar," *Financial Times*, December 1, 2024.

32 예로는 다음 문헌을 참고할 것. Brad Setser, "The U.S. Has Every Reason It Needs to Drop the Debt Ceiling—Both at Home and Abroad," Council on Foreign Relations, blog post, June 8, 2023, https://www.cfr.org/blog/us-has-every-reason-it-needs-drop-debt-ceiling-bothhome-and-abroad.

찾아보기

ㄱ

가나 30, 377, 380, 417
가란텍스 332, 334
가이트너, 티머시 139, 438
감가상각 420
감시 자본주의 292
개발도상국(개도국) 171, 173, 175, 180, 349, 379
갤러거, 마이클 423, 424, 426
겐슬러, 게리 431, 433
경제제재
    국제긴급경제권한법(IEEPA) 206; 금수조치법 207; 대러 제재 21, 44, 47, 262, 388~393, 398, 402, 405~408, 410, 412~414, 416, 423; 대북 제재 236~239; 대이란 제재 194, 195, 199, 240, 260, 422; 대중 제재 422~427; 미국애 국자법(애도자법) 220~222, 236, 237, 246; 미국의 2차 제재 193, 194, 200, 211, 245, 246, 256, 260, 398, 403; 버너은행 255, 256; 베네수엘라에 대한 제재 261, 262; 벤수다, 파투 263; 와 국제연맹 207~209; 와 탈달러화 201, 251, 252, 349, 350, 406~413; 은행비밀법 214, 429; 의 오남용 43, 44, 193~198, 260~264, 419~422; 의심활동보고서(SAR) 213, 214, 332, 335; 일본에 대한 석유 금수 조치 208, 209; 주요자금세탁우려대상 220~222, 236, 240, 246, 393; 중국 제품에 대한 미국 의회의 관세 부과 법안 발의 127
고객확인절차 215, 279, 293, 322, 330, 332, 334, 335, 429
구제금융
    그리스를 위한 구제금융 159, 161; IMF의 다자간 구제금융 126, 139; AIG를 위한 구제금융 135; 오버엔드거니를 위한 구제금융 66
국가은행법 59
국경 간 결제 182, 202, 203, 253, 291, 307, 349, 350, 409
국내총생산(GDP) 23, 53, 75, 78, 79, 119, 122, 125, 126, 152, 155, 157, 158, 160, 165, 180, 186, 208, 247, 250, 260, 375, 390, 395, 397, 424, 425, 441~443
국제결제은행(BIS) 27, 294~298, 315, 338~340, 342~344, 346~348, 351, 428
    의 CBDC에 대한 입장 변화 297~299; 의 이노베이션허브 298, 347; 중앙은행들의 중앙은행 294
국제금융 순환주기 380
국제수지 80, 81, 83, 171
국제연맹 207, 208
국제연합(UN) 141, 210, 211, 240, 257
    UN무역개발회의 379; UN안전보장이사회 210, 220; UN연방신용조합 263
국제은행간통신협회(SWIFT) 21, 22, 184, 194, 202, 223~227, 245, 249, 250, 252, 253, 391, 392, 394, 399, 422
    금융메시지전송시스템(SPFS) 250, 253; 에서 러시아 퇴출 249, 250, 391, 392; 에서 이란 퇴출 194
국제자금세탁방지기구(FATF) 215, 216, 220, 224
국제통화기금(IMF) 76, 109, 113, 126, 128, 138, 139, 141, 160, 161, 169, 170~174, 180, 181, 184, 378, 395, 402, 437, 438
    특별인출권(SDR) 141, 170~175, 179, 180, 290
그램리, 라일 117
그로스, 빌 130
그리스 148~150, 154, 157~161, 207, 208, 440, 443
글라지예프, 세르게이 248, 249
글래드스톤, 윌리엄 65
글레이저, 대니얼 235, 237
금(괴) 33, 34, 55, 58, 60~62, 65, 69~71, 73, 75, 77~79, 81~85, 107, 171, 172, 274, 283, 285, 295, 392
    금본위제 22, 32, 60, 61, 69~71, 73, 75~77, 81, 284; 중세 시대의 금화 가치 훼손 39
금리 34, 63, 69, 85, 88, 97, 98, 103, 104, 108, 110~117, 122, 125, 129, 130, 135, 143, 151, 152, 154, 158, 165, 166, 178, 181, 186, 310, 318, 356, 359, 362, 365, 366, 373, 377, 378, 380~382, 440~444
    고금리 67, 80, 377; 기준금리 113, 367, 376; 단기금리 149; 대출금리 34, 69, 149, 154, 362; 실질금리 186, 372; 연방기금금리 113, 376; 우대금리 114; 장기금리 128, 149; 저금리 125, 152, 157, 173, 375, 443; 정책금리 372; 지표금리 362
금융위기(금융공황) 29, 44, 67, 68, 133, 158, 160, 161, 169, 317, 379, 382, 437

대공황 71, 72, 74, 116, 208, 443; 부동산 거품 128, 143, 168; 세계금융위기 46, 131, 133, 142, 144, 154, 160, 173, 179, 185, 195, 365, 366, 369, 370, 372; 오일쇼크 94, 108; 외환위기 126, 177; 유럽재정위기 150, 161, 162, 168; 파멸의 순환 161
긴축 80, 108, 117, 119, 249, 356, 374, 377
　긴축재정 250, 260, 442; 긴축정책 85, 380
김정은 257
김정일 233, 237

ㄴ

나불라, 네하 273, 287
나비올리나, 엘비라 397
나우루 215
나이지리아 270
남아프리카공화국 61, 202, 210, 349, 350, 381, 382, 398
노르웨이 138, 417
노리에가, 마누엘 209, 210
노먼, 몬터규 294
뉴질랜드 74
닉슨, 리처드(닉슨 행정부) 83~87, 89, 108, 172, 214
　의 신규 국제통화 시스템 74, 87; 의 연준을 향한 압박 108; 캠프데이비드에서의 비밀회의 84~87

ㄷ

다면, 리처드 120
달러
　그린백 58, 180; 19세기에는 국제적으로 거의 쓰이지 않았던 달러 52~54; 연방준비은행권 34, 68; 의 금 태환(율) 71, 77~79, 83~86, 89, 172; 의 무기화 30, 193, 246, 259, 263, 264, 416, 419, 427; 의 법적 기반 337, 338; 의 역할 29~31; 전간기에 영향력이 커진 달러 70; 페트로달러 97~100, 106; 회계 단위 24, 25, 170, 171, 290
대외 정책 19, 187, 194, 206, 211, 260, 330, 420
대체 불가능 토큰(NFT) 344, 345
대출 24~26, 28, 29, 35, 36, 41, 54, 57, 60, 64, 66, 67, 69, 70, 71, 82, 88, 106, 113, 115, 125, 129, 131, 133, 136~139, 143, 150, 151, 160, 167~170, 177, 178, 194, 212, 243, 262, 279,

296, 297, 309, 310, 362, 367, 369, 405, 434
주택담보대출 36, 61, 125, 129, 130, 131, 133, 134, 142, 150, 212, 362; 차입 24, 28, 97, 100, 114, 129, 157, 158, 167, 177, 379, 383, 434, 440, 443, 444, 446, 447
데리파스카, 올레크 262, 395
덴마크 138, 193
독일 72, 99, 119, 126, 129, 136, 141, 148, 150, 153, 154, 157, 158, 161, 162, 170, 186, 192, 193, 196, 197, 208, 262, 291, 294, 381, 393, 440
드골, 샤를 81
드라기, 마리오 161, 394
드러켄밀러, 스탠리 41
디샌티스, 론 320, 321, 324
디스파르테, 단테 326, 329
디지털 화폐 44, 45, 47, 254, 264, 270, 272~275, 290, 292, 295~297, 304, 305, 307, 312, 326, 338, 342, 347, 381, 427~430

ㄹ

라가르드, 크리스틴 180
라브로프, 세르게이 396, 412
라이먼, 조지 더머 17, 18, 20
라이스, 콘돌리자 238
러시아
　러시아 요새 전략 249, 250, 392, 395; 러시아산 석유 거래의 루피 결제 허용 412; 러시아산 석유의 가격 상한제 401, 402; 와 EU의 관계 390, 391; 와 튀르키예 252, 403; 의 랜섬웨어 조직 333, 334; 의 미르 신용카드 250, 398, 418; 의 외화보유고를 노리는 경제제재 392~396, 404~406; 의 우크라이나 침공 19, 30, 249, 250, 388~392; 의 제재 회피 노력 399~402; 의 탈달러화 노력 250, 251, 406~408; 푸틴, 블라디미르 248, 249, 252, 262, 350, 391, 392, 395, 396, 397, 401, 405, 406, 424
레니헌, 브라이언 160
레바논 222, 346
레비, 스튜어트 239~243, 245, 248, 292, 293
레이건, 로널드(레이건 행정부) 111, 115~117, 442
로고프, 케네스 128
로하니, 하산 247
루, 제이컵 잭 198, 199
루빈, 로버트 357

497

루스벨트, 프랭클린 71
룰라 다실바, 루이스 이나시우 22, 416, 422
뤼에프, 자크 81
르 메르, 브뤼노 197
리먼브라더스 129, 131, 135, 137, 279
린지, 로런스 217
링컨, 에이브러햄 58

■
마두로, 니콜라스 261
마르크 54, 148
　서독-마르크 89, 97, 100, 118, 122, 172
마스, 하이코 197
마스터카드 250, 289, 398
마스트리흐트 조약 152, 160
마윈 308, 310
마커스, 데이비드 289~292
마틴, 윌리엄 맥체스니 371, 372, 374
마화텅 308, 310
만테가, 기두 381
매리스, 스티븐 117~119, 122
맥다월, 대니얼 200, 251, 252, 419, 420
멀포드, 데이비드 95, 99, 100, 109, 120, 121
메릴린치 135
멕시코 76, 138, 139, 215, 216, 364
모건, 존 피어폰트 67
모겐소, 로버트 244
무솔리니, 베니토 208
무역
　경상수지 119, 122, 125, 126, 156, 157, 441; 국제수지 80, 81, 83, 171; 무역수지 96; 무역전쟁 74, 357; 미국이 감당하는 거대한 무역 불균형 23, 46, 118~123, 127~129, 143, 185; 양자무역 409, 410; 제삼국 무역 409
뮬러, 로버트 226
므누신, 스티븐 368
미국 국채
　국채 트레이더 101~104, 361; 로 마련된 각국 중앙은행의 지급준비금 24; 를 위협하는 미국 정부의 재정 적자 127, 128; 와 달러 패권 440, 441; 와 스테이블코인 328; 와 유럽 각국의 국채 비교 162; 2020년의 미국 국채시장 혼란 44; 1970년대 미국 국채시장의 엄청난 성장 101~107
미국 재무부
　금융범죄단속네트워크(FinCEN) 213, 219,
332; 와 달러의 무기화 194, 195, 198, 199; 와 SWIFT 225~227; 와 스테이블코인 334, 335; 의 자금세탁 방지 노력 212~214, 217, 220~222, 237~242, 334, 335; 의 뛰어난 정보 분석 역량 227; 특별지정국민(SDN) 216, 217, 220, 240, 255, 262, 333, 351, 403, 418; 해외자산통제국(OFAC) 216, 218, 240, 241, 262, 264, 333~335, 393, 400, 401, 403, 404, 418, 421
미국
　1907년 미국의 금융공황과 연준의 탄생 67~69; 과 디지털 화폐 44, 45, 325, 326; 국가 안보를 위한 미국의 노력 30, 227, 232, 347; 국제금융 시스템에 대한 미국의 책임 436~439; 냉전의 종식과 미국의 독주 210; 달러 패권에 따른 미국의 부담 43~45; 대외 정책 실현을 위한 달러의 무기화 19, 194, 206, 260; 디지털 자산의 원칙과 기준을 정하는 논의에 참여할 미국의 자격 428; 마셜플랜 78; 미국 정부의 국가채무 한도 180, 445, 446; 의 과도한 특권 80, 81, 107, 125, 132, 140, 142, 185~187, 440; 의 수정헌법 321, 324; 채권국에서 채무국이 된 미국 122, 123; 침략 행위에 대한 미국의 불관용 406
밀러, 윌리엄 108, 112, 113

■
바이든, 조(바이든 행정부) 42, 261, 263, 319, 320, 334, 358, 371, 375, 376, 389, 390, 398, 403, 407, 435
바하마 268~271, 299, 313, 322
방코델타아시아(BDA) 236~238, 240, 241, 257, 258
배젓, 월터 65, 137
밴스, J.D. 433, 434, 441, 447
버냉키, 벤 134, 135, 137~139, 185~187, 358, 367, 368, 440
버핏, 워런 130
번스, 아서 86, 107, 108
법체계(법치주의) 30, 36, 183, 312, 324, 357, 446, 345, 405, 418, 437
　공정한 법체계로 지탱되는 달러 패권 30, 36; 를 뒤흔드는 트럼프 357, 447; 중국의 법체계 183, 184, 312, 417, 418
베어스턴스 129, 131
베이커, 제임스 120
볼커, 폴 83, 84, 87, 110~117, 119, 121, 122,

357, 377
부시, 조지 W.(부시 행정부) 141, 217, 219, 220, 227, 234, 235, 238, 240, 263, 357
부채 34, 35, 41, 84, 122, 123, 134, 157, 269, 341
 미국의 눈물 없는 적자 81; 재정 적자 46, 96, 103, 118, 120, 123, 152, 158, 160, 440, 442~444
북한 30, 194, 232, 233~240, 242, 247, 248, 256~259, 333
 과 위조지폐 232, 233, 237; 과 석유 밀수 256, 257; 과 제재 회피 258, 259; 6자 회담 234, 238; 소프라노 국가 233; 의 핵 개발 234
브라운, 셰러드 291, 433
브라이언, 윌리엄 제닝스 61
브라질 22, 130, 138, 139, 272, 350, 379, 381, 382, 398, 409, 416
브레이너드, 레이얼 319, 358
브레턴우즈 체제 46, 77, 78, 80~89, 96, 111, 126, 141, 151, 171, 172, 185, 437
 브레턴우즈 2기 체제 125, 127, 128, 131; 의 최후 82~87; 전후 경제 질서 72~74
브릭스 350, 407, 413, 440, 446
 브릭스 브리지 350, 351
블라이, 넬리 52~54, 61
블랙록 363
블록체인 19, 40, 283, 285, 286, 289, 290, 318, 325, 329, 332, 334, 339, 341, 348, 434
블룸버그 136, 137, 307, 332
비들, 니콜라스 55
비밀경호국 124, 232
비자 277, 289, 398
비트파이넥스 328

ㅅ

사데라트은행 240, 241
 헤즈볼라 240; 하마스 241
사라테, 후안 221, 222, 225, 226, 235, 237
사르코지, 니콜라스 141
사우디아라비아 42, 94~100, 106, 398, 408, 410, 411
사이먼, 윌리엄 97, 100
사이퍼펑크 277~280, 288
사토시 나카모토 280, 281, 284~286, 436
샤흐트, 햘마르 294
서머스, 로런스 375
석유

 대러 제재의 변수가 된 유가와 인플레이션 390, 391; 대이란 제재와 석유 196, 240, 246, 247, 260; 사우디아라비아통화청 94, 95, 97~100, 106, 109, 120, 133, 348; 석유 거래의 유로 결제 가능성 156; 석유수출기구(OPEC) 95, 108, 156; 세계 2위 석유 수출국으로서의 러시아 390; 와 베네수엘라 261, 330, 331; 전 세계 석유 매장량의 25퍼센트를 차지하는 사우디아라비아 95
세계무역기구(WTO) 177, 183
세계총생산(GWP) 23, 28, 75, 79, 155, 407
소유권 282, 341, 343, 344, 345, 402
송금 202~204, 210, 219, 223, 224, 244, 253, 277, 289, 316, 321, 331, 332, 334, 337, 341, 342, 347, 349
쇼이블레, 볼프강 381
수입 75, 79~81, 83, 95, 96, 106, 107, 119, 124, 165, 169, 170, 197, 208, 209, 246, 247, 249, 252, 255, 257, 273, 379, 390, 397, 400, 401, 410~412, 417, 418, 421, 441, 442, 445
수출 24, 26, 80, 83, 89, 95, 119, 120, 122, 124, 125, 143, 166, 169, 182, 208, 209, 240, 246, 251, 252, 255, 260, 261, 378, 391, 399~401, 403, 404, 408, 411~413, 421, 423, 440
수표 15~18, 31, 36, 37, 276, 278, 315, 323, 337, 341
슈랭크, 레너드 레니 224~227
슈타인브뤼크, 페어 141
슐츠, 프레더릭 110, 113
스노, 존 124
스미스, 애덤 M. 205, 206
스웨덴 138, 395
스위스 28, 100, 220, 294
스테이블코인 45, 289, 290, 324~330, 333, 335, 336, 346, 351, 427, 430
 과 암호화폐 및 CBDC 325, 326; 과 자금세탁 330~333; 권고형 327; 서클 326, 327, 330, 336; USDC 325, 326, 327, 336; USDT 290, 325, 327, 328, 331, 332, 336; 의 모호한 용도 287, 288; 의 취약점 327, 328; 카지노 칩의 비유 324, 325; 테더 290, 327, 328, 330, 333, 335; 테라USD 327, 338; 토큰화된 예금 340~344, 428~430
스페인 40, 148, 153, 157, 158, 161, 162
스프링클, 베럴 163, 164, 169
시뇨리지 186
시리아 95, 96, 173, 222, 260

시미할, 데니스 394
CBDC 269~271, 281, 295~299, 304, 305, 310, 312~325, 336, 338~340, 342, 346~351, 427, 428, 440
  거의 사용되지 않는 CBDC 269, 270, 312~314; 브릿코인 322; 샌드달러 269, 270, 298, 313, 322; 엠브리지 원장 348, 349; 의 모호한 용도 346~347; e-CNY(DC/EP) 270, 271, 304, 306, 310~314, 349, 351, 428; e-THB 347
시츠, 네이션 139
신뢰(성) 25, 32, 33, 35, 36, 39, 55, 56, 60, 76, 97, 110, 111, 114, 153, 248, 275, 276, 280, 281, 284, 329, 416
  신뢰할 수 있는 중앙은행 화폐 338, 346
신용카드 80, 202, 250, 269, 272, 276~279, 282, 286, 307~309, 321, 323, 337, 398, 418
신현송 339, 342~344, 346, 428, 452
신흥국 138, 139, 350, 378~381, 383, 437
싱, 달립 388~390, 398
싱가포르 138, 168, 295, 349
싱슬레위, 세실리아 298

ㅇ
아데예모, 월리 335
아랍에미리트 332, 348, 399, 403
아마디네자드, 마무드 156
아우프하우저, 데이비드 225, 226
아이켄그린, 베리 174, 438
아일랜드 31, 157, 158, 160, 262
알고리즘 20, 283, 327, 366
  알고리즘 매매 361, 365, 366
알리바바 308~310, 312
알리페이 41, 269, 305, 309, 310, 312~314
암호화폐 45, 270, 280, 281, 282, 284~290, 293, 306, 325, 326, 328, 332~336, 338, 339, 344~346, 418, 430~436, 445
  도지코인 285; 디파이 325; 미국 의회를 향한 암호화폐 업계의 로비 326, 432, 433; 부테린, 비탈릭 286; 블록체인 19, 40, 283, 285, 286, 289, 290, 318, 325, 329, 332, 334, 339, 341, 348, 434; 비트코인 33, 40, 44, 281~289, 339, 341, 346, 430~434, 436, 446, 447; 알트코인 285; 의 성장 285, 286; 의 신봉자 31, 35, 40, 280, 286, 287, 292, 344, 415, 445; 와 자금세탁 287, 330~332; 의 첫 10년 288; 이더 286, 287; 이더리움 286, 345; 트레드파이 332

애셔, 데이비드 233, 235
애플페이 269, 278, 321, 395
AIG 135
ATM 38, 202, 337, 394
엔 23, 27, 28, 30, 89, 97, 100, 118, 119, 122, 163~169, 172, 175, 181, 289, 365, 378, 436, 437
연준
  과 CBDC 317~319; 뉴욕연준은행 83, 88, 112, 139, 358, 366, 388, 389, 438; 무제한으로 찍어낼 수 있는 달러 107, 125, 443; 미국 중앙은행으로서의 연준 68, 69; 보스턴연준은행 318; 양적긴축 444; 양적완화 372, 380, 444; 없어서는 안 될 연준 369; 에 의지하는 전 세계 44, 46; 연방공개시장위원회(FOMC) 108, 112, 114, 116, 117, 138, 438; 연방준비법 68, 67; 유연한 평균 인플레이션 목표제(FAIT) 374, 376; 의 기풍 114; 의 독립성과 신뢰성 111, 112, 357~360; 최종 거래자로서의 연준 367~369; 최종 대부자로서의 연준 134~140, 365~371; 페드 리슨스 행사 373, 374, 페드나우 316; 페드와이어 21, 22, 201, 316
영지식 증명(ZKP) 323
옐런, 재닛 293, 358, 390, 394
오닐, 폴 217, 237
오바 토모미츠 164
오캄포, 호세 안토니오 381
우크라이나 19, 30, 222, 249, 250, 333, 378, 388, 390~392, 394, 396, 397, 404, 405, 407, 416, 417
운터오버되스터, 올라프 170, 174
위안화 23, 126, 127, 143, 174, 176, 177, 179~185, 199, 251, 254, 255, 306, 307, 310, 312, 392, 393, 407~413, 417, 437, 446, 447
  가 달러를 대체할 가능성 407, 417, 418; 디지털 위안화 40, 292, 305, 306; 석유 거래의 위안화 결제 가능성 408~412
위챗페이 41, 269, 309~311, 313, 314
윌슨, 우드로 68, 69, 207
유가증권 24, 28, 29, 63~65, 99, 101, 125, 127, 137, 155, 171, 173, 177, 223, 342, 345, 365, 411
유동성 29, 63, 66, 67, 99, 100, 133~135, 137, 138, 140, 162, 171, 174, 203, 204, 350, 361~363, 366, 371, 411, 413, 438
  과 세계금융위기 133~137, 140; 달러 패권을 떠받치는 유동성 29, 100, 361; 미국 금융시장

의 유동성 133
유로 23, 30, 130, 135, 148~150, 153~157, 159~162, 168, 172, 181, 185, 197, 199, 204, 224, 251, 252, 289, 365, 378, 392, 393, 405, 436, 437
　경제통화연맹 148; 세계 2위 통화 150, 155; 10주년 154, 155, 157; 유럽안정메커니즘 162; 유로존 135, 148, 150, 152, 153, 155, 157~159, 161, 162, 437; 유로존의 구조적 문제 157~162; 유로클리어 405; 의 달러 추격 154~156; 의 탄생 150~153
유로달러 106
융커, 장클로드 197
은행
　도이체은행 136, 201; 마르카지은행 246, 393; 메시코은행 296; 미국의 은행업 면허 201, 244; 미합중국은행 54, 55; 뱅크오브아메리카 135, 201, 219, 363; BNP파리바 244, 245, 254; 스웨덴국립은행 63, 298; 스위스국립은행 134~136, 138, 349; 19세기 뉴욕의 은행 15~18; 싱가포르통화감독청 348; 아랍에미리트중앙은행 348; 에 대한 대출 규제 35; HSBC 180, 216, 245, 293; 예금 24, 31, 35, 38, 55, 63~65, 68, 71, 106, 129, 160, 181, 203, 213, 236, 237, 297, 309, 317, 328, 336, 340, 342, 429; 유럽중앙은행 134, 135, 138, 148, 151, 154, 155, 158, 160, 161, 348, 394, 428; 은행계좌가 없는 사람들을 위한 금융 서비스 292, 316; 일본은행 23, 122, 138, 166, 348; 중국인민은행 23, 140, 173, 179, 181, 182, 252, 254, 270, 305, 311, 313, 350; 중앙은행 23, 25, 37, 39, 45, 47, 62~66, 68~70, 74, 75, 77, 81~83, 94, 106~108, 111, 115, 121, 124, 126, 134, 135, 138, 155, 162, 170~172, 175, 179, 186, 246, 251, 254, 269, 279, 280, 291, 294~299, 313, 318, 337, 338, 339, 346, 348, 349, 357, 359, 365, 369, 371~373, 381, 388, 393, 417, 429, 434, 439; 캐나다은행 135, 348; 쿤룬은행 255, 256; 크레디트스위스 40, 136, 244; 프랑스은행 81, 349; 환거래은행 203, 204, 224, 256
이라크 195, 210, 234, 409
이란 30, 156, 173, 192~199, 209, 234, 239~248, 252, 255, 256, 260, 261, 293, 335, 393, 398, 415, 416, 421
　이란산 석유 194, 245~247, 255; 이란혁명 108; 포괄적 공동행동계획 247; 포괄적 이란 제재·책임 부과·투자 철수법(포괄적 이란제재법) 245, 246
EU 148, 151, 161, 192, 195, 197~200, 245, 247, 250~252, 369, 383, 390, 391, 394, 399, 401, 404
　유럽경제공동체 150; 유럽공동체 167; 유럽부흥개발은행 395; 유럽석탄철강공동체 150; 유럽의회 197; EU 집행위원회 155, 197, 390
이탈리아 148, 158, 161, 162, 196, 208, 275, 343, 394
인도 251, 272, 343, 350, 369, 376, 382, 398, 399, 402, 404, 412
인플레이션 39, 40, 42, 46, 59, 60, 82, 88, 89, 96, 103, 104, 108~117, 119, 123, 132, 149, 155, 185, 186, 260, 284, 308, 331, 346, 359, 371~374, 376~378, 381, 382, 395, 404, 444
　디플레이션 61, 168, 169, 285; 스태그네이션 79; 스태그플레이션 96; 하이퍼인플레이션 39
일본 28, 78, 79, 82, 99, 100, 119~122, 125, 126, 162~169, 176, 177, 183, 185, 186, 208, 209, 234, 247, 307, 365, 369, 383, 394, 436, 437, 440
　엔 블록 167, 168; 의 경제 기적 164, 165; 의 금융 억압 165, 168~169; 의 버블 붕괴 122
잉글랜드은행 23, 38, 53, 62, 63, 65, 66, 134, 135, 138, 294, 322, 381, 428
　최종 대부자로서의 잉글랜드은행 65, 66; 통화 발행에 대한 독점권 62~63

ㅈ
자오창펑 334, 335
잭슨, 앤드루 55, 68
저우샤오촨 140, 141, 173, 174, 179
저커버그, 마크 291
전략국제문제연구소 426
제1차 세계대전 70, 73, 77, 207, 294
제2차 세계대전 72, 73, 103, 141, 153, 294, 295
JP모건체이스 201, 341, 366
　JPM코인 341
제조업(체) 29, 53, 73, 78, 122, 142, 143, 165, 166, 177, 193, 196, 262, 343, 364, 375, 376, 408, 424, 426, 441
제퍼슨, 토머스 207
젤렌스키, 볼로디미르 391, 393
존슨, 린든 82
주룽지 177

중국
  과 러시아 406~409; 과 북한 258, 259; 미국
  을 능가하는 중국의 디지털 결제 기술 307; 시
  진핑 183, 184, 310, 357, 406, 410, 423, 426;
  위안화국제결제시스템(CIPS) 184, 253~255,
  410, 416; 의 금융 억압 177; 의 세계무역기구
  (WTO) 가입 177; 의 자유화 177~181; 의 제조
  업 역량과 수출 능력 424~426
지급준비금 19, 37, 38, 64, 88, 113, 155, 171,
  173, 280, 289, 291, 293, 296, 336~338, 342
  각국의 중앙은행에 보관된 준비통화 23, 24; 국
  제 준비통화로서 엔의 가능성 163, 164, 168,
  169; 국제 준비통화로서 위안화의 가능성 180,
  181, 183~185; 국제 준비통화로서 유로의 가
  능성 197, 198; 국제 준비통화로서의 달러
  23~25, 125, 126, 186, 438; 부분 지급준비제
  64; 중앙은행 화폐 37, 338, 346; 중앙은행의
  역할 337, 338
G7 124, 214, 391~394, 404, 405
지스카르데스탱, 발레리 80
직불카드 276, 296, 321, 323, 337
신런칭 124

ㅊ
차움, 데이비드 278, 279
책임(감) 43, 45, 46, 68, 140, 413, 420, 422, 428,
  438, 448
처빈스키, 제이크 326, 330
청산과 결제 17, 21, 201, 223, 253, 255, 256,
  277, 418
  뉴욕 청산소 20, 36, 201; 당신이 결제할 때 실
  제 벌어지는 일 37; 디지털 결제 273, 274, 279;
  자동 청산소 316; 전체 결제의 23퍼센트에만
  사용되는 현금 38
청산은행간결제시스템(CHIPS) 20~22, 184,
  201~205, 253~256, 316
체이스, 새먼 P. 59
취훙빈 180

ㅋ
카니, 마크 381, 382
카르스텐스, 아구스틴 296~298, 315
카스트로, 피델 209
카터, 지미(카터 행정부) 111, 112, 115, 209, 211
카포네, 알 214

캄프, 야프 226
캐나다 53, 153, 186, 211, 318, 320, 324, 364,
  369, 392, 394, 440, 441
  자유호송대 320, 324
컨리프, 존 38, 322
케네디, 존 F.(케네디 행정부) 78, 82, 84
케리, 존 199
케인스, 존 메이너드 72~75, 77, 83, 88, 139, 141,
  171, 175, 381
  방코르 74~76, 141, 175
코널리, 존 84~87, 377
코르젬파, 마틴 310~312
코인베이스 282, 288, 332, 333
쿠바 209, 210, 211
쿠빌라이 칸 32
  교초 32
퀄스, 랜들 314~317, 319, 324, 336, 340, 370
크롤리, 모니카 41
크루그먼, 폴 151, 441
클라리다, 리처드 358
클린턴, 빌(클린턴 행정부) 123, 211, 212, 216, 234,
  357
  클린턴 리스트 216
키신저, 헨리 97, 98
키프로스 161, 222

ㅌ
대만 125, 247, 256, 257, 369, 410, 422, 423,
  425, 427
탈달러화 30, 251, 252, 392, 407, 410, 446
  달러의 대안 156, 407; 반달러의 축 407, 408,
  413; 비달러 통화로 더 많이 차입하는 신흥국
  들 382, 383
태국 177, 183, 347, 348, 369, 379
테러 218, 219, 222, 226, 274, 333
  9·11 테러 21, 215, 218, 225, 263, 428; 에 쓰
  이는 자금 215, 220, 221, 330; 와 암호화폐
  335; 와 이란 239, 241, 393; 테러와의 전쟁 30,
  206, 219, 220, 264
테일러, 존 218, 219
텔렉스 21, 215
통화
  국제통화 질서(사다리) 23, 42, 141, 168, 169,
  290, 410, 436, 437; 기축통화 22~25, 29, 40,
  41, 109, 123, 139, 141~143, 171, 180, 185,
  197, 199, 306, 326, 438, 440, 441, 446; 다극

적인 통화 시스템 42, 438; 법정통화 33, 57, 58, 62, 202, 203, 208, 210, 282, 284, 287, 325, 332, 333, 336, 337, 346; 시대별 지배 통화들 40; 통화 스와프 135, 137~138, 179, 254, 365, 369, 438
투기등급채권 367
튀르키예 252, 259, 260, 381, 398, 403
트럼프, 도널드(트럼프 행정부) 30, 41, 45, 192~196, 199, 207, 245, 248, 259~261, 263, 264, 321, 356~360, 365, 368, 370, 375, 389, 398, 416, 422, 431~436, 441, 445~447
 와 CBDC 321; 와 암호화폐 431~433, 435, 436; 와 팬데믹 360, 368; 월드리버티파이낸셜(WLF) 434, 435
트리핀, 로버트 77~79, 84, 171, 381
 트리핀 딜레마 82, 84, 437
틸, 피터 434, 447

ㅍ

파나마 209, 210
파운드 23, 28, 40, 53, 54, 70, 118, 134, 154, 156, 181, 322, 378
 이집트-파운드 378
파월, 제롬 293, 318, 319, 356~360, 367, 368, 370, 372~374, 376, 377, 382
파파데모스, 루카스 154
패터슨, 윌리엄 62
팬데믹(코로나19) 21, 38, 47, 175, 320, 360, 362~364, 367, 368, 372, 373, 375, 378, 425, 439, 443
 글로벌 공급망 붕괴 375, 376; 너무 많은 돈과 너무 적은 재화 374~377; 코로나바이러스 지원·구호·경제안정법(케어스법) 370, 375
페어셰이크 432, 433
페이스북(메타) 47, 273, 288~293, 298, 310
 리브라(디엠) 289~293, 298, 310
페이팔 277, 321, 325
포르투갈 157, 158, 161, 236
포터 15, 16, 21, 36, 54, 337
폰데어라이엔, 우르줄라 390
폼페이오, 마이크 263
프라사드, 에스와르 184, 185
프라이버시 292, 321~324, 334, 429
프랑 54, 81, 172
 스위스-프랑 23, 28, 89, 97, 100, 134, 365
프리드먼, 밀턴 151

프릴랜드, 크리스티아 392, 394
플라자 합의 121, 122, 166
플로리다주 212, 213
플로서, 찰스 138~140
플린, 마이클 321
핀테크 47, 184, 309, 310

ㅎ

하니에츠, 라슬로 285
하메네이, 알리 247
한국 24, 125, 126, 138, 139, 177, 183, 234, 339, 379, 409, 417
해거티, 빌 321
해밀턴, 알렉산더 54, 55
헌트, 토머스 65
헬름스버턴법 210
현금 24, 26, 34, 35, 38, 63~66, 68, 71, 95, 113, 133, 134, 136, 137, 202, 213, 237, 278, 279, 297, 298, 308, 323, 324, 327, 331, 333, 334, 337, 342, 361, 364, 365, 370, 375
호바네츠, 패트릭 411, 412
홀랜드, 헨리 65
홍콩 168, 179, 209, 295, 313, 347, 348, 399, 400
화이트, 해리 덱스터 73~76, 83, 88
화폐
 공공화폐 34, 35, 37~39, 337; 미국 자유 은행 시대의 다양한 화폐 54~56; 민간화폐 34, 35, 38, 39, 337; 의 공급을 제한하는 금 60, 61, 69, 76, 77; 의 기능 24, 25; 의 단일성 38, 337, 338, 340, 342; 의 미래 307, 308, 325, 326, 338, 339, 347, 348, 427~430
환율 27, 28, 73~76, 81, 87, 97, 108, 109, 119, 120, 122, 126, 132, 135, 151, 172~174, 177, 179, 181, 186, 260, 347, 378, 379, 381, 382, 394, 441
 고정환율제 76, 84, 87; 변동환율제 89; 평가절상 120, 121, 166, 179; 평가절하 74, 76, 123, 127, 143, 158, 181, 182, 434
후세인, 사담 211
힐, 크리스토퍼 238

옮긴이 서정아

이화여자대학교 영어영문학과를 졸업한 후 외국계 금융기관에서 근무했으며, 이화여자대학교 통역번역대학원에서 석사학위를 받았다. 번역 에이전시 엔터스코리아에서 활동 중이다. 옮긴 책으로는 《달러 전쟁》《존 보글 가치투자의 원칙》《은행이 멈추는 날》《세계 경제학 필독서 50》《엘리트 세습》《부를 끌어당기는 행동 습관》《인구가 바꾼 역동의 세계사》 등이 있다.

킹 달러
달러, 코인, CBDC의 미래와 새로운 통화 질서의 탄생

초판 1쇄	2025년 7월 30일
초판 2쇄	2025년 8월 21일
지은이	폴 블루스타인
옮긴이	서정아
발행인	문태진
본부장	서금선
책임편집	김광연 편집 2팀 임은선 원지연
기획편집팀	한성수 임선아 허문선 최지인 이준환 송은하 송현경 이은지 김수현 이예림
마케팅팀	김동준 이재성 박병국 문무현 김은지 이지현 조용환 전지혜 천윤정
저작권팀	정선주
디자인팀	김현철 이아름
경영지원팀	노강희 윤현성 정헌준 조샘 이지연 조희연 김기현
강연팀	장진항 조은빛 신유리 김수연 송해인
펴낸곳	㈜인플루엔셜
출판신고	2012년 5월 18일 제300-2012-1043호
주소	(06619) 서울특별시 서초구 서초대로 398 BnK디지털타워 11층
전화	02)720-1034(기획편집) 02)720-1024(마케팅) 02)720-1042(강연섭외)
팩스	02)720-1043
전자우편	books@influential.co.kr
홈페이지	www.influential.co.kr

한국어판 출판권 ⓒ ㈜인플루엔셜, 2025

ISBN 979-11-6834-304-7 (03320)

- 이 책은 저작권법에 따라 보호받는 저작물이므로 무단 전재와 무단 복제를 금하며, 이 책 내용의 전부 또는 일부를 이용하려면 반드시 저작권자와 ㈜인플루엔셜의 서면 동의를 받아야 합니다.
- 잘못된 책은 구입처에서 바꿔 드립니다.
- 책값은 뒤표지에 있습니다.
- ㈜인플루엔셜은 세상에 영향력 있는 지혜를 전달하고자 합니다. 참신한 아이디어와 원고가 있으신 분은 연락처와 함께 letter@influential.co.kr로 보내주세요. 지혜를 더하는 일에 함께하겠습니다.